河南社科名家文库

张先飞卷

张先飞卷

张先飞 著

河南人民出版社

图书在版编目(CIP)数据

河南社科名家文库. 张先飞卷/张先飞著. —郑州:河南人民出版社, 2019. 11
ISBN 978-7-215-12119-5

Ⅰ. ①河… Ⅱ. ①张… Ⅲ. ①社会科学-文集 Ⅳ. ①C53

中国版本图书馆CIP数据核字(2019)第273833号

河南人民出版社 出版发行
(地址:郑州市郑东新区祥盛街27号 邮政编码:450016 电话:65788053)
新华书店经销　　河南瑞之光印刷股份有限公司印刷
开本　710毫米×1000毫米　1/16　印张　24.5
字数　347千字
2019年11月第1版　　2019年11月第1次印刷

定价:77.00元

张先飞　1971年6月生，河南西峡人。文学博士，二级教授，博士生导师。教育部“青年长江学者”，河南省高等学校特聘教授，河南省优秀专家，日本东京大学博士后研究员、河南大学“杰出人才特区支持计划”特聘教授、河南大学学报(CSSCI)副主编。兼任教育部人文社科重点研究基地“黄河文明与可持续发展研究中心”学位评定委员会委员、国家社科基金通讯评审专家、长江学者评审专家、中国博士后科学基金通讯评审专家、国家一级学会全国毛泽东文艺思想研究会常务理事、国家一级学会中国现代文学研究会理事等职。

学术成果　长期从事中国现当代文学思潮、新文学渊源、五四文学、中国现代文学史料文献学、鲁迅与周作人研究。1996年以来，主持与完成国家社科基金项目、霍英东教育基金会第十届高等院校青年教师基金项目、全国高校古委会规划项目、国家社科基金重大项目子课题等30余项。出版论著3部，发表CSSCI论文30余篇，《新华文摘》全文转载1篇，《新华文摘》网刊全文转载1篇，《新华文摘》与《中国社会科学文摘》论点摘编5篇，《高等学校文科学术文摘》全文转载1篇，中国人民大学复印报刊资料全文转载12篇。

获奖情况　2003年获首届唐弢"青年文学研究奖二等奖"；2007年获"河南省第四届文学艺术优秀成果奖"；2010年被评为河南省优秀青年社科专家、河南省高校科技创新人才，获"河南省社会科学优秀成果奖一等奖"；2012年入选河南省高等学校特聘教授，获"河南省社会科学优秀成果奖二等奖"；2013年被评为首批"河南省高等学校哲学社会科学优秀学者"、获教育部"第六届高等学校科学研究优秀成果奖三等奖"；2014年被评为首批"河南省百名优秀青年社科理论人才"，获"河南省社会科学优秀成果奖二等奖"；2015年获"河南省社会科学优秀成果奖二等奖"；2016年被评为"河南省高校哲学社会科学创新团队首席专家"；2017年获"河南省社会科学优秀成果奖一等奖"、河南省教育厅人文社会科学研究成果奖特等奖；2018年入选教育部"青年长江学者"，实现河南省"青年长江学者"与人文学科领域"长江学者奖励计划"零的突破，被评为"河南省宣传思想文化战线'四个一批'人才"；2019年被评为"河南省优秀专家"；多次获省级教学成果奖。

耕耘理论沃土　绽放出彩华章

习近平总书记在哲学社会科学工作座谈会上的讲话中指出，一个没有发达的自然科学的国家不可能走在世界前列，一个没有繁荣的哲学社会科学的国家也不可能走在世界前列。坚持和发展中国特色社会主义，哲学社会科学具有不可替代的重要地位，哲学社会科学工作者具有不可替代的重要作用。为深入贯彻落实习近平总书记在哲学社会科学工作座谈会上的重要讲话精神，大力实施以育人育才为中心的哲学社会科学整体发展战略，更加有效地发挥社科理论研究服务全省大局的重要作用，中共河南省委宣传部、省社科联组织了"河南社科名家"评选和"河南社科名家文库"（以下简称"文库"）的编纂工作。

"文库"收录了韩国河、余丽、张先飞、刘志伟、陈忠海、孙先科、李恒、李伟昉等八位首批"河南社科名家"的代表性理论研究成果，内容涵盖考古、古代文学、现当代文学、比较文学、国际政治、档案管理、区域经济等多个领域，集中展示了首批"河南社科名家"漫漫科研路上的不断求索和丰硕成果，从整体上看，"文库"主要体现了以下几个鲜明特点。

一是聚焦学术前沿问题。理论思维的起点决定着理论创新的结果。"文库"坚持马克思主义指导地位、坚持以人民为中心的研究导向，立足于我们所经历的伟大时代变革，以强烈的使命担当，敏锐的学术自觉，感知、关切、探究、解答各自学术研究领域的核心性、关键性、前沿性问题。有从理念、方法到技巧方面对考古学的学科建设探索，有对现代中国关于人的形而上思考、"人间"本位的解析，有从中华文化观念发生视角对中华文化思想起源发展的探究，有对中西方文学比较研究、比较文学实证方法与审美批评之间的辩证关系研究等。这些都充分体现了"文库"作者用思想观照时代、观照现实的探索精神，为河南社科理论界专家学者严谨治学、开拓创新的品格作出了生动注解。

二是聚焦重大现实问题。问题是创新的起点、理论的生长点。马克思曾深刻指出:“主要的困难不是答案,而是问题。”与时代同步伐,与人民共命运,关注和回答时代和实践提出的重大课题,是马克思主义永葆生机活力的奥妙所在。“文库”收录的研究成果充分利用河南文化优势、区位优势,对源远流长、博大精深的中原优秀传统文化进行了追本溯源和创新创造。同时,扎根于中原更加出彩的伟大实践,坚持问题导向,解决实际问题。或以经济发展与转型为主题,从区域、产业和农村三大领域探究我国经济发展和转型的过程、性质、结构和绩效;或深挖中原文化潜力,以传承创新华夏历史文明和建设全国重要文化高地为己任,推进中原优秀传统文化创造性转化创新性发展。这些研究最大限度地遵循规律、探究缘由、寻找对策、服务现实,以河南社科理论界专家学者的实干担当,为中原出彩贡献了自己的力量。

三是聚焦思想舆论问题。当前,世界正处于百年未有之大变局,中国与世界的关系正在发生历史性变化。身处大变局中,我们既有木秀于林的骄傲,也有风必摧之的风险;既有乘风破浪的自信,也有积羽沉舟的忧患。“文库”收录的成果以学术的方式,参与到当代中国思想文化领域重要问题的讨论中:通过剖析20世纪中国人与全人类不断觉醒、共同进步的心灵探寻历程,以及中国人对“人学”新观念的话语建构与实践创造,不断塑造着热切追求进步与崛起的百年中国人的精神世界与生活方式;通过分析阐释互联网与国际政治的内在逻辑,对互联网在国际政治中的作用与应对策略、网络空间国家大数据主权安全保障和治理机制进行了探索性和前瞻性研究,提出了全球网络空间“观念治理”的中国方案等。这些研究聚焦思想文化领域重要问题开展深入思考,对一些错误思潮进行了批驳,为社会注入了更多的正能量,巩固壮大了主流思想舆论。

习近平总书记强调:“这是一个需要理论而且一定能够产生理论的时代,这是一个需要思想而且一定能够产生思想的时代。”“文库”的出版,对于进一步激发河南社科理论界专家学者干事创业热情,推出更多名家大家、精品力作，在围绕中心、服务大局中出新出彩，很有价值、很有意义。

一是有助于加快构建中国特色哲学社会科学。新时代哲学社会科学发展的重要使命是加快构建中国特色哲学社会科学，其重中之重是加快构建中国特色哲学社会科学学科体系、学术体系、话语体系。在一定意义上讲，“文库”的出版，是河南省加快构建中国特色哲学社会科学的积极探索。从学科体系上看，体现了深耕厚植中原历史文化这一传统优势学科与积极探究区域经济、国际关系等新兴学科的有机结合；从学术体系上看，反映了从古今中外丰富的学术思想中汲取营养、推陈出新与从改革开放的实践中挖掘新材料、发现新问题、提出新观点、构建新理论的辩证统一；从话语体系上看，是立足当代中国社会变革伟大实践的理论探索，在一定程度上为解读中国实践、构建中国理论贡献了新概念、新范畴、新表述。

二是有助于发挥“河南社科名家”的引领示范作用。构建中国特色哲学社会科学是一个系统工程，需要统筹各方面力量协同推进，更需要加强顶层设计，发挥高端人才的引领示范作用。“文库”的出版，既是对“河南社科名家”的重要宣传推介，也是对河南哲学社会科学事业不断发展和壮大的阶段性成就展示。实践没有止境，理论创新也没有止境。实现“两个一百年”奋斗目标、实现中华民族伟大复兴的中国梦需要中原更加出彩，需要“河南社科名家”再接再厉，主动担当、积极作为，提高为党和人民述学立论、建言献策的责任感、使命感和理论自觉，在为国为民、立德立言中成就自我、实现价值。

三是有助于激励社科工作者投身中原更加出彩的伟大实践。党的十八大以来，习近平总书记三次亲临河南视察指导工作，并参加全国人代会河南代表团审议，充分体现了对中原人民的关怀厚爱、对河南工作的肯定支持。实现总书记对中原更加出彩的殷殷嘱托，为理论创造、学术繁荣提供了强大动力和广阔空间，也为河南哲学社会科学工作者聚焦重大理论和现实问题指明了方向。“文库”的出版，将进一步增强河南社科界的政治责任感和时代使命感，激发更多的专家学者在把握时代脉动、面向实践需求、解决实际问题的具体实践中，不断去深思、去体悟、去实践，为河南经济社会发展提供更多既有理论高度又有实践深度的研究成果。

神州大地风雷激荡，中原出彩潮水澎湃。站在新时代的起点，广大哲学社会科学工作者要高举习近平新时代中国特色社会主义思想伟大旗帜，树牢“四个意识”、坚定“四个自信”、做到“两个维护”，以“为天地立心，为生民立命，为往圣继绝学，为万世开太平”的社会责任感，把实现中华民族伟大复兴中国梦与中原更加出彩紧密联系起来，勇于立时代之潮头、通古今之变化、发思想之先声，努力成为先进思想的倡导者、学术研究的开拓者、社会风尚的引领者、党执政的坚定支持者，共同推动哲学社会科学建功新时代、展现新作为、书写新篇章。

刘伟

2019 年 10 月

『人』的觉醒：现代中国文学『人学』思想探源

目录 CONTENTS

学术小传

代表性学术成果

学术年谱

附　录

◆学术小传

作为一名普普通通的教师与学者，著者的生涯至为平淡，大半生离不开三尺讲台、书山中的小小方桌，一切真是乏善可陈。但著者的精神世界却如海洋深处，暗潮涌动，思想的创造往往会掀起惊涛骇浪。静夜沉思，深感著者穷极一生，只是为给人类精神圣殿留下几粒沙尘，同时将普罗米修斯的火种传送给一辈辈新的青年……在此意义上，著者很有必要回顾自己的学术之路。

广益多师

2018 年著者获批教育部青年长江学者，《河南日报》（2018 年 5 月 31 日）报道说，这是河南省青年长江学者以及人文学科领域“长江学者奖励计划”零的突破。2019 年著者又获殊荣，成为首批河南社科名家。著者始终觉得这一点成绩的取得完全归功于多年来恩师们的培育，每当回忆起艰苦的求学生涯，著者总感到那是人生中最幸福的时光。

1994 年著者毕业于河南大学中文系汉语言文学专业本科，由于素来崇仰任访秋、刘增杰、关爱和、解志熙、沈卫威等先生的学术成就及人格魅力，因而最后选择在母校河南大学继续学习，跟随解志熙先生攻读中国近现代文学专业硕士学位。此时任访秋先生依然健在，我们时时感受到任访秋先生的学术及人格力量，支撑我们这些学子在一个个不眠之夜刻苦攻读。著者在刚入学时的首篇作业《作为哲理小说的〈围城〉》得到学科负责人刘增杰先生的高度评价，认为表现出强烈的学术自信与创新能力，随即发表于《江汉论坛》，并陆续在《中国现代文学研究丛刊》《河南大学学报》发表论文。在攻读硕士学位期间，著者接受到严格的实证史学训练，并在解志熙先生的精心指导下选定“五四”文学作为主攻方向。在解志熙先生烟雾缭绕的小书房中，在多次谆谆教导与棒喝之间，著者的研究思路逐渐清晰，最后在 1997 年完成了硕士学位论文《从普遍的人道理想到个人的求胜意志：论“五四”

前后周作人“人学”观念的一个重要转变》。该论文刚一完成,就立即得到了专业权威期刊《鲁迅研究月刊》的青睐,1999 年发表后产生广泛学术影响,2003 年还获得了由中国作协、中国现代文学研究会评选的首届“唐弢青年文学研究奖”二等奖,系本专业最高奖项之一,未辜负恩师们的殷切教导。著者在硕士学习期间还获得了另一个重大收获:著者不仅对于中国近现代文学的学术传统有了愈来愈深的理解,而且全身心沉浸于兹,得到了深厚的学术滋养,著者深深地体会到,学术研究不能无根,因此,几年间悉心揣摩着任访秋、王瑶、唐弢、李何林、严家炎等前辈的艰苦探索,力图接着他们所开创的研究思路继续讲下去,并在此过程中勉力创造。

硕士毕业留校后,著者在三尺讲台锻炼了 3 年。2000 年起我开始跟随国务院学位委员会委员、北京师范大学郭志刚先生攻读中国现当代文学博士学位,经过郭志刚先生的精心培养与严格要求,又得到北京大学中文系原主任孙玉石先生、北京大学中文系钱理群先生、中国社会科学院文学所刘纳先生、鲁迅博物馆原馆长孙郁先生,以及已经调入清华大学人文学院工作的解志熙先生等名家悉心指导,著者在新文学渊源、“五四”文学思潮、中国现代文学文献史料学、周氏兄弟研究等领域获得重要收获。著者的博士学位论文独立挖掘出了一种完整的世界思潮运动现象,即包括“五四”中国在内的世界现代人道主义思潮运动。该博士学位论文经过 5 年修改后,2009 年在人民出版社出版,由孙玉石、关爱和先生作序。这部《“人”的发现:“五四”文学现代人道主义思潮源流》,被北京师范大学黄开发先生誉为周作人研究的十一部代表著作之一,并在 2010 年获得河南省社会科学优秀成果奖一等奖第一名,2013 年又获得教育部第六届“高等学校科学研究优秀成果奖”三等奖。

2006—2008 年,著者由中国教育部与日本文部科学省联合选送,赴世界名校日本东京大学从事博士后研究工作,师从著名的鲁迅和周作人研究专家、东京大学东洋文化研究所尾崎文昭研究员。这是一段艰苦而紧张的“修行”历程,对著者的研究、思考触动最大的,是这里唯真是求的学术风气,它逼迫你不容喘息地去思考追问,这集中表现在大量的学术讨论中。在日本期间,几天一次的学术讨论时时把著者逼入死角,作困兽斗。犹难忘怀,尾崎文昭先生在课堂上的突然袭击,藤井省三先生让人总是难以预想到的难题,林少阳先生对观念的釜底抽薪、苏格拉底式的诘问,此外还有伊藤德也、小川利康等先生一针见血的质疑、提问……逼迫著者不断重新审视很多自以为已经很明确的问题,思想始终处于激烈的震荡当中,那一幕幕场景总令著者想起童年时在青海寺庙中经常见到的搏斗般的辩经场面。同时,我也难忘木山英雄、丸山昇、北冈正子、丸尾常喜等前辈人格及思考力的震撼,柄谷行人、子安宣邦、小森阳一思想场域的启示,赵京华、董炳月、桑兵、张明杰等老师的提示与指点,以文会的师长与良友们无拘无束、针尖麦芒的争论……这些都成为著者的进步之源,令著者不断拓展视野、清除思考的迷障。著者在东京大学不仅修改完成了《"人"的发现:"五四"文学现代人道主义思潮源流》一书,并且对日本中国现代文学史研究相关文献进行了大量收集,尤其掌握了海内外最系统全面的百年日本周作人研究文献。

2008 年回国后,在温儒敏、钱理群、吴福辉、孙郁等师长无私扶植下,著者的研究得以进一步推进,并产生出重要学术成果:不仅发现现代人道主义思潮运动是"五四"新文学发生的直接源头,而且划分出一个独立的文学史发展阶段——"人的文学"阶段,其系列成果于 2016 年在人民出版社出版。这部《"人的文学":"五四"现代人道主义与新文学的发生》被现代文学研究界视作中国现代文学思潮研究的重大创获,2017 年获得河南省社会科学优秀成果奖一等奖。

时至 2019 年岁末,本部著作即将付梓,这是著者近年来关于 20 世纪中国"人学"思想探源性研究成果的汇聚,是中国近现当代思想史和文学思潮史研究的重要收获,这一研究成果不仅蕴含着河南省委宣传部的长期扶植与鼎力支撑,还得到了河南大学哲学社会科学创新团队(2019-CXTD-16)的大力支持。

著者未来的研究计划是,一方面,通过与国内外同行合作,完整研究"五四"文学史的发展历程,并揭示出 20 世纪 30 年代中国文学的发生机制;另一方面,积极投身于对中国本土哲学社会科学发展道路的探索当中。

从“人的发现”到“人的文学”

近年来著者主要的研究领域包括相互关联的两个方面，其一，探讨“五四”新文学的核心理念——现代人道主义的系统观念；其二，研究现代人道主义思潮运动对“五四”新文学发生的决定性影响。

关于第一方面的核心成果集中于《“人”的发现：“五四”文学现代人道主义思潮源流》（人民出版社 2009 年版）。著者认为“五四”新文学的核心理念——现代人道主义观，是在 19 世纪中期以来世界范围的现代人道主义思潮运动影响下形成的。“五四”新文学家、新思想家在建构现代人道主义系统观念时，首先明确定位当时世界新的时代精神与思潮背景，是兴盛于世纪之交的新理想主义世界思潮运动，这一思潮运动积极推动整个世界的彻底改造，力图一劳永逸解决人类一切根本性问题，并将现代人道主义视为这一潮流重要一支。其后“五四”新文学家、新思想家对现代人道主义的思潮流脉与观念谱系进行了全新的历史梳理及理论概括：俄国列夫·托尔斯泰、陀思妥耶夫斯基是现代人道主义的理论先驱，19 世纪后期俄国新理想主义者们继承并发展了这一重要思想，进而建构了更为全面系统的现代人道主义核心观念体系，并提出了社会变革的独特路线图，即借助现代人道主义“真理”与“爱”的力量，彻底改造人类社会并建立理想世界。随后现代人道主义在“一战”前后遍及世界的反战与社会变革浪潮中，形成了宏大的世界性思潮运动。著者认为现代人道主义的另一核心观念——“灵肉一元观”的科学“人学”观在 19 世纪后期形成，这种观念彻底否定传统“灵肉二元观”并扬弃“灵肉合一观”，在最新生物科学发现基础上，构建起新的科学“人学”观，并在“一战”后融入现代人道主义浪潮。

著者在对当时的总体时代思潮及现代人道主义历史脉络进行概括后发现，“五四”现代人道主义文学家与思想家在社会观、“人学”观、文学观等方面均做出了创造性理论贡献，并在社会改造的理论及实践活动中推动了初期新文学的发生。在社会观方面，“五四”现代人道主义文学家、思想家提出了现代人道主义“人间”观的完整社会变革理论及实践设想，首先，对理想的未来人类社会进行理论建构；其次，在此理论创造基础上，探讨如何彻底变革社会，实现人类和谐的终极目标。他们将彻底改造整体性萎缩的国民精神并重塑“新人”看作一切改造活动的核心前提。在进行理论思考的同时，他们更注重积极践行，在全社会大力推动现代人道主义改造运动，这对于“五四”后中国的整体社会思想进程产生了巨大影响。在“人学”观方面，他们承续国外科学“人学”观最新成果，对现代“灵肉一元观”概念系统做出新的理论发展。他们提出独特的理论建构，将人的“灵”“肉”生活均纳入生物进化的链条当中，使人的精神生活牢固建立在自己的生物性存在之上，这样“灵”“肉”生活自然成为不可分割的统一体，至此解决了重大理论难题。

关于第二方面的核心成果集中于《“人的文学”：“五四”现代人道主义与新文学的发生》（人民出版社 2016 年版）。著者提出，“人的文学”/初期新文学时期是中国现代文学的第一个独立发展阶段，具有独立的系统理论形态和完整创作形态，为现代人道主义社会改造思潮运动服务。“五四”前期现代人道主义与“人的文学”同源共生，由周氏兄弟首倡，此后“新青年”派集体转向现代人道主义“公同信仰”，指导众多社会改造群体运动，促进了谋世界根本改造的“人的文学”文艺运动的发生，并为“人的文学”发展提供了最坚实强劲的动力来源。在此基础上，“人的文学”家不仅在文艺观念上进行全新创造，建构为现代人道主义社会改造服务的系统文艺思想，确立了“人的文学”的发展准则及方向；同时在实践上开启了“人间性”文学创作的新篇章，在周氏兄弟理论提倡与创作引领下，完成“人的文学”主题与形态全新塑造：其一，是对理想“人”“人的生活”观，以及“人”的觉醒历程的文学呈现；其二，将现代人道主义“新人”的新情感、新感觉以文学形态固定下来。总之，初期新文学家着意强调“人的文学”与现代人道主义社会改造运动之间不可分割的血脉联系，将文学为现代人道主义服务作为创作原则，立意发扬光大列夫·托尔斯泰开创的伟大事业，为人类创造出一种不同于以往任何时代的全新文学样式、文学标准、文学传统。这些观念与活动创造了初期新文学发展的独特景象。

此外，著者细致梳理了 20 世纪 20 年代中期“五四”现代人道主义的认识转变,在《从普遍的人道理想到个人的求胜意志:论“五四”前后周作人“人学”观念的一个重要转变》(《鲁迅研究月刊》1999年第2期)一文中将其概括为“从普遍的人道理想到个人的求胜意志”。著者提出“五四”现代人道主义的核心思路是,在自然人性论基础上建立能调节人类关系的社会道德理想,而周作人在“五四”后期对此做出重大理论修正,将自然人性论作为评判一切的科学标准,彻底排斥缺乏自然人性论基础的社会道德理想。

在中国现代文学史料文献学研究领域著者也有新的建树。首先,理论建设富于创见:(1)针对中国现代文学史料文献学工作中存在的问题,对史料文献学提出新的原则与工作方法。(2)关于回到历史现场,提出将对原始文献的挖掘、考辨与还原历史发生时段的理论系统相结合。其次,实践方面:(1)反对重发现轻考证,花费5年考证校注本人发现的最早的周氏兄弟传记,被学界誉为范例式的新文学史料整理工作。反对重挖掘轻阐释,借考证校勘,阐释史料的文学史意义。(2)对于日本周作人研究文献的收集整理工作在业内领先。

一步一个脚印

著者不愿意多谈成绩,因为这些不过是对学术道路的记录。但是,如果换个角度看,这些也是学术工作一步一个脚印的深刻印记,也就有必要简单加以总结。著者把《河南日报》等媒体对著者工作业绩的总结摘录于此:

> 张先飞,河南省西峡县人,1971年6月出生于青海省大通县普通知识分子家庭。现任教育部青年长江学者、河南省高等学校特聘教授、国家二级教授,博士生导师、《河南大学学报》副主编、河南大学“杰出人才特区支持计划”特聘教授。北京师范大学博士、日本东京大学博士后研究员。兼任教育部人文社科重点研究基地学位评定委员会委员,国家社科基金通讯评审专家、长江学者评审专家、中国博士后科学基金通讯评审专家,国家一级学会全国毛泽东文艺思想研究会常务理事、国家一级学会中国现代文学研究会理事、日

本东京大学《赤门华风》前主编。被评为首批河南社科名家、河南省优秀专家、河南省宣传思想文化战线“四个一批”人才、首批河南省百名优秀青年社科理论人才、河南省青年社科专家，河南省高校创新人才，首批河南省高校哲学社会科学优秀学者，河南省高校创新团队、重大项目首席专家，河南省教育厅学术技术带头人、河南省教学标兵、河南大学教学名师等。从事中国现当代文学思潮研究，核心研究领域：中国现当代文学思潮、新文学渊源、“五四”文学、中国现代文学史料文献学、周氏兄弟研究等，被钱理群先生誉为能代表新一代中国现代文学研究发展方向的学术新人。在国家级期刊发表论文15篇，其中被《新华文摘》全文转载1篇、《新华文摘》网刊全文转载1篇、《新华文摘》论点摘编4篇、《中国社会科学文摘》论点摘编1篇、《高等学校文科学术文摘》全文转载1篇、《文学评论》《文艺研究》《中国现代文学研究丛刊》等发表多篇。人大复印资料《中国现代、当代文学》与《中国现代史》全文转载12篇。人民出版社出版系列专著2部。主持与完成国家社科基金2项、国家社科重大项目子项目、霍英东教育基金会第十届高校青年教师基金项目、全国高校古委会项目、日本政府博士奖学金项目、河南省高校哲学社科创新团队项目、河南省高校哲学社科基础研究重大项目等。2013年获教育部第六届“高等学校科学研究优秀成果奖”三等奖；2003年获首届“唐弢青年文学研究奖”二等奖；2010、2017年2次获得河南省社会科学优秀成果奖一等奖；2007年获河南省文学艺术优秀成果奖；2012、2014、2015年3次获得河南省社会科学优秀成果二等奖。

“河大学派”一学子

著者在获批教育部青年长江学者后，深感这一荣誉的获得，不仅是整个学术界对著者长期学术工作的认可，更是对“河大学派”的充分肯定。“河大学派”是中国近代文学研究会会长关爱和先生对河南大学中国近现当代文学学科的一种历史定位，关爱和先生曾先后为著者系列专著《“人”的发现：“五四”文学现代人道主义思潮源流》《“人的文学”：

"五四"现代人道主义与新文学的发生》作序,在序中对"河大学派"做出了清晰界定:"这是由任访秋、刘增杰、赵明、王文金、刘思谦等诸位先生,以及吾辈学人解志熙、沈卫威、张宝明等开创的学术风气,是对民国以来优良学术传统的有意传承与发扬。向上直承太炎先生、周氏兄弟、胡适、钱玄同、赵纪彬,此后包括王瑶、唐弢、李何林等,形成一种宽阔的、优容的,颇具包容性、参与性,又极重思想史、学术史修识的特有的学术作风与气派",关爱和先生也将著者作为该学派中最为突出的青年学者。① 著者深刻感受到,自身取得成功的首要秘诀正是在于对"河大学派"学术传统的坚守与继承。在这里著者要由衷地发出赞叹:河南大学虽然远离学术中心,但是这里却聚集着几代严肃的文史学者,始终心系家国、世界,坚守学术、思想阵地,不断在中国学术界发出耀眼的光芒,并一辈辈培养后学,延绵不绝、生生不息……其中贯注的正是中原之魂、民族之魂。

25 年的学术探索之路十分短暂,但是,能够坚守也并非一件易事。要做到这一点,一方面,要将学术当作一种信仰,另一方面,要时时刻刻保有一颗平常心。著者时常以朱自清先生长诗《毁灭》中几句诗句警醒自己,著者也以这几句朴素的诗句为此篇学术自述作结:

> 摆脱掉纠缠,
> 还原了一个平平常常的我!
> 从此我不再仰眼看青天,
> 不再低头看白水,
> 只谨慎着我双双的脚步;
> 我要一步步踏在泥土上,
> 打上深深的脚印!
> 虽然这些印迹是极微细的,
> 且必将磨灭的……②

---

① 关爱和:《序》,载张先飞:《"人的文学":"五四"现代人道主义与新文学的发生》,人民出版社 2016 年版,第 3 页。

② 朱自清:《毁灭》,1922 年 12 月 9 日完成,1923 年 3 月 10 日《小说月报》第 14 卷第 3 号。

◆代表性学术成果

导 论

一、研究思路

本书题名为《"人"的觉醒:现代中国文学"人学"思想探源》,是著者关于 20 世纪中国"人学"思想探源性研究的一点思考。近现代中国的历史贯穿着作为人类共同体一员的中国人与全人类携手进步、不断觉醒的心灵探寻历程,其间中国人在世界"人学"探索的启发下,在"人学"探求层面做出了新颖、独特的话语建构和实践创造,这些思想创造和实践成果影响深远,不断塑造与改变着追求新生的中国人的身心世界。本书的写作主旨,即力图在近代以来全人类"人学"探寻的背景之下,初步发掘、探究中国人的"人学"观念创造与实践探索,以及其对百年中国的深远影响。鉴于现代中国文学家在其中担当了最为重要的角色,因此,本书集中考察一批现代中国文学家对于"人学"思想的深刻思考和独立创造,以及鲜明的社会改造实绩。

在著者看来,近现代中国人对于"人学"观念及实践的探索主要表现为对各类"人学""认识性装置"的构建或拆解活动,著者在本书中便按照这一视角进行历史描述与理论阐发。

第一个方面,以文学家为主要代表的现代中国人在国外最新"人学"观念的熏染与启发之下,尝试进行各类"人学""认识性装置"的建构活动。著者通过广泛考察活跃于 20 世纪世界的各类话语形态产生与发展的具体进程,发现建构"认识性装置"是整个 20 世纪最为普遍的观念活动方式,而建构各类"人学""认识性装置"尤为关键,包括对于原理框架、知识谱系、话语体系、概念范畴等的系统建构。在本书的写作当中,著者首先聚焦于近现代世界各类“人学”“认识性装置”的搭建过程及其多线演进、发展的脉络,并在此背景下审视现代中国文学家对于“人学”“认识性装置”的建构活动,进而做出系统的话语谱系梳理,应该说,著者的研究是近年来学界对以上问题的首次系统性考察。①

归结起来,现代中国人所建构的“人学”“认识性装置”可分作两大类型,第一种类型可称为“人间性”“人学”的系统思考,本书的前三章便是围绕第一种类型进行深入探讨与挖掘。著者经考察发现,周作人等“五四”现代人道主义者的“人学”建构活动最具代表性,他们更青睐经验论的哲学传统,主要依靠近现代关于“人”的研究的最新科学成果,并借鉴西方科学的“灵肉一元观”“人学”系统,再加以新的改装、变形后形成新的科学“人学”形态,最终目标是搭建起以自然人性论为基础的“人学”“认识性装置”。这种科学“人学”新知识系统对于20世纪中国人精神的生成与发展产生过深远影响。著者在前三章中分为三个层次,对“五四”时期中国人的“人间性”“人学”思考逐层进行系统研究:首先,勾勒出“五四”文学“人学”观的“认识性装置”构架;其次,在“认识性装置”构架之下细致梳理“五四”“人间性”思考的原理探讨及范式架构;最后,对于“五四”作家的“人间性”“人学”思考做出具体案例剖析。②

现代中国人所建构的第二种类型“人学”“认识性装置”可称为“形而上”“人学”的系统思考,著者在第四章《“形而上”的困惑与追问》中进行了重点考察。著者发现,一批现代中国人对于“人学”观念的探求与建构,偏重“形而上”的思考与追问,即他们更为信赖各类近现代形而上学哲学所构建完成的“人学”观念类型,并在这些“人学”

---

① 参见本书第一章《“五四”文学“人学”观的“认识性装置”构架》中第一节《“认识性装置”的建构与运作:以“五四”现代人道主义思潮运动为例》,第四章《“形而上”的困惑与追问》中第一节《20世纪现代中国文学的形而上之思:中国现代文学思想传统论略》。

② 参见本书第一章《“五四”文学“人学”观的“认识性装置”构架》,第二章《“五四”“人间性”思考的原理探讨及范式架构》,第三章《“五四”作家的“人间性”“人学”思考》。

系统观念基础上做出了新的理论突破。对于现代中国关于“形而上”“人学”系统的思考与搭建问题，本书首先在第四章第一节《20 世纪现代中国文学的形而上之思：中国现代文学思想传统论略》以专节形式做出总括，其后又细致解剖了几类具体案例，如著者在第一章第二节《“五四”视野下近代“人学”观的演变》中对于作为“五四”时期主要代表的学衡派同仁做了简要论述，而在第四章的第三节《“哲理小说”〈围城〉：特殊小说传统中的经典之作》、第四节《曹禺“雷雨”创作时期思想的几个主题》中，著者分别解析了曹禺、钱锺书在某一创作时期内所进行的世界本质探讨与“人学”观念建构，并考量这些思想成果的独特价值和贡献。

著者在本书中对于两种类型的“人学”思考做出了较为系统的分析与阐发，这些“人学”系统观念均在 20 世纪中国的思想、社会与文学建构活动中发挥过积极有效的作用。

本书还有另一个重要考察对象，即周作人、钱锺书等现代中国文学家对于某些盛行于世界与中国的“人学”“认识性装置”的反思及拆解。他们或因个人深邃的思想探索和独特的生命体验产生觉悟，或在西方新学滋养下较早醒觉，认识到 19—20 世纪很多“人学”观念都是作为“意谛牢结”构造物而搭建起来的“认识性装置”，其中不仅充盈着浓重的“形而上”色彩，并暴露出鲜明的“意谛牢结”的虚构特性，而且还根植于人们对于“人类中心主义”等各类“主义”的迷狂当中……当然，周作人、钱锺书等不单单停留在对这些“人学”观念的本质有所觉悟的层面上，他们进而在一个“主义”盛行的时代，独自对抗汹涌浪潮，发出令人振聋发聩的狮子吼，力图只手破除某些影响深远的“认识性装置”。如周作人不惮于否定自身曾经的信仰，精细拆解了由他亲自搭建完成的现代人道主义“认识性装置”[①]，并在此过程中竭力将现代人道主义“人学”观念中的“意谛牢结”成分完全剥离干净[②]；钱锺书

---

① 参见本书第一章《“五四”文学“人学”观的“认识性装置”构架》中第一节《“认识性装置”的建构与运作：以“五四”现代人道主义思潮运动为例》。

② 参见本书第三章《“五四”作家的“人间性”“人学”思考》中第一节《从普遍的人道理想到个人的求胜意志：论“五四”前后周作人“人学”观念的一个重要转变》。

则立意高远，以巧妙的方式打破了对于近代西方文明“神话”和“人类中心主义”的人的本质观的迷思。① 事实上，在近现代中国最具这种清醒认识和解构魄力的，也仅有章太炎、康有为、谭嗣同、鲁迅、周作人、钱锺书等数人而已，他们在这些方面做出的独特思想贡献，亟须得到正确的认识与完整的阐发，因为这些思想成果中蕴含着能够推动当代中国思想创造发生突进的难以估量的巨大力量。

本书虽然对于20世纪中国“人学”思想的起源与流脉做出了较为深入细致的考察，但仍然是一部未完成篇，因为在前人留下的巨大历史矿藏中，依然有大量未知的历史现象有待挖掘，总之，这一知识探险之路没有尽头。

二、研究方法

本书研究领域隶属文学思潮史，重要章节还涉及中西近现代思想史，著者在研究过程中一直有着清醒的方法论自觉，并在《“人”的发现：“五四”文学现代人道主义思潮源流》（人民出版社2009年版）、《“人的文学”：“五四”现代人道主义与新文学的发生》（人民出版社2016年版）两书《导论》中做出过清晰阐发，著者需再次强调说明。

著者在《“人的文学”：“五四”现代人道主义与新文学的发生》的《导论·二　研究方法》中强调自身的写作始终带有明确的方法论指向：尝试纠正以往中国近现代思想史和文学思潮史研究中的某些弊病，即不重文献、偏喜议论的风气，并尽力践行以实证为基础的观念史研究方法，以确保思想研究的准确严谨。在具体写作实践中，突出史料的考据辨证工作在思想史与文学思潮史研究中的关键性作用，因此，对于新旧史料文献的精细校勘考订成为著者研究最为重要的特点，这是著者针对中国近现当代思想史与文学思潮史研究存在的问题所做出的方法论选择。

长期以来中国近现当代思想史与文学思潮史领域的研究虽然成

① 参见本书第四章《“形而上”的困惑与追问》中第二节《偶像的破坏：关于钱锺书对近代西方文明“神话”和人的本质观的反思》。

果较为丰富,但是与国外这些领域的高水平成果相比还存在较大差距,著者认为造成这种状况的根本原因在于作为研究基础的史料文献工作的不足,一方面是缘于史料文献收集整理方面的缺陷,另一方面则是因为对于史料文献的考据辨证工作问题严重,从而极易导致整体判断的失误,并形成固定的成见。两方面的问题相较,第一方面的问题较好扭转,因为研究者一旦了解到史料文献的重要性,那么随着时间的积累与知识的完善,史料文献未得到系统整理收集的问题终能得以解决。相形之下,对史料文献考据辨证的严重缺乏问题则较难扭转,这成为中国近现当代思想史与文学思潮史研究领域史料文献工作中致命的问题。事实上,史料文献工作之所以严重影响这些领域研究的水准,关键原因不在于"不全",而在于"不准",亦即现下可见的很多史料文献基本上不能直接使用。对此应如何理解?首先须说明史料文献学一条最基本的原则:所有未经专业化考据辨证的史料文献均不能直接使用,即便对于各类手稿和最初发表的文本亦需遵循此例,这是一项必须严格执行的技术要求。该项原则本是文献工作的基本常识,不过对于尚无专属史料文献学体系建构的中国近现当代思想史与文学思潮史专业来说,极有必要着重强调其作为文献工作首要原则的关键性地位。如果循此标准统观中国近现当代思想史与文学思潮史研究领域,就会发现大多数现有史料文献均未曾得到专业化的考据辨证。著者在研究过程中发现,很多资料汇编和各类出版物中所辑录的史料文献的可靠性往往较差,甚至到了凡检校必有错的程度,不仅出现文字上的错漏,而且还有着更为严重的问题,比如辑录者对于文献的来历、原刊及原著的形貌、原始文献本身存在的问题,以及作者经历和著述状况等都缺乏全面准确的说明,因此,相关史料文献大多难以直接使用,这种情形可名之为"不寻""不考""不注"。这样的史料文献工作状况警示我们在今后的研究工作中,一方面,亟待重新审视有关领域的研究成果,另一方面,必须严防将未经专业化考据辨证的史料作为直接的文献基础。

著者基于对中国近现当代思想史与文学思潮史领域的研究基础与现状的判断,对自身研究方法作出明确选择:首先,著者在研究实践中严格执行标准,对于所有涉及的史料文献,著者首先返归文献的最原始出处,随即作出专业化的考据辨证,如有必要,还需完成集注和集校,总之,最大限度地保证史料文献的精确性。著者在研究工作中发现,考据工夫的精密化程度与文学史、思想史研究的准确化程度完全成正比。总而言之,著者尽力在研究实践中细致落实史料文献工作的基本原则,使考据的精密化与研究的准确化相得益彰,紧密结合,以严谨的史料文献工作保证著者原创性研究成果的历史"准确性",藉以重新勾画中国近现当代思想与文学潮流发生、发展的历史进程,并抽演出其中蕴含的观念形态与概念统系,同时为中国近现当代思想史与文学思潮史专属的史料文献学体系的建构做出有益尝试。其次,著者在思想史和文学思潮史的研究实践中坚持具体化的研究方式,著者不仅保证研究工作完全立足于精准史料,而且将对思想史和文学思潮史问题的研究完全落实到对思想与文学活动演进、发展中的具体现象,以及具体的思想文本与文学文本的细致分析解读当中,并以此作为思想史和文学思潮史研究的真正起点。

此外,著者在《"人"的发现:"五四"文学现代人道主义思潮源流》的《导论·三　新文学西方渊源研究的方法论问题》中,基于自身研究实践,围绕如何回到历史"现场",阐发了一系列独特的方法论思考,比如著者在回到历史"现场"的研究方式中强调还原历史"现场"所使用的历史解释系统、文明解释系统,以及各类理论命题与思考框架等,以此作为解析历史文本的首选理论工具,并提出"现代文学研究领域自己的世界文学/文化研究的命题"等,这些研究方法仍贯彻于本书写作过程中。

第一章 “五四”文学“人学”观的“认识性装置”构架

第一节 “认识性装置”的建构与运作：以“五四”现代人道主义思潮运动为例

半个多世纪以来，欧美人文社科领域新理论迭出不穷，从根本上改变了传统历史研究的走向，比如在思想史研究领域，很多学者普遍将20世纪各时期关于各类社会运动与思想潮流的解说视为话语形态的建构，进而将研究重点放置在对各种话语形态建构等问题的解析之上。20世纪90年代中期后中国学界深受影响，学术风向逐渐转移，以“五四”研究为例，成为新关注点的主要是“五四”运动、各类社会改造思潮运动、新文学运动、塑造“新人”、科学与民主观等在“五四”时期的话语建构，以及它们在此后百年中不断被建构成不同的话语形态的情况。著者在考察这些话语系统及认知机制的建构等问题时，发现日本理论家柄谷行人所提出的“认识性装置”理论模式①具有极强的解释能力，因此，著者借用并深度改造该理论模式，作为分析 20 世纪各类话语系统及认知机制建构的主要工具。著者认为，“认识性装置”是一种“意谛牢结”构造物，其建造者通常会设计出一整套系统理论，这是一种在新的观念与认知层面上的“世界构造”，他们试图以此建立起一种新的虚拟的未来世界图景，在此世界图景中包括设计完整的思想机制和实践活动机制等。这些建造者的终极目标是依靠思想传播和实践活动的推动，首先以新的思想机制完全置换当前统御观念领域的“世界认知”，继而再凭此观念重新改造/构造世界，并用新的实践活动机制更换掉现实世界中正在运作的实践机制，以实现全社会根本性的整体改变。需要特别强调，为了更为清晰、准确地呈现各种话语建构的活动样态，著者所使用的装置、组件、载体、搭建、安装、运作、变形、拆除、同构、零件等用以描述物质世界活动的语词，均可视为是在概念

① 20 世纪 70 年代后期日本理论家柄谷行人写作『日本近代文学の起源』(《日本现代文学的起源》)一书，在讲谈社 1980 年版的第一章「风景の発见」(《风景之发现》)中，以“风景”的建立/发现为例，解读近代日本新的认知模式/认知结构形成的有关现象。他从哲学认识论的角度透视了“风景”的建立/发现这一特殊的认知活动，将在此认知活动中被建构起来的近代人的新的认知结构或认知模式，称为一种「認識の布置」(第 17 页)、「認識的な布置」(第 21 页)、「布置」(第 26 页)、「認識的な布置」(第 33 页)，1993 年 Duke University Press 英文版由 Brett de Bary 对应翻译为“perception”(第 19 页)、“epistemological constellation”(第 22 页)、“configuration”(第 27 页)、“epistemological configuration”(第 31 页)，意思大致相同，生活 · 读书 · 新知三联书店 2003 年中文版，赵京华译为“认识性的装置”(第 12 页)、“认识装置”(第 9、17、22 页)。1993 年英文版中柄谷行人所做“Karatani Kōjin' s Afterword to the English Edition”(1991)(《英文版作者后记》)，将“现代文学”“作家”“自己”“表现”等视为一种近代的“Apparatus”，2003 年中文版译为“装置”。2004 年“定本　柄谷行人集〈1〉日本近代文学の起源”由岩波书店出版，柄谷行人对全书进行了大幅度修改，由“布置”改称“装置”，与原版本相比，柄谷行人对该术语的重视程度已降低。其中在日文的《英文版作者后记》中，他同样称“现代文学”“作家”“自己”“表现”等为一种“装置”。不过，柄谷行人始终未对这一概念作出专门的界定。意大利哲学家吉奥乔 · 阿甘本曾分析过一个相近术语，即福柯的核心概念“dispositif”(英文作“Apparatus”)，并追溯概念来源，他引用了福柯所下的定义：“The apparatus is precisely this：a set of strategies of the relations of forces supporting，and supported by，certain types of knowlege.”(Michel Foucault，*Power/Knowledge：Selected Interviews and Other Writings，1972—1977*，ed. C. Gordon，New York：Pantheon Books，1980，pp. 194—196)。参见 Giorgio Agamben，“What Is an Apparatus?”，in *WHAT IS APPARATUS? And Other Essays*，trans.，David Kishik and Stefan Pedatella，Stanford，California：Stanford University Press，2009，p. 2。应该说，这些理论家对于知识型及有关认知模式/认知结构等机制构建问题的思考，是“后学”理论的一个重要特色。

隐喻层面上使用的。①

我们如使用这一新的“认识性装置”理论模式考察不同历史时期有关“五四”的各类话语系统及认知机制建构等问题，便可清晰地看到，在不同历史时期出现的各类关于“五四”的话语形态实际上正是不同的“认识性装置”，而且在各类“五四”话语形态建构活动中，明显呈现出各类“认识性装置”及其组件、载体等的搭建、安装、运作、变形、拆除等活动。通观20世纪各时期关于各类社会运动与思想潮流的话语建构，“认识性装置”的搭建、安装与拆除等活动是普遍存在的现象。本节拟通过解剖一个极具典型性的“认识性装置”——周作人等现代人道主义者在“五四”社会改造热潮期②所建构的现代人道主义“认识性装置”的搭建、安装与拆除的具体流程，对这一普遍性现象进行深入考察。考察发现，周作人等现代人道主义者搭建出了不同层级的“认识性装置”，基本可分为总体性、小型、单体型三类，它们不仅同质、同构，而且相互交叉、汇融，共同服务于构建现代人道主义“世界认知”与根本改造社会的目标。本节将藉此案例，分别对三个层级“认识性装置”的建构活动作出完整探究，具体解析“认识性装置”及其组件、载体的搭建、安装、运作、拆除等流程和机制，力求全面归纳、概括20世纪“认识性装置”建构及运作等的普遍性特质。

一、总体性“认识性装置”

自近代以来，国人在探索整体改造中国并开创新的中国道路的伟大历程中，多次尝试在观念领域创造出新的“世界体系”。截至“五四”已涌现出康有为、谭嗣同、严复、胡适、周作人等杰出代表，他们各自搭建了系统完整、自足、自为的“认识性装置”——承载全新“世界认知”的整体构造物，力图用它彻底置换传统中国固有的对世界的各

① 牛宏宝：《哲学与隐喻：对哲学话语的思考》，《北京大学学报》（哲学与社会科学版）2017年第5期。

② “人的文学”是中国现代文学发展的第一个阶段，以宣扬现代人道主义“真理”为中心进行文学活动，拥有独立完整的理论体系与创作形态，时间界限为1918年年末到1922年，这一时期普遍被称为“五四”前期，或者“五四”社会改造热潮期。参见张先飞：《“人的文学”：“五四”现代人道主义与新文学的发生》，人民出版社2016年版。

类认知模式与指涉系统，以推动“世界认知”的根本转型，并与古典中国的“旧物”整体性地“断裂”，他们的最终目标是在实践层面建立包括中国在内的人类共同生存的理想体制与机制。这些思想家所创造的新的“世界体系”与搭建的自足、自为的“认识性装置”呈现出两种不同样貌，第一种类型以康有为、谭嗣同为代表，他们在近代西洋思想、制度、文化等初进中国之际，广泛吸纳各类零碎、分散、杂乱的信息，凭借想象力和创造力，杂糅各类中外知识，各自搭建起恢宏奇异的“宇宙体系”与理想化的“世界体系”，同时也建构起了完整的“认识性装置”。19 世纪末的严复与“五四”时期的胡适、周作人等对“认识性装置”的搭建属于第二种类型，他们接受过深厚的现代思想熏陶和完备的科学训练，并对国外新知有着深刻的洞察与反思，同时各自服膺于某些国外系统观念，因此，他们与康有为、谭嗣同的搭建方式完全不同，是通过引介、阐释，乃至创造性转化、改变同时期国外盛行的某些系统观念而建构起新的“世界认知”的认知谱系与观念系统，同时搭建、安装成完整的“认识性装置”。20 世纪 60 年代，美国汉学家本杰明·史华慈对严复构建新的宇宙观念、“世界体系”做出过创造性分析①，汪晖赞同本杰明·史华慈的判断并在《现代中国思想的兴起》等论著中加以强调和引申②，李泽厚在《论严复》中就此问题做出了不同阐释③；关于“五四”时期胡适对新的“世界认知”的建构也已产生大量研究成果。相形之下，学界对“五四”社会改造热潮期以周作人为中心的现代人道主义者的活动关注不多。

在“五四”社会改造热潮期，周作人等现代人道主义者掀起思想改造和社会变革运动，通过系统引介、阐释以及理论创造等方式，创构出现代人道主义的新的“世界认知”。我们如对这些活动进行总体考察，就会发现，周作人等是在有意识地进行着“认识性装置”的系统搭建活

---

① ［美］本杰明·史华慈著：《寻求富强：严复与西方》，叶凤美译，江苏人民出版社 1996 年版，第 82—101 页。

② 汪晖：《现代中国思想的兴起》下卷第一部，生活·读书·新知三联书店 2004 年版，第 844—923 页。

③ 李泽厚：《论严复》，《历史研究》1977 年第 2 期。

动。他们的活动不仅计划周详，而且内容全面。周作人等与严复、胡适在为创构新的"世界认知"而搭建、安装"认识性装置"的工作方式上十分相近：首先是要设计出"认识性装置"的基本组件，之后通过构造不同组件以完成对"世界认知"不同层面的搭建，而这些组件的构造与塑型必须依托于一些载体。著者将这类为创造总体性"世界认知"而搭建的宏大"认识性装置"命名为"总体性'认识性装置'"。

就"五四"现代人道主义"认识性装置"搭建活动而论，第一类载体，是周作人撰写的《人的文学》①，正是由它构建起了现代人道主义"认识性装置"的意义框架。著者认为，《人的文学》是"五四"现代人道主义思潮、运动最重要的指导性文献，其发表作为"五四"社会改造热潮期的标志性事件，具有重大理论价值与实践意义：一方面，《人的文学》成为"五四"现代人道主义观念与实践运动的总纲。周作人在文中对现代人道主义观念做出了最凝练的表述，将现代人道主义核心理念全部纳入"人的文学"的中心观念内，提出了全面、综合的思想方案与实践设想。另一方面，《人的文学》成为"五四"现代人道主义思潮、运动的真正起点，为它们在观念和实践拓展方面划定范围、确定走向并提供强大推动力。同时，周作人在《人的文学》中对现代人道主义理论形态的完整构造不仅为"五四"人道主义共识观形成奠定了核心理论基础——建造理论框架与提供观念系统等，而且也为形成内容涵盖更丰富、观念范围更宽广的人道主义思想提供了巨大的理论发展空间。② 很明显，周作人通过《人的文学》不仅将搭建现代人道主义"认识性装置"的意义提升到人类整体文明进步发展的高度，而且阐明建构此"认识性装置"的重要意义与历史使命——创造新的"世界体系"和意义世界。

第二类载体，是周作人与皈依现代人道主义的知识分子群落所撰写的"系统性的系列文章"，包括阐说现代人道主义观念统系的各类议

---

① 周作人：《人的文学》，1918 年 12 月 7 日作，1918 年 12 月 15 日《新青年》第 5 卷第 6 号。

② 张先飞：《五四前期"新青年"派现代人道主义"公同信仰"形成考论》，《史学月刊》2017 年第 6 期。

论说明性散文、思想杂论、文艺评论、时事评论、解说翻译作品的译者附记等，它们均依托于由新思想报刊《新青年》《新潮》《每周评论》《少年中国》《新生活》《人道》和新思想著作等形成的意义生成与话语交往、传播平台，周作人等关于“五四”现代人道主义的新的“意谛牢结”及其建构机制，即新的社会话语形态、知识形态、对于人类文明史的新历史叙事等，均是在此平台借助相关载体进行系统建构的。周作人等建构的新的社会话语形态包括：新理想主义的总体时代观、现代人道主义观念谱系、现代人道主义“人间观”等理想化社会政治学说、“人的文学”观等理想社会改造工具论、作为理想人性改造核心话语的科学“人学”观——“现代灵肉一元观”等。以上各类新的社会话语形态均存在着相应的新的知识形态，这缘于周作人的有意识的建构。他作为新理想主义时代的“新人”，深受实证科学观念影响，突出表现在，他在“五四”社会改造热潮期不论做出何种关于“主义”的论断，总会同时尝试提供具有科学实证依据的新的知识形态并架构起系统的范畴、概念体系，用以阐明“主义”的合理性并尽力凸显其科学性。而对于人类文明史的新历史叙事包括近代“人”的真理发现的三阶段说，以及周作人分析人类文艺“进化”时所详细阐发的人类文明进化史观等。著者对皈依现代人道主义的知识分子群落的写作活动和思想状况已有全面梳理与阐释。①

第三类载体，是“人的文学”/初期新文学活动，包括以根本改造为核心任务的文学工作者联合体的组织团体与舆论阵地的建立，“为主义的艺术”观的建构，服务于现代人道主义改造并创造全新表现主题、题材和“情感世界”/“感觉世界”的文艺创作，以有效地阐发“主义”为鹄的的论争等。据著者研究，“人的文学”活动与“五四”现代人道主义运动同源共生，并参与到现代人道主义“认识性装置”搭建、安装活动中，成为主要载体。周作人等借助这一载体完成了新世界与新生活叙事、日常生活形态塑造、“情感世界”/“感觉世界”整体转换等多项

① 张先飞：《“人”的发现：“五四”文学现代人道主义思潮源流》，人民出版社 2009 年版；张先飞：《“人的文学”：“五四”现代人道主义与新文学的发生》，人民出版社 2016 年版。

任务。因为在周作人等现代人道主义者看来，新的“世界认知”不仅包括新的人类社会总体框架、认知机制及相关宏大叙事，还包括“新人”关于“生活世界”和“情感世界”的全新认知方式、感受模式、情感机制等，而后者只有通过文艺活动才可能得以建构。①

第四类载体，是现代人道主义“世界认知”的实践形态——社会改造活动以及组织形态——新村式的社会改造小组等，借助于这些载体，现代人道主义“世界认知”在群体性的实践运动层面得到了完整呈现，并被有效落实到新的社会机制的建构工程中，推进了社会整体改造进程。总之，这四类核心载体在现代人道主义“认识性装置”建构活动中的作用最为突显。

二、小型“认识性装置”

周作人等在借助核心载体搭建总体性“认识性装置”的同时，也在搭建一些相对独立的小型“认识性装置”，其中以翻译性文本作为主体支撑的小型“认识性装置”最为典型。纵观20世纪后发展国家历史，它们往往以引介国外学说为基础建构本土现代思想，而借助译介活动搭建“认识性装置”成为进行这种思想、文化建制的惯例。当然总体性和小型现代人道主义“认识性装置”不仅具有同构、同质关系，并且在“五四”中国的社会话语活动中，两者之间非但没有明显的界限，还彼此交叉、汇融，共同服务于构建现代人道主义“世界认知”和进行根本性的社会改造。

以翻译性文本作为主体支撑的现代人道主义“认识性装置”的搭建、安装活动与总体性“认识性装置”的搭建、安装活动大致相近，主要依托于三类载体，分别对应搭建总体性“认识性装置”所依托的前三类载体。

以翻译性文本作为主体支撑的“认识性装置”的搭建所依托的第一类载体仍是周作人的《人的文学》，因为该文是站在整体历史的高度阐发世界文明历程并规划出人类未来的理想远景，因此，周作人等以之搭建起这一小型现代人道主义“认识性装置”的意义框架。

① 张先飞：《“人的文学”：“五四”现代人道主义与新文学的发生》，人民出版社2016年版。

以翻译性文本作为主体支撑的“认识性装置”的搭建所依托的第二类载体，是对国外阐释现代人道主义的论说文本的系统性译介，对应总体性“认识性装置”的第二类载体——阐发现代人道主义的“系统性的系列文章”。第二类载体中首要的是对日本现代人道主义思想巨子武者小路实笃言论、著作的译介，周作人对武者小路实笃介绍新村运动的系列议论说明性散文、思想杂论、时事评论等做了一些摘译①，其他突出的翻译成果还包括鲁迅所译的话剧《一个青年的梦》，李宗武、毛咏堂合译的论著《人的生活》。② 第二类载体中的另一重要部分是“五四”现代人道主义者所译介的专题性论说文本，周作人1918年译介了英国 W. B. Trites 的《陀思妥夫斯奇之小说》、日本与谢野晶子的《贞操论》(『人及女イシラ』中之一篇)、节译英国斯柏勤女士《英文学上的神秘主义》中关于布莱克的评论、节译霭理斯《新精神》中关于惠特曼的评论、1919 年译介了英国 Angelo S. Rappoport 的《俄国革命之哲学的基础》等。③ 而沈雁冰、郑振铎、耿济之、张崧年、

① 《读武者小路君所作〈一个青年的梦〉》，1918 年 5 月 15 日《新青年》第 4 卷第 5 号；《日本的新村》，1919 年 3 月 15 日《新青年》第 6 卷第 3 号；《访日本新村记》，1919 年 7 月 30 日作，1919 年 10 月 30 日《新潮》第 2 卷第 1 号；《游日本杂感》，1919 年 8 月 20 日作，1919 年 11 月 1 日《新青年》第 6 卷第 6 号；《新村的精神》，1919 年 11 月 8 日讲演，1919 年 11 月 23、24 日《民国日报·觉悟》；《新村运动的解说——对于胡适之先生的演说》，1920 年 1 月 18 日作，1920 年 1 月 24 日《晨报》；《新村的理想与实际》，1920 年 6 月 19 日讲演，1920 年 6 月 23、24 日《晨报·副刊》；《新村的讨论(答黄绍谷的信)》，1920 年 12 月 17 日作，1920 年 12 月 26 日《批评》第 5 号(“新村号”)。

② ［日］武者小路实笃：《一个青年的梦》，鲁迅译，商务印书馆 1922 年版。1919 年 8 月 2 日—1920 年 1 月 18 日译毕，1919 年 8 月 3 日—10 月 25 日连载于北京《国民新报》，该报被禁后，鲁迅校订旧译并译完全书，1920 年 1 月至 4 月连载于《新青年》第 7 卷第 2—5 号，后收入“文学研究会丛书”。武者小路实笃：《人的生活》，李宗武、毛咏堂译，中华书局 1922 年版。周作人于 1921 年 7 月 6 日为该译本作序，此书是武者小路实笃在 1920 年出版的著作。

③ ［英］W. B. Trites：《陀思妥夫斯奇之小说》，周作人译，原载《北美评论》七一七号，1918 年 1 月 15 日《新青年》第 4 卷第 1 号；［日］与谢野晶子：《贞操论》(『人及女イシラ』中之一篇)，周作人译，1918 年 5 月 15 日《新青年》第 4 卷第 5 号；［英］Caroline. F. E. Spurgeon, *Mysticism in English Literature*, Cambridge: Cambridge University Press, 1913. 关于布莱克的评论在第五章 Devotional and Religious Mystics，周作人节译一小部分，见第 135—137 页；周作人：《随感录·三十四》，1918 年 10 月 15 日《新青年》第 5 卷第 4 号；［英］Angelo S. Rappoport：《俄国革命之哲学的基础》，起明(周作人)译，原载 *The Edinburlgh Review*，1917 年 7 月，1919 年 4—5 月《新青年》第 6 卷第 4—5 号。

张闻天、沈泽民等也译介了一些专题性论说文本，其中最重要的翻译文本包括耿济之所译介的列夫·托尔斯泰《艺术论》[①]、张崧年译介的《精神独立宣言》[②]，尤其需要强调 1921 年 9 月出版的《小说月报》第 12 卷号外《俄国文学研究》，其中刊载耿济之、陈望道、周建人、沈泽民、夏丏尊、胡根天、灵光译介的有关俄国文学思潮与作家研究的多篇论文。如前所述，以翻译性文本作为主体支撑的"认识性装置"与总体性"认识性装置"之间没有明显的界限，二者彼此交叉、汇融，因此，可以将总体性"认识性装置"的第二类载体——阐发现代人道主义的"系统性的系列文章"（如周作人 1918 年年底至 1920 年年底撰写的介绍现代人道主义思想的论说性文本）视作小型"认识性装置"的第二类载体——对国外阐释现代人道主义的论说文本的系统性译介的延伸性文本。

以翻译性文本作为主体支撑的"认识性装置"的搭建所依托的第三类载体，是对现代人道主义世界文学文本的系列译介，对应总体性"认识性装置"第三类载体——初期新文学活动。周作人的译介成果在 1920 年 8 月结集为《点滴（近代名家短篇小说）》，部分收录在 1922 年 5 月版《现代小说译丛（第一集）》和 1923 年 6 月版《现代日本小说集》，鲁迅主要对俄、日等国泛人道主义世界文学文本与尼采《察拉图斯忒拉的序言》进行译介，部分收录在《现代小说译丛（第一集）》和《现代日本小说集》中。[③] 耿济之、郑振铎、沈雁冰、瞿秋白、沈泽民、王统照、董秋芳、周建人、胡根天等在 1918—1923 年也对现代人道主义世界文学文本进行系列译介，部分集中刊登于《小说月报》第 12 卷号外《俄国文学研究》上。作为载体的现代人道主义世界文学文本的系列译介绝非单纯的文字翻译，这些译介文本具有重要功用并呈现出特异形态，它们由负责语言间转换的译文和负责意义阐释的文本两部分

---

① ［俄］列夫·托尔斯泰：《艺术论》，耿济之译，商务印书馆 1921 年版。

② ［法］罗曼·罗兰等：《精神独立宣言》，张崧年译注，《新潮》1919 年 12 月底第 2 卷第 2 号"附录"栏。

③ 周作人辑译：《点滴》，北京大学出版部 1920 年 8 月。《现代小说译丛（第一集）》，周作人、鲁迅、周建人译，商务印书馆 1922 年版；《现代日本小说集》，周作人、鲁迅、周建人译，商务印书馆 1923 年版。

构成，在每篇译文之前或结尾处，有“译者案”或“译者附记”等阐释性文字，用以阐发该作品所蕴含的现代人道主义“真理”。事实上，这一时期大批译文是依靠这些阐释性文字生成意义的，因为那些被笃信现代人道主义的翻译者纳入人道主义文学文本系统的作品之所以能够成为标准现代人道主义文学文本，很大程度上依赖的是这些翻译者的解读。因此，这种翻译行为是典型的话语构造活动，其话语构造方式源自以严复、林纾为代表的晚清翻译活动。作为第三类载体的现代人道主义世界文学文本的系列译介也有延伸性文本，即“五四”现代人道主义者介绍国外现代人道主义文学的议论说明性散文，如周作人所撰数篇长文①，以及1917—1919年编著的《欧洲文学史》和《近代欧洲文学史》教材。② 跟随周作人“人的文学”实践的前期文学研究会成员俞平伯、沈雁冰、郑振铎、叶绍钧等也撰写了介绍国外人道主义文学的议论说明性散文和文艺评论等。③ 第二类、第三类载体也是依托由新思想报刊、新思想著作等构成的意义生成与话语交往、传播平台，周作人等在此平台借助相关载体系统建构“五四”现代人道主义的新的“意谛牢结”和认知机制。

三、单体(monad)型“认识性装置”

在搭建总体性、小型现代人道主义“认识性装置”的同时，周作人

① 《日本近三十年小说之发达》，1918年4月17日作，1918年5月20日—6月1日《北京大学日刊》第141—152号；《人的文学》，1918年12月7日作，1918年12月15日《新青年》第5卷第6号；《勃来克的诗》（后更名《英国诗人勃来克的思想》），1918年作，1920年2月15日《少年中国》第1卷第8期“诗学研究号”，后文署明写作时间为1919年12月17日；《新文学的要求》，1920年1月6日讲演，1920年1月8日《晨报·副刊》；《〈点滴〉序言》，1920年4月17日作，载周作人辑译：《点滴》，北京大学出版部1920年版；《欧洲古代文学上的妇女观》，1920年7月21日作，1920年10月《妇女杂志》第7卷第10号；《文学上的俄国与中国》，1920年11月8日讲演，1920年11月15—16日《晨报·副刊》；《圣书与中国文学》，1920年11月30日讲演，1921年1月10日《小说月报》第12卷第1号等。

② 周作人：《欧洲文学史》，商务印书馆1918年版；周作人：《近代欧洲文学史》，1917—1919年编著，止庵等校注，团结出版社2007年版。

③ 张先飞：《“进化的还原论”：“五四”前期俞平伯“人的文学”观建构解析》，《现代中国文化与文学》2016年第2期；张先飞：《阐释与延展：“五四”前期文学研究会“人的文学”文艺观综论》，《鲁迅研究月刊》2016年第9期。拙文对前期文学研究会成员关于“人的文学”观念的思考做了翔实论述。

等现代人道主义者为便于“主义”推广，特意搭建出一些更小的微型“认识性装置”。这种微型“认识性装置”与总体性、小型“认识性装置”同构、同质，虽体量很小，但仍具有完备的组件、载体和运作机制等，布鲁诺和莱布尼茨等的哲学概念“单体（monad）”最适于概括其存在样态，因此，微型“认识性装置”可命名为“单体（monad）型‘认识性装置’”，周作人喜欢引述的布莱克神秘诗句“一粒沙里看出世界”可对其存在特质作出形象化说明。① 周作人与傅斯年、罗家伦等现代人道主义者所精心谋划与编辑出版的新翻译合集《点滴（近代名家短篇小说）》（1920 年 8 月）是一个极为典型的单体型“认识性装置”，其出版成为“五四”社会改造热潮期现代人道主义“意谛牢结”宣传和社会改造的标志性事件。② 不过，既然周作人等已开始建构总体性“认识性装置”，那么再搭建小型甚至单体型“认识性装置”又有何意义呢？就《点滴》而论，它虽只是缩微版“认识性装置”，但在某些方面有着明显优势：首先，作为“认识性装置”的《点滴》存在空间明晰，集结于一部书稿，不仅便于搭建，而且易于使用，而总体性和小型“认识性装置”更像虚拟的意义空间，并不容易捕捉与把握；其次，由于单体型“认识性装置”体量较小、空间明晰，因此，借助一部书稿便能对现代人道主义新的世界图景、“世界认知”作出集中与整体性的传达。

分析至此，著者需要以现代人道主义“认识性装置”建构活动为例，着重对三类“认识性装置”的关系予以界说，便于更清晰阐明小型、单体型“认识性装置”的构造特点与运作机制。在三类“认识性装置”中，总体性“认识性装置”可以看作一个独立、自足、自为的意义世界，因为它是无所不包的，一切与现代人道主义“意谛牢结”宣传和社会改造活动有关的符码、文本、知识系统、认知机制、组织形态、实践活动等

① 周作人：《勃来克的诗》（后更名《英国诗人勃来克的思想》），1918 年作，1920 年 2 月 15 日《少年中国》第 1 卷第 8 期，后文署明写作时间为 1919 年 12 月 17 日。此为周作人所译《无知的占卜》序诗的前两句。

② 关于傅斯年、罗家伦在“五四”社会改造热潮期对现代人道主义的接受情况，参见张先飞：《五四前期“新青年”派现代人道主义“公同信仰”形成考论》，《史学月刊》2017 年第 6 期。周作人在《〈点滴〉序言》说明此二人在编辑出版《点滴》时所起的作用，1920 年 4 月 17 日作，参见周作人：《〈点滴〉序言》，载周作人辑译：《点滴》，北京大学出版部 1920 年版。

都被纳入其中,因此,这个意义世界中的所有组构成分不仅能搭建起十分完整的思想机制与实践活动机制,而且所有组构成分均可以彼此支撑并相互诠释。相形之下,以翻译性文本作为主体支撑的小型“认识性装置”和以一册译著为主体的单体型“认识性装置”体量过小,所能容纳内容有限,因此,如果仅依靠此两类“认识性装置”中所包含的组构成分是无法正常运作的,更遑论置换“世界认知”并推进根本革新。事实上,现代人道主义者在设计小型、单体型“认识性装置”的构造与运作机制时,已有效地解决了这一难题。虽然相对于现实世界而言,小型、单体型“认识性装置”是独立、自足、自为的封闭的意义世界,但是它们对总体性“认识性装置”却始终完全敞开,而且需要依赖总体性“认识性装置”的支撑才能正常运转。如果我们从小型、单体型“认识性装置”具体运作活动方式的角度来审视,也可将三类“认识性装置”的关系描述为:总体性“认识性装置”的组构成分均是小型、单体型“认识性装置”的延伸性文本,而小型、单体型“认识性装置”的正常运作、进行意义生产和知识生产、向全社会展示现代人道主义世界图景与“世界认知”等,均需依赖自身所容纳文本和延伸性文本的合力支撑才可能完成,很明显,这是一种交融混同的运行机制。而且人们只有在由这两类文本构造出的现代人道主义互文性文本世界的大语境中,才有可能清晰辨识出小型和单体型这两类较小的“认识性装置”的存在,进而准确解读由它们建造的现代人道主义的意义世界。根本而言,三类“认识性装置”实为一体,由现代人道主义互文性文本世界共同支撑每一层级“认识性装置”对意义世界的创构。

当然,以一部著作搭建起单体型“认识性装置”并非易事,而周作人对单体型“认识性装置”《点滴》的搭建独具匠心,设计精妙。首先,周作人在编集伊始依托于第一类载体——书名“点滴”和全书题记搭建起宏伟的意义框架,向全社会昭示小小《点滴》中所容纳的将会是一个宏大的意义世界,而此意义世界的建构完全是站在人类整体文明进步发展的高度。第一类载体的主要延伸性文本是鲁迅对尼采《察拉图斯忒拉的序言》的翻译与阐释。周氏兄弟在新文化运动中决心“复出”经过了复杂的思想历程,他们最初是在理论层面借助“尼采思路”

做出“复出”决定，并采用一种特殊方式——通过对《察拉图斯忒拉的序言》的翻译与阐释活动，对自身思想抉择和未来新的身份、任务做出表述。当周作人搭建“认识性装置”《点滴》时仍采用此方式，他将鲁迅所译《察拉图斯忒拉的序言》第四节倒数第二段置于全书之前，作为题记，并将其中核心意象“点滴”用作书名①，即“节取尼采的话，称为点滴”②。周作人正是借此直接阐明努力搭建单体型“认识性装置”的目的与意义，并宣告其将承担的任务。首先，“认识性装置”建造者以“真理”之光的宣示者和新的理想人类即将来临的通告者自居。其次，他们以“点滴”自喻，宣告自己将会携带承载着“真理”全息信息的“认识性装置”到全体社会人群中传播现代人道主义“真理”，以实现造就理想社会、理想人类的宏伟目标。③ 换个角度说，周作人是以这种方式表明单体型“认识性装置”《点滴》的异常重要性，认定它与总体性“认识性装置”同样承载着创造新的“世界体系”、意义世界的历史使命。单体型“认识性装置”《点滴》依托的第一类载体对应总体性、小型“认识性装置”的第一类载体。

在搭建意义框架后，周作人马上通过《〈点滴〉序言》阐明这一新的意义世界的具体内涵。《〈点滴〉序言》是“五四”社会改造热潮期现代人道主义和“人的文学”的重要宣言，周作人在其中不仅表明了对现代人道主义的忠实信仰，而且申明入选的译作都具有“共通的精神”——“人道主义的思想”。承担阐明意义世界内涵这一任务的还有此书《附录》，其中由傅斯年、罗家伦等人建议，收录了周作人的《人的文学》《平民的文学》《新文学的要求》3 篇论文。它们作为宣传现代人道主义社会改革理想和“人的文学”全新文艺观的核心文献，很明显

---

① 周作人辑译：《点滴》，北京大学出版部 1920 年版。［德］尼采：《察拉图斯忒拉的序言》，唐俟（鲁迅）译，1920 年 9 月 1 日《新潮》第 2 卷第 5 号，其中译为“水滴”，周作人在《点滴》题记中使用的是“点滴”。

② 周作人：《〈点滴〉序言》，1920 年 4 月 17 日作，载周作人辑译：《点滴》，北京大学出版部 1920 年版。

③ 张先飞：《“下去”与“上去”：“五四”时期鲁迅、周作人复出的发生学考察》，《山东师范大学学报》（人文社会科学版）2017 年第 1 期。［德］尼采：《察拉图斯忒拉的序言》，唐俟（鲁迅）译，1920 年 9 月 1 日《新潮》第 2 卷第 5 号。

是为了彰明编辑出版《点滴》的真实目的。这4篇文章是单体型“认识性装置”《点滴》依托的第二类载体，对应总体性、小型“认识性装置”的第二类载体。

在《〈点滴〉序言》后是周作人对现代人道主义世界文学文本的系列译介，包括他于1918年1月至1919年12月围绕人道主义宣传选择译介的21篇欧洲短篇小说。这些系列译介文本仍由负责语言间转换的译文和负责意义阐释的文本两部分构成，这是以周氏兄弟为代表的“五四”现代人道主义者进行新话语构造的典型方式，他们关于现代人道主义思想本质和社会改造观的很多精义均以此方式展示。如《齿痛》译文与周作人在《译者附记》中对安特来夫观念历程的描述相结合，生成“五四”社会改造热潮期最重要的现代人道主义宣传文本；《沙漠间的三个梦》译文与其《译者附记》结合成为新理想主义宣传核心文本。① 这一部分是单体型“认识性装置”《点滴》所依托的第三类载体，对应总体性、小型“认识性装置”的第三类载体。《点滴》依托的第三类载体的延伸性文本较多，包括“五四”社会改造热潮期所有对现代人道主义世界文学文本的系列译介和引介国外现代人道主义文学的议论说明性散文。

最后需要说明周作人等特意选择翻译文学文本搭建“认识性装置”的原因。依据《〈点滴〉序言》的表述，当时只有依靠由翻译文学文本搭建的“认识性装置”才可能即刻在实践层面上改造中国。这是因为在新文学初起之时，标准的“人的文学”只有一些翻译文学文本，因此，具有特殊功用的“人的文学”所要承担的核心任务只能依靠由翻译文学文本搭建的“认识性装置”来完成。一方面，在“五四”现代人道主义者看来，人类一切不幸都根源于相互间厚重的精神“隔膜”——“大家对于别人的心灵，生命，苦痛，习惯，意向，愿望，都很少理解，而且几于全无”，因此，“拭去一切的界限与距离”便成为解决世界难题

---

① 周作人：《〈齿痛〉译者附记》，1919年10月30日作，1919年12月1日《新青年》第7卷第1号；周作人：《〈沙漠间的三个梦〉译者附记》，1919年4月12日作，1919年11月1日《新青年》第6卷第6号。

的首选方案，而传达现代人道主义“真理”的“人的文学”正是完成这种社会改造“最高上的功业”的最佳工具。[①] 由于本土“人的文学”尚未真正出现，于是由翻译文学文本搭建的“认识性装置”就显得异常重要，“五四”现代人道主义者坚信可以通过介绍其他国度、地域或族群中人们的思想和情感来沟通人类精神，推动人类兄弟自觉泯除彼此间的“隔膜”，最终使人类社会跃入理想境界。另一方面，在“五四”现代人道主义者看来，实现现代人道主义理想的关键还在于所有人在感情上完全改变，因为只有如此才可能使理想观念真正化作个人信仰并落实为实际行动，而善于“传染人的感情”的“人的文学”就是实现现代人道主义“从思想转到事实”的枢纽所在，周作人称“这是我们对于文学的最大的期望与信托”。[②] 因此，在未出现本土“人的文学”的情况下，周作人将一批国外“人的文学”作品汇编成册，力图依靠此“认识性装置”启动社会改造机制并整体推进改造进程。不过，这些仅为“五四”现代人道主义者对以翻译文学文本为主体的“认识性装置”功能的判断，不一定适用于20世纪其他“认识性装置”建构者对此类“认识性装置”功能的认知。

四、“认识性装置”的拆除方式

在20世纪动荡不息的世界思想领域，观念变迁往往伴随着对“认识性装置”的拆除与重建，这使拆除“认识性装置”成为思想运动中的重要事项，这一活动要求通过拆除各类组件和载体等来完成。不过，拆除“认识性装置”不可能一蹴而就，因为无论何种思想的根本变化总先要经历渐变过程。周作人与现代人道主义的分离作为一次典型的“认识性装置”拆除活动，自然循此路径。

1921年后周作人开始淡出现代人道主义社会改造运动，并逐渐疏离现代人道主义信仰和社会改造立场，他在此后的思想摸索中频频回

---

① 周作人：《〈齿痛〉译者附记》，1919年10月30日作，1919年12月1日《新青年》第7卷第1号。

② 周作人：《〈点滴〉序言》，1920年4月17日作，载周作人辑译：《点滴》，北京大学出版部1920年版。

顾曾经的信仰时期，不停做出反省并陈说当下每一时段的思想渐变，但始终未能作出彻底的思想清理，仅在零打碎敲地清除着现代人道主义个别思想要素，即拆除作为信仰体系支撑物的现代人道主义“认识性装置”的个别零件。其拆除活动采取两种方式：第一种方式，是反复质疑现代人道主义某些观念及实践，持续不断地消解它们的“真理”性定位，指出它们仅是具有道德意味的“意谛牢结”表述。① 周作人不仅撰写《诗人席烈的百年忌》《〈谈虎集〉后记》②等大量论说文，更以汇编旧作的方式较为完整地表明态度。1926 年他将“五四”社会改造热潮期的长篇论说文编集为《艺术与生活》，然后撰写《自序》集中评判，断言这些文本所承载的现代人道主义信仰只是乌托邦梦想。③ 第二种方式，是对现代人道主义“认识性装置”的结构完整性的破坏。任何“认识性装置”首先必须具备内部的统一性，周作人在“五四”社会改造热潮期曾竭力将很多矛盾分歧较大的观念糅合为一体，以维系现代人道主义“认识性装置”内部的和谐完整。但当其信仰发生了动摇，他便迫不及待地宣称自己刚辛苦搭建起的现代人道主义“认识性装置”的内部结构出现了严重松动，已很难再将“托尔斯泰的无我爱与尼采的超人，共同生活主义与善种学，耶佛孔老的教训与科学的例证”等差异巨大的理念调和统一，这一“认识性装置”已变成各类思想凌乱堆积的“乡间的杂货一料店”。④

直至 1928 年思想遽变的周作人终于表现出决绝的态度，他不仅全面客观回顾与总结了自己短暂的信仰时期，而且坦承已与现代人道主义理想分道扬镳，并无藕断丝连，并随即开始完整拆除各种层级的现代人道主义“认识性装置”。在周作人的大规模拆除活动中，最具标志性的是对单体型“认识性装置”《点滴》的精细化拆除，这一拆除活

① 张先飞：《从普遍的人道理想到个人的求胜意志：论 20 年代前期周作人“人学”观念的一个重要转变》，《鲁迅研究月刊》1999 年第 2 期。

② 仲密（周作人）：《诗人席烈的百年忌》，1922 年 7 月 12 日作，1922 年 7 月 18 日《晨报副镌》。周作人：《〈谈虎集〉后记》，1927 年 11 月 25 日作，1928 年 1 月 16 日《北新》第 2 卷第 6 号。

③ 周作人：《〈艺术与生活〉自序一》，1926 年 8 月 10 日作，载《艺术与生活》，群益书社 1931 年版。

④ 仲密（周作人）：《山中杂信・一》，1921 年 6 月 5 日作，1921 年 6 月 7 日《晨报・副刊》。

动成为其宣告观念转变完成的标识。

1928年周作人借《点滴》重版的时机,对此单体型“认识性装置”进行拆除,重点拆除它所依托的三类载体。首先,拆除第一类载体——书名“点滴”和全书题记,周作人本是以此为单体型“认识性装置”《点滴》搭建意义框架的。周作人的拆除方式是将书名“点滴”和解说“点滴”内涵的题记一并撤去,取集内首篇翻译小说《空大鼓》之名冠以书名。周作人在《〈空大鼓〉序》中解释自己是有意为之,因为他已不再服膺“五四”社会改造热潮期“一心念着安养乐邦以至得度”的“单纯的信仰(Simple Faith)”,而在《点滴》中寄寓这种“单纯的信仰”的正是“尼采的文句与题目”,他强调自己已“不喜欢那个意思”。[①]其次,拆除第二类载体——宣传现代人道主义社会改革理想和“人的文学”全新文艺观的《〈点滴〉序言》和《附录》,此类载体的作用是彰明新的意义世界的具体内涵。周作人不仅将《附录》中“五四”现代人道主义三大社会改造宣言《人的文学》《平民的文学》《新文学的要求》剔除,而且还将有着截然相反思想态度的两篇宣言《〈空大鼓〉序》《〈点滴〉序言》(《空大鼓》标为《旧序》)并置一处刊印,向世人坦白自身立场的根本改变。最后,拆除第三类载体——周作人关于现代人道主义世界文学文本的系列译介。周作人的拆除活动集中于对篇目和译者附记的重大调整。此时周作人强调之所以重新出版这些翻译作品,只是因为“觉得它写得还不错”而已,其实他早已不再服膺其中“内含的意思”了[②],因此,他将可能展示现代人道主义信仰和社会改造热情的部分尽量删除。周作人先删去了日本江馬修的《小小的一个人》与南非 Oliver Schreiner 的《沙漠间的三个梦》《欢乐的花园》,这绝非普通的修订,因为《小小的一个人》《沙漠间的三个梦》的翻译文本在现代人道主义宣传活动中的意义非比寻常。1918年12月15日《小小的一个人》与《人的文学》在《新青年》第5卷第6号同期发表,《人的文学》从

① 周作人:《〈空大鼓〉序》,1928年8月22日作,载周作人辑译:《空大鼓》,开明书店1928年版。

② 周作人:《〈空大鼓〉序》,1928年8月22日作,载周作人辑译:《空大鼓》,开明书店1928年版。

理论层面阐释现代人道主义“真理”并介绍新的理想文学形态,而《小小的一个人》则是作为“人的文学”的范例展示于人,同时它所揭示的人类之间难以分割的联系正是现代人道主义社会改造方略的基点。译介于1919年4月的“比喻体”①小说《沙漠间的三个梦》更为重要,它解说了全人类从被奴役到将来完全自由解放、建成地上天国的艰难迈进的路线图,在某种程度上,周作人将它视作理想社会改造的行动宣言与实践指南。其后,周作人对译者附记作出重大调整,主要改订《〈齿痛〉译者附记》,被去除的近六成是“五四”宣传俄国现代人道主义观念最重要的文献,周作人在该部分细致阐述安特莱夫反战题材小说《大时代的一个小人物的自白》,目的是为全面展示与诠释俄国现代人道主义核心观念:彻底解决人类问题并实现理想社会的方案,如“爱的哲学”等;关于现代人道主义者精神禀赋问题的思考,强调他们必须能对人类苦难产生出“感同身受”的生命体验与情感震荡;对理想社会最终实现的坚信。② 通过对第二类和第三类载体的拆除,周作人将单体型“认识性装置”《点滴》中的宏大意义世界彻底消解。

总之,周作人通过细致拆解单体型“认识性装置”《点滴》所依托的三类载体,将一个立体、能动的“认识性装置”改造成为一部单纯的文学翻译集,同时与自己的信仰时代彻底告别,这一成功的拆除实践为众多20世纪中国思想家、文艺家的观念转换活动提供了重要表达范式并奠定了一种特殊的思想传统。当然,这种拆除方式带有明显的周作人色彩,不可能适用于所有“认识性装置”的拆除活动,如严复在民初的拆除活动便具有鲜明个人特征。

结　语

活跃于20世纪世界各历史时期的话语形态创构活动中普遍存在

① 周作人:《〈沙漠间的三个梦〉译者附记》,1919年4月12日作,1919年11月1日《新青年》第6卷第6号。

② 张先飞:《“人”的发现:“五四”文学现代人道主义思潮源流》,人民出版社2009年版,第67—116页。

着建构“认识性装置”的现象。整个20世纪“主义”盛行，思想家、政治家们都热衷建造新的“意谛牢结”或进行体系性的学说创建，这使建构“认识性装置”成为最普遍的观念活动，继而发展出新的思想传统和惯例。建构“认识性装置”的现象在社会大动荡、思想大变换的转折时代最为突出，如“五四”现代人道主义“认识性装置”的建构便具有代表性；不仅如此，其在理论框架的搭建、机制的架构与运作等方面也具有普遍性特征，著者力求抽演出其普遍性的建构与运作模式：其一，概括出“认识性装置”的建构方式，如同质、同构的三类“认识性装置”——总体性、小型、单体型“认识性装置”的层级划分，“认识性装置”及其组件、载体等的搭建、安装、运作、拆除等运作机制；其二，抽演出新的理论范畴、概念，如装置、组件、载体、搭建、安装、运作、变形、拆除、同构、零件等；其三，细致归纳“认识性装置”建构流程与程序的规律并抽演出理论模型。

“认识性装置”在一定意义上可以说是20世纪中国乃至世界的思想观念活动中一种固定的理论模型和固有的认知机制，可以作为考察20世纪中国与世界思想探索的新的历史解释的理论维度。更为重要的是，当前探究后发展国家思想生产规律急需有效的考察路径。虽然后发展国家思想生产严重依赖发达国家的思想资源，但是，后发展国家思想家们仍在竭尽全力探索进行独立思想创造的手段与路径，建构“认识性装置”就是他们尝试进行新的观念创建的最有效的方式之一，并发展成为特殊的思想生产模式。当然，在理论归纳层面，“认识性装置”建构活动具有普遍性特质，但也应充分认识到不同的“认识性装置”建构活动所表现出的多元化形态与特点。所以我们无论考察何种“认识性装置”的建构活动，都必须立足于由不同国家地域的历史文化传统、国民精神特质、特定时代氛围等构成的思想生产场域，以期准确概括每种“认识性装置”建构活动的独有形态与特性。

（原载《社会科学战线》2019年第5期）

第二节 “五四”视野下近代“人学”观的演变

在“一战”后世界范围内的现代人道主义社会改造的热潮中，现代人道主义者们在积极努力彻底解决社会问题的同时，也力图在新理想主义时代全面、彻底、迅速地“解决”有关“人”的问题，因此掀起了解决“人”的问题的一个高峰，这成为整体社会改造浪潮中的重要一支，在这一背景下，19 世纪后期开始形成的现代灵肉一元观的科学“人学”观念，融入现代人道主义思想浪潮中，成为解决“人”的问题的主要理论根基。“五四”前后以周作人为代表的新文学家们将这种观念引入中国，并进行了重要的理论创新，对现代中国“人学”观念的探索与道德革命的深入展开，产生了深刻的影响。本节主要探讨“五四”思想家对近代“人学”观演进历程的基本认知，这成为他们新的“人学”思考的基本理论背景。

现代灵肉一元观是在“二希”理论框架内，扬弃了近代人性二元思考的基础之上生成的，本节首先对“二希”理论系统以及人性二元观念在近代的发生发展进行细致的历史考察。

一、“二希”观念系统的生成

（一）“二希”命题的提出

“二希”，即希腊主义（Hellenism）与希伯来主义（Hebraism）文化哲学观，是以人性的二重要素的组构对西方文明形成、演进过程进行解释的一种历史、文明解释系统。这种解释系统出现于近代欧洲。虽然在人类社会中，将人类的生存以及人性解析为灵与肉，或精神与物质等部分的组构的做法一直都存在，但以人性的组构要素为基础，生成庞大的体系化的人性及文明的解释系统，却是在 19 世纪后半期的欧洲。

“五四”新文学家们普遍认为这种观念是由英国文化批评家马修·阿诺德首倡的，如沈雁冰在《文艺小词典》“希腊思想”（Hellenism；Hellenismus；Hellénisme）的词条中，介绍了马修·阿诺德在《文化与无政府状态》中关于“二希”命题的一些基本观念：

> 近代文学批评大家安诺德(Matthew Arnold)有论文曰*Culture and Anarchy*,谓欧洲文艺,自古代以至现代,实受两大思潮之影响……即希腊思想与希伯来思想是也。据安诺德之说,自荷马以来,此两大思潮,递相推移,互为消长,以形成数千年之西欧文化,中古黑暗纪为希伯来思想全盛时代,至最近则希腊主义复占优势。至于希腊思想之意义……与希伯来思想适相反也。希伯来思想自基督教势力盛后渐广布于欧洲……①

但这种理论尝试实际上是从海因里希·海涅开始的,他在19世纪前期的一些批评论著中,就已开始使用希伯来与希腊世界观相互对立的思路来解释西方文明进程,如在《莎士比亚笔下的少女和妇人》(1838年)一文中,他作出了这样的重要论断:

> 这种古老的、不可调和的对于戏剧的反感,无非是在两个截然相异的世界观之间统治了一千八百年的那种宿仇的一个方面,一种世界观生发在犹太的贫瘠的土壤上,另一种则生发在繁荣的希腊。的确,耶路撒冷和雅典之间、圣徒陵墓和艺术摇篮之间、精神的生活与生活的精神之间的仇怨已经持续一千八百年之久,由此而引起的相互摩擦,明争暗斗,被公开在通晓内情的读者面前……这里起支配作用的,毋宁是一种古老的、反艺术的决死战斗的激情,而艺术则历来被希腊精神经常当做讲坛,以鼓吹生活,反对禁欲的犹太主义……②

马修·阿诺德显然受到海因里希·海涅关于"希伯来精神和希腊

---

① 茅盾:《文艺小词典》1925年夏秋撰,未刊,载《茅盾全集》第31卷《外国文论三集》,人民文学出版社2001年版,第392页。《文艺小词典》中还有"希伯来思想"(Hebraism)、"二H(或曰'二希')"等词条,见第392—393页。

② [德]海因里希·海涅:《莎士比亚笔下的少女和妇人》(1838年),刘半九译,载张玉书编选:《海涅选集》,人民文学出版社1983年版,第433—434页。

精神形成对立”提法的影响①,在对西方历史、文明的发展进程进行了一番深入研究后,他在《文化与无政府状态》(1869年)第四章《希伯来精神和希腊精神》中,以专章形式明确提出了“二希”命题。关于“二希”命题,马修·阿诺德首先提出,人有两种基本的精神倾向与活动倾向,他称为两种力:一种力是用来概括“那种驱向行动的能量,至高无上的责任感、自我克制和勤奋,得到了最亮的光就勇往直前的热忱”等;另一种力则是指“那种驱向思想——作为正确行动之基础的思想——的智慧,那种对于随着人的发展而形成的、新的变化着的思想组合的敏感,欲彻底弄懂这些思想并作出完美调适的不可遏制的冲动”。简而言之,这两种精神或活动倾向就是人的道德冲动与智性冲动,也可以称作通过克己自制得到平安与认识事物真相的努力。随后马修·阿诺德确定了这两种力在人自身,以及整个文明、历史中的地位:“在某种意义上我们可将这两股力看成对抗的力量(倒并非其本质使然,而是因为它们在人身上和历史中呈现出对立),可将它们看成是瓜分了大千世界的对抗势力”,“整个世界就在它们的影响下运转”。马修·阿诺德认为用希伯来精神与希腊精神来命名这两种力较为合适,因为这两个民族“最显著最辉煌地展示了这两种力”,对人类文明、历史造成了根本性的影响,并形成了两种伟大的精神传统。在马修·阿诺德看来,这两种力量尽管“有着同样的终极目标,那就是人类的完美或曰救赎”,但是“两者追求这一目标的做法却相去甚远”,“各自所乘的潮流却差之千里”,由此造成了两者的对立。在马修·阿诺德看来,两者之间虽存在着对立,但就本质而言,“希腊精神和希伯来精神均源于人性之需”,两者是从不同的方向努力,致力于满足人性的要求,因此这两者缺一不可,不能“割裂”开来,因为“这些力如割裂起来看,如只以其中一方就事论事,那么无论哪种力的发展演化都不能代表人类的整个发展演化过程”,两者都不能单独代表“人类发展的法则”,马修·阿诺德说,我们“必须认识到,人的灵性其实比带动它向前

① 韩敏中:《文化与无政府状态》第四章注释②,载[英]马修·阿诺德:《文化与无政府状态》,韩敏中译,生活·读书·新知三联书店2002年版,第124页。

的最珍贵的力还要宽阔，希伯来精神如同希腊精神一样，只是对人类整体发展的一种贡献而已”，所以人类精神与生活“应在这两极之间取得均衡”，才是完整的。

马修·阿诺德关于两种“力”划分的认识衍生出了一系列的思考，其中一些基本判断得到后来的文艺思想家、文化理论家比较完整的接受，如马修·阿诺德从两种“力”的划分出发对西方文明、历史演进所作的整体描述，这仍集中于《希伯来精神和希腊精神》一章中。关于西方文明、历史的演进，马修·阿诺德首先说明，西方文明历史的演进呈现出两种“力”互相更迭的形态，即“在整个过程中，希伯来精神和希腊精神互相更迭，人的智性冲动和道德冲动交替出现，认识事物真相的努力和通过克己自制得到平安的努力轮番登台”，这在历史演进中的表现就是，“两种力各有属于自己的辉煌，各有一统天下的时光”，具体而言，在西方整个历史演进过程中，希腊精神从爱琴海到罗马帝国有辉煌的历史，之后被希伯来精神所战胜，“伟大的基督教运动是希伯来精神和道德冲动的胜利……希伯来精神大获全胜，早期基督教合法地真正地成为当时世界上的支配力量，人类在基督教的大发展中前进”；经过了漫长的中世纪，希腊精神又取代了希伯来精神的统治地位，“被称作‘文艺复兴’的那场伟大运动就是智性冲动和希腊精神的再度崛起和复位”，这一时期的宗教改革，是经过更新与清洗过的希伯来精神的复兴；到16世纪，“希腊精神重返世界，又一次同经过更新和清洗的希伯来精神照面”，这就是海涅所说的16世纪的双重文化复兴。① 在本章最后，马修·阿诺德强调指出，当前处于希腊主义的潮流之中，“二百年来，人类前进的大潮一直奔向认识自我和世界、看清事物真相，以及意识的自发性”。

在这一历史描述中，马修·阿诺德表达出这样一种看法：两种精

① ［英］马修·阿诺德在《海因里希·海涅》（1863）中说，海涅“曾精彩地指出，16世纪时出现了双重的文化复兴——希腊文化复兴与希伯来文化复兴，从此两者均成为巨大的力量”，载［美］苏泊尔编：《马修·阿诺德散文全集》第3卷，第127—128页。转引自韩敏中：《文化与无政府状态》第四章注释②，载［英］马修·阿诺德：《文化与无政府状态》，韩敏中译，生活·读书·新知三联书店2002年版，第124页。

神在人类文明史上的相互更迭，其原因在于，代表人类精神两种倾向的两种“力”在本质上是不能“割裂”开的，人类文明发展“本应在这两极之间取得均衡”，但是在历史上这一要求“事实上又从来不曾做到过”，一种“力”的单独发展肯定会出现另一种“力”的缺失，而后者也是人类精神所不可缺少的，这样必然会导致“精神失去平衡”，因此每一种精神在其独尊时代往往都会受到另一种精神的反动，而这种反动是十分必要的。在《希伯来精神和希腊精神》一章中马修·阿诺德专门谈到了17世纪英国清教对于“16世纪随文艺复兴而蔓延的道德情感冷漠、行为放纵的一种反动”，他说那是“希伯来精神对希腊精神的反动”，其原因正在于，由于文艺复兴在道德上的孱弱，造成了“精神失去平衡”，即“只顾感悟和认知而不及其他，忤逆自然地缺乏情感和德行”，因此“再次引起了逆反作用”，马修·阿诺德说，这种“逆反和阻挡或许是必要的，也是有益的”。[①]

以上著者对阿诺德“二希”命题进行了简要概括，可以看到，他对这一问题并未形成完整的体系化认知，也未依此思路作出全面完整的历史描述，因为他毕竟不是专门研究这一问题的，他的思考只是源于英国社会的需要。[②] 但是他确实提出了一套具有较强解释能力的历史解释的系统性观念，而这些观念是在对历史现象进行总结的基础上形成的，并非凭空搭建的理论空想，因此具有相当重要的理论价值与强大的历史、现实的解释能力。

（二）近代人性二元论、“二希”理论系统的生成

1.“二希”理论系统的构建

自阿诺德明确提出“二希”命题后，19世纪后半期以来便有大批人开始以阿诺德命题的基本观念为起点，分析诸多有关“人”以及文

---

① 以上引文均见［英］马修·阿诺德：《文化与无政府状态》第四章《希伯来精神和希腊精神》，韩敏中译，生活·读书·新知三联书店2002年版，第110—123页。

② 韩敏中在《文化与无政府状态》《译本序》后所附《关键词·Hebraism希伯来精神》中说，“《文化》中阿诺德认为英国人过分地希伯来化了，故强调了英国人所缺乏的希腊精神，即思想的活跃与自由，对美的热爱等，但总的来说他提倡两者的平衡、全面的发展”。载［英］马修·阿诺德：《文化与无政府状态》，韩敏中译，生活·读书·新知三联书店2002年版，第23页。

化、社会等问题，不少理论家由此逐渐生发出一系列相关命题，并建立起全面系统的话语体系，即“二希”理论系统，力图把人类生存及人类文明的方方面面都归入其解释范围内（包含人的本质、人生观、世界观、伦理态度、文化、文明、政治、社会等）①，他们还在各个知识领域内分别建构起一套套系统的历史谱系。这一解释系统一直得到普遍认可，直到20世纪30年代，在唯物史观解释系统的冲击下，才渐渐失去吸引力。②

事实上，“二希”的理论系统主要是在人性二元观念基础上发展、完备起来的。建构“二希”理论系统的理论家们，大部分都信持二元的人性观念，其最终构建起来的“二希”理论系统的基础，就是人性的二元组构的观念，即认为人性是固定的，它是由“在人身上和历史中呈现出对立”的二元组成。③ 这些理论家明显受到二元论的宗教、哲学观念的深刻影响，二元论的宗教、哲学观念普遍认为，世界以及“人”自身是由物质与精神、灵魂与形体、形式与内容等对立的二元要素组构而成的。构建“二希”理论系统的理论家们承续了这种思维模式，把马修·阿诺德所说的人性中不可或缺的两种“力”，简化成人性组构中的二重要素，两者在本质上相互对立，代表着两种不同的思想传统。同时他们也吸收了古代埃及、希腊、希伯来以来西方思想对人性二元问题的理论成果，如构成人性的大量对立二重要素的划分，在这一理论系统内，又生发出一系列相对待的二元要素，用以解释人类的生存状态及所有文明现象，它们分别从属于由两种“力”简化抽演而成的两重要素。应该说，这种源自马修·阿诺德命题的理论系统与马修·阿诺德的思路迥异，因为马修·阿诺德的理论假设并没有如此抽象与僵

---

① 韩敏中在《文化与无政府状态》《译本序》后所附《关键词·Hebraism 希伯来精神》中，说明 Hebraism、Hellenism“这两个词后来一直被用来指称西方文化的两大源头，一是古典的，二是基督教的，包括各自倾向不同的思想体系、价值取向、文化风气等，其动词形式（如 to Hebraise）表示提倡并身体力行某种风气、价值、精神”。载［英］马修·阿诺德：《文化与无政府状态》，韩敏中译，生活·读书·新知三联书店 2002 年版，第 22—23 页。

② 关于这一问题参见以下著作，茅盾：《西洋文学通论》第 1 章《绪论》，世界书局 1930 年版，载《茅盾全集》第 29 卷《外国文论一集》，人民文学出版社 2001 年版，第 185—186 页；谭丕谟：《文艺思潮之演进》，1931 年撰，北平文化学社 1932 年版。

③ ［英］马修·阿诺德：《文化与无政府状态》第四章《希伯来精神和希腊精神》，韩敏中译，生活·读书·新知三联书店 2002 年版，第 111 页。

化，他对两种“力”的区分等看法更多是来自于对西方历史的经验观察，而“二希”理论系统却明显是一种抽象的人性论观念。由于人性的二元结构成为建构“二希”理论系统的基础，这些理论家为简便起见，往往就把这一理论系统直接称为人性二元论，或灵肉二元论。

近代人性二元论观念主要分为两类：第一类观念，是以新的“二希”理论系统来为清教主义以及维多利亚时代保守的人性观、道德观服务，这些人性二元论者只是接受了马修·阿诺德的二元人性解释模式，但仍坚持传统人性二元认识的一些核心观念，如宣扬人性二元之间的不平等，认为灵高于肉，甚至否定与抹杀人的动物性特质，而且不承认希腊精神已成为时代主流，从本质上说，这种观念不能算作现代意义的人性二元观，只能说是前近代的人性二元观的借尸还魂。这种人性二元论在社会中传播最广、影响最大，成为主流的意识形态，如新人文主义就对这种人性观念颇为认同。

第二类是人性二元论的灵肉合一观，它在 19 世纪末以来的西方是一种较为激进的人性思考，它与第一种人性二元观针锋相对，对以清教主义、维多利亚时代保守的人性观、道德观等为代表的近代西方主流社会的人性观、道德观进行了严厉批判，并意图颠覆，建立新的人性观、道德观。它主要攻击的是，主流的人性观、道德观对人性中“希腊精神”的否定与压抑，并在人性二元论基础上主张灵、肉二元平等，认为两者必将走向完美合一，它是一种具有真正现代意义的理论形态。

2.“二希”理论系统在“五四”的传布

在“五四”后的中国，西方的这两类人性二元观都有很大影响，并成为重要的历史解释系统。其中在西方社会居于主流地位的人性二元观念，在现代中国思想界有着其重要的理论代表，主要是新人文主义的中国传人，如学衡派最为典型，吴宓的《文学与人生》中这种人性观有着鲜明表现，吴宓等人在清华大学、西南联合大学外国文学课程的教授上也肯定贯注着这种观念①；此外，梁实秋有关文艺学史的文

① 关于这一点，参见周珏良：《对新批评派的再思考》，载《周珏良文集》，外语教学与研究出版社 1994 年版，第 123—124 页。

章，以及大量的批评、论战文字，其重要核心也是这种人性观。不过在现代中国被更为广泛接受的，是具有现代意义的人性二元论的灵肉合一观。

中国文化界流行的“二希”观念，来源颇广，既有如新人文主义信徒那样对西方理论系统的直接照搬，也有如沈雁冰那样把欧美材料转为述译，但这些并不占多数，绝大多数来自于日本人的转介，而其中被引入中国最早，译介得最为系统，影响最为广泛、深远的，是身为灵肉合一论者的厨川白村关于人性二元观的解读与理论创新，可以说现代中国影响最大的人性二元论观念，或“二希”观念，就是厨川白村为主要代表的灵肉合一论。当然除了厨川白村的观念外，在20世纪20年代末至30年代初的思潮热中，大量译介的西方、日本的各种思潮论著基本都采用的是灵肉合一论，相形之下，厨川白村观念的引介最为全面，包括专门探讨人性观念演变的专著《文艺思潮论》，该著以灵肉合一论的理念对西方文明进行了系统的历史描述，并在《序论》中列出图表，极为精要地分列出属于两种思想系统的一系列相对待的二元因素①，此表在“五四”时期极有影响，屡屡被人征引。②

（希伯来思想）基督教思潮

主观的倾向	信仰的独断的	宗教的道德的	超自然主义	利他主义	天国，神本位	教权主义	绝对的服从	要知道神	灵的，禁欲的
客观的倾向	科学的实验的	智识的艺术的	自然主义	自我的满足	现世，人间本位	自由主义	个人的自觉	尔当自知	肉的，本能的

（希腊思想）异教思潮③

---

① ［日］厨川白村所列图表所示，是19世纪末到20世纪初欧美思想界普遍盛行的历史哲学、文艺史观的流行观点，这一图表也出现在同时期其他日本史家的论著中。

② 如夏丏尊在为《文学百题》中所撰写的《怎样叫做世界文学的两大思潮?》一文中加以征引，载郑振铎、傅东华编:《文学百题》，生活书店1935年版，上海书店1981年6月重印，第4—5页。

③ ［日］厨川白村:《文艺思潮论》，第一《序论》，樊从予译，“文学研究会丛书”，商务印书馆1924年版，第9页。

“五四”最早明确介绍“二希”命题的是周作人的《欧洲文学史》(1917 年 9 月至 1918 年 6 月著),但在国内最早译介、传播厨川白村《文艺思潮论》主要观点的是田汉(他称为《文艺思潮史》——著者注),“五四”时期的田汉完全接受了这一观念,并将其运用于自己的历史分析中。① 田汉在 1919 年 5 月、12 月于《民铎杂志》第 6、7 期发表长篇论文《俄罗斯文学思潮之一瞥》,文中翻译了《文艺思潮论》第四章《近世思潮史之回顾》的第二节《近世史的波澜》的主体部分,以及《序论》的这一图表(以文字描述的形式),其中主要是厨川白村对文艺复兴以来欧西近世思潮史的系统分析,被国人所接受的厨川白村灵肉合一论的主要观点基本集中于这一部分中。

厨川白村灵肉合一观在现代中国留布最广的主要是这几方面,其一,是源于二元人性划分的历史哲学,即“历史家所谓人性之异教的基督教的二元论”,这是《文艺思潮论》全书“议论的出发点”,他是这样介绍的,“凡翻欧洲的文明史者,一定会觉得在其根底,显然有以人间的本性为基础的两种相异的潮流。这两种色调显然不同的潮流,一盛一衰,一胜一败,循环往复的争斗着的历史,使人惹起极强的注意。这就是历史家所谓人性之异教的基督教的二元论,英文曰 the Pagano-Christian dualism of our human nature”②,周作人在《欧洲文学史》中也曾谈及此点,“希伯来思想,纯为出世之教,与希腊之现世主义正反。然虽相反,而复并存,史家所谓人性二元(The Pagano-Christian dualism of human nature)”。其二,是图表中所列的几组分属两种思想系统的相对待的二元因素。其三,是对西方文艺思潮,主要是近世文艺思潮历史演进过程的系统描述,他在《近世史的波澜》一节中首先对历史发展的脉络进行了整体概括:

---

① 田汉在“五四”时期完全接受厨川白村的灵肉合一论,他对这一观念的介绍表达在其早期的主要论著中随处可见。国内最早明确介绍厨川白村的,除田汉以外,就是发表于 1919 年 11 月 1 日《新青年》第 6 卷第 6 号上的朱希祖译厨川白村的《文艺的进化》一文,朱希祖并在译者案中摘译了《自然派与晚近新文艺比较上美丑的问题》,他殷切地希望厨川白村的思考成为国人思索现在与今后中国文艺该向何处去的理论参照。

② [日]厨川白村:《文艺思潮论》,第一《序论》,樊从予译,“文学研究会丛书”,商务印书馆 1924 年版,第 4 页。

古代百花灿烂之希腊文明，传于罗马，而废颓于帝政之末年，于是代以基督教思想。由宗教信仰之伟力，通一千余年间黑暗之中世，善能统一人心。其流一转，而为文艺复兴，毕竟为近世史之出发点……近世纪以前，余以希腊思想与希伯来思想之交争与对立说明思潮之大势矣。既以文艺复兴，开近代思想之幕，新生之事绝多，非简语能表。即由十七八世纪至十九世纪，可看为希腊思潮与希伯来思潮之混淆时代，谓之二潮交流时代可也。由十九世纪之末至二十世纪之初，所谓“现代”之时代，顿为希腊思潮占绝对之胜利。①

随后他又对文艺复兴后的各个时期进行了细致分析，可以看到，他对19世纪末之前文艺思潮发展进程的整体把握大致是对马修·阿诺德观点的系统发展，进而厨川白村又对当时的时代思潮走向作出了一个重要判断，即在19世纪末到20世纪初“希腊思潮占绝对之胜利”，这其实寄寓了他的一种重要信念，即对理想人性实现的坚信，他相信最终解决人性“二元”对立，实现理想人性目标的日子很快就会到来，他非常肯定地说，“唯物观既废，最近遂为乐天的新理想主义，积极的建设的努力时代于是乎现矣。余敢信最近之倾向，即灵肉合一之异教思潮得全胜也”②，而他现在所有宣扬“二希”观念的工作都是在为这一理想的实现而努力。

3. 关于灵肉合一论理论设想的辨析

厨川白村做出这种时代判断有其特殊的时代精神背景。19世纪以来，随着关于人的科学研究的进步，以及世纪末青年艺术家们对生

---

① ［日］厨川白村：《文艺思潮论》，第四《近世思潮史之回顾》第二节《近世史的波澜》，转引自田汉：《俄罗斯文学思潮之一瞥》，载1919年5月、12月《民铎杂志》第6、7期，田汉翻译了这一节的主体部分，此处所引为田汉译文。

② ［日］厨川白村：《文艺思潮论》，第四《近世思潮史之回顾》第二节《近世史的波澜》，转引自田汉：《俄罗斯文学思潮之一瞥》，此处所引为田汉译文，载1919年5、12月《民铎杂志》第6、7期。

命活动的“探险”,“希腊主义”在社会上逐渐蓬勃发展起来。在19世纪行将结束之际,在经历了新浪漫主义时代偏颇的生命探险后,许多人认为整个社会已经开始向健全的生活观、生命观迈进。很多主张灵肉合一的理论家们从其人性思考出发,认为如古希腊那样的灵肉合一的完美人性的理想很快就要在整个社会实现,他们把这一理想的实现,当作彻底“解决”所有人类文明困境与难题的关键,而且他们明确将这一迈向理想境界的历史进程纳入到新理想主义的思想运动当中,厨川白村据此才会作出以上的判断。

但是以厨川白村为代表的灵肉合一论者并未真正把握时代精神的特点,他们所做出的推断,即灵肉合一的理想将要实现,其实仍是前科学时代对于理想文明及人性乌托邦式的企盼,与新理想主义者们对理想文明及人性的期许相去甚远。造成他们对现实判断出现偏差的一个重要原因,是作为他们理论基础的灵肉合一观所致。如果探究根源的话,灵肉合一观实际上是前科学时代宣扬希腊思想的激进思想家理想人性思考的进一步发展。《文艺思潮论》中曾描述出“希腊思想”在近代的思想谱系,实际就是灵肉合一观的知识谱系,厨川白村把19世纪以来的灵肉合一观思考作为温克尔曼、席勒、歌德、雪莱等浪漫主义时代理论家理想人性思考的接续。席勒对理想人性的设想,鲁迅曾在1907年的《文化偏至论》中有过简单介绍,“希籁(Fr. Schiller)氏者,乃谓必知感两性,圆满无间,然后谓之全人”①,他说:

> 这思潮在暗黑的中世纪隐没了数百年,到了罗马帝国亡后,便猛然突起,表现于文艺复兴期的意大利,为近世文明的渊源。此后复稍隐没者移时,到了十八世纪遂形成温格尔曼(Winckelmann)的《古代艺术史论》,又转而及于歌德(Goethe)。总之,凡十九世纪的文艺,盖莫不受其影响者。近代最大胆最痛

---

① 迅行(鲁迅):《文化偏至论》,1907年作,1908年8月《河南》月刊第7号。

快的尼采(Nietzsche)的思想,也就是宣传希腊思想的。①

对19世纪灵肉合一观的理论,他还重点介绍了易卜生“第三帝国”观念②及陀思妥耶夫斯基等众多思想家的思考。③ 如果从科学“人学”观的视角考察19世纪后灵肉合一观的理论成果,可以看到,它们仍是前科学时代的思考结论。首先,它标举出抽象的人性,同时又强行对人性作出划分;其次,它完全从纯粹理性思辨层面讨论人性分裂问题及灵肉合一的解决方案,而且灵肉合一论的理论核心,即由温克尔曼提出的希腊文明中灵肉相合无间的理想人性,明显带有强烈的抽象理论预设的色彩。这几方面都明显透露出前科学时代形而上学思考的特质。如果要确切定位,应该说就本质而言,灵肉合一观没有经过科学时代的洗礼,它是传统人性二元论最激进的思考,也是传统灵肉合一思考发展的最高阶段。

另外,灵肉合一观与真正的人性一元论有着本质的区别,实际上它们分属于两种观念系统。概括来讲,灵肉合一观只是在二元理论系统内对原有人性二元的地位进行颠覆,使“灵”“肉”二元对等,并达到完全的融合,这仍是人性二元的融合;而人性一元论只强调人性的一元,“灵”“肉”不过是人性的一物之两面。但厨川白村认为自己的人性观就是灵肉一元观,而一个世纪以来中国社会,乃至知识界始终未加考察,也把厨川白村的灵肉合一观当作灵肉一元观来对待,更具有讽刺意义的是,国人还在灵肉合一观的基础上进行新的灵肉一元观的

① [日]厨川白村:《文艺思潮论》,第二《古代思潮史之回顾》第一节《肉的帝国》,樊从予译,“文学研究会丛书”,商务印书馆1924年版,第12页。

② [日]厨川白村:《文艺思潮论》,第二《古代思潮史之回顾》第二节《灵的曙光》,樊从予译,“文学研究会丛书”,商务印书馆1924年版,第23—25页。易卜生“第三帝国”观念在19世纪末到20世纪初的欧美思想界被经常论述,得到重视。

③ [日]厨川白村:《文艺思潮论》,第一《序论》,樊从予译,“文学研究会丛书”,商务印书馆1924年版,第6页。沈雁冰(茅盾)在《陀斯妥以夫斯基的思想》中也有相当细致、透彻的分析,载1922年1月10日《小说月报》第13卷第1号。关于其他灵肉合一的思想家的介绍,请参照[日]厨川白村:《文艺思潮论》,第五《希腊思潮之胜利》——第六《Epilogue 现代文学的新潮》,商务印书馆1924年版。实际上他举出的很多思想家,如尼采、惠特曼等并非灵肉合一论者,而是灵肉一元论者,因此此处著者只举出几位真正的灵肉合一论者。

知识生产，这种混乱认识，严重影响到国人对现代人性问题的准确定位与深入思考。让我们回到厨川白村的思考，只要看他对灵肉一元观所作的解读，就能发现它完全是灵肉合一论的观念：

> 本来希腊思想的显著的特色，在物质与精神，肉与灵，以及理性与感情，外形与内容这些东西之间，丝毫无不调和之迹，而只是浑然的成为一致。（71 页）
>
> 希腊所抱的物质论的思想，实与自然主义的唯物观不同，而为最近思潮之一面的事物，即精神的思想。换言之，就是灵肉一元观（82 页）
>
> 总之，希腊思想的特色，一面执着于现在之肉的物质生活，但同时也不否定由这生活而建立的灵的精神生活。这和欧洲现代的思潮，差不多同其方向……（各派——著者加）其间的程度色彩虽或不同，但其依循以希腊思想为根底的灵肉一致观而进行：这是相同的。（82—83 页）
>
> 前此自然派时代之肉的唯物主义，以受前世纪末所发生的“灵的觉醒”之迫促，到了最近便变为灵肉一致观。（85 页）
>
> 总之，二十世纪初的文艺思潮因为受着自然主义以后的反动势力，故在现今不绝的要求有强烈的自我之创造，与现在生活之充实。这在德语便是所谓燃着生命之火，在柏格森便是于所谓创造的进化之世界谋不断的向上，将自己的心境置于勇往直前的努力的事务。肉的伟大的英雄，同时具着灵的生活的崇高，二者之间，浑然调和，相为一致，实使我们不禁想望希腊英雄时代战士之面影。如这样的艺术的新潮，现今似正向归于古昔光华的异教时代而进行。（131 页①）

此外，厨川白村在《文艺思潮论》中对灵肉一元论者惠特曼也进行

① 本段引文均见于［日］厨川白村：《文艺思潮论》，樊从予译，“文学研究会丛书”，商务印书馆 1924 年版。

了灵肉合一论的解读，田汉曾在《平民诗人惠特曼的百年祭》（1919年）第六节《惠特曼的灵肉调和观》的后半集中翻译了厨川白村的相关论述：

> 他所作《自己之歌》（*Song of Myself*）中间说：
>
> 我说过灵不过是肉，
> 我说过肉不过是灵，
> 而且无论什么东西，哪怕是神，
> 没有比人的自己更大的。
>
> 又在《叶内契肉体歌》（*I Sing the Body Electric*）（今译作《我歌唱带电的肉体》——著者注）第九节几乎三四十行都列举人体之各体而歌之，每有贻人卑猥之讥的。最后说：
>
> 啊！我说啦，这些不单是肉体之各部与
> 　　咏肉体之诗，
> 　　同时是灵的各部与咏灵的诗，
> 　　啊！我现在说这都是灵魂。
> 　　…………
>
> 惠特曼……谢世以后，世论尚之。至最近数年，益风靡西欧文坛者。以他的思想，系以灵肉调和为根本，极大胆地赞叹肉体之美的缘故。……人之感肉的要求，没有比现代更痛切、更激烈的。本来今人肉的要求越强烈，同时对于灵的强烈之要求也含在中间。正是古代原始的希腊人一样，欲从灵肉浑然一致的境地中看出真正的生之充实，这就是现代的特征。①

厨川白村还称惠特曼的创作是“由灵肉一致的世界观而产生的文学”，由此可见，在厨川白村那里，灵肉一元、灵肉一致不过是灵肉合一的同语反复。而真正的灵肉一元观，具有自己独立的观念系统与知识谱系，并且现代灵肉一元观是一种科学的“人学”思考。

① 田汉：《平民诗人惠特曼的百年祭》，1919年7月15日《少年中国》第1卷第1期。

二、现代灵肉一元观的观念谱系

现代“灵肉一元观”是一种科学化的理论建构，产生于19世纪后期的欧美。现代灵肉一元观具有自己独立的观念系统与知识谱系，它是近代以来灵肉一元思考的发展，布莱克是现代灵肉一元思考的先知，19世纪以来出现了一定规模的灵肉一元观念的理论探索与生命探险，直到19世纪末20世纪初灵肉一元论者试图将“人学”观建立在19世纪后期以来关于“人”的科学研究成果之上，建立起科学化的灵肉一元观念。“五四”新文学家们对于现代灵肉一元观的思潮流脉及观念谱系有着较为清晰的认识，不过他们缺乏系统性的介绍与论述，因此下文将采用一些较新的“人学”研究理论成果，对“五四”新文学家关于现代灵肉一元观思潮脉络及观念谱系的基本认知进行阐释。

在对现代灵肉一元观的思潮流脉及观念谱系进行历史梳理之前，首先需要说明的是，现代灵肉一元观的理论创新是在人性二元论者发展完备的“二希”理论框架内完成的，它的基本起点仍是对“人”本质论的思考。“五四”时期周作人在《欧洲文学史》中对“二希”理论系统做过一些简单介绍①，但这部书的观点多为引述，很难说明是周作人本人的思路。关于现代灵肉一元观与“二希”理论系统的关系，在周作人的《圣书与中国文学》中表现得较为明确，文中对“二希”命题所作的

---

① 周作人在《欧洲文学史》(列入“北京大学丛书之三”，商务印书馆1918年版，该书分卷标注页码)中对“二希”命题的论述主要有这样几处：

“虽种族时地，各有等差，情思发见，亦自殊别，唯人性本元，初无二致，希腊思想为世间法之代表，与出世法之基督教，递相推移，造成时代。世之论欧洲文明者，谓本于二希，即希腊与希伯来思想，史家所谓人性二元者是也。物质精神二重关系，为人生根本，个人与民族皆所同具，唯性有偏至，则所见亦倚于一端。故希伯来思想为灵之宗教，希腊则以体为重，其所吁求，一为天国未来之福，一则人世现在之乐也”。(第一卷《希腊》第十章《结论》，第65页)

“故希伯来思想，纯为出世之教，与希腊之现世主义正反。然虽相反，而复并存，史家所谓人性二元……不能有所偏至者也。故凡理想与实在，个人与社会，理性与感情，知识与信仰，或体质与精神，皆为此二者之代表，互相撑据，以成人世之悲剧，而人生意义，亦即在斯。即文艺思想消长之势，亦复如是，而其迹在中古为尤著也”。(第三卷第一篇《中古与文艺复兴》第一章《绪论》，第2页)

“当中古时，教会厉行出世之教，欲人民弃现世而从之……然人性二元，不能偏重，穷则终归于变”。(第三卷第二篇《十七十八世纪》第七章《结论》，第79页)

解读，完全是灵肉一元论的理论表述：

> 近代欧洲文明的源泉，大家都知道是起于"二希"就是希腊及希伯来的思想。实在只是一物的两面，但普通称作"人性的二元"，将他对立起来；这个区别，便是希腊思想是肉的，希伯来思想是灵的；希腊是现世的，希伯来是永生的。希腊以人体为最美，所以神人同形，又同生活，神便是完全具足的人，神性便是理想的充实的人生。希伯来认为人是照着上帝的形象造成，所以偏重人类所分得的神性，要将他扩充起来，与神接近以至合一。这两种思想当初分立，互相撑拒，造成近代的文明；到得现代渐有融合的现象。①

不过，更能体现灵肉一元观在"二希"理论系统内的理论创新，是周作人在《欧洲古代文学上的妇女观》一文中对西方文明、历史的解释，该文在对不少历史时段进行分析时，很多地方都使用了厨川白村《文艺思潮观》相同的例证，但周作人对它们的解读明显采用的是经灵肉一元观改造过的"二希"理论系统，同厨川白村表现出了根本上的差异。②

以下著者将对现代灵肉一元观的思潮流脉及观念谱系进行细致梳理。

（一）现代灵肉一元观的探索

1. 现代灵肉一元观的先知——布莱克③（1757—1827）

灵肉一元观在西方文明史中具有多种形态，但在本质上大都与现代理念距离甚远，所以未进入"五四"新文学家们的视野，作为最重要的理论代表，周作人主要是对近代以来的灵肉一元思考进行了考察与介绍，他本人也加入到同时代灵肉一元观的思考者行列。周作人在

---

① 周作人：《圣书与中国文学》，1920 年 11 月 30 日讲演，1921 年 1 月 10 日《小说月报》第 12 卷第 1 号。

② 参见周作人：《欧洲古代文学上的妇女观》，1920 年 10 月《妇女杂志》第 7 卷第 10 号。

③ 本书中的"布莱克、勃莱克、勃来克"系同一人。

1918年4月17日所作《日本近三十年小说之发达》一文中提及,在现今独领风骚的理想主义思想潮流中,勃来克与惠特曼的思想极为盛行[①],他们都是现代灵肉一元观的理论先驱,在近代日本之所以盛行,很大程度上缘于他们对人性本质的思考受到日本思想界的重视,当然这对于周作人的人性思考有着直接影响,不过在对他们思想具体解读方面周作人与日本思想家不尽一致。

"五四"时期周作人相当重视布莱克,对他的介绍主要是在1918年,这一时期周作人集中于现代人道主义观的理论建构,布莱克在很多方面都可以作为现代人道主义的先知,周作人最早在1918年编订的《欧洲文学史》中有过简要介绍,而于同年的《勃来克的诗》(后更名《英国诗人勃莱克的思想》,载1920年2月15日《少年中国》第1卷第8期)一文中则作了详细论述。关于布莱克灵肉一元观的思考,周作人在《欧洲文学史》《随感录·三十四》《人的文学》《勃来克的诗》中都有过精要论述,周作人认为布莱克是在近世看出灵肉的一致的主要代表人物,并且还有系统的理论思考,对此周作人做了以下分析:

> *Marriage of Heaven and Hell*,为《预言书》中最要之作。《魔之声》(*Voice of the Devil*)一节云,人舍精神外,别无身体。盖身体者,即精神之一部,可以官能感觉者也。力即生命,自身体出,而理乃即力之外界。义甚精密,为古来言灵肉一致者之最,故其思想甚为近代推重也。[②]（《欧洲文学史》）
>
> 勃来克承认"力(Energe)是唯一的生命,从肉体出:理(Reason)便是力的外界。力是永久的悦乐"。[③]（《随感录·三十四》）
>
> 到了近世,才有人看出这灵肉本是一物的两面,并非对抗的二元。兽性与神性,合起来便只是人性。英国十八世纪诗人勃莱

---

① 周作人:《日本近三十年小说之发达》,1918年7月15日《新青年》第5卷第1号。

② 周作人:《欧洲文学史》,列入"北京大学丛书之三",商务印书馆1918年版。

③ 周作人:《随感录·三十四》,1918年10月15日《新青年》第5卷第4号。

克(B1ake)在《天国与地狱的结婚》一篇中,说得最好。

(一)人并无与灵魂分离的身体。因这所谓身体者,原止是五官所能见的一部分的灵魂。

(二)力是唯一的生命,是从身体发生的。理就是力的外面的界。

(三)力是永久的悦乐。

他这话虽然略含神秘的气味,但很能说出灵肉一致的要义。①(《人的文学》)

此外,在《随感录·三十四》《勃来克的诗》中周作人还着重说明了布莱克作出灵肉一元思考的主要原因,即对禁欲主义的反动,对此周作人反复征引布莱克的一段诗句,以及斯柏勤女士在《英文学上的神秘主义》中的一段评论加以说明。② 周作人在《随感录·三十四》中介绍凯本德《爱的成年》对禁欲主义的反动时,说明布莱克曾表达过同样的观念:

《爱的成年》第一章论性欲,极多精义。他先肯定人生,承认人类的身体和一切本能欲求,无一不美善洁净;他所最恨的,便是那"卖买人类一切物事的商贩主义,与隐藏遮盖的宗教的伪善"。(十九页)他说明:"对于人身那种不洁的思想,如不去掉,难望世间有自由优美的公共生活。"(同上)从前的人,也曾经说过相似的话,斯柏勤女士(Spurgeon)著《英文学上的玄秘主义》中论勃来克(William Blake)的一节里说:

人的欲求,如方向正时,以满足为佳。勃来克诗云:"红的肢体,火焰般的头发上,禁戒(Abstinence)播满了沙;但满足的欲求,种起生命与美的果实。"(案此系格言诗第十,原题《柔雪》的第二

---

① 周作人:《人的文学》,1918年12月7日作,1918年12月15日《新青年》第5卷第6号。

② [英]斯柏勤女士(Caroline. F. E. Spurgeon)所著《英文学上的神秘主义》(*Mysticism in English Literature*)1913年由剑桥大学出版社出版。关于布莱克的评论在第五章 *Devotional and Religious Mystics*,周作人节译了一小部分,见原书第135—137页。

章)世上唯有极端纯洁,或是极端放纵的心,才能宣布出这样危险的宗旨来。在勃来克的教义上,正如斯温朋(Swimburne)所说,世间唯一不洁的物,便只是那相信不洁的念。(百三七页)①

不过周作人对布莱克灵肉一元观思考的介绍仍太过简单,只是一些精练的概括与摘引,而对其思考的来龙去脉缺乏较为细致的分析介绍,比如关于布莱克的灵肉一元观是直接反对基督教灵肉二元观的这一重要问题,所以从周作人所作的介绍中很难全面了解布莱克灵肉一元思考的理论创新,以及他的灵肉一元观与灵肉二元观的理论承继关系,而这些布莱克在《天国与地狱的结婚》(约 1790 年)中是有过明确说明的,他的思路,首先是对灵肉分离的历史作出谱系化的描述,然后宣扬完全属于人间灵肉一元的真理:

《引子》

由于一个新天国的开始……永恒的地狱复兴了……现在是艾登在统治,是那回到伊甸园的亚当……

离开对立面就没有进步。吸引和排斥,理性和力,爱和恨,对人的生存都是必须的。

从这些对立面中产生了宗教所称的善与恶,善是服从理性的被动的东西。恶是从力中产生的主动的东西。

善是天国,恶是地狱。

《魔王的声音》

所有圣经和法典都成了下列错误的根源。

1. 有两个真正的生存本原,即:一个肉体和一个灵魂。

2. 力,叫做恶,仅来自肉体;而理性,叫做善,仅来自灵魂。

3. 上帝要折磨人,因为人追随他的力。

而这些错误的下列对立面却是事实:

---

① 周作人:《随感录·三十四》,1918 年 10 月 15 日《新青年》第 5 卷第 4 号。

1. 人没有相对灵魂而独具的肉体;因为被叫做肉体的是灵魂中被五官感觉到的一部分,是这个时代灵魂的主要出口。

2. 力是唯一的生命,来自肉体,理性是力之界限或外围。

3. 力是永恒的快乐。

《地狱的箴言》

53. 有着美妙的快乐的灵魂决不会被玷污。

55. ……神父选择最美妙的欢乐进行诅咒。

《一个难忘的幻象》

但首先,人有一个相对于灵魂而独具的肉体这样一个概念必须清除掉……

…………

我也有地狱的圣经,这圣经世人都有,不管他要不要。①

2. 19世纪现代灵肉一元观探索的先驱

(1)理论先驱

在19世纪中后期以来的道德革命中,布莱克被重新发现。因为19世纪中后期以来很多道德探险者正是沿着与布莱克相同的思路行进的,即使像尼采那样并不了解布莱克及其理论探索的思想家也是如此,因此19世纪末到20世纪初道德思考的先锋们普遍将布莱克视为自己道德思考的先驱。萧伯纳曾对此做过说明:

布莱克是绝顶的先锋,而不只是怪诞或游戏,这可以由这样一个事实来证明,即:如果老天没有把布莱克生出来过的话,我本可以多写一点东西。罗伯特·欧文、山姆·巴特勒、奥斯卡·王尔德、尼采和其它人都是不自觉的布莱克主义者,据我所知,从来没有读过《天国与地狱的婚姻》。但是,大首领是布莱克,他是正在到来的时代的灵魂,道德革命的先驱,他写下了这个革命的圣

① [英]威廉·布莱克:《天国与地狱的婚姻》(约1790年),载张炽恒译:《布莱克诗集》,上海三联书店1999年版,第185—200页。

经,并且知道他做的是什么。[1]

萧伯纳所谈到的这些人,以及19世纪德国的费尔巴哈、美国的惠特曼等,确切地讲,只能被称作现代灵肉一元观在19世纪的理论探索先驱,因为他们的思考与19世纪末到20世纪初的现代灵肉一元观有着明显的差异,而与布莱克的思路更为接近。这些理论先驱的探索在后来得到现代灵肉一元论者的高度赞许,如霭理斯在《新精神》与《生命的舞蹈》等书中对尼采、惠特曼等人的道德探索进行了专门研究。

"五四"新文学家们对其中多位思想家都有专门介绍。关于惠特曼(1819—1892年),周作人在《随感录·三十四》(1918年)中谈到霭理斯在《新精神》中称述了惠德曼"对于肉体及爱的意见"[2],并在随后明确地将布莱克关于灵肉一元的论断与惠特曼的观念划入同一类思考:

> 勃来克承认"力(Energe)是唯一的生命,从肉体出:理(Reason)便是力的外界。力是永久的悦乐。"惠德曼能"把下腹部与头部胸部同一看待。"凯本德的意见,就同他们相似……[3]

国内几乎最早介绍惠特曼灵肉一元思考的,是田汉的《平民诗人惠特曼的百年祭》一文(1919年),该文第六节《惠特曼的灵肉调和观》,田汉几乎全部搬用了厨川白村在《文艺思潮论》第五章中对惠特曼灵肉一元观所作的灵肉合一论的解读。[4] 此外,田汉在这篇文章中对惠特曼灵肉一元观的思考背景还做了补充性说明,"当时,美国犹有欧洲虐待肉体,束缚热情之病,惠特曼的诗作犹能本自然解放之旨,发大胆无敌之言"[5],这里强调了惠特曼所针对的时代主流道德信仰的

---

① 转引自[英]威廉·布莱克:《布莱克诗集》,张炽恒译,上海三联书店1999年版,见本书封底的《著名诗人艺术家作家评论家论布莱克》,以及《译者序:一名不该忽视的诗人》,第13页。

② 周作人:《随感录·三十四》,1918年10月15日《新青年》第5卷第4号。

③ 周作人:《随感录·三十四》,1918年10月15日《新青年》第5卷第4号。

④ 田汉:《平民诗人惠特曼的百年祭》,1919年7月15日《少年中国》第1卷第1期。

⑤ 田汉:《平民诗人惠特曼的百年祭》,1919年7月15日《少年中国》第1卷第1期。

现状，这也是其他理论先驱所共同面对的现实状况，他们努力思考灵肉一元观念的首要原因，就是对当时欧美主流社会的道德观的反动（可以英国维多利亚时期及美国的清教主义为典型代表），当然有的思想家甚至走得更远，如尼采对整个基督教哲学、道德，理性主义，以及被基督教道德、理性主义影响的西方思想传统及相关的生命、生活观念等作出全面彻底的颠覆。

“五四”时期，灵肉一元观的主要宣扬者周氏兄弟格外重视尼采（1844—1900 年）。徐梵澄说“《苏鲁支语录》，甚为鲁迅所欣赏”[①]，这部书是鲁迅首译，并先后两次翻译此书《序言》，首次以文言，题曰《察罗堵斯德罗绪言》，是第一卷《序言》的前三节，第二次则是以白话翻译了《序言》全文[②]，题为《察拉图斯忒拉的序言》，后附注解，刊于 1920 年 6 月《新潮》第 2 卷第 5 号。而且“五四”前后尼采著作经常为周氏兄弟所征引，引用内容基本集中于《察拉图斯忒拉的序言》第三节，周作人使用的也是鲁迅的译文，比如：

> 我又愿中国青年都只是向上走，不必理会这冷笑和暗箭。
>
> 尼采说：“真的，人是一个浊流。应该是海了，能容这浊流使他干净。”
>
> “咄，我教你们超人：这便是海，在他这里，能容下你们的大侮蔑。”（《札拉图如是说》的《序言》第三节）[③]1919 年 1 月 15 日发表，鲁迅《随感录四十一》。
>
> 尼采在《察拉图斯忒拉》中说：“我恳愿你们，我的兄弟们，忠于地。”我所说的也就是这“忠于地”的意思，因为无论如何说法，人总是“地之子”，不能离地而生活，所以忠于地可以说是人生的

---

① 徐梵澄：《苏鲁支语录·缀言》，1985 年 4 月 24 日撰，载徐梵澄译：《苏鲁支语录》，商务印书馆 1992 年版，第 1 页。

② 徐梵澄在《苏鲁支语录·缀言》中误记鲁迅所译为《序言》之九节，实为全译，是十节。

③ 唐俟（鲁迅）：《随感录·四十一》，1919 年 1 月 15 日《新青年》第 6 卷第 1 号。

正当的道路。[①] 1923年3月22作，周作人《地方与文艺》。

周氏兄弟在这两处都是借用《察拉图斯忒拉》原话来说别的事情，不过这几句话，在原书中是在表达反对禁欲主义道德与理性主义，肯定生命及人间才具有最高价值的观念，这些观念正是尼采核心观念灵肉一元观的主要内容，在《序言》第三节中有着较为集中的表达：

喂，我教你们超人！

超人是地的意义。你们的意志说罢：超人须是地的意义！

我恳愿你们，我的兄弟，忠于地并且不要相信那个，那对你们说些出世的希望的！这是下毒者，无论他故意不是。

这是生命的侮蔑者，溃烂者和自己中毒者，地也倦于这些了：他们便可以去罢！

从前亵渎神是最大亵渎，但神死了，这亵渎也跟着死了。现在的最可怕的是亵渎地，以及尊敬那无从研究的内脏甚于地的意义！

从前灵魂傲然的看着肉体：那时这侮蔑要算最高：——他要肉体瘦削，可怕，饥饿。他以为这样可以脱了肉体和地。

阿，这灵魂自己才是瘦削，可怕，饥饿哩：残酷是这灵魂的娱乐！

但你们现在，我的兄弟们，对我说：你们的肉体怎样说你们的灵魂？你们的灵魂不是穷乏和污秽和可怜的满足么？

真的，人间是污秽的浪。人早该是海了，能容下这污秽的浪而没有不净。

喂，我教你们超人：这便是海，在他这里能容下你们的大侮蔑。

你们所能体验的，什么是最大？那便是大侮蔑之时。在这时

---

① 周作人：《地方与文艺》，1923年3月22作，载《之江日报》，收入《谈龙集》，开明书局1927年版，第15页。

候，不但你们的幸福讨厌，而且连着你们的理性和你们的道德。（着重号为原译中所有——著者注）鲁迅译《察拉图斯忒拉的序言》第三节①。

从这里可以推知，周氏兄弟了解尼采的灵肉一元观，并受其启发。当然灵肉一元观表述得最为明确的是第一卷的《蔑视肉体者》《来生论者》两节，著者略作引述，以为补充，在《蔑视肉体者》中尼采做过这样的表述：

但觉悟者，明智者说：我完完全全是肉体，此外无有，灵魂不过是肉体上的某物的称呼。

肉体是一大理智，是一多者而只有一义，是一战斗与一和平，是一牧群与一牧者。

兄弟呵！你的一点小理智，所谓"心灵"者，也是你肉体的一种工具，你的大理智中的一个工具、玩具。

你说"我"，于"我"之一字颇自负。但更重大者——虽则你不肯信——是你的肉体及其大理智，这不言我，却自行其为我。

…………

意识与心灵皆是工具与玩具，其后犹有自我存。自我用意识的眼睛看，用心灵的耳朵听。

…………

兄弟呵，在你的思想与感情后面，有个强力的主人，一个不认识的智者——这名叫自我。它寄寓于你的躯体中，他便是你的躯体。

在你的躯体中，比在你最高的聪明里，犹多理智……

…………

……创造着的躯体，为自己创造了心灵，成为其意志的助手。

…………

---

① ［德］尼采：《察拉图斯忒拉的序言》，鲁迅译，1920年6月《新潮》第2卷第5号。

我不走你们的道路，蔑视肉体者！我以为你们不是到超人的桥梁！①

从以上分析看，19 世纪现代灵肉一元观的理论探索先驱，与 19 世纪末到 20 世纪初现代灵肉一元论者的思考差异巨大，如尼采，他更多是从生命哲学的角度，肯定本能、理智法则，酒神精神、日神精神是人性的一体之两面，他对人性、人的本质的整体解释显现出他仍在形而上学的思考模式中徘徊，这种理论困境在当时颇具普遍性。究其原因，在 19 世纪对人的人本主义思考才真正兴起，包括灵肉一元论者在内的思想者都以打破形而上学为己任，但由于当时近代哲学及科学理论发展水平所限，无论他们的思考、论断有多么激进与彻底，仍未能真正脱离形而上学的思考范式。最具代表性的就是人本主义最重要的先驱尼采与费尔巴哈，灵肉一元论者尼采仍被人们称作西方思想史中形而上学的殿军，而费尔巴哈力图推翻基督教"人学"观，但他整个新的"人学"设想的思维模式仍未脱离以往旧的"人学"观的思维构架。

相形而言，现代灵肉一元论者以对人的科学思考自我标榜，他们力图完全采用科学的常识解释人的全部，竭力使灵肉一元的人的本质观完全建立在科学认识的基础上，使灵肉一元的"人学"观达到科学的准确性。

（2）道德革命浪潮中灵肉一元论者的社会反抗与生命探索

19 世纪中后期以来的道德革命，绝非单单是一些思想家书斋里的革命，它更多表现于伦理生活领域，具体体现在大批道德探索先锋的生活、生命实践中。这一道德革命潮流的发生，缘于反对压抑人性的社会主流道德（禁欲主义与中产阶级保守的道德观）而起。在伦理生活领域对社会主流道德的反动，是以先拉斐尔派的精神探索为先声，

① ［德］尼采：《苏鲁支语录》，卷之一中的《蔑视肉体者》一节，徐梵澄译，这是国内此书最早的全译本之一，初刊于 1935 年。以上引文采用商务印书馆 1992 年版，译者略为改订。第 27—29 页。

而真正始于波特莱尔对人的生命及精神世界充满异端色彩的探索，波特莱尔的这些探索，以及他的生活、生命历程都为世纪末的道德探索者们作出了示范①，由此开始，后来者在世纪末持续掀起道德革命的热潮。这些新道德的探索者、实践者以从事文艺活动的青年居多，开始是一些集中的小圈子，后来范围逐渐扩大，关于这些探索、实践者的情况，史家、批评家们缺乏统一的归类与系统全面的研究，对他们的探索与实践的描述，往往集中在对象征主义、颓废派、唯美主义、表现主义、印象派、女权主义运动，甚至更笼统的"世纪末"等文艺流派、社会思潮的研究当中②，在"五四"后引入中国的多种思潮史论中，许多史家也曾采用"新浪漫主义"来概括其部分精神特质。这些道德领域的探险，是始于19世纪中后期，贯穿20世纪的道德革命浪潮的早期发展阶段。

这一时期道德领域的探索与实践，不仅缺乏系统化的理论指导，而且观念来源也相当混杂，概括而言，主要是各种推崇"肉"的异教观念，并掺杂着时代思想家关于"人"的种种激进思考，其中包含有灵肉合一论，并同时掺杂其他观念、并不是纯粹的灵肉一元观念，这种灵肉一元思考是主导性的观念。这些生活实践领域中的道德探索者，同前面介绍的灵肉一元观自觉的理论思考者相比，他们虽信奉灵肉一元，并有积极的实践探索，但他们在理论思考上并不完全自觉，比如像周作人经常提到的英国诗人斯温朋(Swimburne)，以及《黄面志》旗下的重要成员。

因为在理论上并不自觉，所以这些生活实践领域中的道德探索者

---

① 关于波特莱尔，在"五四"以来对他的大多介绍中，对其这一特点都有论及，甚至着意强调，如周作人、田汉、汪馥泉等。而所谓伦理生活领域内的先锋，当时对王尔德的情况介绍得相对多一些。还有对《黄面志》作家群的介绍。这些请参照解志熙《美的偏至》一书的第一部分，这是迄今为止国内学界对这些"先锋"在现代中国的引介情况的最全面的梳理。上海文艺出版社1997年版。

② 如《美的历险》([英]威廉·冈特著，肖聿、凌君译，中国文联出版公司1987年版)、《象征派的历程》(马凤林、李晓明、顾帼立编著，辽宁美术出版社1998年版)、《世纪末艺术》(马凤林著，天津人民美术出版社1991年版)等书所作的描述，以及不少对"拉丁区"生活的描述、回忆的文字，如《北回归线》([美]亨利·米勒著，黄震炜译，北京印刷工业出版社2001年版)等，这在那个时代几乎比比皆是。

们对自己思想、行为的种种自我表达,往往掺杂着灵肉二元的成分,或带有极强的形而上学的色彩。但他们对现代灵肉一元观的形成起到了非常重要的作用,首先,由于他们在生活实践领域的探险达到了一定的深度,拓展了灵肉一元诸命题思考的深度与广度;其次,他们的创作与生活实践对灵肉一元的"教义"在社会上的广泛辐射、播散起到了重要作用;最后,也是更为重要的,是他们以偏执的生命、生活实践对灵肉一元教义的亲身实践,为后来的现代灵肉一元观的思考与探索,积累了难得的经验,霭理斯关于一系列重要人物的探讨,以及周作人对波特莱尔的理论透视等都从这些实例中获益匪浅。

总之,这些秉承灵肉一元观念的道德探索与实践者所掀起的道德革命运动浪潮,为新理想主义时代灵肉一元观的思考提供了重要的精神背景,这是新的人性观念理论探索能够深入展开,并取得重要成果的不可或缺的思考场域。

(二)新理想主义时代灵肉一元观的理论探求

从1918年以来,周作人陆续介绍了一些现代灵肉一元观的重要代表。其中最早介绍的是日本的与谢野晶子[①],周作人译介了她的《贞操论》(1918年5月15日《新青年》第4卷第5号);之后在《随感录·三十四》(1918年10月15日《新青年》第5卷第4号)中重点介绍了英国的凯本德[②](Edward Carpenter, 1844—1928)与霭理斯(Havelock Ellis,1859—1939)的重要观点,并译介了凯本德的《爱的成年》(*Love's Coming of Age*,1896年)、霭理斯的《性的进化》(*Evolution in Sex*)与《新精神》(*The New Spirit*)的部分内容;1919年4月12日周

---

① 周作人在1919年2月刊《新青年》第6卷第2号《答蓝志先书》(1919年2月13日作)中,又介绍了与谢野晶子关于婚姻恋爱问题的几篇论文,"《关于贞操的反省》(《我等何夫求ムルカ》第二九五至三百叶)、《恋爱与情欲》(《爱与理性及勇气》一六七叶)、《结婚之现代的意义》(若夫友ハス)二至七四叶",借此回应蓝公武对与谢野晶子观念的质疑。1923年周作人还介绍过与谢野晶子的《感想集》中第十一册《爱的创作》,见《爱的创作》,1923年7月15日《晨报副镌》。

② 对凯本德的灵肉一元思考,周作人在《欧洲古代文学上的妇女观》(1920年7月21日撰,1920年10月《妇女杂志》第7卷第10号),《结婚的爱》(1923年4月18日《晨报副镌》),《爱的创作》(1923年7月15日《晨报副镌》)中也有所介绍,《爱的创作》中提到凯本德的《爱与死之戏剧》。

作人撰文《〈沙漠间的三个梦〉译者附记》介绍了南非女权主义思想家须莱纳尔(Oliver Schreiner),她同凯本德与霭理斯一样,在当时西方也极有影响,周作人先后译介她的三篇表达新的人性观念的“比喻体”小说:《沙漠间的三个梦》(1919 年 11 月 1 日《新青年》第 6 卷第 6 号)、《欢乐的花园》(1919 年 6 月 29 日《每周评论》第 28 期)、《人生的礼物》(1919 年 7 月 20 日《每周评论》第 31 期)。1920 年后周作人又分别提到了爱伦凯、倍贝尔(现通译奥古斯特·倍倍尔——著者注)(《欧洲古代文学上的妇女观》介绍了他的《妇人论》,1920 年 10 月《妇女杂志》第 7 卷第 10 号)、斯妥布思女士(Marie Stopes)[专文介绍了她的《结婚的爱》(*Married Love*,1918 年),见《结婚的爱》,1923 年 4 月 18 日《晨报副镌》]。而 1920 年 2 月 1 日翻译波兰作家什朗斯奇(Stefan Zeromski)的短篇小说《诱惑》(1920 年 2 月 1 日《新青年》第 7 卷第 3 号),其主旨也是一个新理想主义者的灵肉一元观的艺术表达。

对现代灵肉一元观的思考,是新理想主义时代的重要理论贡献,因此现代灵肉一元论者,与前一阶段的灵肉一元问题的探索者表现出本质上的差异,显现出新理想主义时代的基本精神特征,这些特点在第一章中已有明确表述,即经过科学洗礼,具有彻底改造社会的信念与决心,以及健全乐观的生命态度,坚持理想主义,而且确信自己理想的现实性、可实现性。

1. 科学的“人学”思考

现代灵肉一元观“人学”思考的一个重要起点,与隶属人性二元观的灵肉合一论及先前灵肉一元思考、实践等激进人性探索完全相同,是对体现维多利亚价值的道德观的反动,对于现代灵肉一元观的这一思考起点,英国社会学家杰佛瑞·威克斯在《20 世纪的性理论和性观念》一书中有过明确说明,“海弗劳克·埃利斯是维多利亚时代后期坦率论述性问题的最具影响力的先驱。与他的朋友、社会主义宣传家和性改革家爱德华·卡蓬特(1844—1928 年)一样,埃里斯致力于削弱他称之为维多利亚主义的僵硬而束缚人性的道德观”。[1] 由于近代西方社会居于统治地位的清教主义及维多利亚主义等保守的道德观的主要理论支柱，是传统人性二元的“人学”系统，它宣扬人性二元之间的不平等，甚至否定与抹杀人的动物性特质，因此欲彻底改造社会主流道德意识，就必须建立新的健全的“人学”系统。应该说，在对社会观念变革方向的判断上，现代灵肉一元观与灵肉合一论，以及与先前的灵肉一元的激进人性思考认识相同，但在具体的思考上，现代灵肉一元观与以往所有的人性思考均表现出本质上的差异。现代灵肉一元论者以“人”的科学研究者、思考者自居，他们力图用科学观念来解释“人”的全部，将灵肉一元的“人”的本质观及“人学”观念体系建立在 19 世纪后期关于“人”的科学发现与科学假设之上，使灵肉一元的“人学”观念达到科学的要求。而且，他们不仅要以科学解释关于“人”的所有现象，还要以科学解决“人”的所有问题，并相信这一目标一定能够达到。

与现代灵肉一元论者思考的科学性相比，以往的“人学”观始终都不是以现代科学认识为基础的科学研究的结论，这可以分为两类情况：首先，现代灵肉一元论的“人学”观与从 17 世纪到 19 世纪初的各种灵肉二元的“人学”观大相径庭，那些“人学”观本来就与科学思考关系不大，只有“自然主义”时期的“人学”思考者们才标榜自己观念的科学性，他们把进化论作为主要的理论支撑，但他们的“人学”观仍不是以现代科学认识为基础的科学研究的结论，这里存在着两种情况，其一，“自然主义”时期的一部分思考者竭力想将“人学”思考放置于进化论等一些关于“人”的新的科学成果、假设之上，但他们的思维方式却像 17 世纪唯理主义哲学家那样，以这些科学认识作为起始的公理或定律，进行演绎推理，因此尽管他们自称科学思考，但实际上所完成的是形而上的“人学”思辨。其二，很多“自然主义”时期思考者的“人学”观念仍建立在 18 世纪至 19 世纪初关于“人”的科学研究及

① [英]杰佛瑞·威克斯(Jeffrey Weeks)：《20 世纪的性理论和性观念》(*Making Sexual History*,2000)，宋文伟、侯萍译，江苏人民出版社 2002 年版，第 25 页。

思考之上，虽然又补充了进化论及其衍生理论，但很明显，这些"人学"思考不太可能产生出现代科学的话语系统；其中有一些较为极端的思考者，如自然派打着实证科学"人"的认识的招牌，把人完全看作动物、机械，甚至将人性等同于兽性，他们虽然也受到进化论等新观念的影响，但在理论上更接近18世纪以来的唯物论者的人性思考，最突出的就是启蒙时代拉美特利等的"人学"观。[①] 需要说明一点，自然派的"人学"思考，虽然对人的生物性特别强调，但它仍不过是灵肉二元论的特殊表现形态而已。其次，如果与现代灵肉一元观的理论先驱相比较的话，这些理论先驱，在力图构建灵肉一元的"人学"系统时，完全把思考命题限制在抽象的哲学思辨范围内，未能真正脱离形而上学的思考范式。

在现代灵肉一元论者的精神成长历程中，他们对关于"人"科学思考的信赖产生于一个特殊时期，这一时期虽然还是实证科学时代的鼎盛阶段，但新主观主义已对科学时代的弊端作出强烈的反动，杰佛瑞·威克斯在介绍霭理斯成长历程时谈到过，"埃利斯的世界观形成的时期，正是维多利亚时代科学取得胜利的时期，也是这种科学胜利的含义不断遭到反对的时期"。[②] 因此这些思想家的精神成长都经历过反叛自然主义世界观的阶段，其中包括对自然派极端"人学"观的反动[③]，但也就是在这个时期关于"人"的科学思考得到突破性的进展。这些灵肉一元论者虽然对于实证科学时代机械的世界观充满反感，但同时却又对"人"的科学思考的突破性进展表现出无比的信赖，即在反思科学的时代，在"人"的问题的思考上还保持着对科学的信仰，这从他们对科学启蒙的异常强调便可看出。

---

① 这些观念的非科学性，作为现代"人学"观早期代表的霭理斯作出了相当明确的评价，在《论左拉》[Havelock Ellis, Zola. (*Affirmations* P. 131—157, 1898)]一文中曾说"左拉还未曾彻底明白地看到科学的观点"，而左拉是自然派的科学观的最典型的代表。此文由周作人译出，收入《艺术与生活》，群益书社1931年版，第302—303页。

② [英]杰佛瑞·威克斯(Jeffrey Weeks)：《20世纪的性理论和性观念》(*Making Sexual History*, 2000)，宋文伟、侯萍译，江苏人民出版社2002年版，第26页。

③ [英]杰佛瑞·威克斯(Jeffrey Weeks)：《20世纪的性理论和性观念》(*Making Sexual History*, 2000)，宋文伟、侯萍译，江苏人民出版社2002年版，第26—27页。

现代灵肉一元论者大都出生在达尔文《物种起源》(1859年)发表前后,在达尔文理论的影响下,很多人纷纷投入到对"人"的科学研究当中,实际上,这部分人大多是以"人"为研究对象的新的学科与话语系统的主要创建者,很多都是在某一领域内训练有素的科学家、研究者。从根本上讲,他们是达尔文对于"人"的科学研究及思考的真正继承者。他们作出突出贡献的专业领域包括:以进化论为中心的人类演进过程研究(包括生理与思维能力的演进过程)、以进化论的科学研究及假设为基础的现代生物学(包括对人的生物学研究)、在进化论基础上形成的早期人类学及原始社会研究、早期遗传学、"性学"研究(包括生理与心理的研究),以及对人的心理、精神活动的研究,这方面研究集中于医学领域,如神经学、精神病理学、弗洛伊德心理分析学等①;此外还包括已超越孔德阶段逐渐走向真正科学化的社会学研究等。②这部分灵肉一元论者不仅是19世纪中后期关于"人"的科学研究的重要代表,而且还是现代灵肉一元论的科学"人学"系统的主要构建者。当然大多数现代灵肉一元论者并非是科学研究的专业人士,如大批激进的文学艺术家、社会活动家、道德改革家等,以及受到他们影响的社会群体,他们普遍在接受专业人士科学研究成果的基础上,一方面对"人学"问题进行更深入的思考,另一方面进行理论宣传与社会启蒙,他们在这两方面所做的工作实与专业人士并无差异。周作人便属于这一非专业人士的行列,在"五四"前后不仅做出了系统的理论思考,而且在性与妇女问题上发出振聋发聩的声音。

现代灵肉一元论者所建构的科学"人学"观,其最重要的理论核心,是科学的"人"的本质论,新的"人学"观中几乎所有理论思考都无法离开这一基本理论起点,这种科学的"人"的本质论,主要是确定人在本质上首先是作为生物而存在,而这种存在完全服从于自然规律,即科学所揭示的生物学规律的规定。从根本上讲,当时这些现代灵肉

---

① 关于这些学科在19世纪后期的发展情况可参照[美]欧文·斯通:《心灵的激情:西格蒙德·弗洛伊德传记小说》,朱安等译,中国文联出版社1986年版。

② 这些学科都在"五四"前后传入中国,相关情况现已有很多研究成果。

一元论者的工作在本质上都是围绕研究、阐释人的生物性存在，并且为人的生物性存在的合理性辩护而展开的，如周作人在《随感录·三十四》中介绍凯本德的《爱的成年》，便是把立论基点放在对人生物性存在的肯定与维护之上的，周作人这样作了介绍，“《爱的成年》第一章论性欲，极多精义。他先肯定人生，承认人类的身体和一切本能欲求，无一不美善洁净”①；在确定人的生物性本质之后，由于要肯定与维护人的生物性存在，这些现代灵肉一元论者必然要彻底批判与颠覆传统观念对人的身体及本能欲求的否定、污损。与现代灵肉一元论的先驱者不同，这种“人”的本质论是建立在严谨、完备的科学体系之上的，这使现代灵肉一元者对它的阐释、宣传与辩护有着强大的科学理论后盾，因此在科学理性已经稳固占据社会话语霸权的时代，这种“人学”思考极易赢得社会认可与各种社会群体的广泛支持，这使得它一方面与宗教观念、社会主流道德发生尖锐对立与激烈冲突，另一方面却又能在社会迅速赢得支持，掀起强大的社会思想潮流，而不必采取一些极端的方式促进自身的传播。

需要强调的是，在 19 世纪后期以来科学的“人学”思考中，有一个方面的问题得到了最为集中的关注，这就是有关妇女与性的问题（对妇女与性两方面的问题当时基本是放在一处思考的，因为许多性的偏见，如不净观等，往往都是与以往的妇女观联系在一起的，这一点可参照周作人《欧洲古代文学上的妇女观》），现代灵肉一元观的思想家们有意把思考的重点置于此处，因为在他们看来这是一个死角，在整个社会都不同程度受到新的道德思考与探索触动的时代，这个角落却仍为贯注着迷信、偏见、野蛮思想的知识与价值观所充斥（它们在维多利亚时代的道德价值系统里占有重要地位），它实际上成为保守道德观念得以控制社会道德意识的最为主要的堡垒，据杰佛瑞·威克斯介绍，霭理斯明确做出过这样的判断，“埃利斯认为，古代的偏见和无知对‘人类机体’最严重的歪曲是人类的性事……在埃利斯看来，性问题

① 周作人：《随感录·三十四》，1918 年 10 月 15 日《新青年》第 5 卷第 4 号。

是19世纪最突出的遗留问题”①,周作人在《随感录·三十四》中介绍了霭理斯的相关论断:

> Ellis又著有《新精神》……其中评论美国诗人惠德曼(Walter Whitman),称述他对于肉体及爱的意见,随后说:
>
> 宗教政治上,我们经过了大争斗,才算得到了无价的自由与诚实。但在性的地界内,正同我们道德的和社会的生活上一样,还不能得这幸福;现在还有那种野蛮的传说,经中世教会竭力宣传,流传在世间:把女子当作性的象征,说物事经他接触,就要污秽,布列纽思(Plinius)说:“世上无物比月经更丑”,到现在这句话还有势力。为什么不放科学的光到这地方,使我们也得自由与信实呢?因我们对于这一部分的意见如此,就使我们对于人生全体的态度上,也狠发生影响。(百二六至七页)②

基于这种判断,性的解放、妇女的解放问题就顺理成章地成为现代灵肉一元观的思想家们思考“人”的问题的一个焦点,妇女与性问题也成为思想家们攻击传统道德的重要营垒。应该说在这个问题上进行观念突破的尝试,在19世纪初就已出现,周作人在《人的文学》中就曾介绍过,“女人……的发见,却迟至十九世纪,才有萌芽……自从……戈特文(Godwin)夫人以后,才有光明出现”③。一些现代灵肉一元观的思想家正是继承了这些先驱的洞见,致力于妇女与性的科学研究,力图以科学的研究来改变整个社会观念,比如霭理斯就把此作为自己工作的重心,杰佛瑞·威克斯介绍道:

> 他的著作的目的是要改变人们的态度,并创造一种新观点,

---

① [英]杰佛瑞·威克斯(Jeffrey Weeks):《20世纪的性理论和性观念》(*Making Sexual History*,2000),宋文伟、侯萍译,江苏人民出版社2002年版,第33页。

② 周作人:《随感录·三十四》,1918年10月15日《新青年》第5卷第4号。这种社会道德现状周作人还在多篇文章中谈到过。

③ 周作人:《人的文学》,1918年12月7日作,1918年12月15日《新青年》第5卷第6号。

> 阐明性在个人生活和社会中的作用，他试图用科学道理阐述性理论，在此过程中帮助奠定了“自由主义”性思想的基础。这一思想的核心是：更加宽容性变异；放宽苛刻的道德标准的愿望；强调“性乐趣”。①

经过积极的努力，这些现代灵肉一元观的思想家最终凭借自己的科学研究成果，在妇女与性的问题研究方面取得了重大推进，对全社会的启蒙作用不容小觑，当时一些重要的激进主义者，如斯特拉·布朗、埃玛·戈德曼、玛格丽特·桑格等，就曾对霭理斯对时代精神的巨大影响做出了极高评价，他们视霭理斯为巨人，认为“没有人能像他那样澄清性的问题，并将它从基督教问世以来所陷入的污秽中解救出来，将它从黑暗的地窖里解救出来，将它置于一个更崇高的地位”。②他们所取得的科学研究成果对社会观念的影响长达数十年之久，周作人在《人的文学》中就说，这造成了女子问题的大研究③，当然性的研究也包括在内。

2. 全面解决“人”的问题的思考

现代灵肉一元观思想家们对科学“人学”的思考，不单单是为发现“人”的本质，通过道德革命建立起新的道德，实际上，他们对于人类社会的发展有着更为宏大的设想，并做过总体性的设计，主要包含这样两个层面：第一，是要将“人”的“灵”的生活完全建立在科学“人”的认识基础之上，霭理斯就曾明确说明自己“人学”研究的目的，“我们的主要道德标准就是必须保证，我们是在坚实而简单的人类机体基础上建立崇高的人类社会结构”④，当时这些现代灵肉一元观的思想家主要将思考集中于道德领域，努力把“人”的道德生活扎根于“人”的科

---

① ［英］杰佛瑞·威克斯（Jeffrey Weeks）：《20世纪的性理论和性观念》（*Making Sexual History*，2000），宋文伟、侯萍译，江苏人民出版社2002年版，第66页。

② ［英］杰佛瑞·威克斯（Jeffrey Weeks）：《20世纪的性理论和性观念》（*Making Sexual History*，2000），宋文伟、侯萍译，江苏人民出版社2002年版，第67页。

③ 周作人：《人的文学》，1918年12月7日作，1918年12月15日《新青年》第5卷第6号。

④ 转引自［英］杰佛瑞·威克斯（Jeffrey Weeks）：《20世纪的性理论和性观念》（*Making Sexual History*，2000），宋文伟、侯萍译，江苏人民出版社2002版，第32页。

学认识之上,换个角度讲,就是要构建起健全的、符合现代科学的道德观念系统。对此将在下面章节以周作人为例进行细致分析。第二,也是更为重要的是,这些思想家力图在新理想主义的时代全面、彻底、迅速地“解决”所有关于“人”的问题,他们确信人的解放与自由不久将要变成现实,而且他们一定能够看到。

现代灵肉一元观思想家们对于全面解决“人”的问题的思考,与以往大多人性论者不同,他们作为新理想主义时代的思想家,对于现实政治、社会有着非常清醒的认识,他们普遍认识到,想要最终解决“人”的问题,即“人”的精神、肉体得到完全解放,实现理想的人性等,仅仅依靠研究与宣扬“人”的科学认识、建构科学的“人学”观念体系是远远不够的,还需要首先满足一个重要前提,即整个人类社会经济、政治制度等问题的彻底“解决”,实现理想社会。周作人极为赞赏这种深刻的现实思考,在 1918 年的《随感录 · 三十四》中通过讨论女子解放问题作了非常详细介绍:

近来读英国凯本德(Edward Carpenter)著的《爱的成年》(*Love's ComingofAge*),关于两性问题,得了许多好教训,好指导。女子解放问题,久经世界识者讨论,认为必要;实行这事,必须以女子经济独立为基础,也是一定的道理。但有一件根本上的难题,能妨害女子经济的独立,把这问题完全推翻:那就是生产……凯本德却别有改革的方法。第四章论女子的自由,有两句说得最好:

我们不可忘记:如无社会上的大改革,女子的解放,也不能完成。如不把我们商贩制度——将人类的力作,人类的爱情,去交易卖买的制度,——完全去掉,别定出一种新理想新习俗时,女子不能得到真的自由。(五十四页)

他又加上一段小注,意思更为明瞭:

女子的自由,到底须以社会的共产制度为基础;只有那种制度,能在女子为母的时候供给养活她,免得去倚靠男子专制的意思过活。现在女子力求经济独立,原是好景象,也是现时必要的

事;可是单靠这一件,解决不了那个问题,因为在为母的时候,最需帮助;女子在那时,却正不能自己去做活赚钱。(同上)

英国霭理斯(Havelock Ellis)著《性的进化》(*Evolution in Sex*),关于这事也有一节说:

民种的生殖,是社会的职务(a social function)。所以我们断定说,女子生产,因为尽她社会的职务,不能自己养活,社会应该供养她。女子为社会生一新分子,于将来全群利害,极有关系,全群的人对于她,自应起一种最深的注意,古时孕妇有特权,可以随意进园圃去摘食蔬果,这是一种极健全美丽的本能的表现。(十五页)

以上所说的话,都十分切要,女子问题的根本解决,就在这中间;此外方法,如画师的"改革",不能彻底,遇着"自然的降碍",终要失败。但在中国,连画师夫妇那样见识的人,怕还不多。

……

勃来克承认"力(Energe)是唯一的生命,从肉体出:理(Reason)便是力的外界。力是永久的悦乐"。惠德曼能"把下腹部与头部胸部同一看待"。凯本德的意见,就同他们相似,却更说得明白,又注重实际的一面。他的希望,是在将来社会上,成立一种新理想新生活,能够以自由与诚实为本,改良两性的关系。第八章论自由社会,就是议论这件事。①

现代灵肉一元观思想家的这一重要论断,杰佛瑞·威克斯在《20世纪的性理论和性观念》中有着更为明确的说明。②

现代灵肉一元观思想家之所以能做出如此清醒的现实判断,是因为他们很多都积极参与了19世纪末到20世纪初的激进社会、政治改造运动,有些还是主要发起人,比如爱德华·卡蓬特(1844—1928)就

---

① 周作人:《随感录·三十四》,1918年10月15日《新青年》第5卷第4号。

② 现代灵肉一元观的思想家的这一重要论断,在"五四"后也成为周作人的重要思想。而"五四"时期鲁迅的娜拉走后怎样的命题,也谈的是同样的问题。

有着“社会主义宣传家和性改革家”的两重身份，而须来纳尔，正如周作人所介绍的那样，“是有名的女权论者……一九一一年作《妇人与劳动》(*Women and Labour*)，竭力主张女子经济的独立，称为女子问题的圣书”①，之后“她的声名遂遍于全世界，与美国纪尔曼(Gilman)夫人齐名，成为最进步的妇女经济论者之一人了”。② 霭理斯的早期活动表现得更为充分，杰佛瑞·威克斯说霭理斯“早年是英国社会主义者和激进主义者圈子中的一员”，“这一圈子从19世纪80年代开始试图把妇女问题和性问题与范围更广的社会和文化变革问题联系起来”。③ 对于这个圈子的具体情况，可从以下对霭理斯早期活动的介绍中窥见一斑：

> 他在19世纪80年代初介入了随着社会主义思想复苏而展开的激进的政治、道德、哲学大讨论……在激进杂志《今日》工作期间，他结识了马克思主义组织社会民主联合会的创始人H. M. 辛德曼以及其他早期马克思主义者。19世纪80年代早期，他曾担任过进步协会秘书，在那里他与埃莉诺·马克思及其情人爱德华·埃弗林(《资本论》的译者)成了好友。在新生活协会(他是该协会的创始人之一)，他与爱德华·卡蓬特以及其他社会主义先驱建立了深厚的友谊。尤其是，在19世纪80年代，他开始与他早期生活中最重要的两个人物建立了情感联系。先是奥立弗·施奈勒(OliveSchreiner，即须来纳尔——著者注)，后来是伊迪丝·李斯。后者在埃里斯离开该协会之后担任了协会社区活动中心的秘书，后来与埃里斯结婚。埃里斯与这些人的交往和私人关系为他的知识发展提供了营养，有助于他的世界观的形成。在19世纪80年代那动荡的时代背景下，他的世界观可以被称为社

---

① 周作人：《〈沙漠间的三个梦〉译者附记》，1919年11月1日《新青年》第6卷第6号。

② 周作人：《梦》，1923年7月15作，1923年7月21日《晨报副镌》。

③ [英]杰佛瑞·威克斯(Jeffrey Weeks)：《20世纪的性理论和性观念》(*Making Sexual History*，2000)，宋文伟、侯萍译，江苏人民出版社2002年版，第9—10页。

会主义和女权主义的。①

现代灵肉一元观思想家们在致力于一劳永逸地解决所有社会、政治问题的同时,也没有放弃对现实社会制度文化的渐进改良,与总的社会改革目标相比,他们这方面的工作可称作社会改造的近期目标,这主要强调两方面工作:观念层面对社会认知的改变与制度层面对法律的修改,霭理斯在给爱德华·卡蓬特的信中说得很清楚,“(与其他国家相比)这个国家的法律严厉得令人难以容忍……我们希望获得人们对性倒错的同情和承认,以消除许多粗俗的错误。如果可能的话,为修改法律开路”。②

这些思想家们曾经掀起过两次全面改造“人”与人类社会的高潮,第一次是在19世纪80年代,这些思想家不仅对“人”的问题,而且对于整个社会彻底、迅速的改革充满了信心,正如杰佛瑞·威克斯所言:

> 19世纪80年代,社会主义者圈子里孕育了许多乌托邦思想,希望社会能发生迅速而彻底的变化。31
>
> 19世纪80年代的小型社会主义团体对新千年充满了无数希望……38
>
> 埃利斯……带着典型的费边式的乐观主义,他认为传统的社会问题——宗教和“生产”问题正在得到解决。33③

但进入19世纪90年代,“这些乌托邦式的希望开始消退”④,乃至破灭,杰佛瑞·威克斯描述道,“90年代目睹了这些希望的破灭。1895

---

① [英]杰佛瑞·威克斯(Jeffrey Weeks):《20世纪的性理论和性观念》(*Making Sexual History*,2000),宋文伟、侯萍译,江苏人民出版社2002年版,第29页。

② [英]杰佛瑞·威克斯(Jeffrey Weeks):《20世纪的性理论和性观念》(*Making Sexual History*,2000),宋文伟、侯萍译,江苏人民出版社2002年版,第37页。

③ [英]杰佛瑞·威克斯(Jeffrey Weeks):《20世纪的性理论和性观念》(*Making Sexual History*,2000),宋文伟、侯萍译,江苏人民出版社2002年版,第31、38、33页。

④ [英]杰佛瑞·威克斯(Jeffrey Weeks):《20世纪的性理论和性观念》(*Making Sexual History*,2000),宋文伟、侯萍译,江苏人民出版社2002年版,第31页。

年，对许多人来说，美学家、乌托邦社会主义者和同性恋者奥斯卡·王尔德的堕落和受审标志着‘庸人复辟’，也意味着80年代寻求迅速彻底变革的激进主义希望的破灭，同时，使人们迅速改变性态度的前景也成了泡影”①，于是不少人改变了激进主义的态度，转而采取渐进主义的态度，立足于对现实的逐渐改良，他们认为这是更为稳健务实的态度，霭理斯便是如此，他“和其他许多人一样……采取了一种更加谨慎的调子和将渐进主义与个人的自我修养相结合的政治观”。②

经过短暂的低潮，到“一战”后，许多现代灵肉一元观思想家（既包括19世纪80年代的激进主义者，也包括20世纪初的新成员，如周作人等）从新理想主义席卷全球的汹涌浪涛，以及新理想主义者们全面改造世界的坚定信念中看到了希望，他们加入到这一思想浪潮中，将“人”的问题的全面解决纳入到整个社会全面改造当中，于是又迎来了一个全面解决“人”的问题的高峰，现代灵肉一元观的新“人学”观也成为这一时期最为重要的理论思想，得到了极为广泛的传播。应该说，厨川白村虽然并没有真正理解这一时期时代精神的真正特点，将其错误地定位为灵肉合一的异教思想的胜利，但是他将对“人”的问题的全面解决作了新理想主义的定位却是十分准确的。③

周作人在这一时期介绍了现代灵肉一元观思想家们的很多理论成果，但他似乎并没注意到19世纪90年代后曾出现的一个低潮，比如此时的霭理斯早已信持渐进主义的改革观，但“五四”周作人对霭理斯的解读，仍是赋予了他一副激进主义的面貌，并未将两个霭理斯区分开来。但在思想已经发生重大转变的1923年后，周作人似乎又发现了渐进主义的霭理斯，向霭理斯19世纪90年代后的观念表达了最

① ［英］杰佛瑞·威克斯（Jeffrey Weeks）：《20世纪的性理论和性观念》（*Making Sexual History*，2000），宋文伟、侯萍译，江苏人民出版社2002年版，第38页。

② ［英］杰佛瑞·威克斯（Jeffrey Weeks）：《20世纪的性理论和性观念》（*Making Sexual History*，2000），宋文伟、侯萍译，江苏人民出版社2002年版，第31—32页。

③ ［日］厨川白村：《文艺思潮论》，第四第二节《近世史的波澜》中做出如下论断，“唯物观既废，最近遂为乐天的新理想主义，积极的建设的努力时代于是乎现矣。余敢信最近之倾向，即灵肉合一之异教思潮得全胜也”，转引自田汉：《俄罗斯文学思潮之一瞥》，此处所引为田汉译文，载1919年5月、12月《民铎杂志》第6期、7期。

大的敬意，并要以此规定自己的人生方向。时隔数年，两个周作人与两个靄理斯的两次相遇，其中蕴涵了多少人生与历史的难以言喻的深意。

（原载《论学武夷：中国现代文学研究会第四次青年学者研讨会论文集》，海峡文艺出版社2010年版，题名《五四新文学视野下近代"人学"观的演变》）

第三节 "五四"新文学发生期科学"人学"观念的建构

"人的文学"观念，是"五四"文学发生期最为重要的理论成果，对新文学的生成起到了极其重要的指导作用。但迄今为止，"人的文学"观念中的很多重要理论思考仍缺乏完整细致的理论解析，其中对于以周作人为主要理论代表的"人学"观念的研究尤为薄弱。由于这种"人学"观念对现代中国文学与思想发展都起到过深远的影响，因而对此研究的不足会影响到对现代文学、思想发展的深入探讨。鉴于此，著者拟对"五四"时期周作人的"人学"观做出细致的观念解析，以期推进对于"人的文学"观念的深入研究。

"五四"时期周作人所持的"人学"观是现代"灵肉一元观"。现代"灵肉一元观"产生于19世纪后期的欧美，是一种科学化的理论建构，这一理论的创建者们试图将"人学"观建立在坚实的科学知识基础上，即基于19世纪后期成果斐然的关于"人"的科学发现及种种科学假设，建构起一种科学的"人学"观念。在这一过程中，不同的理论家往往基于对于"人"的科学观念的不同认识，各自对"灵肉一元观"做出了自己独立的建构或阐释，其中周作人在"五四"前后曾重点推介过凯本德、靄理斯、与谢野晶子、须莱纳尔、爱伦凯、倍贝尔、斯妥布思女士等理论家。新文化运动前后，周作人也对这一观念进行了创造性的理论思考，并将其作为现代人道主义观的核心理念。以下著者将从观念建构、理论框架与理论的内在矛盾三个方面对周作人的现代"灵肉一元观”进行解析。

一、科学“人学”观建构的理论尝试

1918年12月15日周作人发表了《人的文学》，对于“灵肉一元观”的主要问题首次进行了明晰、全面的理论阐述①：

我们要说人的文学，须得先将这个人字，略加说明。我们所说的人，不是世间所谓“天地之性最贵”，或“圆颅方趾”的人。乃是说，“从动物进化的人类”。其中有两个要点，（一）“从动物”进化的，（二）从动物“进化”的。

我们承认人是一种生物。他的生活现象，与别的动物并无不同。所以我们相信人的一切生活本能，都是美的善的，应得完全满足。凡有违反人性不自然的习惯制度，都应该排斥改正。

但我们又承认人是一种从动物进化的生物。他的内面生活，比别的动物更为复杂高深，而且逐渐进化向上，有能够改造生活的力量。所以我们相信人类以动物的生活为生存的基础，而其内面生活，却渐与动物相远，终能达到高上和平的境地。凡兽性的余留，与古代礼法可以阻碍人性向上的发展者，也都应该排斥改正。

这两个要点，换一句话说，便是人的灵肉二重的生活。古人的思想，以为人性有灵肉二元，同时并存，永相冲突。肉的一面，是兽性的遗传；灵的一面，是神性的发端。人生的目的，便偏重在发展这神性；其手段，便在灭了体质以救灵魂。所以古来宗教，大都厉行禁欲主义，有种种苦行，抵制人类的本能。一方面却别有不顾灵魂的快乐派，只愿“死便埋我”。其实两者都是趋于极端，不能说是人的正当生活。到了近世，才有人看出这灵肉本是一物

① 关于灵肉一元观念，周作人在《人的文学》之前的《欧洲文学史》（商务印书馆1918年版）、《随感录·三十四》（1918年10月15日《新青年》第5卷第4号），以及之后的《答蓝志先书》（1919年4月15日《新青年》第6卷第4号）、《新文学的要求》（1920年1月8日《晨报·副刊》）、《圣书与中国文学》（1921年1月10日《小说月报》第12卷第1号）中也都有所提及。

的两面，并非对抗的二元。兽性与神性，合起来便只是人性。英国十八世纪诗人勃莱克(Blake)在《天国与地狱的结婚》一篇中，说得最好：

(一)人并无与灵魂分离的身体。因这所谓身体者，原止是五官所能见的一部分的灵魂。

(二)力是唯一的生命，是从身体发生的，理就是力的外面的界。

(三)力是永久的悦乐。

他这话虽然略含神秘的气味，但很能说出灵肉一致的要义。我们所信的人类正当生活，便是这灵肉一致的生活。所谓从动物进化的人，也便是指这灵肉一致的人，无非用别一说法罢了。[①](着重号为原文所有——著者注)

叙述虽然十分精简，但总结非常全面，理论概括也相当精要。

作为一种科学的理论建构，首先必须以坚实的科学知识作为其理论根基，《人的文学》中关于"灵肉一元观"的论述，其理论依据十分明确，就是生物学。周作人在《新文学的要求》中坦承，"《人的文学》……大旨从生物学的观察上，认定人类是进化的动物"[②]，他在《祖先崇拜》中也确切表明："我不信世上有一部经典，可以千百年来当人类的教训的，只有记载生物的生活现象的 Biology(生物学)才可供我们参考，定人类行为的标准。"[③]这里所说的生物学，是指在达尔文进化论出现后，在进化论基础之上形成发展起来的生物学学科与理论(与进化论出现前的生物学具有本质差别)，这种建立在进化论基础之上的生物学，对于现代灵肉一元论者的重要意义在于，进化论以确凿的实证考察，较为严密的理论推理，从科学的角度把人从天上拉到地上，更重要的是把人们对"人"的观念彻底从天上拉回了地面，并且直

① 周作人：《人的文学》，1918 年 12 月 7 日作，1918 年 12 月 15 日《新青年》第 5 卷第 6 号。

② 周作人：《新文学的要求》，1920 年 1 月 6 日北平少年中国学会讲演，1920 年 1 月 8 日《晨报·副刊》。

③ 仲密(周作人)：《祖先崇拜》，1919 年 2 月 23 日《每周评论》第 10 期。

接将人置于动物的进化链条当中。而在进化论出现之前,大多灵肉一元论者都只能从形而上色彩很浓的大胆推论与设想出发肯定人的生物本能,这些观念根本缺乏切实的说服力。

这种新的生物学理论正是由一些现代灵肉一元论者参与构建的,他们认为这是最新的科学真理,并且发现这些科学观念使人们对“灵”“肉”一元的合理关系的科学阐释成为可能:

一方面,只有在承认人是动物的前提下,人们才可能确实地肯定人的生物本能/“肉的生活”是人最本质的属性。而历来从精神/“灵”的角度对人的生物本能作出否定、贬抑,认为其非人本质所有,应该被精神超越,正是传统灵肉二元观念的主要理论基点,周作人将其概括为,“古人的思想,以为人性有灵肉二元,同时并存,永相冲突。肉的一面,是兽性的遗传;灵的一面,是神性的发端。人生的目的,便偏重在发展这神性;其手段,便在灭了体质以救灵魂”。[①]

另一方面,只有从进化论入手,才能从科学的角度说明“灵”“肉”的准确关系。“灵肉一元观”的近代先驱者多数只是从形而上的角度,在哲学的思考中得出“灵”“肉”本为一体的结论。以布莱克为例,他主张“人并无与灵魂分离的身体”“力是唯一的生命,是从身体发生的,理就是力的外面的界”[②],这些观点被周作人评价为“义甚精密,为古来言灵肉一致者之最”[③],但是他们,也正如周作人所言,虽能说出灵肉一致的要义,却带有神秘主义哲学的气味[④],显然不能作为科学时代的理论。在这种情形下,周作人等一些现代灵肉一元论者将建立于进化论基础上的生物学当作了立论的出发点。

对于“灵肉一元观”的理论构建,周作人主要是集中在人的本质论的问题上。可以看到在《人的文学》中,周作人对人的本质从生物进化的角度进行了解说,定义为“从动物进化的人类”,其中有两个要点,第

① 周作人:《人的文学》,1918年12月7日作,1918年12月15日《新青年》第5卷第6号。

② 周作人:《人的文学》,1918年12月7日作,1918年12月15日《新青年》第5卷第6号。

③ 周作人:《欧洲文学史》,商务印书馆1918年版。

④ 周作人:《勃莱克的诗》,1918年作,收入《艺术与生活》,群益书社1931年版;《人的文学》,1918年12月7日作,1918年12月15日《新青年》第5卷第6号。

一点，人是"从动物"进化的，第二点，人是从动物"进化"的，用"灵""肉"关系的理论模式来讲，这两个要点便是"人的灵肉二重的生活"。其中人是"从动物"进化的，是在说明人的生物性的本质。作为一种生物，人的生活现象"与别的动物并无不同"，"人类以动物的生活为生存的基础"。

而所谓人是从动物"进化"的，在《人的文学》中周作人强调的不是物种之间在进化过程中的生理性差异，而是把人置于生物界进化的总的链条中，来说明人独特的"内面生活"/"灵"的生活发生、演进的来由与动力。在他看来，动物也有其简单的"内面生活"，但在进化过程中，由于进化的力量，人的"内面生活"比别的动物"更为复杂高深"，而且"渐与动物相远"并"逐渐进化向上"①，发展出别的动物所不具备的独有的"内面生活"，即人特有的道德生活、"社会生活"、精神生活等，这种"内面生活"不但有"能够改造生活的力量"，而且"终能达到高上和平的境地"。

在对"人的灵肉二重的生活"略加分析后，接着周作人便肯定了两者的一致："灵肉本是一物的两面，并非对抗的二元"，"所谓从动物进化的人，也便是指这灵肉一致的人，无非用别一说法罢了"。但究竟"内面生活"与"肉的生活"是如何达到一致的，周作人在这里并未正面加以完整论述，只是借用了布莱克的"人并无与灵魂分离的身体"，对"力是唯一的生命，是从身体发生的，理就是力的外面的界"这一缺乏科学论证的说法作了解释。

不过周作人对这一问题也并非没有加以分析，但这是在具体分析一些道德观念时显现出来的。在阐释人的道德问题时，周作人以两性之爱与亲子之爱为例，对恋爱的起源与亲子之爱的产生做了详细解说。在分析恋爱的起源时他论述道：

---

① 这一过程被周作人描述为"凡兽性的余留，与古代礼法可以阻碍人性向上的发展者"，都在被不断地"排斥改正"（见《人的文学》，1918年12月7日作，1918年12月15日《新青年》第5卷第6号），他肯定，这一过程在整个人类史上是确切存在的，《人的文学》中所谓欧洲"'人'的真理"发现的三个阶段就是明证。

恋爱起原，据芬兰学者威思德马克（Westermarck）说，由于“人的对于与我快乐者的爱好”……奥国卢闿（Lucke）说，因多年心的进化，渐变了高尚的感情。

在分析亲子之爱时，他又做了如下解说：

父母子女的爱情，是“本于天性”……照生物现象看来，父母生子，正是自然的意志。有了性的生活，自然有生命的延续，与哺乳的努力，这是动物无不如此。到了人类，对于恋爱的融合，自我的延长，更有意识，所以亲子的关系，尤为深厚。近时识者所说儿童的权利，与父母的义务，便即据这天然的道理推演而出，并非时新的东西。①

这一点在《祖先崇拜》中表述得更为细致：

在自然律上面，的确是祖先为子孙而生存，并非子孙为祖先而生存的。所以父母生了子女，便是他们（父母）的义务开始的日子，直到子女成人才止……儿子无一不是讨债的，父母倒是还债——生他的债——的人。待到债务清了，本来已是“两讫”；但究竟是一体的关系，有天性之爱，互相联系住，所以发生一种终身的亲善的情谊。②

在这些论述中周作人分别说明了两种道德的产生情况，按照他的分析，这两种道德显然是由于进化而在人的生物本能的生活之上自然产生的，并且它们在产生后，不论由“心的进化”达到怎样“高上”的境地，本身始终未能脱离开本能生活而独立存在。在《祖先崇拜》中周作

① 以上均引自周作人：《人的文学》，1918年12月7日作，1918年12月15日《新青年》第5卷第6号。

② 仲密（周作人）：《祖先崇拜》，1919年2月23日《每周评论》第10期。

人十分明确地宣称，作为动物的人，订立其道德观念、行为原则的标准只有生物学，这实际上已经确切表明，在他看来，至少在道德问题范围内，每种道德都与两性之爱与亲子之爱一样，是由于进化而在本能生活的基础上自然产生的①，它们无论由"心的进化"达到怎样"高上和平的境地"，都不过是它们本身进一步的发展而已，始终还是没有脱离开本能生活而独立存在。并且周作人一再强调道德本于天性、符合自然规律，应该在"人情以内，人力以内"②，不能违反人性、阻碍人性向上的发展，总之是要"还他一个适如其分的人间性"③，很明显，这都是在明确说明道德不能背离人的生物性本能。

以上论断，不仅是周作人在论述道德问题时的看法，实际也是他在规范人的总的"灵"的生活之时所做出的基本判断。依他所见，所谓"理就是力的外面的界"，是所有高于动物本能之上的"内面生活"，包括道德生活、"社会生活"、精神生活等产生与存在的共同原则，他所说的以生物学做整个"人类行为"的标准，正是在此意义上立论的。

在这一时期，关于"灵"的生活，周作人的思考主要集中在道德生活与"社会生活"上。对于人的"社会生活"，周作人倒是明确谈及了它的生物性起源问题。本来在人的"社会生活"领域，达尔文、克鲁泡特金等已从生物进化的角度对"社会生活"的很多方面做了相当深入的研究，如在"五四"时期盛行的人类社会的"互助"理论，就是达尔文、克鲁泡特金与巴枯宁等提出的以生物性本能为基础而进化出的人

---

① 关于这一点周作人没有做出很明确的理论总结，他借用的是布莱克的"力是唯一的生命，是从身体发生的，理就是力的外面的界"的说法，因为这种说法比较接近周作人这种认识的确切的含义。

② 周作人：《人的文学》，1918 年 12 月 7 日作，1918 年 12 月 15 日《新青年》第 5 卷第 6 号。

③ 周作人：《新文学的要求》，1920 年 1 月 6 日北平少年中国学会讲演，1920 年 1 月 8 日《晨报·副刊》。

类“社会生活”的基本准则①,这种生物性本能周作人概括为生物为与异类争存而具有的“为生存竞争的互助”。② 周作人也完全认同这一理论,屡屡论及,并在《新村的理想与实际》中明确指出“互助”的生物学基础:“人类兼有自己保存与种族保存的两重本能,所以为我与兼爱都是人性里所有的。”③

类似“互助”这样的人类“社会生活”的基本准则,明显是属于“社会生活”中社会伦理的部分,人的“社会生活”还包含经济生活、政治生活、社会制度等其他层面,但周作人在“五四”时期,将人的“社会生活”领域内的一切,全都归结为道德问题,从他的思考来看,人类的各种“社会生活”在一定意义上只不过是另一种道德生活。我们可以清楚地看到,这一时期周作人对于经济生活、政治生活、社会制度等层面的“社会生活”,确实做出了较为系统全面的理想的理论建构与实际设想,但他既没有为这些理论建构与实际设想提供符合实际的坚实的理论支持,诸如系统的政治学、经济学理论,也没有具体分析在现实的社会经济制度下如何进行实际的政治、经济、制度改造,以促成理想的社会生活的实现,他的论证方式只是提出一些单纯的社会伦理范畴、道

---

① 对于巴枯宁的观点周作人在“五四”时期有所译介,参见[英]Angelo S. Rappoport:《俄国革命之哲学的基础》,原载1917.7,The Edinburlgh Review,起明(周作人)译,《新青年》1919年4—5月第6卷第4—5号。文中说:“Bakunin是唯物论者,所以他认定人类只是进化最高级的动物,思想这事物,不过是脑里的一种物质发生物。人与下等动物不同的缘故,便只因他有思想的能力与合群性:因了这两件事,所以人类比地球上一切动物都更高等,独有着一个‘将来’。合群性与人类的共存,便是人的进步的第一原因……人类的运命,是在合群的生存,互相扶助,战胜自然。这样一个目的,须经过长的历史进化之后,才能达到。人类的终极目的,一方面是在服从自然的法律;这却并不由于外面的强制,有天人的规定,要个人或社会服从,实只因这法律原与人性相合的缘故。”

② 荆生(周作人):《冤哉达尔文》,1924年2月25日《晨报副刊》。

③ 周作人:《新村的理想与实际》,1920年6月23、24日《晨报·副刊》。周作人在《外行的按语》(1926年作,收入《谈虎集》,北新书局1928年版)中谈到动物界“同类大抵是同利害的”,“五四”时期人们认为人类也是如此。当时人们把所有人类作为一体来看待,认为人类既然实际是一体,也就是同利害的,同动物界一样,其生存竞争的对象是自然力与异类,所以就应该取消彼此的争斗(这违背了生物界的原则与人类进化的要求),彼此互助。关于这一点,《新村的理想与实际》是这样说的:“以前的争存,固然也有同类互助与异类相争,但同类中也一样剧烈的争斗。现在是想将生存竞争的法则加以修正,只限于人与自然力或异类的中间,若在人间同类,不但不应争斗,而且还应互助了平和的生活才是。”《访日本新村记》中也有相同论断,见1919年10月《新潮》第2卷第1号。

德原则，即现代人道主义的社会伦理范畴与人的理想生活原则，在此基础上通过纯粹的哲学思考与理论演绎，对理想生活的样式作出构想。应该说，在这种对于人的“社会生活”做出的理论设计中，“社会生活”确实可以像道德生活一样，把基础牢牢扎根于人的生物本能的生活之上。

而关于人的精神生活，在这一时期，周作人并没有多少涉及超越性的精神生活的实际内容①，因而我们无从了解在他的观念中，人的超越性的精神生活是如何建立在“肉的生活”之上的，但普通的精神生活的发生与人的生物性生存之间的关系，他在论述艺术与宗教的起源、发展时曾明确谈及：

> 文学的发达，大都出于宗教……别种艺术，亦多如此……希腊最早的戏曲多是一些神话或传说，其原因即在求生的精神活动，文学宗教都出于此。那时的人们因为春天……到处都有生气，觉得很乐。到了秋冬便觉得危险，要设法救护，使冬去而春能再来。其最初全是为自己的求生，并不晓得求抽象的上帝。他们只是这样心里想，觉得不够，于是将“要春回来”的情感发表出来，演成实事，以期促他们那希望的实现。上帝这概念没有以前，就是这样。所以他们最重要的，就是叫一个人扮“春”，命他出去取一个有生气的东西回来……这就表示春回来了。年年这样去做；各地方的人都把春天的记号搬回本地去。他们以为扮春的人就是春，反过来说，春是有人格的，因此便抽出一个上帝的概念。可见宗教与文学都是由求生之念抽出来的。当时极简陋的歌舞音乐，也就是后来极精美的歌舞音乐的起源。

---

① 当然在涉及新村问题时，关于人的精神生活——超越性的精神，周作人谈到了“精神的方面”“自由的发展”的问题，周作人说，因为“人生的目的不仅是在生存，要当利用生存，创造一点超越现代的事业，这才算顺了人类的意志——社会进化的法则，尽了做人的职务，不与草木同腐”，所以“新村……一面提倡互助的共同生活，一面主张个性的自由的发展”。但关于其具体内容，以及如何建立在生物本能上，周作人没有谈及。参见《新村的理想与实际》，1920年6月23、24日《晨报·副刊》。

> 文学与宗教本来是合一的。文学本为的是发表个人的或社会的情感;而宗教当初最重要的情感是保全生命,故发出保全生命的文学。所以当初他们本是一事,因为他们除了恐怖喜欢以外,没有别的情感。到后来才渐渐地分开……但是艺术虽然分了出去而他的宗教的本体仍然存在。他还是要表示他的情感,或是雕刻,或是写画,或是扮演,都只是种种的仪式的变相。
>
> 还有一层。宗教是希望将来的,而文学也讲未来。迎春等事及野蛮民族的预祝战胜,都是预先发表他们的情感……象意大利的未来派说,文学是帮助生命之存在的,徒然怀古就与人性相反,因为生命是向前的,已往的东西尽可不管。所以文学必须讲未来,不能是明天的,也至少须是今天的。过去是不可思议的,我们只要现在好或未来好就是了……换句话说,就是本于要求生存的精神。这也是与宗教相同的地方。宗教的希望也在一个较好的未来安乐。他们那些仪式不是记念过去的,都是希望未来的。不过宗教在供献给神,文学是无所向献的罢了。①

在他看来,艺术与宗教这些普通的精神生活最初的发生,正是本于人类“要求生存的精神”,在求“保全生命”的生存活动中自然产生的,它们当然是人在进化中生成的高于动物的“内面生活”的自然产物。做出这一推断的理论依据,周作人明确说明是英国人 Andrew Lang 在 19 世纪后半期所创的解说神话的人类学解释方法,这种理论完全建立在进化论基础上,研究与推断“唯依人类进化之理”。②

综上分析可看出,周作人的确在力图做到,在人类进化的理论基础上把人的“内面生活”完全建立在“肉的生活”之上。他认定人的“内面生活”是在人类进化的过程中,在人的本能生活的基础上自然生成的,具有坚实的生物性起源,从此意义上,可以说人类作为动物的本

---

① 周作人:《宗教问题》,1921 年 5 月《少年中国》第 2 卷第 11 期。对这一问题,周作人分别在《欧洲文学史》《新文学的要求》《圣书与中国文学》等文中有过详细论述。

② 周作人:《欧洲文学史》,商务印书馆 1918 年版。

能生活，即"肉的生活"是人生存的基础，而"内面生活"正是"肉的生活"的"外面的界"，两者在本质上是不可分割的统一体，借用布莱克的话就是"人并无与灵魂分离的身体"，当然也没有与身体分离的灵魂，所以"内面生活"与"肉的生活"成为一致，"肉的生活"也就是"灵"的生活。

二、"二希"理论框架内的理论创新与局限

近代以来关于人的本质论问题，都是在相同的理论框架内进行理论思考的，这就是"二希"的文化哲学观，它是以人性的二重要素组构对西方文明的历史形成、演进过程进行解释的一种历史、文明解释系统，生成于19世纪后半期，是在近代欧洲人性二元论的范围内发展、完备起来的。一些人性二元论者承继了阿诺德的"二希"命题，并生发出一系列相关命题，建立起全面系统的理论、话语体系，力图将完整的人类生存状态、整个文明的方方面面全部归拢入其解释范围内，并在各领域分别建立起系统的历史谱系。

现代"灵肉一元观"使用的仍是"二希"解释系统的理论框架，这在周作人的《欧洲文学史》《人的文学》《圣书与中国文学》《欧洲古代文学上的妇女观》等论著中都有明确反映，它在此框架内对"人学"观作出了重大理论创新，在《圣书与中国文学》中可以看到，周作人在此框架内对一些"二希"系统内的命题作出了重新界说，而在《欧洲古代文学上的妇女观》中，他明显采用了由"灵肉一元观"改造过的"二希"系统来对西方文明与历史进行新的解读。

应该说，"二希"理论系统的基本起点是对人的本质，主要集中在对"灵""肉"关系的定位，其他一系列理论都是由此衍发出的。现代"灵肉一元观"对于"人学"理论的突破性进展，也正首先集中体现在对人性的二重要素"灵""肉"关系认识的理论跃进上。这种跃进是针对其他两种近代盛行的"人学"观——"灵肉二元观"与"灵肉合一

观”[①]的“灵”“肉”关系认知而言的，体现在对于“灵”“肉”关系认知的本质差别之上。

近代“灵肉二元观”坚持抽象人性论的立场，认为人性是固定的，它是由“在人身上和历史中呈现出对立”的二元组成。[②] 对于这种“人学”理论的“灵”“肉”关系观，以及由此观念造成的危害，周作人在《欧洲文学史》与《人的文学》中都做过明确分析，他称灵肉二元论者“以为人性有灵肉二元，同时并存，永相冲突。肉的一面，是兽性的遗传；灵的一面，是神性的发端。人生的目的，便偏重在发展这神性；其手段，便在灭了体质以救灵魂。所以古来宗教，大都厉行禁欲主义，有种种苦行，抵制人类的本能。一方面却别有不顾灵魂的快乐派，只愿‘死便埋我’。其实两者都是趋于极端，不能说是人的正当生活”。[③]

以厨川白村[④]、易卜生[⑤]、陀思妥耶夫斯基[⑥]等为代表的灵肉合一论者，是作为“灵肉二元观”的严厉批判者出现的，他们力图颠覆这种“人学”观，以冀改变因灵肉二元分裂而造成的不正当的人的生活，他们在“灵”“肉”关系上做出了很大调整，以兹作为自身的理论起点。

在灵肉合一论者看来，“灵”“肉”二元虽然都是由人性中发出的，但在历史上它们一直处于相互对峙、彼此分裂的状态，每个历史时期都会有其中一元压抑另一个，以至走到极端、偏执的境地，而当其中一元走得太远，人们必然会不满，要向相反的方向矫正以往的偏差，但由

---

① 一直以来，人们往往将这一理论形态与“灵肉一元观”混淆，甚至很多人直接把它当作“灵肉一元观”来看待，著者在本文中尝试对其特质加以初步分析，权且命名为“灵肉合一观”。

② [英]马修·阿诺德：《文化与无政府状态》第四章《希伯来精神和希腊精神》，韩敏中译，生活·读书·新知三联书店2002年版，第111页。

③ 周作人：《人的文学》，1918年12月7日作，1918年12月15日《新青年》第5卷第6号。

④ [日]厨川白村所著《文艺思潮论》的理论核心正是这一观念，樊从予译，商务印书馆1924年版。

⑤ [日]厨川白村：《文艺思潮论》，第二节，樊从予译，商务印书馆1924年版，第23—25页。对于易卜生这一观点的论述、引述，在19世纪末到20世纪初的大量论述中经常出现，得到重视。

⑥ 沈雁冰(茅盾)在《陀斯妥以夫斯基的思想》中有相当透彻的分析，1922年1月10日《小说月报》第13卷第1号。

于“灵”“肉”二元始终分裂，不存在相互制衡以至和谐的状态，因此矫偏的结果，必然是另一元朝着另一个非人性的极端同样走下去，直到对立的一元再取代它。这就形成了一种历史循环，其结果是造成人性在历史上长期处于分裂境地，“灵”“肉”二元从来没有组构出过完整和谐的人性，而是每每朝向一个极端愈走愈远，完全违背人性的本然，走向非人性的乖戾的形态，反过来成为戕害人性的东西，而这正是造成历史上长期大量存在种种不正常的人性表现情态的主要原因。灵肉合一论者正是基于这种历史分析立场，希望扭转这一历史困局。他们否定了“灵”“肉”二元不平等的地位，认为二者在人性中居于同等地位，应该在人类的生存活动中达到完全的融合，只有这样人类才会走出历史上一直存在的“灵”“肉”分裂、人性“异化”的局面；而且从其抽象人性论的精神史观出发，他们推断人性问题的解决必将成为整个社会、文明的诸种核心问题走向彻底解决的关键，由此人类历史将会掀起新篇章。①

关于“灵”“肉”关系的思考，我们可以看到，“灵肉合一观”虽然对“灵肉二元观”做出如此激进的理论革新，但其思考结论依然保持了“灵”“肉”二元人性思考的本质特征：其一，未超出抽象人性论对人的本质的定位。其二，它的思考框架未跳出固定人性的二元组构的范围，其思考只是在以二元为基础的理论系统内对原有二元的地位进行了颠覆，即要求恢复“肉”应有的地位，“灵”“肉”二元应该对等，并要达到完全的融合，应该说，在这种新的理论认知中，“灵”“肉”二元仍然是不同的东西，其矛盾、对立依旧存在，灵肉合一论者所期待的和谐、融合，也不过是对二者之间矛盾调和的结果。再者，“灵肉合一观”完全是在抽象人性论的基础上，在非经验性的理论思辨的层面上讨论人性的分裂、灵肉合一的解决方案等命题的。

在“灵”“肉”关系问题上，“灵肉一元观”与“灵肉二元观”“灵肉合一观”表现出了本质上的差异。从周作人对“灵”的问题的分析来

---

① 关于这段分析，请参考[日]厨川白村：《文艺思潮论》，樊从予译，商务印书馆 1924 年版。

看，没有什么抽象的固定的人性，人性是在进化过程中发展出来的，即在人原有的“肉的生活”之上通过“心的进化”自然生出人的所有的“内面生活”，“内面生活”与“肉的生活”共同构成人的本质。所以虽然从理论的框架来看，这种进化而得的人性中还包含两重组成部分，但异于灵肉二元论、灵肉合一论之处就在于这两者是人的一体之两面，也就是说，人性只有一元，“灵”与“肉”不再是二元，它们不过是这一元中的两个组成要素，而且两者密不可分、和谐地结合为一体，构成了完整的人性，二者的和谐是在同物之内的和谐。

在对“灵”“肉”关系进行重新认定后，周作人进一步对人类社会存在的本质要素以及历史发展轨迹进行了重新认知与解释，这些是对“灵”“肉”关系思考的直接理论延伸。

与“灵”“肉”关系问题直接相关的，是周作人对于人类社会存在的本质要素的重新认知，这表现为对一系列二重要素关系的重新定位。灵肉二元论者在“二希”系统内，基于二元论的思维模式，在人的本质问题的范围内，生发出一系列相对应的二元要素，它们分别从属于希腊精神、希伯来精神两个系统，用以解释人类种种的生存状态与所有文明现象，可被称作人类社会存在的本质要素。在“五四”，中国经常被谈及的有这样几组相对应的元素：主观的倾向与客观的倾向，信仰的独断的与科学的实验，宗教的道德的与智识的艺术，超自然主义与自然主义，利他主义与自我的满足，天国、神本位与现世、人间本位，教权主义与自由主义，绝对的服从与个人的自觉，要知道神与尔当自知，灵的、禁欲的与肉的、本能的。① 在“五四”前后，周作人主要强调了其中几组相对应的二重元素：理想与实在，个人与社会，理性与感情，知识与信仰，或体质与精神，他说这些皆为“人性二元(The Pagano-Christian dualism of human nature)(指两个精神系统——著者注)……二者之代表”，它们“互相撑据，以成人世之悲剧，而人生意义，亦即在斯”。② 在历史上它们都被灵肉二元论者看作是完全对立的人类社会

① ［日］厨川白村：《文艺思潮论》，第一《序论》，樊从予译，商务印书馆1924年版，第9页。
② 周作人，《欧洲文学史》，商务印书馆1918年版。

存在的二元组构要素，分别隶属于两个不同的精神系统，与之相反，周作人则从人性一元的人的本质论出发，推断出每一组合中相对待的人的社会存在中的本质性元素，都是人性一元中不可或缺的组成成分，而且两者是不可分割的一体，比如，在他看来，对于个人与社会两重要素而言，既没有离开个人的社会，也没有离开社会的个人，个人、社会实为一体，个人（生活）即社会（生活），社会（生活）即个人（生活）。①

另外在对历史发展的认知方面，周作人也承认由于人性的偏执发展而造成的往复循环的历史形态，但他解释历史的理论立场发生了变化，在《欧洲古代文学上的妇女观》等文中以他的历史描述取代了厨川白村等的历史描述。在他看来，造成这种历史状况的原因在于，人们没有认识到现代"灵肉一元观"的"真理"，因此他们从二元论立场出发，偏重一元中的一个方面，使之极端发展，而压抑另一面，这样人性必然会分裂，造成整个人性的非正常发展，结果必然导致人性的扭曲、变异；现在既然认识到这一"真理"，这就意味着往复的历史进程即将结束，人性完美、和谐、合理发展的时代有望到来。②

"灵肉一元观"之所以能够在人的本质问题上作出重大理论创新，原因在于"灵肉一元观"与"灵肉二元观""灵肉合一观"这些没有经验科学根基的形而上的哲学思辨不同，是科学时代的产物，是建立在最新的关于人的科学认识上的思考结论。周作人等灵肉一元论者使用当时关于人的最新科学成果对人加以定义，并试图把所谓人性的组成因素建立在经验科学的人的定义之上，而且他们更加注重历史的经验事实，使用科学观念对它进行解释，在这些基础上发展出新的理论系统与历史认知。他们的理论尝试体现出"人学"观念科学化的努力，即

---

① 这是"五四"时期周作人社会观的核心理念，他表述为个人与人类的关系。

② 支持这一论断的论述参见周作人的《随感录·三十四》（1918 年 10 月 15 日《新青年》第 5 卷第 4 号）对凯本德观念的引述"对于人身那种不洁的思想，如不去掉，难望世间有自由优美的公共生活"，以及对于霭理斯观念的引述，《人的文学》（1918 年 12 月 7 日作，1918 年 12 月 15 日《新青年》第 5 卷第 6 号）中周作人也有这样的论断："世上生了人，便同时生了人道。无奈世人无知，偏不肯体人类的意志，走这正路，却迷入兽道鬼道里去，旁皇了多年，才得出来。"

力图以科学的常识解释人的全部，使“灵”“肉”一元的人的本质观以及“人学”体系完全建立在现代意义上的人的科学认识基础之上，以达到他们认为必能达到的科学的确实性与真理性。

通过以上对周作人“灵肉一元观”的分析，我们会发现，这种理论的科学性是要大打折扣的，这缘于它天然的理论局限。因为灵肉一元论者在对人性进行科学思考的过程中，仍然使用着灵肉二元论者建构完成的“二希”理论框架，并沿袭了在这一框架内思考人的本质问题的思考路径，把人性的复杂问题全部归拢入有限的框架、模式当中。例如，周作人等灵肉一元论者承继了抽象人性论所发展出的人性的二重分类的原则，把人的生存的所有内容全部划归有限的“肉”的生活、“灵”的生活的二重元素组构中，并一定要用二重元素的一体，即“灵”“肉”一元来限定人的生存问题；甚至其历史认识也采用由于“灵”“肉”二重元素偏至发展造成历史循环的文明史解释模式，而其理论基础正是人性二重元素在本质上“不能有所偏至”①之说。还有，周作人等仍把人性内的冲突看作是二重生活的冲突，而对于这些冲突问题的分析，虽然其中有些周作人能够用生物学、心理学、遗传学、性学等科学认识作出较为合理的解释，如在《沉沦》中周作人用精神分析学对“灵”“肉”冲突所作的分析，但他对另外一些则似乎有点无能为力，仍是在灵肉二元论的抽象思辨范围内思考它们。周作人在《欧洲文学史》里曾集中谈到过的理想与实在、理性与感情、知识与信仰等人性特质的冲突、对立②，他在《欧洲文学史》《魔侠传》中对它们的介绍、分析并未显现出异于灵肉二元论者的特别的新解。此外，他对于那些相对应的人的社会存在本质要素的一体关系的分析，也较少提供生物学等

① 周作人：《欧洲文学史》，商务印书馆 1918 年版。
② 周作人：《欧洲文学史》，商务印书馆 1918 年版。

理论的解释,其中很多分析仍是在灵肉二元论的抽象思辨范围内作出的。①

通过以上分析可以看出,由于周作人等灵肉一元论者的新的理论思考是在“二希”理论框架内进行的,这就使得其人性思考一方面虽充满了科学化的努力,另一方面却避免不了显明的抽象人性论形而上思考的印痕。归根结底,他们的理论创新是无法超出话语系统的限制的。

三、科学“人学”观建构潜存的内在矛盾

“五四”时期周作人在现代“灵肉一元观”建构方面的工作实绩,充分体现出他建构科学“人学”观的理论热情,但从以上对其灵肉一元观念的分析当中,业已显露出这种新的理论构造是存在着一些问题的。究其根本原因,周作人对“灵”“肉”关系等问题所作的理论努力,质而言之,实际上是一种有一定根基却又没有经过完全论证的理论设想,这种理论构想中潜存着深刻的内在矛盾。

撇开别的问题不论,单考察周作人对于“灵”“肉”关系问题的论证。应该说,这一理论建构是艰难的,存在着难以逾越的理论困境,首先,它既要满足经验科学归纳实证的要求,又要遵循“二希”理论框架内理论演绎的规则,但是这两者并不相互包容。其次,这一理论要求,统括所有人的生活,将其全部纳入两重的生活当中,而论证所有生活现象都必须在进化论为基础的生物学上寻找有力的依据,这样一种狭隘的理论要求,所要面对的却是解答如此复杂的人的本质问题,应该说,这种力求面面俱到的理论构想确实难以做到。

---

① 周作人在《欧洲文学史》(商务印书馆 1918 年版)中论及《吉诃德先生》一书“以平庸实在之背景,演勇状虚幻之行事,不啻示空想与实生活之抵触,亦即人间向上精进之心,与现实俗世之冲突”。《魔侠传》(1922 年 9 月 4 日《晨报副镌》)一文中谈到人性中的两组对照,其一是承袭屠格涅夫的看法:“都盖涅夫在《吉诃德与汉列忒》一篇论文里说,这两大名著的人物实足以包举永久的二元的人间性,为一切文化思想的本源;吉诃德代表信仰与理想,汉列忒(Hamlet)代表怀疑与分析……这两种性格虽是相反,但正因为有他们在那里互相撑拒,文化才有进步。”其二是:“吉诃德先生……山差邦札……又是一副绝好的对照,吉诃德是理想的化身,山差便是经验的化身。”另外还有《欧洲文学史》中对理性与情感两者关系的历史描述。

另外，这种理论构想存在着相当大的理论解释的局限性：一方面，人类已经远远超越本能生活，有了几千年的文明创造与社会发展，已经很难找出很多精神存在、道德存在、制度存在等最初的生物学起源，而且追溯这种人类行为的生物起源对于很多“内面生活”的改进发展，在很大程度上也毫无必要，更不用说还有很多“内面生活”可能根本就没有什么生物学的起源。另一方面，完全以生物学等科学为基础的经验主义的哲学立场，难以解释自由意志等超乎经验领域的人的精神世界的问题，这是经验主义哲学家以及极端的科学主义论者几个世纪以来一直无法解决的理论难题。但以周作人为代表的部分科学主义论者认为这部分的人的“灵”的生活完全可以用人的动物性的经验生存来解释，从《人的文学》中看，他从理论上也确信自己能够自圆其说，可是实际上他对此问题根本无从解释。应该说，这种力图以科学解释，以至解决人的所有问题，甚至包括道德问题、超越性精神问题的努力一个世纪以来影响甚广，但从 20 世纪 20 年代开始，很多现代文明的反思者就已经指出，这种努力虽然十分真诚却又过于自负，这种思考不仅在当时就已迅速露出破绽，并且不断遭到分析哲学以及众多文明批评家的强烈反驳，此外，自康德以来的哲学传统对此也并不支持。

综上所述，我们可以看到，周作人的这种理论设想不可谓不宏大，但是相形之下它的理论支撑就显得过于脆弱、单薄了，并且它的解释能力实在也不尽完备。作为在“五四”以来现代中国的一种“真理”性的认识，它的这些特质极具代表性。这一理论设想在周作人这一时期的观念建构与现实思考中得到了广泛运用，在这一过程中，它的内在矛盾与理论疏漏也确实不断显露出来，应该说，不久之后周作人“人学”观念的转变，这也是重要的原因之一，不过这已不在本书的论述之列。

（原载《文学评论》2006 年第 3 期，题名《发生期新文学科学“人学”观念的建构》）

第四节　旧邦“新人”：“五四”现代人道主义国民精神改造观

一、“新人”思考的缘起

“五四”新文化人曾将新文化运动之兴起，归因于他们对民国初数年间颓败的社会整体精神状况的激烈反拨。中华民国成立后，任何人都未曾预见到，经过朝气蓬勃、思潮激荡的晚清社会革命，突然间，一个精神萎缩、极端鄙俗的时代会悄然来临。环顾四面，国人的精神状态令人慨叹：无论社会精英还是普罗大众，也不管巨贾豪富抑或社会底层，绝大多数社会成员皆缺乏坚实的人生信念，全然摒弃超越性的精神追求，仅屈从实利，满足于物欲追逐；而且人们确信整个社会中一切社会关系都只是赤裸裸的幕后交易，并自觉投身其间，希求分我杯羹；另外社会整体的道德根基动摇、混乱，是非不辨……凡此种种末世乱象令人触目惊心。当时的仁人志士皆对此深怀忧惧，坦言此种整体性的精神萎缩已引发了广泛的精神病态，且病情日重，如不即刻痛下药石，加以施救，那么这种整体性的精神萎缩必将成为吞噬民族机体之恶瘤。

“五四”新文化人认为，造成这种中国国民精神普遍性萎缩、堕落最核心的原因，乃由国民精神之痼疾所致。此类痼疾正如遗传老病，数千年来始终顽固地盘踞于中国人的灵魂深处，一旦遇到合适的气候土壤，便会随时发作，难以遏制。正是缘于这一历史判断，“五四”新文化运动的健将们发愿，要一劳永逸地彻底改造早已萎缩、堕落败坏的中国国民精神。对此他们敏锐地提出“改造国民性”等重要命题，将对中国社会的全面整体改造的工作，完全置于中国国民精神之更生，即改造“旧人”，重塑“新人”的根基之上。对于如何实现这一国民精神改造的宏伟目标，当时中国社会各类精英群体提出了各自不同的方案，其中“五四”现代人道主义思潮运动的理论设想产生过最广泛的影响，并成为“五四”国民精神改造中最为重要的观念。

二、国民精神改造的顶层设计

现代人道主义产生于19世纪中后期的西方社会,具有与人类历史上各类人道主义形态迥然不同的独特思潮流脉与观念谱系。现代人道主义起源自列夫·托尔斯泰、陀思妥耶夫斯基,以及俄国新理想主义者们的理论创造,“一战”前后形成了席卷全世界的和平革命式的激进思潮运动。“一战”后“五四”新知识分子也在中国掀起盛大的现代人道主义社会改造运动,并做出了重要理论贡献,对此拙著《“人”的发现:“五四”文学现代人道主义思潮源流》(人民出版社2009年版)有过详细的历史梳理与分析。“五四”现代人道主义者关于中国国民精神改造工程设想的目标,是对中国人进行脱胎换骨式的精神洗礼,力求彻底洗脱整个民族精神上的历史沉垢,重新构建起符合现代世界文明之要求、健康完全的精神人格。他们所设想的这一精神改造过程,大致分作两个阶段:首先,是“认识你自己”,让中国人树立起科学的“人学”观念;其次,是“立人”,将中国国民塑造成具有独立人格、自由意志、“爱与理解”、“理想主义”、“现实精神”,以及“社会改造勇气”的“新人”。需要强调的是,“五四”现代人道主义者们对于中国国民精神改造路径的设计,是完全建立在现代人道主义系统的科学“人学”思考上的,具有坚实的科学性理论基础。以下著者拟就“五四”现代人道主义者们对于中国国民精神改造的思考规划做较为深入的分析。

“五四”现代人道主义者们认为中国国民精神改造的第一个阶段,是必须树立科学的“人学”观念,他们将此作为培养“新人”的首要必备条件。在说明这一问题之前,著者有必要对现代人道主义科学“人学”观的基本理念加以介绍。现代人道主义科学“人学”思考的终极目标,是建构理想的人性与人类的正当生活,即建构“灵肉一元”的“人”的本质,与“灵肉一元”的“人”的理想生活。现代人道主义的人性观就是现代“灵肉一元观”,这种观念认为,人类的“肉”的生活与精神生活原为完整人性的一体之两面,两者本质上应该是和谐的,共同建构起人类正当的生活,因此任何片面发展“肉”的生活或精神生活其中一端的做法,都是极端错误的,均会导致人性的偏至发展,将人类的道德生活引向歧途。现代人道主义的“灵肉一元观”,是19世纪中后期至20世纪初西方道德革命的重要理论结晶,其产生缘于一些道德革命前驱力图改变人类历史的宏愿。在他们看来,从古代一直到19世纪,除了极少数的例外,数千年的人类史,就是一部人性及“人”的道德生活不断循环往复,向“灵”或“肉”其中一极偏至发展的历史,人类从未享受过正当的生活。因此这些道德革命的前驱通过倡导新的“人学”观念,力图改变扭曲的人性与不正当的人类生活状态,以谱写人类史的新篇章。

“五四”新文化运动前后,周作人等现代人道主义者们将这种科学的“灵肉一元”的“人学”观念引入中国,当时他们的意图十分明确:远期目标,自然是要在中国建构起理想的人性及正当的人类生活;而近期目标,则是要借重科学“人学”观念对中国人进行彻底、全面的人性改造。“五四”现代人道主义者们之所以确定这一近期目标,缘于在他们看来,中国的人性现状异常恶劣,它不像在西方文明社会中主要是人性的偏至问题,在当下中国更多存在的是人性的极端堕落、彻底败坏的情形。对于中国的人性现状,鲁迅、周作人、沈雁冰等“五四”现代人道主义者们难以准确地概括,于是便借比喻、类比等方式为中国人在生物的进化序列上确定位序,诸如“反生物性的人生观”、“污毁一切的玩世与纵欲的人生观”、“非人的生活”、“植物的生活”、“类猿人”、“生物界的怪现象”、堕落变态的“野蛮人”、“野蛮民族”、“中国人尚是食人民族”、“‘食肉寝皮’的吃人思想”、将变成猿猴堕落的子孙(周作人在《人的文学》中使用英国教育家Gorst的称谓:“猿类之不肖子”)等,而且他们还指出,如果照此下去的话,“中国国民的生活不但将由人类的而入于完全动物的状态,且将更下而入于非生物的状态里去了”。①

很明显,“五四”现代人道主义者们对于中国国民的人性现状的判断是非常严厉的,在他们看来,这一种族人性现状的表现,明显是行将灭亡的征兆。他们认为,中国人已经不是单纯的退化问题,因为如果仅仅是生物学上的退化并不可怕,那样毕竟还在进化的链条上,仍有进化的可能;中国的问题是,中国人的人性已是彻底地堕落变态,他们的所作所为已经完全违背了生物界的规律,不仅不能再进化,而且只能进入非生物的状态,也就是灭亡。应该说,这些言语确实极为刺耳,但它们既非危言耸听,也不是西方启蒙话语、殖民话语等的偏见,它们只不过是周氏兄弟等“五四”现代人道主义者们立足于科学“人学”成果的坚实根基,对于现实中国的实际道德生活场景,以及数千年来中国各类史书文献所载国民道德状况的经验归纳,因此皆为确凿的历史事实及现实真相。在“五四”现代人道主义者们看来,中国人的这类病状反复搬演,持续发作,如无诊疗救治的机会,必将成为中华民族灭亡的前兆,他们对此忧惧非常,甚至感到深深的绝望,于是急不可待地竭力推动中国国民人性及道德观念的更生。② 他们力图从两方面进行推进:一方面,“五四”现代人道主义者们以“灵肉一元”的科学“人学”观作为理论基础,严厉批判中国人的道德生活与国民精神的痼疾;另一方面,他们竭力倡导理想的人性与正当的生活,引导中国人自我改造

① “反生物性的人生观”“污毁一切的玩世与纵欲的人生观”“中国国民的生活……入于非生物的状态里去了”,载(子严)周作人:《恶趣味的毒害》,1922 年 10 月 2 日《晨报副镌》;“非人的生活”“猿类之不肖子”,载周作人:《人的文学》,1918 年 12 月 7 日作,1918 年 12 月 15 日《新青年》第 5 卷第 6 号;“植物的生活”,载(仲密)周作人:《新希腊与中国》,1921 年 9 月 29 日《晨报·副刊》;“类猿人”,载唐俟(鲁迅):《随感录·四十一》,1919 年 1 月 15 日《新青年》第 6 卷第 1 号;“生物界的怪现象”,载俟(鲁迅):《随感录·四十九》,1919 年 2 月 15 日《新青年》第 6 卷第 2 号;“野蛮人”、“野蛮民族”,载周作人:《随感录·四十二》,1919 年 1 月 15 日《新青年》第 6 卷第 1 号;“中国人尚是食人民族”,载 1918 年 8 月 20 日鲁迅致许寿裳信,《鲁迅手稿全集·书信第一册》,文物出版社 1978 年版,第 48 页;《“食肉寝皮”的吃人思想》,载唐俟(鲁迅):《随感录·五十四》,1919 年 3 月 15 日《新青年》第 6 卷第 3 号。

② [日]武者小路实笃:《与支那未知的友人》,1919 年 12 月 9 日作,周作人译,1920 年 2 月 1 日《新青年》第 7 卷第 3 号;周作人:《知堂回想录》,香港三育图书文具公司 1970 年版,第 388 页;俟(鲁迅):《随感录·三十六》,1918 年 11 月 15 日《新青年》第 5 卷第 5 号;迅(周作人):《随感录·三十八》,1918 年 11 月 15 日《新青年》第 5 卷第 5 号。

的方向。

“五四”现代人道主义者们认为,中国国民精神的彻底改造,在完成树立科学的“人学”观念、改造人性及道德生活的阶段之后,第二个阶段,便是“立人”,即将中国国民塑造成具有独立人格、自由意志、“爱与理解”、“理想主义”、“现实精神”,以及“社会改造勇气”等精神品质的“新人”,这实际是对理想人格的培育。他们认为这一工作需分两步走:

第一步,在共同的人类生活中塑造真正的“个人”。

“五四”现代人道主义的“个人”观在这一方面的思考,极具启示意义,其中与独立人格、自由意志培养相关的,是“自觉的个体意识”的命题。关于“自觉的个体意识”,现代人道主义的“个人”观承继了“新神思宗”的很多重要命题,比如对“自己是‘唯一者所有’”①的个体精神的自觉,对“个人”充分发展的自觉,还有立足于“精神独立”的个体之上的独立判断、怀疑批判精神,以及对“进步的欲求,常常超越族类之先”②的先觉者的充分肯定……并将“自我”作为思考一切问题的逻辑起点。当然“五四”现代人道主义者们对于这些源自“新神思宗”的命题的内涵都进行了根本性的改造。

“五四”现代人道主义“个人”观的核心观点包括以下几方面:其一,“我即是人类”③,这是“五四”现代人道主义“个人”观的逻辑前提。“五四”现代人道主义者们认为,从本质上讲,人类社会的结构框架中只有“个人”的存在,社会关系仅仅是“个人”之间的关系,而每个“个人”在人性本质、最终的利益诉求与人生的目标等方面并无任何差别,因此,“个人”与“个人”之间的关系,根本而言,就是“自我”与“自我”之间的关系,更进一步讲,是“自我”与其自身的关系,因此所有的

① 周作人:《〈可爱的人〉译者附记》,1919年1月31日作,1919年2月15日《新青年》第6卷第2号。

② 周作人:《新文学的要求》,1920年1月6日北平少年中国学会讲演,1920年1月8日《晨报·副刊》。

③ 周作人:《新文学的要求》,1920年1月6日北平少年中国学会讲演,1920年1月8日《晨报·副刊》。

"自我""个人"实为一体,不可分割。其二,个体意识。现代人道主义者们所提倡的"唯一者所有""我"等等,已经不再是德国哲学家麦克斯·施蒂纳《唯一者及其所有物》中的哲学意义上的绝对的自我,而是指那些个性已得到充分自由发展的"个人"。不过现代人道主义对于"个人"的认识,除了充分突出每一个人个体意识的充分自觉与个性自由发展,还特别强调每个人必须同时服从"人类的意志"①,即人类共同的人性、共同的生存与幸福、共同的发展,以及社会进化的法则等,并坚守自己作为"人类的一员"的身份。② 其三,任何一个人都有个体意识与个性高度发展的潜质,即都有可能成长为"新人"。现代人道主义者们也是承认"独异"的"个人"存在的,但在他们看来,"独异"的"个人"与尚未觉悟的人们之间的差别,其实只是觉悟早晚、闻道先后的不同而已,所以只要能够觉悟,领会到现代人道主义的真理,任何人都有可能成长为具有高度发达个性与个体意识的"新人"。③

第二步,树立"精神独立"的观念。

"精神独立"的观念是"五四"社会改造工作重要的精神动力。应该说,这一观念是"一战"之后世界进步知识分子的共同心声。西方世界的大批知识分子在反省战争中自己的表现时,沉痛地指出,战前很多曾高调标榜"精神独立"的知识分子,却在战争中面对帝国主义、狭隘民族主义等之时变色失节,沦为它们的精神奴隶,这些知识分子甚至为这场不义的战争摇旗呐喊……因此,知识分子们在一定程度上也要承担战争的罪责。正是汲取了"一战"血的教训,以罗曼·罗兰、罗素、巴比塞等人类"良心"为代表的广大欧美知识分子共同发表了《精神独立宣言》,倡导"精神独立"并将"精神独立"树立为每个人根本性的道德律令。对于这种"精神独立"观念,张申府曾在其所译注的《精

---

① 周作人:《人的文学》,1918 年 12 月 7 日作,1918 年 12 月 15 日《新青年》第 5 卷第 6 号。

② 周作人:《新村的精神》,1919 年 11 月 8 日为天津学术讲演会讲演,1920 年 1 月 1 日《新青年》第 7 卷第 2 号。

③ 以上关于"五四"现代人道主义"个人观"的详细论证参见张先飞:《"人"的发现:"五四"现代人道主义思潮源流》第三章《"五四"现代人道主义"人间观"研究》,人民出版社 2009 年版。

神独立宣言》(《新潮》1919年12月第2卷第2号)的介绍中做出了重要评述:

> 要而言之,这个宣言的主意不外:无论求学求术除了为他自己外都是为的个人:自己和自己以外真实存在的各个体,——便是全人类,——绝不是为的那一部分,绝不是为的私人徒党的营私射利,绝不是为的几个强暴狡猾为图损人的一时的利乐凭空假设,强加在众人头上的,像上帝,教会,国,把人压制,把人拘束,把人隔离分裂的东西,以及如婚嫁一类,矫揉人性,违反自然的赝造的关系。所以要望以后有学有术有思想能文章的人万不可再拿着文章学术思想供什么万恶的东西,虚伪的东西,不必需的东西,作文饰,作利器。读者诸君,你们还要晓得假使世界只有武人,假使世界只有财奴,世界也还不会有恶,世界的恶业那一回不是由有思想有知识能说能道的为虎作伥的引导着,帮助着作出来的?那么有思想有知识的人对于世界的罪过怎能不负责?……"我欲仁,斯仁至矣"。我们如果愿意世界好,如果虔诚切至愿意世界好,世界当下便会好。世界所以不好,全因人没有那种诚心……晓得这个,第一便是要认定鹄的,便是要保住那一体多方,恒久不灭,自由超脱的精神。①

"五四"现代人道主义者们完全认同于这种"精神独立"观念,他们不仅在面对中国现实时,表现出与西方独立知识分子完全相同的态度与立场,而且还以独立的、不受任何势力支配的精神与勇气,投入到改造中国社会这一巨大的系统工程当中。仅凭此点,我们就能够深切地感受到,"五四"时期的现代人道主义观念,并不是像后来通行的观念所批判斥责的那样,是一种柔弱无力、浅薄虚伪、犬儒化的呻吟,实际上恰恰相反,"五四"时期的现代人道主义观念及社会改造运动是充

① [法]罗曼·罗兰等:《精神独立宣言》,张崧年译注,1919年12月1日《新潮》第2卷第2号"附录"栏。"鹄的"原文误作"的鹄"。

满力量的，它所蕴含的内在强力，正表现为对“爱”与人类兄弟之谊的坚守，对罪恶、暴力的毫不妥协，它是精神完全独立的强者们的高亢呼号，卫护的是全人类。

当然，在培育独立人格与自由意志的同时，“理想主义”“现实精神”，以及“社会改造勇气”等的获取异常关键。

“五四”现代人道主义者们在这方面的深刻思考，皆集中于他们的“新理想主义观”当中。“新理想主义观”是在吸收实证科学时代的精神内核，并修正其缺陷的基础上产生的，其中“现实精神”就完全源自实证科学时代的观念。实证科学时代的“现实精神”，主要体现在以科学观念作为评判一切的标准，求人生之真的态度上。具体而言，实证科学时代的思想家们借助于科学观念的支撑，敢于大胆直面现实，掀起一切的掩盖，并且对日常生活及社会现实做出广泛深入的考察评判；同时，他们立足科学观念，进行了严肃的历史研究与批判，揭开以往被不同类型的意谛牢结，或者传统观念的历史“神话”所遮蔽的黑暗的历史，因此洞察了历史的黑暗与现实的真相；同时他们还大刀阔斧地破坏既成的宗教、道德、教育及所有偶像。① 很明显，这种扎根于科学观念之上的“现实精神”是中国当时最缺乏的，因为中国人未曾得到过科学精神的彻底洗礼，这不仅造成中国人精神混沌、头脑糊涂，不能清醒、客观地看待现实，而且还缺乏批判的勇气与力量，既不愿睁开眼睛来看，也不敢大胆无忌地表明真实，始终在“瞒和骗”的敷衍中自欺欺人。

不过实证科学时代思想家们的“现实精神”也具有巨大的局限性，他们的“现实精神”仅仅停留于“求真”“偶像破坏”等发现历史及现实真相的阶段，并不能进一步投入到积极的社会改造中，反而否定理想等超越性的精神，认为现实已经被“极端之决定论”的锁链紧紧枷住②，不可改变。在这一点上，现代人道主义者们的“现实精神”远远

① ［日］宫岛新三郎：《现代日本文学评论》，张我军译，开明书店 1930 年版，第 7—9 页。

② 周作人：《近代欧洲文学史》，1917—1919 年编著，止庵、戴大洪校注，团结出版社 2007 年版，第 242 页。

超越了实证科学时代的思想家们,他们反对实证科学时代的消极认知,在保持洞穿历史与现实的清醒头脑的同时,又立下投身于社会改造事业当中的坚定信念,并确信理想的终极目标定会实现。而且现代人道主义的“现实精神”与“理想主义”“社会改造勇气”的紧密连接,保证了现代人道主义者们的理想与社会改造工作,并不是空想家们的梦幻,亦非是对向风车的战斗,而是有着“现实精神”作为支撑,具有完全的现实性。[①] 在“五四”现代人道主义者们看来,这种建立在坚实“现实精神”之上的“理想主义”与“社会改造勇气”,是改造社会的真实有效的动力,应当成为“新人”最为重要的精神禀赋。

此外,“爱与理解”、对他人精神“感同身受”的心理机制的养成,对于“新人”理想人格的塑造也具有至关重要的作用,可疗治国人的精神痼疾,为精神改造奠定基石。现代人道主义者们对社会改造的理解较为特殊,他们的社会改造以完全更新人类社会、彻底扭转人类历史为鹄的,而这一立意高远的计划,完全建立于对个人进行精神改造、精神感化的基础之上。他们这种判断基于如下的思考:亘古至今,整部人类史一片黑暗,其中始终贯穿着人性的恶劣、社会的罪恶、人类的不幸、历史的残酷,究其终极原因,皆在于“大家对于别人的心灵、生命、苦痛、习惯、意向、愿望都很少理解,而且几于全无”。[②] 而本来人类间的相互理解,人心赤裸裸的相见,原为所谓理想的“自然人性”的本然存在样态[③],因此,打破人心之间的“隔膜”就成为社会改造的关键枢纽。而要做到破除“隔膜”,除了理解与接受现代人道主义的真理,并在情感上发生真正的转移,产生出改变现状的强烈冲动之外[④],更具有

---

① 以上关于“五四”现代人道主义“新理想主义观”的详细论证参见张先飞:《“人”的发现:“五四”现代人道主义思潮源流》第一章《“五四”新理想主义观研究》,人民出版社 2009 年版。

② 周作人:《〈齿痛〉译者附记》,1919 年 10 月 30 日作,1919 年 12 月 1 日《新青年》第 7 卷第 1 号。

③ 顾颉刚:《隔膜·序》,1921 年 7 月 10 日作,载叶绍钧:《隔膜》,“文学研究会丛书”,商务印书馆 1922 年版。

④ 周作人:《〈点滴〉序言》,1920 年 4 月 17 日作,载周作人辑译:《点滴》,北京大学出版部 1920 年版。

决定性意义的是,每个人都应培育出敏锐地感受到别人的心灵、生命、苦痛、习惯、意向、愿望等的能力,能够做到“爱与理解”。这一问题虽然一直是现代人道主义的重要命题,但在“五四”现代人道主义者们那里却得到了异乎寻常的重视,因为“五四”现代人道主义者们认为,这种能力的严重不足,实际已经成为妨碍中国人精神改造与社会革新的最为强大的阻力。在他们看来,中国的民族性中最缺乏就是诚与爱,深中了诈伪无耻和猜疑相贼的毛病①,致使中国人的精神异常麻木,并进一步演变为严重病态的精神“残酷性”,包括以“赏玩”别人痛苦为乐的“变态的残忍的心理”②,令中国人堕落入“非人的生活”,这种情形使中国人之间的“爱与理解”难以实现。

基于这一现状,“五四”现代人道主义者们强调培养“感同身受”的心理机制,或曰对他人精神的敏感性的问题,并将其当作最应率先解决的难题。为此他们着重提出两种重要方案:一种是,已觉醒之人先开始过上理想的生活,借此逐渐感化那些病入沉疴的国人;另一种则是更为直接的方式,即通过符合“人的文学”标准的文艺作品来沟通相互隔绝的人心。“五四”现代人道主义者们充分信仰列夫·托尔斯泰晚年所开创的文艺观念,他们将文艺感染人的情感,沟通人与人之间的关系,甚而最终彻底改变人的精神的能力,给予了极高的期许。当时“五四”新文艺界最喜欢引用安德列夫的一段自白,来表达自己的这种期望,安德列夫在做出人间不幸皆来自于人心隔绝的判断后,高度评价了文学的崇高功用:“我是治文学的,我之所以觉得文学的可尊,便因其最高上的事业,是在拭去一切的界限与距离”。③ 应该说这种文艺观已经不再是单纯的文艺观念,而成为重要的社会改造观念,目标直指人类的精神革新与理想社会的创造。“五四”现代人道主义者们相信借助文艺这一利器,必能扭转国人异常麻木的精神痼疾,使

① 许寿裳:《回忆鲁迅》,1944 年 10 月 25 日《新华日报》(重庆)。

② 仲密(周作人):《山中杂信·四》,1921 年 7 月 14 日作,1921 年 7 月 17 日《晨报·副刊》。

③ 周作人:《〈齿痛〉译者附记》,1919 年 10 月 30 日作,1919 年 12 月 1 日《新青年》第 7 卷第 1 号。

他们能够敏锐地感受其他人类的情感、精神，从而铺设好进一步完成精神改造的基石。

其实，关于“新人”理想人格的塑造问题，“五四”现代人道主义者们还提出了一系列重要观念，如以“爱的哲学”为核心的社会改造观等，限于篇幅，不复赘述。

三、“新人”：一个未完成的方案

如上所述，“五四”现代人道主义者们不仅对于改造中国国民精神、重塑“新人”做出了较为系统的规划，而且也在“五四”前期倾力践行他们的主张。但随着现代中国社会形势的急遽变迁，“五四”现代人道主义这一国民精神改造的系统工程尚未及顺利实施完成，便已戛然而止。当时的中国人，只有少数的激进青年经受过改造的洗礼，但他们大多都像是参加了一个短训班，之后就匆匆踏入社会变革的浪潮当中，而其他大多数中国人的精神基本未受到实际的触动。因此自提出重塑“新人”这种理念开始迄今，中国国民精神彻底改造的这一堂课始终是严重缺漏的，虽然“五四”之后各个时期的思想家们多次意欲补课，但皆半途而废。更有甚者，时至今日，“五四”现代人道主义国民精神改造观这一珍贵精神传统久已断绝，而且在民族的记忆中几乎被完全遗忘、彻底抹去。正是缘于“五四”以来国民精神改造工作的不彻底性，以及这种精神传统往往被有意遗忘，或刻意抹煞，造成了诸多早在“五四”前后就已被明确揭示出的中国国民的精神痼疾，始终未能得到彻查与根本性的解决，甚至在不同历史时期被不少人当作驭民要术，或者最珍贵的民族文化遗产……从而导致历史遗留问题在不同的历史阶段反复发作。究其本质，不过是旧疾复发，绝非急染新症！

当然，当下中国的人性及道德状况，与百年前相比，确有重大改观，但很多在“五四”前后被诊断出的中国人的人性病状，却并未得到根治，有时在新的生活样态中，在现代生活光鲜的外表遮掩之下，变换形式，仍在有形无形之中支配着我们的思想言行，甚至是道德生活，更可怕的是，有时竟成为导致当下中国人性及道德生活严重扭曲的重要诱因，进而成为在根基上加速社会道德堕落的根苗。这种表现，正是

1923 年 6 月周作人在《"重来"》一文中所着重提出来的中国社会的"重来"现象（"重来"一词，源自易卜生名剧《重来》，原意为"僵尸"），周作人不无忧惧地指出："祖先的坏思想坏行为在子孙身上再现出来，好像是僵尸的出现……我现今所想说的，只是中国现社会上'重来'之多"。①

今天的中国，距离"五四"已过百年，我们似乎仍面临着"历史的循环"的可怕宿命，面对这一现状，亟须我们重新思考"五四"时期现代人道主义者们的改造思路及实践，厘清"五四"关于中国国民精神改造的理论及实践到底在说些什么，说清楚了什么，没有说清楚什么，已经落实了什么等问题。然后在此清醒认识的基础之上，进一步做好两方面工作：第一，在理论层面上，有意挖掘、重新诠释，并着力改造利用"五四"先哲们所创造的国民精神改造的思想资源，努力重新将其纳入当下中国的思想生产当中。第二，在实践层面上，掀起新的道德革新运动，承继"五四"未竟之业，清除数千年来积淀在中华民族国民灵魂幽暗处的历史沉垢，从根基上彻底斩断加速社会道德整体性败坏的根苗，重新建构起完整圆满的人性，以及正当的人类生活，使"五四"先哲们彻底改造民族精神的宏伟理想终得实现。

（原载《河南社会科学》2014 年第 3 期）

① 荆生（周作人）：《"重来"》，1923 年 6 月 14 日《晨报副镌》。

第二章 “五四”“人间性”思考的原理探讨及范式架构

第一节 “五四”前期周作人人道主义“人间”观念的理论辨析:关于理想社会构建的原理性思考

“五四”前期,周作人在世界现代人道主义社会思潮影响下,对现代人道主义理论观念在诸多方面作出了创造性理论贡献,其中在“人间观”方面创获颇多。周作人“人间观”的核心,主要是围绕如何实现理想人间生活的问题。作为构建理想人间生活的前提,他首先对“人间”观念进行了理论建构:颠覆了国家、种族等传统人类社会结构单位,将“人类”与“个人”构成的“人间”作为真实的社会存在,并对“人类”“个人”概念的具体内涵以及两者关系进行了深入思考,提出了“大人类主义”、作为“唯一者所有”的“人类的一员”“我即是人类”等重要命题。

1920 年 1 月 6 日,周作人在北平少年中国学会发表了名为《新文学的要求》的演讲,在演讲中周作人做出了如下论断:

许多重大问题,经了近代的科学的大洗礼,理论上都能得到了解决。如种族国家这些区别,从前当作天经地义的,现在知道都不过是一种偶像。所以现代觉醒的新人的主见,大抵是如此:

“我只承认大的方面有人类，小的方面有我，是真实的。”①

这段论述实际上表明了“五四”前期周作人对近代思想变迁的一种基本认知，在他看来，由于兴起于实证科学时代的偶像破坏思潮、运动的冲击②，人们开始对一切的社会存在进行深刻的反思，包括历来被奉为神圣的国家、种族等存在的合理性也受到了深刻质疑。参与这一反思的，不只限于各种派别的无政府主义者、社会主义者，还扩展到广大的普通知识阶层。他们从实证科学基础上的各种科学学科，以及力图建于实证科学基础上的各种学说出发，以科学的理性精神，对国家、种族等社会存在进行了严肃审视与严厉批判。“一战”前后这种审视与批判有了更深入的发展，由于欧洲大战的强烈精神冲击，人们在战

① 周作人:《新文学的要求》,1920 年 1 月 6 日,北平少年中国学会讲演,1920 年 1 月 8 日《晨报·副刊》。

② 文艺复兴以来的近代历史,不论是文艺复兴、宗教改革、启蒙运动,还是资产阶级大革命、浪漫主义运动等都具有偶像破坏的特质,本文所涉及的偶像破坏运动与思潮,是有专指的,它是用来概括 19 世纪中期以来的一种广义的思潮活动,这种思潮活动,是从实证科学时代开始,在新理想主义时代广泛兴起(尤其是在一战前后对社会、世界问题的严肃反思中),又在“一战”之后形成蔚为壮观的思想风潮,其基本特点可概括为——站在科学认识的立场上审视一切,并力图对建立于迷信之上的旧偶像加以破坏。偶像破坏的思潮运动所针对的对象涵盖非常广泛,以往全部的旧文明,都在反思考察之列,但更多是指一种思想领域内的破坏与建设活动。新理想主义时代的偶像破坏思潮运动,不仅与以往时代有很大的不同,而且也与实证科学时代有所差异,在新理想主义时代,尤其是在全世界欲收改革之实的“一战”之后,偶像破坏的思潮运动,带有更多的建设色彩,不再是单纯的破坏。关于实证科学时代以来的偶像破坏思潮运动,陈独秀在《现代欧洲文艺史谭》,(1915 年 11 月 15 日《青年杂志》第 1 卷第 3 号)中有过这样的描述:“十九世纪之末,科学大兴,宇宙人生之真相,日益暴露,所谓赤裸时代,所谓揭开假面时代,喧传欧土,自古相传之旧道德、旧思想、旧制度一切破坏。文学艺术,亦顺此潮流。”[日]厨川白村的《近代文学十讲·上》(罗迪先译述,学术研究会总会 1921 年版)、[日]昇曙夢的《现代文学十二讲》(汪馥泉译,北新书局 1931 年版)中也有对于实证科学时代“偶像破坏”特质的专门分析,如《近代文学十讲·上》第三讲《近代之思潮(其一)》第三节《怀疑与个人主义》中的分析,见第 76—99 页;在《现代文学十二讲》第一讲《近代思想底种种相》第五节《个人主义》中有《偶像破坏》的部分,见第 28—31 页。在《新文学的要求》中,周作人肯定地提到了现代人道主义者作为“偶像破坏者”的身份,“这新时代的文学家,是‘偶像破坏者’。但他还有他的新宗教,——人道主义的理想是他的信仰,人类的意志便是他的神”,并把近代科学研究当作主要的标准,特意说明了“所谓人类的意志这一句话,似乎稍涉理想;但我相信与近代科学的研究也还没有什么冲突”。

时与战后经历了痛苦的反思过程①,经过严肃的反思,在“一战”结束前后,相当一批社会改革力量,即周作人所说的“现代觉醒的新人”,发现了“人间”生活的真实,普遍得出这样的结论:作为人类社会存在结构单位的国家、种族等都不过是建立于各种宗教、意缔牢结等“迷信”之上的偶像②,人类真实的社会存在中只有“个人”与“人类”,两者相对待而存在,即这些“现代觉醒的新人”认为人类社会存在最基本的结构单位只有“个人”与“人类”,仅此两者才经得起科学论证的考验。周作人将这种新的观念看作现代人道主义的“真理”性认识③,并进行了专门的论证与历史描述。当时周作人和一些“五四”思想家、文学家普遍使用“人间”一词来说明人类的社会存在,用所谓“人间”的生活来涵括人区别于动物的全部生活,而“人间”的基本存在单位只有“个人”与“人类”。在他们的极力推介下,这种认识在“五四”中国得到广泛认同与传播,“人类”/“个人”命题成为这一时代的中心话题,并成为描述“人间”生活的主要概念系统,以及观察、评断人类生活的重要角度④;更为重要的是,这一命题成为新思想家思考如何打破偶像崇拜为基础的旧社会,构建理想社会的基本理论起点。当然对于“人类”“个人”概念的具体内涵,以及两者关系,每个人的理解都不尽相同,其中周作人的独特思考,在“五四”思想界显得极为突出,并对“五四”新思想、新文学的发展产生了重要影响,本节即着重对周作人“人间”观

---

① 关于“五四”时期中国思想家、文学家对“一战”前后西方世界思想潮流介绍的内容,请参见张先飞:《20世纪初世界现代人道主义思潮的兴起:“五四”人道主义思潮背景探源》,《河南师范大学学报》2007年第3期。

② 周作人在《新文学的要求》中分析到:“从前的人从部落时代的‘图腾’思想,引伸到近代的民族观念”,1920年1月6日北平少年中国学会讲演,1920年1月8日《晨报·副刊》。陈独秀在《偶像破坏论》等文中也说明了这一问题,1918年8月15日《新青年》第5卷第2号。

③ 参见周作人在《人的文学》开头对“人道”的“真理”性定位,1918年12月7日作,1918年12月15日《新青年》第5卷第6号。

④ 当时包括周作人在内的“五四”新文化人看待人类生活、人类社会几乎都是从人类/个人着眼的,不仅如此,当时外国文学的介绍中,比如周作人翻译代表这种人道主义思考的每一篇作品与作家的思想解剖——《黄昏》《小小的一个人》《沙漠中的三个梦》《玛加尔的梦》《可爱的人》等小说,以及周作人对每篇作品所做的《译者附记》,都明显显现出这种特质,实际上这也是周作人这一时期翻译作品的特点,同时也是这一时期他个人思考的特点,见《点滴·序》,1920年4月17日作,载周作人辑译:《点滴》,北京大学出版部1920年版。

念的理论思考加以阐发。

周作人的"人间观"思考,是在西方世界现代人道主义新的"人间"观念背景下进行的,为阐明周作人的"人间"观念,著者有必要首先对这一观念背景进行梳理。

一、新理想主义时代现代人道主义的"人间"观念

(一)新"人间"观的思潮背景——新理想主义时代社会意识的觉醒

在19世纪末20世纪初形成的新的"人间"观念,与这一时期社会意识的觉醒有着直接关联。在这一历史时期,西方出现了由个人意识向社会意识转变的思想潮流,对这种思潮趋向,宫岛新三郎在《欧洲最近文艺思潮》《现代日本文学评论》中有过较为集中的论述:

> 十九世纪以及十九世纪以前的时代……社会意识却没有以明白的轮廓而活动着。反之,个人意识却以种种形式,表现在了种种方面。而这个人意识表现得最明显的,要算是十九世纪的欧洲。因此,有的批评家且把十九世纪唤做了个人主义的时代。
>
> …………
>
> 要之,十九世纪是被个人意识促动着的时代,是权力肯定的时代。二十世纪,注意到了由此而酿成的不正虚伪和残忍,所以有了要脱出身来的意欲。结果发见了社会意识。希望生之充实,生命的飞跃,谁都是一样的。问题是在如何满足这各个人的要求。这个,不在集各个人而组织成的有机的社会全体方面着想是不行的。要做到这个当然不可不有发展个性的社会底理想要求。从这里,涌起了社会意识……
>
> 二十世纪以后的前述的一切哲学的新倾向(前文所举的倭铿、柏格森、詹姆斯的哲学倾向——著者注),政治思想,经济问题,社会问题,都可说是由这社会意识的强烈的背景而生。在文艺和思想方面,这个社会意识也渐渐活动起来。我们若看一看二十世纪以后的作品,所谓惹了世人的注意的,差不多都有取社会问题,结婚问题,劳动问题等具体的形式的社会意识在里面很强

地作用着……而把这个倾向益加推广，益加深刻化了的，便是这一次的欧洲大战。(134—137页)[①]

自从二十世纪初头，尤其是欧洲大战以后。上面所说的社会意识，终于代个人主义的色彩，占得主座之位了。(212页[②])

可以看出，以宫岛新三郎为代表的一批20世纪初的思潮史家认为，尽管19世纪是以个人意识为中心的时代，但从19世纪后期以来社会思潮就发生了重大变化，人们的社会意识开始有所觉醒，究其原因，主要在于19世纪最为突出的所谓个人主义文明，呈现出了它存在的某些严重不足[③]，这促使人们发现了社会意识。[④] 而使社会意识倾向得以推广，益加深刻化，并从根本上取代个人主义主导地位的，则是缘于欧洲大战的冲击。更进一步，那些站立在时代潮头"急急于新文化，新社会之建设"的新理想主义的理论家们，如嘉本特等则从人类文明的发展角度，看待这一思潮变迁，将新的思潮倾向定位为：摒弃人类意识之第二阶段，即基于个人主义的文明，开始建设新的第三阶段，即立脚于人类共存的意识(人类爱)、社会意识，乃至宇宙意识的新文明，这种新的文明将是"由于人类爱，人人结合，握手的文明阶段"，他们认

---

① [日]宫岛新三郎：《欧洲最近文艺思潮》，瞿然译，现代书局1930年版。

② [日]宫岛新三郎：《现代日本文学评论》，第十二章《现代日本文艺之特色和世界文艺思潮》，张我军译，开明书店1930版。

③ 这里所谓形成弊端的个人主义有着它较为独特的所指，这种个人主义有着自身的哲学基础，并与一定的社会观、政治观、经济观密切相连，更多是指传统的利己主义观(边沁等为代表)、个人主义观等自由竞争时代的社会主流观念。它既不同于周作人、鲁迅所说的以尼采等为代表，作为19世纪资产阶级文明、道德、物质主义反动的个人主义，即鲁迅所谓的"新神思宗"，也与19世纪中期以来小约翰·穆勒之后的个人主义、功利主义有着明显不同，与人道主义的个人主义观念距离更远，而且与它同一时代的自然主义、浪漫主义、新浪漫主义的个人主义倾向相比，也与它有着相当差异。

④ 关于这一问题的介绍，可参照[日]高须芳次郎：《日本现代文学十二讲》(『日本現代文学十二講』)第十二讲《改造期的文学》第一节《欧洲的思潮及文学的大势》，新潮社1924年版，第459—460页。

为这一思潮与社会走向正是迈入理想之域的大道。①

(二)现代人道主义者的人类意识

现代人道主义的思考,正处在由个人意识向社会意识转变的思潮背景中,不过在对社会意识问题的思考上现代人道主义者直接落脚到了人类意识,即上文所说的人类共存的意识。

“人类”观念的“发现”被视为文艺复兴时代的巨大理论贡献,不过在此问题上真正完全摆脱形而上学本体论、认识论的局限,把“人类”观念在政治、社会生活领域内明确突现出来,使之成为最重要的核心观念,并令其在社会生活中得到广泛认同与传播的,则是到新理想主义时代,人类观念的这种变迁成为新理想主义时代的重要思想成果。② 这一时代的众多理论家都对这一观念变迁在理论上做出了突出贡献,其中现代人道主义者的表现尤为突出。

现代人道主义者关于人类意识的思考,从现代人道主义精神先驱列夫·托尔斯泰与陀思妥耶夫斯基就已开始。③ 宫岛新三郎在《现代日本文学评论》中论述20世纪社会意识在欧洲文艺上的表现时,他通过追根寻源,提出列夫·托尔斯泰在19世纪末就已发出了先知的声音,批评了历来隔阂人类的艺术与观念,宣扬使人类结合的人类共存之爱:

---

① 以上论述参照[日]宫岛新三郎:《现代日本文学评论》第十二章《现代日本文艺之特色和世界文艺思潮》,张我军译,开明书店刊行1930年版,第208—214页。当时人们在对将要到来的文明、社会进行设想时,还使用了“集合生活”“集团生活”等类似的概念,概括以社会意识为中心的时代。嘉本特,即为周作人在《随感录·三十四》(《新青年》第5卷第4号1918年10月15日)中介绍的凯本德(Edward Carpenter)。

② 这一重要变迁是由多种观念共同促成的。

③ 列夫·托尔斯泰与陀思妥耶夫斯基是这一思考转向与定位的主要先驱,但这一时期,还有相当多的无政府主义者、社会主义者也从这一角度思考世界命运,可以说他们是“人类”意识的共同思考者,当然他们与列夫·托尔斯泰、陀思妥耶夫斯基间也存在着极其复杂的相互影响(比如列夫·托尔斯泰与陀思妥耶夫斯基被称作俄国无政府主义的先驱,无政府主义、社会主义思想对人道主义者也有很大影响),但是他们的出发点、立脚点,与最终的理论、实践目的都不尽相同。在周作人的译文《俄国革命之哲学的基础》中对此问题有所涉及,主要是在对巴枯宁观念的讨论中,见1919年4—5月《新青年》第6卷第4—5号,[英]Angelo S. Rappoport著,原载1917年7月,The Edinburlgh Review,起明(周作人)译。还需指出,列夫·托尔斯泰与陀思妥耶夫斯基也是从个人意识到社会意识的思潮变迁的主要理论先驱。

托尔斯泰已在十九世纪末,发狮子吼,否定了现代之艺术。理由是说,那虽足以离散人们,却不足以结合人们的缘故。又因为是富者或特权阶级的独占物……依托尔斯泰的意思,那是流病毒于世人,导人民于邪路,传播性的堕落,而且对于历来的人类之幸福,做着最坏的障碍物的。对于耽美主义者的这种虚伪,对于富者的这种娱乐,我们应该发起有生命的艺术,结合人们,结合一切阶级,结合一切国民的艺术——托尔斯泰这样疾声厉呼了。

列夫·托尔斯泰等关于人类意识的深切思考,在19世纪70年代后的俄国产生了广泛影响,俄国现代人道主义者进一步发展了这一思考。伴随着20世纪初全世界社会意识的广泛觉醒,这种人类意识在世界上产生了强烈精神共振,这在罗曼·罗兰身上表现尤为显著:

这种疾声厉呼,到了二十世纪,立刻叫起响应了。最先在法国。其呼号,由于法国的罗蔓·罗兰而获得共鸣了。他的大作《将·克里斯特夫》的主人翁之奋斗的一生,是将对于资本主义恶,资本主义虚伪的不断的反抗,和对于真理,正义,自由,人类爱的景仰,沥沥织上去的大布……他在那以后的作品,或于批评,都是教人以人类共存之爱,社会意识,世界和平的思想的教师。①

日本现代人道主义的主要代表白桦派的重要成员也经历了与罗曼·罗兰类似的精神历程。② 而最终促使列夫·托尔斯泰等关于人类意识的思考成为全世界思考的中心命题的,主要是缘于欧洲大战的切身之痛,它使世人普遍对这一思考产生共鸣,并深受其影响。当然这

① [日]宫岛新三郎:《现代日本文学评论》,张我军译,开明书店1930年版,第212—214页。在《新潮》第2卷第2号张崧年为《精神独立宣言》作的注中,介绍了罗曼·罗兰因受列夫·托尔斯泰影响,作出与列夫·托尔斯泰相同的论断,见[法]罗曼·罗兰等作,张崧年译注《精神独立宣言》。

② 关于白桦派受到列夫·托尔斯泰等俄国思想家影响,形成独特人类意识的问题,在日本的白桦派研究中基本都有论述。

种人类意识的形成也同时受到了各种无政府主义及社会主义观念的影响。①

列夫·托尔斯泰、陀思妥耶夫斯基等关于人类意识思考的一个核心命题,就是对现有的国家组织形式,以及国家、种族等观念的严重质疑,在他们看来,国家是人为的暴力强制的组织,而以绝对化的国家、种族观念造成的人间的隔膜更是社会万恶之源,因此他们提出构建人类社会新的组织形式,具体而言,他们要破除种族的隔离,取消暴力国家的存在,以人类的整体作为人间生活的单位,并以此为基础,实现人类结合的最终理想。俄国现代人道主义者及罗曼·罗兰等深受此观念的影响,如罗曼·罗兰在《约翰·克里斯朵夫》《论偶像》《精神独立宣言》等论著中都对这些观念有过明确表述,在《论偶像》一文中,他直斥国家、种族观念为人为的偶像②,而在《精神独立宣言》的结尾他则对这一新的人类意识做出了较为完整的概括:

> 我们尊敬的唯有真理,自由的真理,无边界,无限际,无种级族类之偏执。信然,我们不脱离人类不是对于人类漠不关心的。我们是正在为他而工作,只是我们所为非他的一分,乃为的是他的全体。我们不知道这民众,那民众,种种许多的民众。我们但知唯一民众(The people)——一而普遍,——就是那受苦,竞争,跌而复起,沿着浸泡在他们自己的汗血中,凹凸不平的路,永远相续不断的前进的民众——合一切人类,一切同是我们的弟兄的,之民众。而且就是为的他们,同我们一样,也可以觉悟到这个兄弟之情,亲爱之谊,我们故于他们盲目的争斗之上,举起“联约之

① 关于这种人类意识的产生及影响情况,请参照张先飞:《20世纪初世界现代人道主义思潮的兴起:“五四”人道主义思潮背景探源》,《河南师范大学学报》2007年第3期。

② 张崧年在《新潮》第2卷第2号为《精神独立宣言》所作注中,介绍了罗曼·罗兰对此问题的明确论断,见[法]罗曼·罗兰等作,张崧年译注《精神独立宣言》。

匮”——自由无挂碍,一而多,永远长久的精神。①(着重号为原刊所有——著者注)

这正是现代人道主义者的共同信念,我们从周氏兄弟译介的武者小路实笃的《一个青年的梦》,以及周氏兄弟、张崧年等人“五四”时期的言论中也能明显地感到这种信念。不过现代人道主义者的结论与同时代一些无政府主义者②、社会主义者的观念也存在近似之处,但在本质上彼此的立场不同,观念的理论基础、思路,及最后的社会诉求都有较大差异,尽管他们最终的目的,如周作人所言,是殊途同归的。③只是也有人将列夫·托尔斯泰、陀思妥耶夫斯基看作无政府主义的先驱与重要理论代表。④

---

① [法]罗曼·罗兰等:《精神独立宣言》,张崧年译注,分载《新青年》1919 年 12 月 1 日第 7 卷第 1 号,1919 年 12 月底《新潮》第 2 卷第 2 号,其中《新潮》版对《新青年》版进行了大量校改,本文采用《新潮》的版本。结尾处“永远”原文作“永过”,疑为手民之误,因《新青年》版中作“永远”。

② 无政府主义者的代表性意见,比如巴枯宁与陀思妥耶夫斯基的看法,在周作人翻译的《俄国革命之哲学的基础》一文中【[英]Angelo S. Rappoport 著,原载 1917 年 7 月,The Edinburlgh Review,起明(周作人)译,1919 年 4—5 月《新青年》第 6 卷第 4—5 号】有着相关介绍:

Bakunin 虽然是俄国人,却为人类全体尽力。在他看来,国民种族,不过人类大洋里的一个浪头罢了,他的理想,是“人类的友善”,不是“国民的结合”……Dostojevski 说,“……我们的使命,应该完全的人类的。我们努力……应该去奉事全人类”。

另请参考著者对现代人道主义思潮演进问题的相关研究。

③ 周作人对这一问题的判断分别见于《工学主义与新村的讨论》(1920 年 3 月《工学》第 1 卷第 5 号)、《新村的理想与实际》(1920 年 6 月 19 日北京青年会所作讲演,1920 年 6 月 23、24 日《晨报·副刊》,1920 年 6 月 25 日《时事新报·学灯》)、《新村的讨论(答黄绍谷的信)》[1920 年 12 月 17 日作,1920 年 12 月 26 日《批评》第 5 号(“新村号”)]等诸篇文章,其中在《工学主义与新村的讨论》中周作人回复孙俍工的第二封信(1920 年 3 月 29 日作)里说:

“往自由去原有许多条路;只要同以能达到为目的,便不妨走不同的路;即使同走一条路,也可以或走、或跑,都无什么区别。我相信‘工学主义’与新村是同走一条路的……”

在《新村的理想与实际》中他说:

“我相信往自由去原有许多条的路,只要同以达到目的为目的,便不妨走不同的路。方才所说的两派与新村,表面很有不同,但是他们的目的是一样的,都是想造起一种人的生活,所以我想有可以互相补足的地方……”

而在《新村的讨论》中是这样表述的:

“往自由去的路原有好几条,有人以为别条路更为适合的,可以请他自己走去,不必彼此相强,因为世上本没有唯一的正确的道路。”

④ 参见[俄]尼·别尔嘉耶夫:《俄罗斯思想:十九世纪末至二十世纪初俄罗斯思想的主要问题》第七章,雷永生、邱守娟译,生活·读书·新知三联书店 1995 年版。

(三)个人意识与社会/人类意识调和的理论尝试

列夫·托尔斯泰等关于人类意识的某些思考明显趋于极端,如列夫·托尔斯泰反思过去偏颇的个人主义,强调人类意识——利他及对人类的爱——的时候,却又过多地抹煞了个人,恰如周作人所言,“俄国 To1stoy……提倡极端的利他,没杀了对于自己的责任”①,这显然走向了另一个极端。② 这种思想倾向并非列夫·托尔斯泰、陀思妥耶夫斯基等所独有,在 19 世纪末 20 世纪初相当普遍,当时不少社会、哲学观念,如社会主义、一些派别的无政府主义、军国民主义、国家主义、国家干预主义等都表现出类似的倾向。③ 这种意识在当时不仅普遍,而且具有相当影响力,产生了不小的负面作用。所以很多思想家对这种极端的倾向颇为不满,认为虽然社会的意识是对过去偏颇的个人意识弊端的反拨,并且集合生活的时代即将取代个人主义的时代,但这绝不意味着就要彻底否定与抛弃个人意识,“这社会意识,决不是牺牲了个人意识的”④,因为抹煞了个人意识的社会意识绝对不能算是完整的社会意识,所以他们提出了所谓与社会意识毫不矛盾而且能融合为一的个人意识的命题。在他们看来,这里的社会意识与个人意识都是不同以往全新的观念,他们一再强调,这种新的个人意识并不与新的社会意识立场,以及人类全体的发展、人类的集合生活等相冲突,因为

---

① 周作人,《日本的新村》,1919 年 3 月 15 日《新青年》第 6 卷第 3 号。

② 关于牺牲自己的利他,周作人在其所译犹太作家大卫·宾斯奇的剧本《被幸福忘却的人们》(1920 年 7 月 25 日译,1920 年 11 月 1 日《新青年》第 8 卷第 3 号)的《译者附记》中,以及《人的文学》(1918 年 12 月 7 日作,1918 年 12 月 15 日《新青年》第 5 卷第 6 号)对陀思妥耶夫斯基《白夜》的分析中都有所论及。《被幸福忘却的人们》描写纯粹利他主义者的心灵,他们因为利他而牺牲自己,于是自己被幸福忘却。在该剧的《译者附记》中周作人引用英译者在译序中的评说:“自己牺牲的姊妹的题目,在犹太剧场上是很普通的,正如为了他人而牺牲自己,在犹太生活中也很常见的一样。”《人的文学》中周作人分析说:“俄国陀思妥也夫斯奇(Dostojevskij)是伟大的人道主义的作家。但他在一部小说中,说一男人爱一女子,后来女子爱了别人,他却竭力斡旋,使他们能够配合。陀思妥也夫斯奇自己……言行竟是一致……”

③ 列夫·托尔斯泰这种偏颇的说法,对于人道主义思考者有着较大影响,很多人十分信服,甚至亦步亦趋,以中国受列夫·托尔斯泰观念影响最大的“五四”为例,单就文艺界而言,如从周作人与俞平伯等人的讨论,以及当时不少文艺观的讨论中,就可看到不少狂热的追随者。

④ [日]宫岛新三郎:《欧洲最近文艺思潮》第五章,瞿然译,现代书局 1930 年版,第 136 页。

它已不再是过去偏颇的个人主义,而是那种不仅不能“使集合生活的全体生出裂缝”,而且要使“集合生活的唱歌班(Chorus)成为谐调”的“个人完成,自我充实,和个性实现”;而新的社会意识,也完全不同于“昔日的所谓利他和仁慈”,实际是“新的社会意识的觉醒”,因为新的社会意识中同时包含着新的个人意识①,社会意识与个人意识之间的关系,应该是:“社会意识和个人意识,实际并非别物。个人意识的合成体,便是社会意识。”②这种观念在19世纪后期以来也得到了广泛认同,如胡适所倡导的健全的个人主义观等,而以日本白桦派以及周作人为代表的20世纪现代人道主义者更是将自己对“人间”观的思考建立于斯。

以上简要概括了现代人道主义新的“人间”观的基本命题,但现代人道主义的每一位思考者,对“人间”观的认识都不相同,如周作人对相关命题的阐发,就显示出自己独特的观念特点与思考理路。

二、周作人对人类意识问题的思索

(一)“大人类主义”

周作人认为新理想主义时代的人们,在实证主义时代科学精神的观照下,对人类的“人间”生活有了新的觉悟,他在《新文学的要求》一文中对这种新的“人间”观进行了细致阐发:

> 许多重大问题,经了近代的科学的大洗礼,理论上都能得到了解决。如种族国家这些区别,从前当作天经地义的,现在知道都不过是一种偶像。所以现代觉醒的新人的主见,大抵是如此:“我只承认大的方面有人类,小的方面有我,是真实的。”人类里边有皮色不同,习俗不同的支派,正与国家地方家族里有生理、心理上不同的分子一样,不是可以认为异类的铁证。我想这种种界限

① [日]宫岛新三郎:《欧洲最近文艺思潮》第五章,瞿然译,现代书局1930年版,第177页。

② [日]宫岛新三郎:《欧洲最近文艺思潮》第五章,瞿然译,现代书局1930年版,第136页。

> 的起因，是由于利害的关系，与神秘的生命上的连络的感情。从前的人以为非损人不能利己，所以连合关系密切的人，组织一个攻守同盟；现在知道了人类原是利害相共的，并不限定一族一国，而且利己利人，原只是一件事情，这个攻守同盟便变了人类对自然的问题了。从前的人从部落时代的“图腾”思想，引伸到近代的民族观念，这中间都含有血脉的关系；现在又推上去，认定大都是从“人”(Anthropos)这一个图腾出来的，虽然后来住在各处，异言异服，觉得有点隔膜，其实原是同宗。这样的大人类主义……也就是我们所要求的人道主义的文学的基调。①

在他看来，现代人道主义者所肯定的现代人类意识，是一种“大人类主义”，它完全以科学的观念看待“人间”生活，认定“人间”的生活，从本质上讲并没有国家、种族、民族、家族、地方，以及阶级等的界限、分别。过去这些界限、分别的形成，都是缘于以前时代对人之间的利害关系及生命上的连络等问题的不正确观念，比如认为非损人不能利己，所以组织攻守同盟，而且他们由血缘的关联，生发出部落时代的“图腾”思想及近代的民族观念，而现在由于受到近代科学的洗礼，人们终于觉悟，于是推翻了以往种种错误观念，一方面认为人类原是利害相共，而且利己利人，原是一事，因此人间对立的攻守同盟不必存在，另一方面，进化论与新的人类学、人种学已证实，世界上的人都是从“人”，即人这种生物物种中发展出来的，原是同宗。在打破这些错误的观念后，便可清楚地看到，在人类社会生活的构成中，国家、民族、种族、家族、阶级等都仅仅是一种虚假的偶像，而由利益相共、本质相同的个人所组成的人类才是最为真实的社会存在，即“大的方面有人类，小的方面有我，是真实的”，其中“人类是个总体，个人是这总体的

① 周作人：《新文学的要求》，1920 年 1 月 6 日北平少年中国学会讲演，1920 年 1 月 8 日《晨报·副刊》。

单位"①,两者组成了人类社会存在的基本架构。当然这种新理想主义时代的现代"大人类主义"观念,有着其特定的精神特质与内涵。

在周作人看来,这种人类意识的发生不只是由于人们对"真理"的发现,它更是人类社会、人类精神发展到新阶段在观念上的直接反映,因为一方面,人类的界限正随着文明的新发展逐渐被打破,"地理上历史上,原有种种不同,但世界交通便了,空气流通也快了,人类可望逐渐接近,同一时代的人,便可相并存在。单位是个我,总数是个人"②,新村时期的武者小路实笃对此有过十分清晰的解说:

所谓个人的本务,就是说个人作为人类的一份子所应尽的义

① 周作人:《新村的精神》,1919 年 11 月 8 日为天津学术讲演会讲演,1919 年 11 月 23、24 日《民国日报·觉悟》,1920 年 1 月 1 日《新青年》第 7 卷第 2 号。另《人的文学》(1918 年 12 月 7 日作,1918 年 12 月 15 日《新青年》第 5 卷第 6 号)中说:"单位是个我,总数是个人",《点滴·序》(1920 年 4 月 17 日作,载周作人辑译:《点滴》,北京大学出版部 1920 年版)中说:"单位是我,总数是人类。"据陈原考证(《"俄国盲诗人"的梦——关于华西理·爱罗先珂》,《读书》1992 年第 2 期),所谓"人类中的一分子"正是这种人类主义的命题,"人类一分子主义"一词源出世界语创始人——波兰的柴门霍夫博士 1906 年为此写的一首小诗和一篇"宣言"(随想录),陈原在文中介绍了爱罗先珂以及胡愈之所谈到的"人类一分子主义",并且说:"所述特征,很多都能在爱罗先珂身上以及本世纪初的知识分子身上看到,比如:——'我是一个人,我把全个人类看成一个家庭;我认为人间最大的不幸,就是人类被割裂成互相敌视的种族和宗教群体;但这不幸迟早会消失的,我应尽我的力量加速这消失'。"实际上这在"五四"是一个极为普遍的用语,周作人也数次谈及,如"彼此都是人类,却又各是人类的一个","我与张三李四或彼得约翰虽姓名不同,籍贯不同,但同是人类之一"(《人的文学》,1918 年 12 月 7 日作,1918 年 12 月 15 日《新青年》第 5 卷第 6 号),"同是住在各地的人类的一部分"(《访日本新村记》,1919 年 7 月 30 日作,1919 年 10 月 30 日《新潮》第 2 卷第 1 号),"我们有什么改造社会的主张,去改造别人之先,还须从社会——人类——之一分子的自己入手改造,这样我们一面实行自己的主张,社会的一个分子也就同时改造过了"(《新村运动的解说——对于胡适之先生的演说》,1920 年 1 月 18 日作,1920 年 1 月 24 日《晨报》),"新村的理想的人的生活,是一个大同小异的世界。物质的生活是一律的,精神的生活是可以自由的。以人类分子论,是一律的,以个人论,不妨各各差异,而且也是各各差异的好。各国各地方各家族各个的人,只要自觉是人类的一分子,与全体互相理解,互相帮助而生活"(《新村的理想与实际》,1920 年 6 月 19 日北京青年会所作讲演,1920 年 6 月 23、24 日《晨报·副刊》)。他所翻译介绍的外国作家很多都抱有这样的观念,比如日本作家江馬修,周作人翻译了他的小说《小小的一个人》,在作者介绍中周作人说,作家"有人道主义的倾向",这个标题"用英文译不过是 A Little One 的意思",实际上就是人类中的一个的意思,小说中明确地说到"人类的大海中的那小的一个人",载 1918 年 12 月 15 日《新青年》第 5 卷第 6 号。在波兰作家什朗斯奇的《黄昏》中,也有"人类的一个小小的分子"的话,载 1920 年 2 月 1 日《新青年》第 7 卷第 3 号。

② 周作人:《人的文学》,1918 年 12 月 7 日作,1918 年 12 月 15 日《新青年》第 5 卷第 6 号。

务。

个人是国家的一份子,也是家庭的一份子。然而我们已经不能够不想人类底协力,而单想个人底存在。我们不是单受着国民底恩,是受着人类底恩……我们已经被世界的波动所摇动了。决不是一国民能单独存在的……总之我们已经作为世界人而生存,和世界底思想,生活,文明,都直接交涉着而生存的……同一看待底时候,就要到来罢……总之对于我们,世界已经没有怎样广阔了。世界底事件,一日就可以传达于世界,起落世界底人心,或使恐怖,或使欢喜,而且使深深的反省。像这样的事,当真的说起来,是太透露的明白事实。这回的战争,使这事实更加瞭然的明白了。还在继续的通知。照现在的气势过去,这气势不晓得到什么地方才停止。保守的人不必说,便是适中底进步的人也是皱眉的时候。世界是驱逐了自以为将世界荷在肩上底人而进行。

便是列宁杜洛斯基之类,也成过去之梦了。人原是人,劳动者资本家底问题,要成为过时底问题;各自像人似的生存底时候,以为是敌的人,而实在是向了同一目的走着底兄弟,握着手喜欢的时候,不能说不会到来。世界上青年底脑里,那准备已经成就了。

我说着明白到不必说明的事。①

另一方面,人类精神也已经进化到了一个更高级的阶段,这种新理想主义时代的现代“大人类主义”正是人的“心的进化”的必然结果。周作人在《新文学的要求》与《宗教问题》中,从文学的历史发展角度描述了这一“心的进化”的历史进程:

文学上人类的倾向,却原是历史上的事实;中间经过了几多

① [日]武者小路实笃:《人的义务与其他》,载《人的生活》,李宗武、毛咏堂合译,中华书局1922年版,收入“新文化丛书”,第11—14页。周作人于1921年7月6日为该译本作序,此书是武者小路实笃在1920年出版的著作。这种从世界发展状况解说人类接近的论调,在20世纪以来成为一种常识性的说法,可以参照20年代、30年代大量的中、日思潮史论著。

变迁，从各种阶级的文艺又回到平民的全体的上面来，但又加了一重个人的色彩：这是文艺进化上的自然的结果，与原始的文学不同的地方，也就在这里了。

关于文学的意义……就文艺起源上论他的本质，我想可以说是作者的感情的表现……上古时代生活很简单，人的感情思想也就大体一致，不出保存生活这一个范围；那时个人又消纳在族类里面，没有独立表现的机会：所以原始的文学都是表现一团体的感情的作品……后来的人将歌舞当作娱乐的游戏的东西，却不知道他原来是人类的关系生命问题的一种宗教的表示。我们原不能说事物的原始的意义，定是正当的界说，想叫化学回到黄白术去；但我相信在文艺上这意义还是一贯，不但并不渐走渐远，而且反有复原的趋势：所以我们于这文学史上的回顾，也不能不相当的注意，但是几千年的时间，夹在中间，使这两样相似的趋势，生了多少变化；正如现代的共产生活已经不是古代的井田制度了。古代的人类的文学，变为阶级的文学；后来阶级的范围逐渐脱去，于是归结到个人的文学，也就是现代的人类的文学了。（《新文学的要求》①）

再说文学与宗教相同的地方。文学的理想本来应该如此……宗教上的“神人合一”、“物我无间”，其特性亦即在此……基督教约翰福音说：“世德，我在你中，彼等亦在你中，故我在彼等中。”这个目的物象萧伯纳称他为“生命之力”亦可，不过宗教上另换一个名字罢了，象“神”、“一”、“无限”等……可以作为宗教的本体思想的代表。他们就是把我们与最高神合一。这在古代文学便是如此，中间经过一次变动，现在却又有这种趋向了。上古最初文学所发表的感情，就是全社会的，因为保全生命是关系全体的。后来个人思想发达，于是注重个人的情感。这是上古到十九世纪的变动。现在觉得文学不应以个人为主。是要结合全

① 周作人：《新文学的要求》，1920年1月6日北平少年中国学会讲演，1920年1月8日《晨报·副刊》。

人类的感情的。托尔司泰说，文学不但要使别人晓得我的意思，要他受到我的同一的感触；如我向他说，即能使他发生与我同样的情感，无形中彼此就互相联络了……文学的作用便都在此……他用另一种方法，将大家的共同情感发表出来，自然能结合全体。

总之现代文学的变动确似倾向古代了。古代的艺术都是平等的，普遍的，无论何人都会的。近来就渐趋专门了。文学家说出大家没有想到的话，使个性较为稍不敏捷的人可以引起同样的感想。再近一点，便全要变成社会的了。(《宗教问题》①)

在周作人看来，现代文学中的人类(即“平民的全体”)意识虽然与古代“人类的倾向”有一定相似之处，但两者就好像是现代的共产生活与古代井田制度间的相似，现代的人类意识只是“确似”“倾向古代”，它与古代的“人类的倾向”之间仍然有着本质差异，就文艺而言，这种差异是“文艺进化上的自然的结果”，实际上就是人的“心的进化”的自然结果，这使得现代新的人类意识显现出了新的精神内涵、特质，对这种新的精神内涵、特质，周作人除了强调现代人类意识的近代科学背景，还着重强调，这种新的人类意识又“加了一重个人的色彩”，周作人说这种个人的色彩的形成，是由于从古代到现代的“心的进化”过程，曾经历了以个人为中心的阶段——“后来个人思想发达，于是注重个人的情感”，即新的人类意识中“个人的色彩”是“进化上的自然的结果”。

(二)“个人观”

独特的“个人观”与“个人立场”是现代人类意识的一个重要特征，这种“个人观”与“个人立场”的主要精神渊源，是19世纪中后期

---

① 周作人:《宗教问题》,1921年5月《少年中国》第2卷第11期。

"新神思宗"①的个人主义观念②,但现代人类意识的"个人观",同"新神思宗"的个人主义及传统的个人主义有着本质差异。对于现代人道主义而言,它的"个人观"绝非是对"新神思宗"的个人主义及传统的个人主义观念的照搬,现代人道主义者是要为新的时代构建全新的"个人观"③,他们在承继"新神思宗"个人主义观念许多重要命题,如"超人""唯一者所有"④"我""个人"等的同时,又对这些命题进行了重大改造,根本改变了其内涵。

1."人类的一员"

在以往,尤其是19世纪"个人主义的时代"的社会观念中,个人/

---

① (迅行)鲁迅:《文化偏至论》,1907年作,1908年8月《河南》月刊第7号。

② 在周氏兄弟的观念中,与新理想主义时代"大人类主义"观念有着主要精神渊源的前一个时期的个人主义,更多是指鲁迅所谓的"新神思宗",包括斯蒂纳、尼采、寇尔凯谷(基尔凯郭尔)、易卜生等,以及受他们影响的众多思考者,如梅特林克、安德列夫、斯特林堡、早期高尔基等,这一思潮于19世纪中后期在欧洲思想界形成广泛影响,周作人在论及个人主义的思想家时,几乎没有提到过任何现在经常为人所论及的英美政治思想系统内的新旧个人主义、自由主义者,反而多次反复提及斯蒂纳、尼采,如在《新村的精神》《新村的理想和实际》《可爱的人·译者附记》《山中杂信·一》《新希腊与中国》等中。白桦派的个人主义观念,也主要来自梅特林克、尼采等,这已被详细考证,可参照刘立善:《日本白桦派与中国文学》(辽宁大学出版社1995年版),以及各种近代日本文学史论著作。

这实际上是当时对个人主义的一种普遍认知,翻阅[日]厨川白村:《近代文学十讲·上》(罗迪先译述,学术研究会总会1921年8月初版)、[日]昇曙夢:《现代文学十二讲》(汪馥泉译,北新书局1931年版),其中都有近代个人主义的专节介绍(《近代文学十讲·上》第三讲《近代之思潮(其一)》第三节《怀疑与个人主义》中的分析,第76—99页)。《现代文学十二讲》第一讲《近代思想底种种相》第五节《个人主义》,第26—40页,他们关于个人主义源流的介绍如出一辙:始于浪漫主义的先驱卢梭,浪漫主义时代的"个人底自由的主义"是个人主义的源泉。19世纪真正兴盛起来,是19世纪科学时代的产物,其形成的原因,既有实证科学时代唯物观、进化论所教导的生存竞争的思想影响的缘故,也是由于教育的发达使社会的人智得到开发,它的形成过程是"从知识到怀疑,从怀疑到偶像破坏,从偶像破坏到个人主义这径路……知,是怀疑底始初。怀疑尽了一切东西,那可靠的,当然只有自己了,这便产生了个人主义"(《现代文学十二讲》,第33页),他们列举出尼采、斯蒂纳、寇尔凯谷、易卜生、屠格涅夫、般生、高尔基等个人主义的代表人物。以上分析很明显是说明这种个人主义主要是科学时代的产物。当然其产生还有另一方面的原因,鲁迅在《文化偏至论》(1907年作,1908年8月《河南》月刊第7号)中对这一原因的分析较有代表性,在他看来,19世纪文明发展出现偏至:社会民主抹平一切,造成庸众统治,压抑天才/独异个人,作为反动,一些思想家奋起反对,提出了鲜明的个人主义观念。

③ 这种全新的"个人观"决非传统个人主义与"大人类主义"的调和,而是"大人类主义"观念内部新的理论建构。

④ 周作人:《可爱的人·译者附记》,1919年1月31日作,1919年2月15日《新青年》第6卷第2号。

个体是作为人类社会组构中最小的单元而存在的，但个体只是一个个孤立于其他个体的单体，个体与个体之间，在各种意义上都是相互隔离、相互对立的，不仅存在着本质论上的差异、对立，而且还有着利益上的冲突，即每个个体都是作为其他个体的对立物而存在的。从根本上讲，在以前这些个人主义观念的话语结构中，核心概念就是作为社会基本组构元素的“自我”。在“自我”概念中，存在着一个“自我”/“他人”紧张对峙的意义生成机制，也就是说，每个个体都只是作为一个与“他人”对立的“自我”而存在的，而且每个“自我”也是因为对立的“他人”而确立自身的存在。在这种“自我”观念之下，个体与个体之间形成了极其复杂的结构关系。

现代人道主义者的“个人观”，颠覆了这种对立的意义生成机制，并否定了与“他人”相对立的“自我”概念。他们虽然也强调“自我”，但“自我”的意义已完全发生改变，正如《近代日本思想史》在分析白桦派的“自我”观念时所说的那样①，现代人道主义者在“自我”观念中抽掉了与“他人”的对立这一部分，这样自然就取消了旧的“自我”观念中原有的“自我”/“他人”的等级差异与对立关系，从而使每个“自我”在本质上成为与其他的“自我”具有同等地位的独立的单体，周作

---

① 《近代日本思想史》中是这样分析的：

众所周知，“白桦派”在文学上和生活上的首要主张，是“发挥自我”。这个肯定“自我”的强烈性，是“白桦派”的共同特色。但这里所说的“自我”，并不是与“他人”对立而局限起来的“自我”，它不过是自己所确信的“自我”，就是和一般“个体”即“人类”本身相通的“自我”。这样，“白桦派”主张直接地无媒介地把“自我”看作“个我”一般，即看作“人的个体”本身。凭借这一主张，它得以夸耀“我们在精神上是世界之子”。也就是说，在“白桦派”那里，“自我”即“个体”由于抽掉了同“他人”的对立，同时就超越了国家、社会即“种”，能够直接和“人类”即“普遍”联系起来，和它协调起来。

参见[日]近代日本思想史研究会：《近代日本思想史》第二卷，李民等译，商务印书馆1991年版，第180页。从中可以看到白桦派的逻辑思路是：在“自我”概念中抽掉了与“他人”对立的意义含蕴，从人的本质角度上，认为“自我”，只不过是每个人的意识所自觉认识到的、确信存在的“我”——这实际就是认识论原初意义上自我意识的自我认知，从人的本质论意义来讲，每个人的“自我”都是如此。他们把每个这个意义上的“自我”直接当作人的社会存在中的“人的个体”，作为人类社会的组构成分。当然这更多是哲学角度的思辨，但这种概念上的变化，实际上反映出了现代“大人类主义”者从根本上否定了那种孤立、对立的个体的现实存在的理论努力。以上看法在日本各种近代文学史论中是常识性的认识。

人所说的“他人里的自己”[1]“别人的自己”[2]“我中的他”[3]等命题就是对这一认识极为准确的表述,周作人还从社会伦理角度,用利他与利己的关系阐明了这一点,“人类原是利害相共的”“利己利人,原只是一件事情”。这样在“大人类主义”观念下,“自我”成为“人间”最基本的社会组构的单元,每个“自我”都是人类中同等的一员,周作人称之为“人类的一员”[4]“人类中的一份子”,每个“自我”彼此间没有任何本质上的差异与对立,“以人类分子论,是一律的”。[5]

2. 作为“唯一者所有”的“人类的一员”

正如以上所分析的那样,在“大人类主义”的“个人观”中,每个人对于人类都是一个个人,是人类中同等地位的一员,但这种个人不同于原始时代中被容纳于族类内的个人,后者的情况被周作人描述为,“个人消纳在族类的里面,个人的简单的欲求都是同类所共具”,这种差异,用周作人的话来讲,就是每个现代的个人不仅“对于人类是个人”,而且“对于自己是‘唯一者所有’”[6]。周作人特别强调,如果没有

---

① 周作人:《新村的理想与实际》,1920 年 6 月 19 日北京青年会所作讲演,1920 年 6 月 23、24 日《晨报·副刊》,1920 年 6 月 25 日《时事新报·学灯》。

② 周作人:《新村的精神》,1919 年 11 月 8 日为天津学术讲演会讲演,1919 年 11 月 23、24 日《民国日报·觉悟》,1920 年 1 月 1 日《新青年》第 7 卷第 2 号。

③ 周作人在《游日本杂感》中说,“我们论事都凭个‘我’,但也不可全没杀了我中的‘他’”。1919 年 8 月 20 日作,1919 年 11 月 1 日《新青年》第 6 卷第 6 号。

④ 周作人:《新村的精神》,1919 年 11 月 8 日为天津学术讲演会讲演,1919 年 11 月 23、24 日《民国日报·觉悟》,1920 年 1 月 1 日《新青年》第 7 卷第 2 号。

⑤ 周作人:《新村的理想与实际》,1920 年 6 月 19 日北京青年会所作讲演,1920 年 6 月 23、24 日《晨报·副刊》,1920 年 6 月 25 日《时事新报·学灯》。

⑥ 周作人:《可爱的人·译者附记》,1919 年 1 月 31 日作,1919 年 2 月 15 日《新青年》第 6 卷第 2 号。“唯一者所有”是斯蒂纳的中心命题,“我”即“唯一者所有”,昇曙夢在《现代文学十二讲》中介绍道:

他说:一切的东西为我而存在;一切的事为我自己而干。“我”,是一切底源泉;就是,“我”是造物者。神明、道德、社会、人道,这些东西,都是因为“我”这东西底存在而存在的;“我”底价值是绝对;上天下地,惟我独尊。而且他排斥一切的观念、一切的传说,不服一切的权威,唱导无神论,唱导利己的个人主义。他又从这立脚点,甚至排斥自由平等,虽则个人主义是由自由平等的思想养育成的,可极端的个人主义,是和自由平等的思想不相容的。除了自己之外,什么都不承认,并无暇顾及社会:在这种人,以为应对一切的人平等地广及的自由这种事,是不必考虑的。平等,这是由互相让步的结果而得到的。在以不让一步为主义的人们,平等什么,他们是不管的。

斯蒂纳认为这才是合理的个人主义,即去掉各种不对、不义的,经济、政治以及一切因袭的束缚,个人的无限发展扩充与完善,个人的无限推崇。载《现代文学十二讲》,汪馥泉译,北新书局 1931 年版,第 33—34 页。

彻底自觉的个体意识，就不能算是真正意义上的现代“大人类主义”者，也就没有成为“人类的一员”的资格，对此他在《新村的理想与实际》一文中有过这样的论断：“其先如没有彻底的自觉做根本……兼爱实只是盲目的感情的动。愈是彻底的知道爱自己的，愈是真切的能够爱他人里的自己……不从‘真的个人主义’立脚，要去与社会服务，便容易投降社会，补苴罅漏的行点仁政，这虽于贫民也不无小补，但与慈善事业相差无几了。”[①]在这种意义上，周作人承认自己是“个人主义”者，他不仅肯定了新村是个人主义的生活[②]，而且将现代人道主义定义为“个人主义的人间本位主义”。[③] 关于“自觉的个体意识”，现代人道主义的“个人主义”从“新神思宗”承继了很多重要命题：比如“自己是‘唯一者所有’”的个人精神的自觉立场，对自己的责任，即个人充分发展的自觉，立足于精神独立的“我”/个人基础之上的独立判断、怀疑批评的精神，对作为“进步的欲求，常常超越族类之先”[④]的先觉者的肯定（或称之为“独异”个人[⑤]、

---

① 周作人：《新村的理想与实际》，1920 年 6 月 19 日北京青年会所作讲演，1920 年 6 月 23、24 日《晨报·副刊》，1920 年 6 月 25 日《时事新报·学灯》。另外，周作人对军国主义的否定也很能说明问题：“我们反对军国主义等，便因为他不承认个人，只将他当作制造那空洞洞的什么军国的材料与牺牲”，也因此反对现在谈人类、世界、社会时，抹煞个人，认为这实际上与军国主义的谬误没有什么区别，“现在如将社会或世界等等字作目标，仍不承认个人，只当他作材料，那有什么区别呢?”即如果否定、抹煞了个人，实际上也失去了真正意义上的现代人类主义、世界主义的真意。载《新村的精神》，1919 年 11 月 8 日为天津学术讲演会讲演，1919 年 11 月 23、24 日《民国日报·觉悟》，1920 年 1 月 1 日《新青年》第 7 卷第 2 号。关于慈善、仁政，周作人在《人的文学》（1918 年 12 月 7 日作，1918 年 12 月 15 日《新青年》第 5 卷第 6 号）中说，“我所说的人道主义，并非世间所谓‘悲天悯人’或‘博施济众’的慈善主义”，又在《平民的文学》（1918 年 12 月 20 日作，1919 年 1 月 19 日《每周评论》第 5 号，署名仲密）中说，“慈善这句话，乃是富贵人对贫贱人所说，正同皇帝的行仁政一样，是一种极侮辱人类的话”，即所谓慈善、仁政，仍是存在人类之间的等级之分，我/他之分。

② 周作人：《新村的理想与实际》，1920 年 6 月 19 日北京青年会所作讲演，1920 年 6 月 23、24 日《晨报·副刊》，1920 年 6 月 25 日《时事新报·学灯》。

③ 周作人：《人的文学》，1918 年 12 月 7 日作，1918 年 12 月 15 日《新青年》第 5 卷第 6 号。

④ 周作人：《新文学的要求》，1920 年 1 月 6 日北平少年中国学会讲演，1920 年 1 月 8 日《晨报·副刊》。

⑤ 迅（鲁迅）：《随感录·三十八》，1918 年 11 月 15 日《新青年》第 5 卷第 5 号。其中称扬这些“独异”个人：“一切新思想，多从他们出来，政治上宗教上道德上的改革，也从他们发端。”这些“独异”个人完全否定了“众数”之说，他们对“众数”弊端的认知，鲁迅在《文化偏至论》（1907 年作，1908 年 8 月《河南》月刊第 7 号）中有过清晰表述：法国大革命后，社会追求完全的民主平等，而“所谓平社会者，大都夷峻而不湮卑”，“于个人殊特之性，视之蔑如，既不加之别分，且欲致之灭绝”，以至造成“精神益趋于固陋”，“人群之内，明哲非多，伧俗横行，浩不可御，风潮剥蚀，全体以沦于凡庸”，且庸众压抑迫害先觉者、“英哲”。

“先知或引路的人”①)……并且将“自我”作为一切问题思考的逻辑起点。当然这些源自“新神思宗”个人观的命题在内涵上已发生了根本变化,周作人对此均进行了细致阐述。

其一,个体意识。“我”“唯一者所有”不再是斯蒂纳哲学意义上的绝对的自我,而是指周作人所说的个性充分自由发展的个人②,不过“大人类主义”的“我”“唯一者所有”的概念,在强调每个人的个性自由发展、个体意识的充分自觉(即强调每个人“对于人类是个人,对于自己是‘唯一者所有’”)的同时,还必须强调每个人作为“人类的一员”的身份(即“我是‘唯一者’的所有,却又是人类的一员”③),并必须符合作为“人类的一员”的要求,服从“人类的意志”——人类共同的人性、共同的生存与幸福、共同的发展,以及社会进化的法则等。④

---

① 仲密(周作人):《平民的文学》,1918 年 12 月 20 日作,1919 年 1 月 19 日《每周评论》第 5 号。

② 周作人所作关于新村的文章都着重讨论了这一问题。

③ 周作人:《新村的精神》,1919 年 11 月 8 日为天津学术讲演会讲演,1919 年 11 月 23、24 日《民国日报·觉悟》,1920 年 1 月 1 日《新青年》第 7 卷第 2 号。

④ 关于“人类的意志”,周作人在这一时期的多篇文章中提及,将其作为一个重要的观念:

“无奈世人无知,偏不肯体人类的意志,走这正路……”《人的文学》,1918 年 12 月 7 日作,1918 年 12 月 15 日《新青年》第 5 卷第 6 号。

“这人道主义的文学……就是个人以人类之一的资格,用艺术的方法表现个人的感情,代表人类的意志,有影响于人间生活幸福的文学。所谓人类的意志这一句话,似乎稍涉理想;但我相信与近代科学的研究也还没有什么冲突:至于他的内容,我们已经在上文分两项说过,此刻也不再说了。这新时代的文学家,是‘偶像破坏者’。但他还有他的新宗教,一一人道主义的理想是他的信仰,人类的意志便是他的神。”《新文学的要求》,1920 年 1 月 6 日北平少年中国学会讲演,1920 年 1 月 8 日《晨报·副刊》。

“新村的运动,虽然由武者小路氏发起,但如他所说,却实是人类共同的意志,不过由他说出罢了……现在万人的希望,又正是人类的最正当最自然的意志……”《日本的新村》,1919 年 3 月 15 日《新青年》第 6 卷第 3 号。

“人类的意志在生存与幸福。这也就是个人的目的……现在人的生存与幸福的基础,便全筑在别人的灭亡与祸患上。这是错的,是不正当的,因为这是违背了人类的意志了。”《新村的精神》,1919 年 11 月 8 日为天津学术讲演会讲演,1919 年 11 月 23、24 日《民国日报·觉悟》,1920 年 1 月 1 日《新青年》第 7 卷第 2 号。

“人生的目的不仅是在生存,要当利用生存,创造一点超越现代的事业,这才算托尔斯泰顺了人类的意志,——社会进化的法则,尽了做人的职务,不与草木同腐。”

“他们又相信只要不与人类的意志——社会进化的法则相违反,人的个性是应该自由发展的。”

“神的意志是这样呢,这就是人类的意志——社会进化的法则。这思想本来很受基督教的影响,但实际却又与尼采的进化论的宗教相合了。”《新村的理想与实际》,1920 年 6 月 19 日北京青年会所作讲演,1920 年 6 月 23、24 日《晨报·副刊》,1920 年 6 月 25 日《时事新报·学灯》。

其二,每个人都有个性、个体意识高度发展的可能。在“新神思宗”的观念体系中,与“唯一者所有”观念直接相连,存在着一个“独异”个人的重要命题,这是“新神思宗”个人主义观的一个核心概念,“新神思宗”的个人主义观认定精神突出发展的“独异”个人与“庸众”之间存在着本质上的对立。① 周作人等现代人道主义者,也承认所谓“独异”个人的存在,但在他们看来,“独异”个人与其他“群众”并无本质区别,比如周作人就把这些“独异”个人称之为“先知或引路的人”,他认为这些“独异”个人“超越族类之先”的思想,其他“群众”完全是能够理解的,即使不懂也只是暂时性的,只需要去引导、启发即可,在《平民的文学》中他曾明确说明,“凡是先知或引路的人的话,本非全数的人尽能懂得……正因为他们不懂,所以要费心力,去启发他”。②这里很明显存在着一个启蒙的过程,而启蒙的一个重要前提就是,每个人在获得智识之后,都会有精神自由发展与人格逐渐完善的可能,可见“先知或引路的人”与“他以外的人类”③之间并没有本质上的不同,唯一差别,只是闻道的先后与觉悟的早晚而已。按周作人的说法,这些“独异”个人,本质上也不过就是先闻道、先觉悟的“人类的一员”罢了,他首先发出的“爱自由,求幸福”等“进步的欲求”的呼声,不是他一个人独有的精神要求,而是“人类所共具”的“人类共同的意志”(或曰“万人的精神”“万人所望的事”)④,不过是他先于整个族类/人类感受、觉察到,超越族类之先有了迫切的要求,并作为整个族类/人类的代表,将它先说出来罢了。周作人在《新文学的要求》中对此有过

---

① 鲁迅在《随感录·三十八》(1918 年 11 月 15 日《新青年》第 5 卷第 5 号)中说:“‘个人的自大’,就是独异,是对庸众宣战……他们必定自己觉得思想见识高出庸众之上,又为庸众所不懂,所以愤世疾俗,渐渐变成厌世家,或‘国民之敌’”。

② 仲密(周作人):《平民的文学》,1918 年 12 月 20 日作,1919 年 1 月 19 日《每周评论》第 5 号。

③ 周作人:《新文学的要求》,1920 年 1 月 6 日北平少年中国学会讲演,1920 年 1 月 8 日《晨报·副刊》。

④ 周作人:《日本的新村》,1919 年 3 月 15 日《新青年》第 6 卷第 3 号。周作人在文中说,“新村的运动,虽然由武者小路氏发起,但如他所说,却实是人类共同的意志,不过由他说出罢了”,并引述了武者小路实笃的话:“我的精神,不是我一人的精神,与万人的精神有共通的地方。我所望的事,也正是万人所望的事。”

充分阐述：

古代的个人消纳在族类的里面，个人的简单的欲求都是同类所共具的，所以便将族类代表了个人。现在的个人虽然原也是族类的一个，但他的进步的欲求，常常超越族类之先，所以便由他代表了族类了。譬如怕死这一种心理，本是人类共通的本性。写这种心情的歌诗，无论出于群众，出于个人，都可互相了解，互相代表，可以称为人类的文学了。但如爱自由，求幸福，这虽然也是人类所共具的，但因为没有十分迫切，在群众每每忍耐过去了；先觉的人却叫了出来，在他自己虽然是发表个人的感情，个人的欲求，但他实在也替代了他以外的人类发表了他们自己暂时还未觉到，或没有才力能够明白说出的感情与欲求了。①

既然作为“人类的一员”，“独异”个人与普通群众之间就只有闻道先后、觉悟早晚的差别了，那么“独异”个人只是先知先觉，并没有与其对立的庸人、“末人”，只有与其同等的他以外人类的“自我”，这样的话，只要能够觉醒，每个人都会有个性、个体意识高度发展的可能，正如周作人为新村所录《论语》中所讲的那样——“仁远乎哉。我欲仁，斯仁至矣”②，其实这也就是肯定了人人都可能成为个体精神突出发展的“唯一者所有”、“超人”、“神的人类”（即个性充分自由发展的个人），而实际上这种发展也就代表了人类共同的意志。

（三）个人与人类的关系——“我即是人类”③

在论述此问题之前，首先必须说明一点，在周作人看来，对于人的存在形式而言，既没有抽象的个人的存在，也没有抽象的人类的存在，

---

① 周作人：《新文学的要求》，1920年1月6日北平少年中国学会讲演，1920年1月8日《晨报·副刊》。

② 周作人：《访日本新村记》，1919年7月30日作，1919年10月30日《新潮》第2卷第1号。文中说明，1919年7月9日周作人为新村书《论语》一则“子曰，仁远乎哉。我欲仁，斯仁至矣”，这句话是武者小路实笃选定后请他写的。

③ 周作人：《新文学的要求》，1920年1月6日北平少年中国学会讲演，1920年1月8日《晨报·副刊》。

真实的只有一个个具体活生生的"自我",所谓人类也只是一个权宜的总称而已,就是普通意义上的一个个具体个人的总体的意思①,因此也就没有不同于个人的特殊本质。

关于个人与人类的关系问题,周作人在《平民的文学》中,曾从本质论的角度,借用哲学范畴"单体"加以说明:我们"只自认是人类中的一个单体,浑在人类中间,人类的事,便也是我的事"②,作为一个哲学概念的"单体",就是完全具备着类的普遍本质的个体。③ 但在周作人看来,既然没有抽象的人的"类"的存在,也就并不存在人作为"类"的普遍本质,因此所谓"只自认是人类中的一个单体",从理论上讲,实际是在说明,只存在着"单体",人人都是"单体",每个"单体"都具备各个"单体"共同的本质,如果说有所谓"人类"的本质,那就是在说"单体"的本质。从这个意义上,就可以明白,周作人所说个人与人类不仅不相冲突,而且反而是相成的④,是在说明我的"自我"("单体")与所有他人的"自我"("单体")本质上完全相同,那么个人与人类的关系,实际就是一个"己"("单体")与所有"己"("单体")的关系,也就是"自己"与"自己"的关系,"我即是人类"的命题就是在这个意义上成立的。一言以蔽之,在周作人看来,从本质上说,个人与人类是一回事,个人就是人类,"人间"社会的结构框架内只有个人的存在,个人与人类的关系,就是个人与个人的关系,"自我"与"自我"的关系,更进一步讲,是"自我"与其自身的关系。

周作人得出个人与人类关系问题的结论,并非来自于抽象的哲学

---

① 周作人在《人的文学》(1918 年 12 月 7 日作,1918 年 12 月 15 日《新青年》第 5 卷第 6 号)中说"单位是个我,总数是个人",《点滴·序言》(1920 年 4 月 17 日作,载周作人辑译:《点滴》,北京大学出版部 1920 年版)中说"单位是我,总数是人类",《新村的精神》(1919 年 11 月 8 日为天津学术讲演会讲演,1919 年 11 月 23、24 日《民国日报·觉悟》,1920 年 1 月 1 日《新青年》第 7 卷第 2 号)中说:"新村的精神,首先在承认人类是个总体,个人是这总体的单位。"

② 仲密(周作人):《平民的文学》,1918 年 12 月 20 日作,1919 年 1 月 19 日《每周评论》第 5 号。

③ 文艺复兴时期的"大宇宙"/"小宇宙"观念,莱布尼茨的"单体"观念,泛神论的观念都有类似这样的思考。

④ 周作人:《新文学的要求》,1920 年 1 月 6 日北平少年中国学会讲演,1920 年 1 月 8 日《晨报·副刊》。

思辨,他主要是从人的科学本质,以及人的社会伦理生活层面进行思考的,“单体”是在这一意义上的思考结论:

首先,人的本质是相同的,包括这样两个层面的意思。其一,人(所有具体的个人)的本质是完全相同的,都是灵肉一致的人,这一本质都是同一物种在生物进化(包括“心的进化”)中获得的①;其二,每个个人“同是人类之一,同具感觉性情”。②

其次,每个人的利益完全相同,也有两个方面的含义。其一,“人类原是利害相共的”,而且每个个人之间,所谓“利己利人”,“原只是一件事情”,况且本也没有“己”“人”之分,“一切的人都是一样的人”③,都是“自己”。其二,“人类的运命是同一的”。④

再次,所有人的目标相同,周作人用“人类的意志”来概括这一点。所谓“人类的意志”,就是灵肉一致的人在“人间”生活的本质与目标,即在社会进化的法则下,所有人具有共同的本质、共同的“生存与幸福”、共同的发展,以及“人类所共具”的“爱自由,求幸福”的感情与欲求等,周作人总结道“人类的意志在于生存与幸福。这也就是个人的目的”。⑤

另外,在“灵肉一元”的“二希”理论框架内,从人性一元论出发,认定个人与人类这一组相对待的人的生存中的本质性的元素⑥,是人性一元(也是人的生存的一元)中两个不可或缺的组成成分,而且从人的生存本质来看,两者在根本上为不可分割开来的一体,个人(生活)即是人类(生活),人类(生活)也即是个人(生活)。

---

① 请参照张先飞:《“人”的发现:“五四”文学现代人道主义思潮源流》(人民出版社2009年版)中第四章《近代“人学”观的演变与“五四”现代灵肉一元观》第三节《科学“人学”观的理论建构:以周作人为中心》的分析。

② 周作人:《人的文学》,1918年12月7日作,1918年12月15日《新青年》第5卷第6号。

③ 周作人:《新村的精神》,1919年11月8日为天津学术讲演会讲演,1919年11月23、24日《民国日报·觉悟》,1920年1月1日《新青年》第7卷第2号。

④ 周作人:《人的文学》,1918年12月7日作,1918年12月15日《新青年》第5卷第6号。

⑤ 参照本节中关于“人类的意志”的注释。

⑥ 在周作人的灵肉一元的理论框架内,个人与社会是一组相对待的人的生存中的本质性元素,但在新理想主义时代的新观念中,与个人相对待的“社会”已为“人类”所替代,因此这一命题转化为个人与人类的关系。

在周作人看来，以上这些人道主义“大人类主义”的观念，全都是“真理”性的认识。

由“我即是人类”的观念出发，一些问题才能得到圆满的解释，如周作人在对人道主义、“大人类主义”进行论述时，为什么总是将“自我”、个人作为每次理论表述的逻辑起点，而且，“自我”、个人也被他作为人类发展、人道主义理想生活实践活动展开的实际起点。

最后仍必须强调，在周作人的现代人道主义观念中，每个“单体”——所谓“人类的一员”，同时也必须是“唯一者所有”——个性高度发展、人格充分完善，有完全的个体意识的个人，这就是周作人所说的“我们论事都凭个‘我’”①、“我说的人道主义，是从个人做起。要讲人道，爱人类，便须先使自己有人的资格，占得人的位置。耶稣说，‘爱邻如己’。如不先知自爱，怎能‘如己’的爱别人呢?”②、“愈是彻底的知道爱自己的，愈是真切的能够爱他人里的自己”③等的真实含义。

“我即是人类”的命题还有更多社会伦理上的含义，即所谓“他是我的兄弟”的人类认同，这在著者对俄国现代人道主义思潮研究中已有较细致的分析，此处不复赘述。

（原载《中国现代文学研究丛刊》2009 年第 5 期，题名《“五四”前期周作人人道主义“人间”观念的理论辨析》）

第二节　“五四”前期周作人关于理想人间生活实现的思考

“五四”前期以周作人为代表的新文学家对“人间观”真理进行深

---

① 周作人:《游日本杂感》，1919 年 8 月 20 日作，1919 年 11 月 1 日《新青年》第 6 卷第 6 号。

② 周作人:《人的文学》，1918 年 12 月 7 日作，1918 年 12 月 15 日《新青年》第 5 卷第 6 号。

③ 周作人:《新村的理想与实际》，1920 年 6 月 19 日北京青年会所作讲演，1920 年 6 月 23、24 日《晨报·副刊》，1920 年 6 月 25 日《时事新报·学灯》。

入思考,是基于如何实现理想的人间生活(即理想社会)的目的,他认为,理想人间生活的实现,本质上就是人间和谐关系的实现,而所谓人间生活的关系问题,他完全还原为每个作为“单体”的个人之间的关系问题。周作人在其“大人类主义”观念中,对理想社会结构中每个个人所处地位进行了确切定位,认为每个个体都应该是本质相同、利益相共,目标一致的,并遵照“人类的意志”共同向人间的理想生活迈进。从这种理论认识出发,自然得出这样的结论:人与人的关系本质上就应该是和谐、一致的,因此只要人人都遵循人间的真理,成为理想化的个人,那么和谐的人间关系自然就可以实现。应该说从理论上讲,实现理想的人间生活问题已经得到解决。那么紧接着的下一步,就是要考虑,如何遵循人间的真理,在实际层面解决这一问题,具体而言,面对现有人间关系的不良状况,如何在人间实现和谐的关系。解决这一问题,首先就必须从“人间观”的真理出发,对现实人间所存在的问题进行诊断,以便寻出病因,对症诊治。

一、人类精神的隔绝——周作人对人间生活现状的总判断

周作人在其“五四”“新村时期”对理想社会,即理想的人间生活做了较为充分的论断,在关于如何实现理想社会生活,即实现人间和谐的关系的问题上,他所提出的方案一方面是基于他对人的本质观的思考,另一方面则是完全建立在他对现实人间关系的审视与认知基础之上的。著者拟就他对现实人间关系的审视与认知做出较为细致的分析。在这一问题上,周作人与武者小路实笃遵循着几乎完全相近的立场,周作人在很大程度上受到武者小路实笃的观念的启示与引导,当然周作人对这一问题的思考中包含了他对中国特定的现实状况的独特审视,由此他也提出了对这一问题个人的独特思考。

“新村时期”周作人与武者小路实笃等人对人间生活、人间关系做出的现实思考,主要依据的是他们对现时人类生活状态的基本判断,在他们看来,不论是在历史上,还是在当前的现实中,人间生活——人与人的关系的状态从来就是不和谐、分裂的,而在现在这种状况表现得益加严重,这使人类的命运变得极其危险。

在周作人与武者小路实笃等人对人间关系现状的分析中，他们谈到了这样几重关系：国家与种族的对立、仇视，阶级间的不平、对立，各种狭隘的集团间的冲突，普通的人与人之间难以化解的敌意……而他们在最后把这些人间生活中不和谐的关系从本质上完全归之于个人与个人间的隔膜。

同现代人道主义的理论先驱及世界各国众多现代人道主义者一样，对国家、种族间战争的反思是周作人等人道主义思考的基本起点，在他们看来，国家、种族间的仇视，使各个国家中的绝大多数民众以国家、种族的区别来彼此认知、相互对待，并且彼此之间相互"恐怖"、"误解"①、嫌憎，都以为"外国的损失，便是本国的利益"②，这一切最终导致各国民众在战场上相互厮杀，彼此毁灭，周作人、武者小路实笃、鲁迅等对此都表达过"对于人类运命的忧虑"，他们认为："照现今的国家行下去时，战争将更盛"，"国同国的关系，要是照现在这样下去，实在可怕。"③

除了国家、种族间的仇视外，阶级间存在的差异与对立，也是这个时代讨论的中心话题，周作人等对此都极为重视，在他看来，在现实世界中，造成阶级仇视的核心原因之一就是现实世界经济、物质生活的基本状况，对此周作人这样总结道"我们说阶级不好，这就因为是不平；不平的不好，是因为义务权利不均"，一方面，特殊阶级的人们不劳而食④，另一方面，多数的劳动者则"为了你的口粮，卖去你的一生"，不得不勉强去做过度的劳动，这实际上就是"少数的人，在多数人的不幸上，筑起自己的幸福，想享太平的福"。⑤ 这自然会引起阶级间的仇

---

① 周作人：《读武者小路君所作〈一个青年的梦〉》，1918年5月15日《新青年》第4卷第5号。周作人引述了武者小路实笃《一个青年的梦》中的对话。

② 周作人在《日本的新村》中引述武者小路实笃于《新村的生活》中的话，1919年3月15日《新青年》第6卷第3号。

③ 周作人：《读武者小路君所作〈一个青年的梦〉》，1918年5月15日《新青年》第4卷第5号。周作人引述了武者小路实笃《一个青年的梦》的自序与剧中的对话。

④ 周作人：《新村的讨论(答黄绍谷的信)》，1920年12月17日作，1920年12月26日《批评》第5号("新村号")。

⑤ 周作人在《日本的新村》中引述武者小路实笃于《新村的生活》中的话，1919年3月15日《新青年》第6卷第3号。

视,不同阶级间彼此不把对方当人看待,在现实生活中表现为"官吏绅士富翁固然太不将贫民当人看待,但如幸德或大杉那样做法,也未免将官吏绅士富翁不当人看待了"①,周作人说"波兰的小说家曾说一个贵族看人好像是看一张碟子",而这种看法是很可怕的。在《游日本杂感》中周作人具体描绘了当时日本社会中阶级间相互敌对、仇视的一幕:

> 那些暴发户的装腔作势,自然也不过买得平民的反感。成金(周作人对"成金"作了这样的解释:"Narikin,即暴发财主"——著者注)这两个字里面,含有多量的轻蔑与憎恶,我在寓里每听得汽车飞过,呜呜的叫,邻近的小儿便学着大叫"Korosuzo Korosuzo!"(杀呀杀呀!)说汽车的叫声是这样说。阔人的汽车的功用,从平民看来,还不是载这肥重的实业家,急忙去盘算利益的,乃是一种借此在路上伤人的凶器,仿佛同军阀们所倚恃的枪刺一样。②

而现在的状况是,不同阶级之间的矛盾变得益加尖锐,这也使"人类的运命"③变得愈加危险,整个社会已临近以暴力方式解决问题的边缘,然而现在不同阶级的人们不但没有想去填平彼此之间的鸿沟,以和平的方式彻底解决这一问题,反而彼此间对立的心理愈加严重,双方极力地去掘深这个鸿沟。④ 当然除了因国家、阶级间的仇视而造成的人间生活中的对立、冲突之外,在人类的生活中还存在着其他种

---

① 周作人:《新村运动的解说——对于胡适之先生的演说》,1920 年 1 月 18 日作,1920 年 1 月 24 日《晨报》。

② 周作人:《游日本杂感》,1919 年 8 月 20 日作,1919 年 11 月 1 日《新青年》第 6 卷第 6 号。

③ 周作人:《人的文学》,1918 年 12 月 7 日作,1918 年 12 月 15 日《新青年》第 5 卷第 6 号。

④ 周作人:《游日本杂感》,1919 年 8 月 20 日作,1919 年 11 月 1 日《新青年》第 6 卷第 6 号,其中还提到日本当时阶级的冲突。1919 年 9 月 21 日周作人创作新诗《东京炮兵工厂同盟罢工(一九一九年八月至九月)》,诗中描写这次游历日本前后的日本东京炮兵工厂同盟发动的罢工事件,载 1919 年 11 月 1 日《新青年》第 6 卷第 6 号。

种对立冲突、相互毁坏的状况。

对于不和谐的人间关系问题的思考,周作人与武者小路实笃等与当时的社会主义者、阶级论者等之间存在着很大差异,周作人与武者小路实笃等把各种人间的不和、冲突的关系,从本质上全部归结到了每个“自我”“单体”之间的关系上(“自我”“单体”是指现代人道主义“大人类主义”意义上的个人),对于造成人间不良关系的原因,周作人与武者小路实笃有过相同的论述:

> 我想人类不能享人的生活,是大错的。这错误从何而生,大约有种种缘由。简单说,便是因为他们不明白人类应该互助生活;反迷信自己不取得便宜,即要受损失的缘故。所以心想别人的不幸应该永远忍受,只要自己幸福便好。——武者小路实笃《新村的说明》①
>
> 人类里边有皮色不同,习俗不同的支派,正与国家地方家族里有生理、心理上不同的分子一样……我想这种种界限的起因,是由于利害的关系,与神秘的生命上的连络的感情。从前的人以为非损人不能利己,所以连合关系密切的人,组织一个攻守同盟……②
>
> ——《新文学的要求》
>
> 我们平常专讲自利,又抱着谬见,以为非损人不能利己……所以彼此都“剑拔弩张”,互相疾视。③ ——《访日本新村记》
>
> 我们能不妨害别人的生存而生存,不妨害别人的幸福而幸福么?当然是不能的。现在人的生存与幸福的基础,便全筑在别人的灭亡与祸患上。这是错的,是不正当的……④ ——《新村的精神》

---

① 周作人在《日本的新村》中引述武者小路实笃于《新村的说明》中的论断,1919 年 3 月 15 日《新青年》第 6 卷第 3 号。

② 周作人:《新文学的要求》,1920 年 1 月 6 日北平少年中国学会讲演,1920 年 1 月 8 日《晨报·副刊》。

③ 周作人:《访日本新村记》,1919 年 7 月 30 日作,1919 年 10 月 30 日《新潮》第 2 卷第 1 号。

④ 周作人:《新村的精神》,1919 年 11 月 8 日为天津学术讲演会讲演,1919 年 11 月 23 日、24 日《民国日报·觉悟》,1920 年 1 月 1 日《新青年》第 7 卷第 2 号。

在这些论断中他们都明确指出，由于人们的错误观念——认为彼此之间利害相对，“非损己不能利人”等，以至造成了“现在人的生存与幸福的基础，便全筑在别人的灭亡与祸患上”的状况，从而使人们在“物质生活”层面上“同类中也一样剧烈的争斗”①。但尤为可怕的是这种观念与生活造成了人们彼此之间的误解、隔膜，最终导致人类在精神上彼此完全隔绝。周作人对此异常感慨，1919 年 10 月 30 日在他翻译的安德列夫的短篇小说《齿痛》中，就展现出了一幕虽然看似平淡，但实际上却惊心动魄的人间心灵隔绝的场景。在“那可怕的一日，就是世界上不法的事做成功了”②，即宣扬人类爱并最终为整个人类受难的耶稣背着十字架，受尽兵士的鞭打、群众的侮辱，走向各各他的时候，一个商人为着自己的牙痛，对周围的世界毫不关心，也对别人的世界、别人的痛苦没有任何同情。小说最后展现了这样一幕：首先展示了在西方文化中经常出现的一幕场景——天地间充满了阴惨的气氛，人们在刑场为耶稣的死亡无比痛苦，然后作者安德列夫却在这样一个无比严肃、郑重的场景中安排了几个猥琐的看客，那位商人对耶稣之死毫不在意，只是异常麻木、无所谓地瞥了一眼，他所有的精力都集中在兴高采烈地为另两个人喋喋不休地讲述着自己的一点小小的肉体的苦痛，并在这种讲述中得到无限的快乐，而在他们身旁的十字架上悬挂着耶稣血污的尸体，下面跪着一群人——玛丽亚等人在旁边哀哭……小说中这一场景明显地显现出，安德列夫并不是在传达传统的西方宗教理念，他只是借用这一场景，将人间生活中人们彼此间的精神隔绝的状况异常触目惊心地呈现出来。在《新青年》第 7 卷第 1 号中周作人在译文后还撰写了一篇相当长的《译者附记》，着重探讨了人间关系问题，其中周作人引述了安德列夫在小说《大时代的一个小人物的自白》中的几段话，十分明确地表现出安德列夫对于这种人间

① 周作人：《新村的理想与实际》，1920 年 6 月 19 日北京青年会所作讲演，1920 年 6 月 23、24 日《晨报·副刊》，1920 年 6 月 25 日《时事新报·学灯》。

② ［俄］L. Andrejev（安德列夫）：《齿痛》，周作人译，1919 年 12 月 1 日《新青年》第 7 卷第 1 号。

隔绝的现状的极端痛心。周作人深为认同安德列夫对这一问题的体认，他曾多次引用安德列夫的一段话："我们的不幸，便是在大家对于别人的心灵、生命、苦痛、习惯、意向、愿望，都很少理解，而且几于全无。"①可以看出，周作人同安德列夫一样，痛切地感到——这种人类精神上的完全隔绝，成为仇恨、争夺等一切人间不幸的源泉。这种人间的不幸，在周作人看来，一方面，不能"使人类享人的生活"，实现人间的和谐、幸福。而且无论是富贵的人还是贫民，每个人都不幸福，人人都是"苦人"(《人的文学》中周作人说富贵的人过的也是"非人的生活"②)，对此，他在《苦人》一诗中有过明晰的表述：

> "沿城根统是苦人呵。"
> 苦人这两个字，
> 引起我许多亲密的感情。
> 我们谁不是苦人呢？
> 坐汽车的，穿狐皮的，
> 又何尝得到人间的幸福，
> 不过你们更苦罢了。
> …………
> 我爱你们，我又能恨谁呢？③

另一方面，也是更为紧要的一方面，这种人间的不幸，使人类社会的状况非常危险：

> 我们生在现世，总感着不安；觉得照现在情形不会长久支持

---

① 周作人：《圣书与中国文学》，1920年11月30日讲演，1921年1月10日《小说月报》第12卷第1号。周作人：《〈齿痛〉译者附记》，1919年12月1日《新青年》第7卷第1号。

② 周作人：《人的文学》，1918年12月7日作，1918年12月15日《新青年》第5卷第6号。

③ 作人(周作人)：《苦人》，1920年2月8日《新生活》第25期。周作人在《齿痛·译者附记》中引述安德列夫作品中的话："我能诅咒什么人，裁判什么人呢？因为我们都是一样的不幸，苦难是普遍。"1919年12月1日《新青年》第7卷第1号。

下去。现在世间不公平不合理的事真多,因此不能实行人的生活的人,也便极多。[①](武者小路实笃)

因为我想照现在这样下去,叫一部分的人担全部的生活的奋斗,总是很危险。[②]

周作人、武者小路实笃等根据现实世界的真实状况做出了这样的判断,人间生活的危险已经到了相当可怕的地步,如果人们还是丝毫不加努力去改变这种现实状况,照这样下去,人类社会必定会走到非用革命的暴力解决一切不可的境地,正如武者小路实笃所言"对于这将来的时代,不先预备,必然要起革命"[③],而从以往的历史经验来看,从古至今"从来"都是最终走到暴力解决的结局(周作人称为"从来非用暴力不能做到的事"[④])。周作人与武者小路实笃等尽管很清楚地知道,革命的目的是"要使世间更为合理的缘故,使世间更为自由,更为'个人的',又更为'人类的'的缘故"[⑤],但是对于革命,对于所谓"阶级战争"[⑥]中不可避免的阶级仇恨及暴力的手段等情状,周作人等并不赞同,对此周作人引述了武者小路实笃在《新浦岛的梦》中所言,"憎恶与暴力"(即周作人《新村的讨论》中所说的"翻天覆地,唯铁是

---

① 周作人在《日本的新村》中引述武者小路实笃于《新村的说明》中的话,1919年3月15日《新青年》第6卷第3号。

② 周作人:《新村运动的解说——对于胡适之先生的演说》,1920年1月18日作,1920年1月24日《晨报》。

③ 周作人在《日本的新村》中引述武者小路实笃于《新村的生活》中的话,1919年3月15日《新青年》第6卷第3号。

④ 周作人:《访日本新村记》,1919年7月30日作,1919年10月30日《新潮》第2卷第1号。

⑤ 周作人在《日本的新村》中引述武者小路实笃于《新村的生活》中的话,1919年3月15日《新青年》第6卷第3号。

⑥ 周作人:《新村的讨论(答黄绍谷的信)》,1920年12月17日作,1920年12月26日《批评》第5号("新村号")。

血”①的办法)是“贱视人间的信仰的手段”,是与“人间里面高贵的力”②完全相反的。在这个意义上,周作人与武者小路实笃等称自己是“怕惧革命的人”③,他们认为暴力的革命必将会造成“可怕的结果”④、“血腥的事”⑤,他们深信革命的暴力是违背人间的平和理想的,也违背人人同为人类一员等人道的原则及“人间的信仰”的……可以说,他们对于革命暴力对文明、人道、人性成长的巨大负面影响做出了充分考察与审视,所以他们对此怀着深深的“忧惧”,极力要在现时社会进行和平改革,避免这一“可怕的结果”的发生⑥,可谓用心良苦:

> 新村的人,要将从来非用暴力不能做到的事,用平和方法得来,在一般人看来,似乎未免太如意了,可是他们的苦心也正在此……⑦
>
> 但要使这事实现,我不愿意借憎恶与暴力的帮助。用了这样贱视人间的信仰的手段去筑起那样的世界,我总是想免避的。我想只借了人间里面高贵的力,造成这事业,取还对于人间的信仰。⑧

---

① 周作人:《新村的讨论(答黄绍谷的信)》,1920年12月17日作,1920年12月26日《批评》第5号(“新村号”)。

② 周作人在《〈人的生活〉序》引述武者小路实笃的剧本《新浦岛的梦》中的话。1921年7月6日作,载武者小路实笃:《人的生活》,李宗武、毛咏堂合译,中华书局1922年版,收入“新文化丛书”。

③ 周作人在《日本的新村》中引述武者小路实笃于《新村的生活》中的话,1919年3月15日《新青年》第6卷第3号。

④ 周作人:《读武者小路君所作〈一个青年的梦〉》,1918年5月15日《新青年》第4卷第5号。周作人引述了武者小路实笃《一个青年的梦》的自序。

⑤ 周作人:《日本的新村》,1919年3月15日《新青年》第6卷第3号。

⑥ 周作人等人的非暴力的观念,一方面是源于他们对历来革命的过程与影响的考察,一方面是来自于列夫·托尔斯泰的反对以暴易暴的观念,而欧洲自由主义、保守主义也有此类结论。应该说,这也是“五四”时期中国先进知识分子思考、论争的一个重要的理论、实践命题。

⑦ 周作人:《访日本新村记》,1919年7月30日作,1919年10月30日《新潮》第2卷第1号。周作人在《新村运动的解说——对于胡适之先生的演说》(1920年1月18日作,1920年1月24日《晨报》)中也谈道:“但新村的想用和平方法办到以前非用暴力不能做到的事”,这是周作人等人谈及新村问题时着重强调的重要命题。

⑧ 周作人在《〈人的生活〉序》引述武者小路实笃的剧本《新浦岛的梦》中的话。在《〈人的生活〉序》中周作人对此做出了评断:“这一节话,很能说出新村的理想与和平的精神,也差不多可以说是人的生活的标语了。”1921年7月6日作,载武者小路实笃:《人的生活》,李宗武、毛咏堂合译,中华书局1922年版,收入“新文化丛书”。

此外,人间这种不良关系如果要持续下去,类似欧洲大战这样的人间彼此残酷杀戮的悲剧仍不可避免,周作人与武者小路实笃等人都认为,只要人们不以人类一员的身份相互对待,战争就不可避免——“世人未达到人类的长成时,战争不能灭”,而且“照现今的国家行下去,战争将更盛”。①

周作人除了对全世界人类感到忧虑之外,对“中国的一部分人类”有着更深层的忧虑,他在《访日本新村记》一文中特别强调:“中国人生活的不正当,或者也只是同别国仿佛,未必更甚,但看社会情形与历史事迹,危险极大。”②在周作人看来,基于中国特殊的社会现实,以及历史上巨大社会变乱的明显例证,现在人类不良的关系及生活,引发中国发生纯粹破坏性的巨大社会动乱的危险更大,而且这种危险每时每刻都有可能来临③,对此他充满了深深的恐惧与忧虑。④

---

① 周作人:《读武者小路君所作〈一个青年的梦〉》,1918 年 5 月 15 日《新青年》第 4 卷第 5 号。周作人引述了武者小路实笃《一个青年的梦》剧中的对话。

② 周作人:《访日本新村记》,1919 年 7 月 30 日作,1919 年 10 月 30 日《新潮》第 2 卷第 1 号。

③ 参见周作人在《知堂回想录》中对《小河》写作的背景解说,香港三育图书文具公司 1970 年版,第 382—393 页;以及董炳月在《周作人与〈新村〉杂志》(《中国现代文学研究丛刊》1998 年第 2 期)一文中对周作人致新村的一封信的考证与论述。

④ 这就是著名的“忧惧”命题。此处周作人强调了中国特殊的“社会情形与历史事迹”。特殊的“社会情形”,是指与世界相比,中国社会的情状更为可怕,因为至少各国人们已有所觉醒(参见武者小路实笃在 1919 年 12 月 9 日所作《与支那未知的友人》中的论断,该文是由周作人约稿并翻译,载 1920 年 2 月 1 日《新青年》第 7 卷第 3 号),而中国不但没有社会改变的举动,而且社会的不合理的状态在日趋恶化。特殊的“历史事迹”,是指中国历史上不间断出现民众因无法生活而掀起异常凶暴的社会动乱的狂潮(似乎形成了一种历史“循环”),每次都伴随着巨大的文明摧毁、社会动荡,民众和平的生活全部被毁灭,就中国的历史而言,在不同的时代,每次这种社会动乱狂潮的进程、破坏的手段等,都几乎完全一样。基于这种历史判断,周作人认为,如果中国依然如故,还不发生任何改变的话,现在的中国将难以逃脱历史“循环”的宿命。周作人此时所作的《小河》(1919 年 1 月 21 日作,1919 年 2 月 15 日《新青年》第 6 卷第 2 号)正是对社会动乱狂潮来临前中国现状的隐喻:筑堰的人只在不停加筑、堵塞,不做导引,下游象征着和平民众的稻、桑在忧惧、叹息,可怕的命运随时都会到来,那时平和的人民将全部归于毁灭,而筑堰的人却对此熟视无睹(诗中说在此危险境况下筑堰人却不知在何处)。周作人对这一现实充满了恐怖与忧虑,他用“古老的忧惧”(《知堂回想录》,香港三育图书文具公司 1970 年版,第 388 页)来概括这种心境,在他看来,基于中国特殊的现实,以及历史上巨大社会变乱的明显例证,现在人类不良的关系及生活,引发中国发生纯粹破坏性的巨大社会动乱的危险更大,而且这种危险每时每刻都有可能来临,针对这一现实判断与“忧惧”的感受,周作人急切地盼望着平和的改革的到来,他在《访日本新村记》中说“暴力绝对不可利用,所以我对于新村运动,为中国的一部分人类计,更是全心赞成”。1919 年 7 月 30 日作,1919 年 10 月 30 日《新潮》第 2 卷第 1 号。

在周作人等看来,导致人间不良关系的产生与暴力革命危险逼近的根本原因,在于人类精神的隔绝,因此打破精神隔膜,就成为"改良人类的关系"①,实现理想的人间生活的第一要务。要达到打破精神隔膜的目标,其核心便在于改变人的精神,具体而言,就是使每个个人在精神上觉悟,自己去打破彼此之间厚重的精神隔膜,达到"人类互相理解"②,这样人们自然会去主动改变自己的生活,人间的正当关系也就会自然而然地得以实现。③ 周作人提出这样几条途径来彻底改变人们的精神:在理性上完全接受人道主义的真理,并在感情上发生转变,而且还要彻底改变人们麻木的精神状态,培养出"爱与理解"以及对其他个体精神的"感受性"等精神能力。应该说周作人的这种思考,对于当时的思想界、文学界都有着深刻影响。

二、理性觉悟、情感转移与精神能力的培养——周作人对理想人间生活实现路径的思考

"五四"前后,周作人在世界现代人道主义社会思潮影响下,对现代人道主义观念在诸多方面做出了创造性的理论贡献。在社会观方面,周作人在"人间本位主义"④的现世生存观与"大人类主义"⑤的现代人类意识基础上,提出了实现理想的人间生活的重大命题。在他看来,要实现理想的人间生活,首先要做到的"便是改良人类的关系"⑥,

---

① 周作人:《人的文学》,1918年12月7日作,1918年12月15日《新青年》第5卷第6号。

② 周作人:《读武者小路君所作〈一个青年的梦〉》,1918年5月15日《新青年》第4卷第5号。

③ 周作人在关于新村问题的文章中数次论及:

"实行这生活,原不是一件难事;只须实在痛切的感到正当的生活的必要与实现的可能……"《新村的精神》,1919年11月8日为天津学术讲演会讲演,1919年11月23、24日《民国日报·觉悟》,1920年1月1日《新青年》第7卷第2号。

"特殊阶级的人们如不劳而食,确是不好,倘若一旦翻然改悔,去同劳农尽同一的义务,享同一的权利,他的阶级同时消灭……"《新村的讨论(答黄绍谷的信)》,1920年12月17日作,1920年12月26日《批评》第五号("新村号")。

"新村的梦想家……相信人们只要知道了就能实行,所以希望很大……"

④ 周作人:《人的文学》,1918年12月7日作,1918年12月15日《新青年》第5卷第6号。

⑤ 周作人:《新文学的要求》,1920年1月8日《晨报·副刊》。

⑥ 周作人:《人的文学》,1918年12月7日作,1918年12月15日《新青年》第5卷第6号。

即使人们打破彼此之间厚重的精神隔膜①,达到“人类互相理解”。②而要实现这一要求,其首要的前提条件,就是每个人在精神上发生根本的改变,即在理性上完全接受人道主义的真理,并在感情上发生转变,而且还要彻底改变人们麻木的精神状态,培养出“爱与理解”以及对其他个体精神的“感受性”等精神能力。应该说周作人对打破隔膜的精神条件的理论思考,对于当时的思想界、文学界都有着深刻影响。

在周作人看来,要达到人与人之间的相互沟通、理解,首先就要做到使人们对人道主义观念所肯定的人间理想关系、合理生活的“真理”有所觉悟。

1919 年 7 月周作人访问了日向等处的新村本部与支部,在《访日本新村记》中他自述在新村中亲身体验到和谐的人间关系,他从这次亲身体验出发,得出了这样的结论,“不但本怀好意的人群……即使在种种意义的敌对间,倘能互相知识,知道同是住在各地的人类的一部分,各有人间的好处与短处,也未尝不可谅解,省去许多无谓的罪恶与灾祸”③,他所谓的这种相互“知识”,包含着以下几方面的内容:

其一,就是周作人在《人的文学》中强调的,“改良人类的关系。彼此都是人类,却又各是人类的一个。所以须营一种利己而又利他,利他即是利己的生活”④,即人们首先应该了解的,是“大人类主义”中的人类意识与个人观——即人人都是作为“唯一者所有”⑤的“人类的

① 关于“五四”前后周作人对人类精神隔膜问题的思考,著者在《人类精神的隔绝:“新村时期”周作人对人间关系现状的判断》中有详细论述,《江南大学学报》(人文社会科学版)2005 年第 1 期。

② 周作人:《读武者小路君所作〈一个青年的梦〉》,1918 年 5 月 15 日《新青年》第 4 卷第 5 号。

③ 周作人:《访日本新村记》,1919 年 7 月 30 日作,1919 年 10 月 30 日《新潮》第 2 卷第 1 号。

④ 周作人:《人的文学》,1918 年 12 月 7 日作,1918 年 12 月 15 日《新青年》第 5 卷第 6 号。

⑤ 参见周作人:《可爱的人·译者附记》,1919 年 2 月 15 日《新青年》第 6 卷第 2 号。

一员”①,人与人之间应该共存互助,平和地生活。②

其二,人们应该认识到,在物质生活中人类各成员在权利义务上的平等——“人类的平等,只能各以人的资格而平等,在权利义务上而平等”③,不能把自己的生存建立在别人的劳动、生存之上,每个人都应该负起个人对于人类的义务,为人类、为其他人而劳动。④

其三,人们应该了解人的本质,以及建于其上的人的道德生活,即周作人在《人的文学》中所论述的:“人类正当生活,便是这灵肉一致的生活。所谓从动物进化的人,也便是指这灵肉一致的人。”“关于道德的生活,应该以爱智信勇四事为基本道德,革除一切人道以下或人力以上的因袭的礼法,使人人能享自由真实的幸福生活。”⑤

周作人强调“这些事,非真心的懂得不可”⑥,在他看来,每个人都在理性的“知”的层面上意识到这种人间生活的真理与人的合理关系的状况,是打破精神隔膜、走向共同谐和生活的重要一步,正如他引述的 Bahaullah 所说,“一切和合的根本,在于相知”。⑦ 应该说,新村所进行的实践就是要做出一个理想生活的样板,让人们亲眼看到处于正当人间关系中的人们的幸福,借以促进人们对人间正当关系、理想生

① 周作人:《新村的精神》,1919 年 11 月 8 日为天津学术讲演会讲演,1919 年 11 月 23 日、24 日《民国日报 · 觉悟》,1920 年 1 月 1 日《新青年》第 7 卷第 2 号。

② 周作人的相关论述参见:《读武者小路君所作〈一个青年的梦〉》,1918 年 5 月 15 日《新青年》第 4 卷第 5 号;《访日本新村记》,1919 年 7 月 30 日作,1919 年 10 月 30 日《新潮》第 2 卷第 1 号;《新村的理想与实际》,1920 年 6 月 23、24 日《晨报 · 副刊》,1920 年 6 月 25 日《时事新报 · 学灯》;《新村运动的解说——对于胡适之先生的演说》,1920 年 1 月 24 日《晨报》;以及周作人在《日本的新村》中对武者小路实笃《新村的生活》的引述,1919 年 3 月 15 日《新青年》第 6 卷第 3 号。

③ 周作人:《新村的讨论(答黄绍谷的信)》,1920 年 12 月 26 日《批评》第 5 号(“新村号”)。

④ 周作人相关论述参见:《新村的精神》,1919 年 11 月 8 日为天津学术讲演会讲演,1919 年 11 月 23 日、24 日《民国日报 · 觉悟》,1920 年 1 月 1 日《新青年》第 7 卷第 2 号;《人的文学》,1918 年 12 月 7 日作,1918 年 12 月 15 日《新青年》第 5 卷第 6 号。

⑤ 周作人:《人的文学》,1918 年 12 月 7 日作,1918 年 12 月 15 日《新青年》第 5 卷第 6 号。

⑥ 周作人:《读武者小路君所作〈一个青年的梦〉》,1918 年 5 月 15 日《新青年》第 4 卷第 5 号。周作人引述了武者小路实笃《一个青年的梦》剧中的对话。

⑦ 周作人:《访日本新村记》,1919 年 7 月 30 日作,1919 年 10 月 30 日《新潮》第 2 卷第 1 号。

活的"知"的觉醒。①

在周作人看来，每个人醒悟之后，并不一定就能够走向理想生活的实践，如何能使这些真理真正落实于实践呢？他着重强调了两点：

其一，他在《点滴·序言》中明确指出：

> 我们平常专凭理性，议论各种高尚的主义，觉得十分彻底了，但感情不曾改变，便永远只是空言空想，没有实现的时候。真正的文学能够传染人的感情，他固然能将人道主义的思想传给我们，也能将我们的主见思想，从理性移到感情这方面，在我们的心的上面，刻下一个深的印文，为从思想转到事实的枢纽……②

这就是说仅仅在"知"的层面的觉悟，还并不能"转到事实"，必须在感情上发生真正的完全改变，人道主义的理论才会真正化作个人的信仰，也才能够转化为行动。

其二，现在不正当的人间生活，造成了普遍存在的麻木的精神状态，如果要唤起这些人改造生活的决心，培养其"爱与理解"及对其他个体精神的"感受性"等精神能力就变得至为关键。

实际上，早在20世纪初，鲁迅就把人间隔离的主要原因深刻归结为缺乏诚和爱，这当然也是周氏兄弟的共同看法，周作人经常用安德列夫的一段话表达这一认识，即"我们的不幸，便是在大家对于别人的心灵、生命、苦痛、习惯、意向、愿望都很少理解，而且几于全无"，就是

---

① 关于此点，周作人在有关新村的论文中多次论及：

"新村的运动，是重在建设模范的人的生活，信托人间的理性，等他觉醒，回到合理的自然的路上来。"《日本的新村》，1919年3月15日《新青年》第6卷第3号。

"目下建设几个新村……可以把人的生活的实例给人看，使他们知道社会改造后的人的生活，是这样幸福的自由的……"《新村的讨论（答黄绍谷的信）》，1920年12月17日作，1920年12月26日《批评》第5号（"新村号"）。

"新村的人主张先建一间新屋，给他们看，将来住在破屋里的人见了新屋的好处，自然都会明白，情愿照样改造了。"《新村的理想与实际》，1920年6月19日北京青年会所作讲演，刊于1920年6月23日、24日《晨报·副刊》，1920年6月25日《时事新报·学灯》。

② 周作人：《点滴·序言》，1920年4月17日作，载周作人辑译：《点滴》，北京大学出版部1920年版。

说，人与人之间“几于全无”理解造成了每个人对于他人的存在、苦痛等毫不在意、完全麻木。这里他们所说的理解，不是一种抽象理念层面上的人与人的理解，也不仅仅是一种出于理性的认知，而是具体的有血有肉的个体对其他个体的切身的、感同身受的体察与情感共振。当然，缺乏诚和爱，还有另一方面的含义，即在现有的社会状况下，每个人的精神实际上都已处在极其麻木的非正常状态中，失去了对他人及万物的敏感性、同情心、还有爱，只是局限在自己的“禁锢着的利己”①当中，而这是一种一定要损害别人的纯粹的恶性的利己。这种心理的进一步恶化，就会从精神的麻木变为精神的“残酷性”，即一种对其他人遭受的痛苦加以“赏玩”的“变态的残忍的心理”②，这种精神的“残酷性”，周氏兄弟在谈论国人精神病况时屡屡论及。在人们的实际生活中，人与人之间“几于全无”理解与精神麻木，这两个方面互为因果，相互促动，使每个人在自己封闭的精神与生活中被禁锢得愈加严重，人间的关系也变得越来越隔膜。

基于以上对人们精神现状的判断，周作人提出了对“爱与理解”以及精神的敏感性这两种彼此紧密相关的精神能力的培养问题，认为这是打破人间精神隔膜的关键。对于这一问题，他在《英国诗人勃来克的思想》中借勃来克的思考做出了分析与解答：

> 威廉·勃来克……的艺术是以神秘思想为本……欧洲各派的神秘主义，大半从希腊衍出，布洛谛诺思所著《九卷书》中，说宇宙起源本于一，由一生意，由意生灵，即宇宙魂。个体魂即由此出，复分为三：为物性的，理知的，神智的。只因心为形役，所以忘了来路，逐渐分离，终为我执所包裹，入于孤独的境地，为一切不幸的起源。欲求解脱，须凭神智，得诸理解，以至物我无间，与宇宙魂合，复返于一。勃来克的意见也是如此，所以他特重想象

---

① 周作人：《欧洲古代文学上的妇女观》，1920 年 10 月《妇女杂志》第 7 卷第 10 号。这里是引用威尔士的话。

② 仲密（周作人）：《山中杂信·四》，1921 年 7 月 17 日作，1921 年 7 月 17 日《晨报·副刊》。

(Imagination),将同情内察与理想主义包括在内,以为是入道的要素。斯布勒女士在《英文学上的神秘主义》(Spurgeon, *Mysticism in English Literature*)中有一节说:

在勃来克看来,人类最切要的性质……是在爱与理解。他说,"人被许可入天国去……是因为他们能培养他们的理解的缘故"。理解是爱的三分;但因了想象,我们才能理解。理解的缺乏,便是世上一切凶恶与私利的根本。勃来克用力的说,非等到我们能与一切生物同感,能与他人的哀乐相感应,同自己的一样,我们的想象终是迟钝而不完全。《无知的占卜》(*Auguries of Innocence*)篇中云——

被猎的兔的一声叫,
撕去脑中一缕的神经。
叫天子受伤在翅膀上,
天使停止了歌唱。

我们如此感觉时,我们自然要出去救助了;这并非因被义务或宗教或理性所迫促,只因愚弱者的叫声十分伤我们的心,我们不能不响应了。只要培养爱与理解,一切便自然顺着而来了。①

从文中可以清晰地看到,布莱克思考这一问题的逻辑思路虽然源自其神秘主义的哲学思辨,但他所关注的问题及思考的出发点实际上是人间之事,即如何打破人间的隔膜。一旦剥去其思考的神秘主义外衣,关于感受性的系统理论就会十分清晰地呈现出来。布莱克也是完全肯定爱的缺乏与"理解的缺乏",是"世上一切凶恶与私利的根本"与"一切不幸的起源",它使人"终为我执所包裹,入于孤独的境地",因此为了能够达到爱与理解,人们就要拥有"与一切生物同感,能与他人的哀乐相感应,同自己的一样"的精神的敏感性,他称之为"想象",

① 周作人:《英国诗人勃莱克的思想》,1918 年作,1920 年 2 月 15 日《少年中国》第 1 卷第 8 期。关于写作时间请参照钟叔河在其所编《周作人文类编·8》中所作考证,湖南文艺出版社 1998 年版,第 383 页。

只有当人们具有了这种精神的敏感性，他们才可能理解与爱，反之，如果每个人都为“我执”包围，对一切生物的感受与他人的哀乐毫无所感、异常麻木，那么我们的“想象”就始终是“迟钝而不完全”的，也做不到理解与爱。所以在这段话中其实强调了三点：其一，培养精神敏感性的问题，这是能够爱与理解的前提——“因了想象，我们才能理解”。他对精神的敏感性有着相当高的要求，至于精神的敏感性要达到的程度，在长诗《无知的占卜》中则有着充分的表达。其二，爱和理解的重要性，即“人类最切要的性质……乃是在爱与理解”，“人被许可入天国去……因为他们能培养他们的理解的缘故”，而只有具备了爱与理解，我们才“能与一切生物同感，能与他人的哀乐相感应，同自己的一样”。最后，也是他特别强调的，就是当我们有了对一切生物异常敏锐的感受以及对他人的哀乐的“感同身受”的敏感，我们就会对于别人的哀乐不仅能够“感同身受”，而且会在实际行动上有所表现——当感觉到别人的悲苦、灾难时，“自然要出去救助”，而这救助绝不是因为“被义务或宗教或理性所迫促”，乃是因为“愚弱者的叫声十分伤我们的心，我们不能不响应了”。因此可以说“只要培养爱与理解，一切便自然顺着而来了”，即能够摆脱“我执所包裹”的“孤独的境地”，人与人之间能够互通衷曲、相互扶助，以至最终达到精神的合一。

布莱克对于人间关系的深切思考，被周作人完全吸取，因为一旦去除布莱克思考中所有神秘主义的内涵，它就完全是“人间性”的思考结论，其中要求的“爱与理解”以及精神的敏感性也完全是人间生活所要求的精神特质。关于这些精神特质，周作人在小说《深夜的喇叭》与《热狂的孩子们》的《译者附记》中，引述了白桦派作家長与善郎、武者小路实笃对人道主义作家千家元麿的评论，其中他们对千家元麿的一种精神特质——“因了自己的心，发见别的心与生命”的“可惊的感受性”、无比之深的“同情”击节称赏：

长与善郎……说：“千家是现今具着希有的‘心’的一个人。这心是极端亲和的感情，又是燃烧著的猛火。千家为这个心所驱使，燃著这个火而生活著的诗人。这个心便生出他的可惊的感受性;这感受性又生出千家独特的艺术与宗教。飘飘的同风一样,千家到处因了自己的心,发见别的心与生命。感情是一切——这一句话,在千家实是真理。用了现在希有的。对于自然,真的从顺与对于或物的真的虔敬……(他是——著者加)希有的自然的人……"①

东京出板的《新潮》(Shincho)第一八六号上,载着一篇《千家氏的印象》,由六个人执笔。武者小路实笃氏称他为残酷性全无的人……"千家的同情之深是无比的,但是他心的动摇也是无比。他过于受外界的刺激。凡是看见或听见的东西,都动他的心底。他的残酷性可以说是全无。只要对手有点窘苦,他便不知道怎样是好。无论对手是蟹也罢,金鱼也罢,老鼠也罢,他总是一样。"②

从以上文字我们可以看出,在这些白桦派作家与人道主义作家那里,这种"感受性"完全是人间生活中所要求的精神特质(長与善郎甚至由衷地感叹说,"千家在或一点上,已经是世界的人了"),而这些也正是周作人的看法,他评价長与善郎很能说出千家元麿的性格与著作的特色。③ 此外,我们说这种"感受性"思考已完全成为人间的思考,这在周作人的精神历程中也有明晰的显现,这些思考结论在其19世纪20年代的大量文章以及文学创作中都留有深刻的印迹,比如在他"五四"前后的诗歌、散文中,可以明显地看到这种"想象"的培养、对世界的敏感的感触,以及救助的心理等,从中我们可以看到这种"爱与理解"与精神敏感性的理论,已成为周作人分析问题、观察社会与衡量评判人类生活的理论基点,而他确实也在培养着自己的"想象"能力,并用这种异常的敏感体验着自然与人生。

---

① 周作人:《深夜的喇叭·译者附记》,1920年9月18日作,1920年12月1日《新青年》第8卷第4号。

② 周作人:《热狂的小孩们·译者附记》,1920年12月22日作,1921年10月1日《新潮》第3卷第1号。

③ 周作人:《深夜的喇叭·译者附记》,1920年9月18日作,1920年12月1日《新青年》第8卷第4号。

当然,在新理想主义时代,作为人道主义者的重要观念与精神禀赋,无论是爱与理解,还是精神的敏感性,都是经过了“大人类主义”等人道主义观念的理性洗礼的,其间涵蕴着彻底的人道主义的理性“自觉”,准确地说,就是这些观念与精神禀赋“现代却加上了多少理性的调剂”,所以成为“感情与理性的调和的出产物”。这一点十分重要,因为如果缺失了理性的调剂,人道主义者们所表现出的爱与理解,以及精神的敏感性就只会是“盲目的感情冲动”①,或是源于对人与人之间联系的神秘主义/形而上学解释的玄谈。只是爱与理解,以及对他人的敏感虽然接受了理想的洗礼,但并不因此成为理性,它们依然是情感,只不过这种情感更具理性的自觉罢了。

实际上,对人类之间的关联的理性认知,也使人们对世界问题、人类生活的感知更加敏感。可以这样说,以前人们精神之所以麻木,在很大程度上是缘于人们的精神并未觉悟所致,使得他们的视野、情感投注的范围极为狭隘,根本觉察不到身边的人类的苦乐,感觉不到人类间命运的普遍联系。现在既然理性上已认识到所有的人本质相同、利益一致,有着共同的命运,因此每个人对旁人的爱与理解就会扩展推及整个人类,这样每个人也就能够更加敏感、深切地感受到人间现实的苦乐以及自己与别人命运的联系。被称赞为具有“可惊的感染性”的千家元麿曾经极为惊异于自己的少年时代并没有十分痛切地感受到现在他所能够深切感受到的“世间的暗黑与孤寂”:

> 我听了喇叭的声音,将我少年时代的恐怖,又明明白白的在心里叫醒过来了。我心想这世界还是黑暗哩。我很强烈的感到世上的寂寞的事,觉得自少年时代以至现今,在这期间里,对于世间的暗黑与孤寂,居然能够不很痛切的感着,随便过去,似乎倒是一件不思议的事了。②

---

① 周作人:《新村的理想与实际》,1920年6月19日北京青年会所作讲演,1920年6月23日、24日《晨报·副刊》,1920年6月25日《时事新报·学灯》。

② [日]千家元麿:《深夜的喇叭》,周作人译,1920年12月1日《新青年》第8卷第4号。

而他现在具有惊人的感受力，能够那样强烈地感受到“世上的寂寞的事”，明显是与他的人道主义的理性觉悟有着直接的关系。

此外，在周作人等人的观念中，有一个十分重要的方面，即他们特别强调这种爱与理解，以及对其他人的敏感，其起点是出于对每个具体的个人的爱，以及对这些具体的个人的苦乐的“感同身受”，他们将这视为现代人道主义社会改造观的重要特点。而且也正是基于此，周作人等人道主义者把自己与那些仅仅出于理性认识与判断的社会改造者从根本上区别了开来。因为在周作人等看来，后者虽然也自称是为了人类的幸福而奋斗，但是他们所从事的使人类走向合一的实践活动，根本上缺乏前者所具有的心理动因，即他们不是由对其他生命的存在“感同身受”而做出救助与趋向合一的努力，而只是由理智判断认为应该这样做。具体而言，他们不是出于对每个具体的人的感应和爱（即“并不曾有什么感动”），只是为了所谓的抽象的人类的幸福而奋斗，他们对于“在我们眼前活着苦着的人”，每个具体的“自我”的苦乐毫不在意，因此他们所许诺的未来的人类幸福，也只不过是一场虚空，因为他们已经抹煞了对个人的真实的爱，他们所谓的“爱”不是真正的爱，他们只是“枯燥的理智家”。这正如周作人翻译的长篇论文《俄国革命之哲学的基础》一文中所分析的那样：

> 我们如在人类思想事业的历史上，详细考察，当能看出，许多为公众做过事业的人，都不过是理智的机械，对于个人的苦难，并不曾有什么感动……要为一群一族或一阶级，求物质及精神上的幸福，大抵是出于理智，不出于爱。只爱将来的世代，不爱在我们眼前活着苦着的人，不能算是真的爱。为将来的世代，未知的人民求幸福的人，他的动机或者很是崇高伟大；但正直的心理学家恐不免在他的动机中间，寻出若干野心自利或空想的分子。人心里的爱究竟是有限的；所以如将这爱分给将来无量数的人民，各个人所得的分量，便极微少了。真实的好心，真正利他的情绪，纯粹的爱。只有为个人求幸福，专心致志为一部分的人尽力，隐默无闻，不在公众与历史的面前，表白他的事业的

人，他们心中才有这爱。这谦逊的真正的爱，断然不是一阶级一族一国一群的所谓救主的所能有的。这样的救主……他们对于个人的受苦，不甚关心，只梦想着无量数人的幸福安乐，终于不能算是博爱家感情家理想家；他们即使不是利己家，也不过是枯燥的理智家罢了。爱全群的一部分，是在人力以内；但爱全体而轻部分，这可能算是爱？纵说是爱，也是虚空的了。兵士……死在战场上，是因为他爱他的故乡家庭……母亲或儿女，并不是爱未来的子孙，人为了理想而死，从来如此……但这只因为那理想已成了他的生命的一部分，他的宝贵的精神的遗传或所有品，才能如此的。①

这种“枯燥的理智家”是人道主义者们所坚决反对的，人道主义者强调人类的爱的出发点是对具体个人的苦乐的关怀与爱，他们认为只有从这里出发的人类爱才是“无限的真实的爱”，这样的爱人类者才能算是真正的“博爱家感情家理想家”。周作人在这篇文章中明显是肯定这种真实的爱的，而反对那样的“枯燥的理智家”。应该说作为人道主义者的周作人不辞辛苦地翻译了这篇长文，绝不是仅仅出于介绍俄国革命哲学基础的单纯目的，更多是有着理论上、实际上的深刻寄寓。

这在周作人十分重视的江馬修的小说《小小的一个人》中，便非常明晰地展现出来，可以看到，引发主人公，或者说作者对人类生出更为深切的忧思的起因，源于他对某一个具体的人的苦乐的关切、同情，以及对其命运的忧虑：

自此以后，过了两月，我仍然时时想起那孩子的事，常同妻提起他。又想象他一人的运命，和他家中不幸的情事。我同妻到街

---

① ［英］Angelo S. Rappoport：《俄国革命之哲学的基础》，原载 1917 年 7 月，The Edinburlgh Review，起明（周作人）译，1919 年 4—5 月《新青年》第 6 卷第 4—5 号。对此问题的分析，另参见［英］以赛亚·伯林：《俄国思想家》，彭淮栋译，译林出版社 2001 年版。

上的时候,屡次看见极像鹤儿的孩子;那不必说,原是别一个人了。可是无形之中有一枝线索牵着,我们总是忘不了溶化在人类的大海中的那小的一个人。我又时常这样想:人类中有那个孩子在内,因这一件事,也就教我不能不爱人类。我实在因为那个孩子,对于人类的问题,才比从前思索得更为深切:这决不是夸张的话。①

在周作人对实现人间和谐生活的思考中,对于"爱与理解"以及对他人精神的敏锐的感受性等精神能力,周作人最终为其赋予了重要的意义与价值,他把它们确认为是每个人走出与他人的精神隔绝的真正通路,他认为,它们的真实意蕴与真正的价值、功用都完全集中在这一方面,他借助于威尔士(H. G. Wells)的一段话清晰地阐明了这一判断:

我想,同事的欲求,将自己个人的本体没入于别人的欲求,仍为一切人间的爱的必要的分子。这是一条从我们自己出离的路,我们个人的分隔的破除,正如憎恶是这个的增厚一般。我们舍下我们的谨慎、我们的秘密、我们的警备;我们开露自己;在常人是不可堪的摩触,成为一种喜悦的神秘;自卑与献身的行为,带着象征的快乐。我们不能知道何者是我,何者是你。我们的禁锢着的利己,从这个窗户向外张望,忘了他的墙壁,在这短的顷刻中,是解放了,而且普通了。②

而他自己在新村中确确实实地亲身感受到了这种爱,以及同类相爱,毫无隔阂的真正快乐,"令人融醉,几于忘返"③,他也企盼着这成

① [日]江馬修:《小小的一个人》,周作人译,1918 年 12 月 15 日《新青年》第 5 卷第 6 号。

② 周作人在《欧洲古代文学上的妇女观》中引用威尔士的话为文章作结,可以完全代表他自己的意见,1920 年 10 月《妇女杂志》第 7 卷第 10 号。

③ 周作人:《访日本新村记》,1919 年 7 月 30 日作,1919 年 10 月 30 日《新潮》第 2 卷第 1 号。

为整个人间的实在。

[原载《江南大学学报》(人文社会科学版)2005年第1期、《中州学刊》2008年第5期,分别题名为《人类精神的隔绝:"新村时期"周作人对人间关系现状的判断》《理性觉悟、情感转移与精神能力的培养:五四时期周作人对打破"隔膜"的精神条件的思考》]

第三节 "五四""人间感"的发现:新感觉、情感世界与初期新文学主题、形态生成

"五四"时期,建造新的感觉世界与情感世界,即"人间感"塑造,成为现代人道主义"人的文学"运动的重要职责,也促成了初期新文学的主题与形态生成。人的文学家在人道主义启示下产生出新的世界感受,就是人类兄弟间"爱"的联系:正面感受,除"神圣感"外,既有发现"人间"正当联系时的欣喜与紧张感,和与他人的胞与之情,又有发现人类一体的神秘联系的欢喜与惊异感等;负面感受,是当新文艺家面对漠视"人间"正当"爱"的联系的社会现象时,所产生的种种悲哀、无奈、激愤之感。"人的文学"家通过创作将新的感觉与情感固化为文学主题、形态。周作人是"人间感"发现及文学表现的核心作家,叶绍钧也从"生命哲学"出发表达出深刻的感受。

一、"五四"人道主义与"人间感"的塑造

自新文化运动以来,随着中国社会思想文化的巨大变迁,中国人的精神也持续发生着彻底的、深层次的结构性转变。塑造与建构国人新的感觉世界与情感世界,包括国人对于自然、社会、自身以及他人的全面的新的感受,成为最重要的任务之一,甚至可以称作新的"感觉革命"与"情感革命"。这一工作是由"五四"现代人道主义文学引发及引导的。开启这一宏大工程的主要原因,是基于"五四"现代人道主义文艺家几方面的考量。

按照“五四”现代人道主义文艺家的认知,古代中国的感觉世界与情感世界的塑造、传达是由传统旧文艺来负担与承载的。明、清以降,正统的旧文艺走向僵化复古,与外部世界和人的真实生活彻底隔离开来,不再能适时表现新时代国人的新感觉与新情感。但失去自我更新能力的正统旧文艺依然霸据艺坛要津,这种状况的长期存在,实际上是将以往时代感觉、情感的类型与表现方式等固定化下来,仍作为新时代的文学创作的津梁。如此造成的后果是,这种被固定化下来的旧的感觉与情感类型、表现方式等,反而成为国人认知、表现真实世界与自身真实独特感觉、情感的巨大障碍。这正是自晚明李贽、公安派之诗文新风,到晚清文学界革命,再到胡适、陈独秀文学革命等文艺革新运动发生的根本原因之一。各个时代文艺革新的先驱均力图创造新的文学形态,以期恢复文艺的某些独特功用,即能够紧随时代的发展与人类精神的演进,传达国人不断更新的感觉与情感,并凭借文艺为新的感觉世界与情感世界塑型。

在“五四”时期,以新的文学形态来为新的感觉世界与情感世界塑型还有更为重要的意义。这与“五四”国民精神批判的思想潮流紧密相连。

在周作人等提出现代人道主义的“人的文学”系统观念后,初期新文学家秉承这一观念的独特视角,以新文艺的纲领性文件《人的文学》为依据,凭借科学“人学”观,从“主义”出发严厉审视国民的精神世界,急斥国民苟且于“非人的生活”并迷醉于“非人的文学”的现状①,还尖锐地指出,“非人的生活”与“非人的文学”两者之间互为依仗,共同致使国民精神加速败坏,时至今日,国民已彻底堕落为精神变异的怪物,而他们的感觉世界与情感世界也随之彻底恶化。这些重要的判断在周作人等“人的文学”家“围剿”黑幕文学时表述得淋漓尽致。在此意义上,新文艺倡导与实践的另一中心任务就是要拯救国民精神,其中的一个核心工作便是拯救国民的感觉与情感。具体言之,即要以现代人道主义的严苛标准,剜却国民旧的精神根柢,赋予他们全新的

① 周作人:《人的文学》,1918年12月7日作,1918年12月15日《新青年》第5卷第6号。

感觉能力与情感能力,并完全重建起国民的感觉世界与情感世界。这些认知均是初期新文学家的独特理论发现,是在现代人道主义的理论框架之下做出的。

在以上两方面思考的基础上,通过创造新文学来为新的感觉世界与情感世界塑型,成为初期新文学家的重要职责,著者称之为重构新的"人间感"。

新诗创作是除直接表述"主义"的论文与随感录外最早期的新文学写作活动,也是初期新文学家表现自身新的感觉与情感类型的最初艺术尝试。胡适、沈尹默、刘半农等几位《新青年》初期新诗人最早开始悉心体察并试图表现新的感觉与情感,正如胡适在《梦与诗》中坦言:

都是平常经验,
都是平常影象,
偶然涌到梦中来,
变幻出多少新奇花样!

都是平常情感,
都是平常言语,
偶然碰着个诗人,
变幻出多少新奇诗句!

胡适在该诗《自跋》中还专门申说,企求诗人们一定要写出他所反复强调的个人经验过的感觉与情感,他着重说明,"这是我的'诗的经验主义(Poetic empiricism)'。简单一句话:做梦尚且要经验做底子,何况做诗?现在人的大毛病就在爱做没有经验做底子的诗"①。不过作为初放大脚的"小脚女人",这些诗人虽欣喜地体验着新的感觉与情感的刺激,但他们在尝试作新诗时,更多的气力还是花费在挣脱旧文

① 胡适:《梦与诗》,1920年10月10日作,1921年1月1日《新青年》第8卷第5号。

学以及依附于旧文学的僵化凝固的感觉世界和情感世界的影响之上。总的说来，这一努力不很成功，即便如沈尹默的《月夜》（《新青年》1918 年 1 月 15 日第 4 卷第 1 号）、《三弦》（《新青年》1918 年 8 月 15 日第 5 卷第 2 号）、《白杨树》（《新青年》1920 年 1 月 1 日第 7 卷第 2 号）这样已“备具新诗的美德”的较为突出之作亦是如此。[①] 之所以出现这种状况，旧文学的强大影响力固然难辞其咎，而作者本人对这些新的感觉和情感觉察不深、理解不足也是重要缘由。其实他们自己也希望搞清楚这些新的感觉、情感的确切内容与具体形态，这一点在沈尹默的《白杨树》中表现突出。诗作开篇便说道：“白杨树！白杨树！你的感觉好灵敏呵！微风吹过，还没摇动地上的草，先摇动了你枝上的叶。”这灵敏的感觉正是属于观察到这一瞬间的诗人的；其后的诗句又表现出诗人灵敏的心思，他在反复地问询树上的“小雀儿”和“地下睡着的一般人”是否快乐；而尾句最具意味，“白杨树！白杨树！现在你的感觉是怎么样的，你能告诉我吗”？这正是诗人心声，他非常急迫地想知道自己现在的感觉究竟是怎样的。[②] 由于对新的感觉和情感觉察不深、理解不足，也引致胡适、沈尹默等对于自身个人情感的发现太过简单，未能展现出更为复杂并更具特色的个人的深层情感，更遑论情绪的发生、起伏等极其细微的变动。

与胡适、沈尹默有别，刘半农借力民间歌谣与西方诗体，对旧文学的突围较为成功，成为初期白话诗最高产的诗人之一，仅创作与翻译的诗集就有《瓦釜集》《扬鞭集》《国外民歌译》三部。刘半农的成功突围自然也得益于其精神世界之“浅”[③]，使他能躲避开旧文学所承载的丰富繁多的旧的感觉、情感类型及表达方式的牵绊，尽兴地表达其浅直、朴素而又稚嫩的新的人生感受。不过，即便是这样清浅的感受，刘半农的表现却仍浮于表面，浅尝辄止，缺乏对于这些新感受的清醒认知，更谈不上有意识的检查与反省了。当然也可能是由于刘半农根本

① 编者：《一九一九年诗坛略纪》，载北社编：《新诗年选》，亚东图书馆 1922 年版。

② 沈尹默：《白杨树》，1920 年 1 月 1 日《新青年》第 7 卷第 2 号。

③ 鲁迅：《忆刘半农君》，1934 年 8 月 6 日作，1934 年 10 月上海《青年界》月刊第 6 卷第 3 号。

未留意以诗作对一些新感受的形态作出清晰完整的塑造,并确切地表明其内涵与真义。很明显,这些初期新诗人的表现并不令人满意,尚难担当起以新文艺塑造新的感觉与情感世界的重责。

既要挖掘出新的感觉与新的情感,又要将各种类型的新感觉与情感的形态加以固化,在初期新文学活动中具此鲜明自觉意识并亲身实践的,唯有周氏兄弟。从初入"五四"新思想界,借译介英国 W. B. Trites《陀思妥夫斯奇之小说》引入"抹布的人"命题始[①],再到以《平民文学》(1918 年 12 月 20 日作)宣扬"人的文学"的"普遍"特性,周作人已对国人广而告知:人类每位成员本无阶级、贵贱差别,人人均具有共同的、普遍的情感。同时周作人在《人的文学》中将"人的文学"的表现范围做了限定,其中自然包括文学首要表现的人的感觉与情感。周作人表明要革除"一切人道以下或人力以上"的旧道德观念及准则[②],并在《新文学的要求》中将这一要求表述为,由于"凡是人情以外人力以上的,神的属性,不是我们的要求",因此"人的文学"只能表现符合"人间"生活道德原则的内容,即必须"符合人道"与在"人情以内",并且是"人力所及"的。对此周作人也难以恰切描述,最后在《新文学的要求》中勉力概括为"还他一个适如其分的人间性,也不要多,也不要少就是了"。[③] 周作人这两方面的理论倡导,既为"人的文学"确定了新感觉及新情感的范围,即必须是"人间感";同时又树立了探寻新感觉、新情感的基本原则与标准,这就是现代人道主义的"人间性",也就是说,"人的文学"中所有的新感觉与新情感,必须是觉悟的现代人道主义者所特有的关于"人间"生活的新感受。

周氏兄弟在对自身新感觉、新情感的探寻与塑型过程中,遵循着"人的文学"理论思路的限定,同时他们具备清醒的自省意识,时刻注意检查自己所表现的新感觉、新情绪的类型与真义,以及这些新感觉、

---

① [英]W. B. Trites:《陀思妥夫斯奇之小说》,原载《北美评论》七一七号,周作人译,1918 年 1 月 15 日《新青年》第 4 卷第 1 号。

② 周作人:《人的文学》,1918 年 12 月 7 日作,1918 年 12 月 15 日《新青年》第 5 卷第 6 号。

③ 周作人:《新文学的要求》,1920 年 1 月 6 日北平少年中国学会讲演,1920 年 1 月 8 日《晨报·副刊》。

新情绪内部的复杂性和矛盾性之所在。这种自觉的意识，使周氏兄弟的创作（包括诗歌、散文、小说、为译文所作译者记）与译作自然成为其他新文学家进行新感觉、新情感探寻及塑型的示范，即以新诗为例，周作人在这一层面上对初期新诗理论及创作的重大影响是显而易见的，如冯文炳就曾从其独特的诗学理论角度出发对此作出过中肯评价。据他判断，初期的白话新诗人“如果不是受了《尝试集》的影响就是受了周作人先生的启发”，在两者之间冯文炳更为肯定周作人的重要性与影响力，“白话新诗运动，如果不是随着有周作人先生的新诗做一个先锋，这回的诗革命恐怕同《人境庐诗草》的作者黄遵宪在三十年前所喊出的‘我手写我口，古岂能拘牵，即今流俗语，我若登简编，五千年后人，惊为古斓班’一样的革不了旧诗的命了”。[①] 实际上在初期白话新诗的创作活动中，周作人很快就取代了胡适的导师地位，据冯文炳分析，康白情创作新诗，就是先“受了胡适之先生的影响，随后又受了周作人先生的启发”[②]。而周作人对朱自清、郑振铎等人新诗创作的引导与启示也是极其突出的。当然，周作人对他们的影响主要集中于对新感觉、新情感探寻及塑型的活动上。

二、“人间感”的开启：人类兄弟灵魂光辉的“神圣”感受

在新文学发生初期，“人的文学”家们最为着力塑造的感受类型，是每位“人类的一员”[③]对于其他人类一员的感觉与情感。这一塑造起始于周作人对于“抹布的人”命题的介绍，而该命题后经沈雁冰、鲁迅、叶绍钧等阐释与推广，深刻地影响了初期新文学的探索，其中尤为重要的是在某些方面导引并规定了“人的文学”家们新的感觉与新的情感的类型、特质。自 1918 年始，正处于新理想主义时期的周作人基

---

① 冯文炳：《谈新诗 · 八小河及其他》，北京新民印书馆 1944 年版，引文载王风编：《废名集》第 4 卷，北京大学出版社 2009 年，第 1688 页。

② 冯文炳：《谈新诗 · 九草儿》，北京新民印书馆 1944 年版，引文载王风编：《废名集》第 4 卷，北京大学出版社 2009 年，第 1703 页。

③ 周作人：《新村的精神》，1919 年 11 月 8 日在天津学术讲演会讲演，1919 年 11 月 23、24 日《民国日报 · 觉悟》，1920 年 1 月 1 日《新青年》第 7 卷第 2 号。

于“抹布的人”观念,以其诗作表达了自己对于其他人类成员的新感受。周作人自写作之初便已集中描写了一些最为普通的人们,主要是那些身处社会底层,素遭贱视的民众,如清晨的扫雪人、街头卖豆汁的祖孙、农夫、卖菜的人、乞丐、贫儿,尤为引人注目的是,其中还有素常被看作野蛮与暴力的象征,因而遭人仇视厌恶的士兵。周作人在其诗作中,不仅将他们看作“我的兄弟”,更重要的是,他透视到了这些“我的兄弟”灵魂的光辉,并产生出一种“神圣感”的新感受。

需要再做强调,作为一种新的感受的“神圣感”的产生,明显受到俄罗斯近代文艺中“抹布的人”理念的启示。案,周作人在译介英国 W. B. Trites 的论文《陀思妥夫斯奇之小说》时,曾重点介绍了陀思妥耶夫斯基的《罪与罚》中两幕代表性场景。第一幕场景,拉科尼科夫聆听堕落者摩拉陀夫的忏悔与对末日审判的期盼,摩拉陀夫既知晓上帝对人类的大爱与怜悯,也了解尘世中的卑贱、罪恶者在上帝眼里的灵性与高贵,因此他笃信堕落者会得赦免,并被迎入天国。[①] 另一幕场景,杀人者拉科尼科夫跪于牺牲者苏涅面前,宣告“吾非跪汝前,但跪人类苦难之前”。两幕场景均体现出陀思妥耶夫斯基面对人类兄弟时的独特感受,即“神圣感”,周作人甚至作出如是论断:拉科尼科夫之言可为陀思妥耶夫斯基全体创作作注释。[②]

对于人类兄弟灵魂光辉的“神圣”感受的出现,在某种程度上,意味着信奉“人的文学”的文艺家已将新的“人间感”置于最为崇高的地位,要以之彻底取代居于社会正统地位的否定“人间本位”的旧的世界感受;同时,“神圣”感受的出现,也标志着“五四”现代人道主义“人间感”的发现已正式拉开帷幕。

“神圣感”新感受产生的前提,首先是来自“他是我的兄弟”的体

---

① [英]W. B. Trites:《陀思妥夫斯奇之小说》,原载《北美评论》七一七号,周作人译,1918 年 1 月 15 日《新青年》第 4 卷第 1 号。两幕场景分见《陀思妥夫斯奇之小说》正文及周作人所作《译者案》。

② 周作人:《〈陀思妥夫斯奇之小说〉译者案》,1918 年 1 月 15 日《新青年》第 4 卷第 1 号。

认。[1] 对此,周作人的诗作着意清楚说明,尤其两首表现士兵的名篇《背枪的人》(1919 年 3 月 7 日作)与《京奉车中》(1919 年 4 月 13 日刊)皆有坦白陈说:

但他长站在守望面前,
指点道路、维持秩序,
只做大家公共的事——
那背枪的人,
也是我们的朋友、我们的兄弟。
——《背枪的人》[2]

两个不买票的兵——
…………
我知道在这异样服装的底下,
也藏着一样的精神,
一样的身体。
——《京奉车中》[3]

周作人这两篇诗作对于“他是我的兄弟”感受的率直表达,被傅斯年高度赞誉为“主义和艺术一贯的诗”,并在 1919 年 5 月 1 日《新潮》第 1 卷第 5 号中予以转载,作为当时新诗创作的榜样,即要“作个模样”。[4] 周作人的同类诗作还有《偶成》(1919 年 6 月 3 日作),描写学生运动中警察押送中小学生赴拘留地的场景,按照周作人的表述,“只有一位穿黄衣服的朋友/带了他的侄儿——或是兄弟?”亦即周作人称

---

① [英]W. B. Trites:《陀思妥夫斯奇之小说》,原载《北美评论》七一七号,周作人译,1918 年 1 月 15 日《新青年》第 4 卷第 1 号。

② 仲密(周作人):《背枪的人》,1919 年 3 月 7 日作,1919 年 3 月 16 日《每周评论》第 13 期“新文艺”栏。

③ 仲密(周作人):《京奉车中》,1919 年 4 月 13 日《每周评论》第 17 期“新文艺”栏。

④ 记者傅斯年为《新潮》转载周作人《背枪的人》《京奉车中》所作的说明,1919 年 5 月 1 日《新潮》第 1 卷第 5 号。

警察为“朋友”，并将学生说成是这位警察的“姪儿”或是“兄弟”[①]，其特殊含义不言而喻。

而能充分表达面对“我的兄弟”时所感受到的“神圣感”的，是白话新诗出现之初周作人的一首杰出之作《路上所见》(1919 年 1 月 24 日作)：

北长街的马路边，
歇着一副卖豆汁的担；
挑担的老人坐在中间，
拿着小刀慢慢的切萝卜片。
一个大眼睛，红面颊，双丫髻的，
四五岁的女儿，坐在他侧面；
面前放着半盌豆汁，
小手里捏了一双竹筷，
张眼看着老人的脸，
向他问些甚么话。
可惜我的车子过的快，
听不到他们的话。
但这景象常在我眼前，
宛然一副 Raphael 画的天使与圣徒的古画。

细绎诗作，十分明显，周作人终于在面对普通人和普通“人间生活”时产生了“神圣感”的实际感受，这是中国人在对于世界的感受方面的本质性变化。为表现这种神圣、崇高的感受，周作人专门提及表现“天使与圣徒”的宗教性的场景，并用作比拟。[②] 但这并非在表明这种“神圣感”是一种宗教式的神秘体验，因为这一画面虽是天主教题材的图卷，但同时更多表达的是文艺复兴时期“人间本位”观念(即远离

① 仲密(周作人)：《偶成》，1919 年 6 月 3 日作，1919 年 6 月 8 日《每周评论》第 25 期“新文艺”栏。

② 周作人：《路上所见》，1919 年 1 月 24 日作，1919 年 3 月 15 日《新青年》第 6 卷第 3 号。

"神本位",以肉体存在的人为本位、以人类的尘世生活为本位)最杰出代表拉斐尔 · 圣齐奥(Raffaello Sanzio)的画意,表现了最富"人间性"的人性光辉。与《路上所见》类似的感觉与情感体验,在1919年7月30日周作人所作的《访日本新村记》中也有所表现。文中周作人描述了自己于日本新村见到"兄弟"迎接时的感悟,对于那时的感受,周作人也是借用宗教式的场景加以比拟说明的。① 此种"神圣感"始终追随着周作人,即便到了1923年,虽然其情绪已转向焦虑、犹疑,不过当他注视普通的"人间生活"时,依然保有着一种庄严的敬意,如在《昼梦》(1923年1月3日作)中讲述了遇见一位十四五岁少女时的观感,"这悲哀的景象已经几乎近于神圣了"。②

这种"神圣感"在鲁迅的小说《一件小事》(1919年11月23日作)中亦可明显感知,人力车夫后影的"刹时高大"③,不仅是因叙事主人公感其道德崇高,还缘于在叙事主人公身后鲁迅内心"神圣感"的产生。而在上节所细致分析的叶绍钧《隔膜》系列作品中,这种"神圣感"得到了最为充分集中的表现。新诗领域内仿效的诗家更众,亦极具代表性,比如感知力超强的朱自清,作为早期白话新诗创作最杰出的诗人,便深受周作人著译的感染。1919年2月29日朱自清创作首篇新诗《"睡罢,小小的人。"》,描绘幼童熟睡的场景,抒发深情的感怀。首先仅就标题而论,诗作明显受到周作人1918年年底所译日本江馬修的短篇小说《小小的一个人》的影响,将幼小孩童视作人类中一个同等的"人"。案,1918年12月15日《新青年》第5卷第6号出版,在周作人的论文《人的文学》后又刊载了其所译的《小小的一个人》。在译作的简介中,周作人专门指出,《小小的一个人》这个标题,"用英文译不过是A Little One的意思",实际也就是人类中的一个的意思,

---

① 周作人:《访日本新村记》,1919年7月30日作,1919年10月30日《新潮》第2卷第1号。拙文《从普遍的人道理想到个人的求胜意志:论"五四"前后周作人"人学"观念的一个重要转变》对周作人的相关情感体验有过细致分析,《鲁迅研究月刊》1999年第2期。

② 作人(周作人):《昼梦》,1923年1月3日作,1923年1月15日《晨报副镌》。

③ 鲁迅:《一件小事》,1919年11月23日作,1919年12月1日北京《晨报 · 周年纪念增刊》。

而在小说中叙事主人公曾明确论说到“人类的大海中的那小的一个人”。① 朱自清在《“睡罢，小小的人。”》开篇也有关于创作缘起的介绍，他着意提及，“得着一小幅西妇抚儿图，下面题道，‘Sleep，Little One’，这幅画很为可爱”。可能正是由于这一点上的巧合，使22岁的朱自清立刻联想到江馬修小说强烈的情感氛围，同时不免想起自己未满半岁的幼子，进而迸发出强烈的感怀，即以小诗传达心声。《“睡罢，小小的人。”》诗篇中最引人注目的，就是诗人面对“小小的一个人”时的神圣感受。与周作人相同，此时朱自清也喜用宗教性的意象，如“爱之神”“上帝”等来表达纯粹属于“人间”的爱的感动，之所以选用宗教的意象，明显是为了强调他的情感的深挚程度：

“睡罢，小小的人。”
…………
你呼吸着生命底呼吸。
呀，你浸在月光里了，
光明的孩子，——爱之神！
“睡罢，小小的人。”
夜底光，
花底香，
母的爱，
稳稳地笼罩着你。
你静静地躺在自然底摇篮里，
甚么恶魔敢来扰你！
“睡罢，小小的人。”
我们睡罢，
睡在上帝底怀里：
他张开慈爱的两臂，
搂着我们；

① ［日］江馬修：《小小的一个人》，周作人译，1918年12月15日《新青年》第5卷第6号。

他光明的唇，
吻着我们；
我们安心睡罢，
睡在他的怀里。①

朱自清 1921 年 5 月 8 日所作的新诗《人间》，也明显受到周作人诗作《路上所见》《画家》(1919 年 9 月 21 日作)的启发和影响，描绘了一位天真少女使他产生的庄严的“人间感”：

伊伶俐的身材，
停匀的脚步，
和那白色的脸儿，
端庄，沉静，又和蔼，
又庄严的脸儿：
…………

在《人间》中，朱自清连叙述的方式都和周作人的《路上所见》如出一辙，也是当车子经过时，将路上的景象一闪地收入眼底。②

除了朱自清以外，在周作人等人的启发下，受到基督教精神与泰戈尔观念熏染的冰心，更是将这种审视人类兄弟时产生的“神圣感”，在歌颂母爱和儿童的诗作、小说、散文中表达得淋漓尽致，并俨然造成了一种创作的风气，引发初期新文学界大量的模仿，以致最后沦为滥调。

不仅限于“五四”文学，这种对“我的兄弟”灵魂光辉的“神圣感”

① 余捷(朱自清)：《“睡罢，小小的人。”》，1919 年 2 月 29 日作，1919 年 12 月 11 日《时事新报·学灯》。

② 朱自清：《人间》，1921 年 5 月 8 日作，1921 年 8 月 10 日《小说月报》第 12 卷第 8 号。朱乔森所编《朱自清全集》第五卷《诗歌编》(江苏教育出版社 1990 年版)中第 41 页中“伊”误作“她”、“又庄严”误作“妙庄严”，该全集中此类的错漏与误改现象极为普遍。又如第 3 页中《“睡吧，小小的人。”》误作《睡吧，小小的人》，“Sleep，Little One”误作“Sleep Little One”，诸如此类，不胜枚举。

的发现，深刻影响了此后30年中国新文艺的发展，在多数新文艺家对普通民众的态度与感情上均留下了深刻印痕。这些新文艺家即便在个人创作中对如阿Q般的普通民众哀其不幸、恨其愚鲁并怒其不争，但内心依然笃信“抹布的人”的理想观念，相信即使再堕落不堪的普通民众也仍拥有神圣的灵魂，并完全能够支撑他们重获新生。

三、“人间感”发现、塑造的周作人范式：人类兄弟间“爱”的联系

新文艺家之所以产生对新的“人间感”充满惊异的发现，不仅是因为“抹布的人”观念的启示，更重要的原因还在于，“大人类主义”等现代人道主义“真理”给了国人重新看待“人”和“人间生活”的眼睛，使国人从一开始就欣喜地发现了人与人之间应有的理想的关系，以及流贯在这种理想的“人间关系”中的精魂——“爱”。因此觉醒的新文艺家最初发生的新的感觉与情感，首先集中出现在对于作为“人类的一员”的每个个体之间彼此关系的感受上。具体而言，在这些新的“人间感”中，除了“神圣感”之外，最为显著的，既有发现“人间”正当联系时的欣喜与紧张感，和与他人的胞与之情，又有发现人类一体的神秘联系时的欢喜与惊异感等；同时，还有与之相反的感受，较为突出的是当新文艺家面对漠视“人间”正当“爱”的联系的社会现象时，所产生的种种悲哀、无奈、激愤等情感。实质上正面、负面这两种类型的情感原为新的“人间感”的一体之两面。作为领跑者，周作人是发现及表现这些新的“人间感”最具关键性的作家，并为“五四”青年文艺家作出了最佳示范，叶绍钧、朱自清、郑振铎等均受到其深刻的影响。

（一）译介活动的观念引导与范例展示

这些新的“人间感”的出现，最初是源于周作人翻译江馬修小说《小小的一个人》与撰写论文《勃来克的诗》（现通译为布莱克——著者注）。如前所述，1918年12月15日周作人在《新青年》第5卷第6号发表《人的文学》，从理论层面介绍了作为新的理想文学形态的“人的文学”，并阐释了现代人道主义的“真理”。随后周作人在同期刊物发表小说译作《小小的一个人》，并将其作为“人的文学”的范例。周作人的目的主要在于引介日本人道主义作家对人与人之间

难以分割的联络的体悟。作者江馬修在小说结尾,借叙述者之口抒发感怀:

> 自此以后,过了两月,我仍然时时想起那孩子的事,常同妻提起他。又想象他一人的运命,和他家中不幸的情事。我同妻到街上的时候,屡次看见极像鹤儿的孩子;那不必说,原是别一个人了。可是无形之中有一枝线索牵着,我们总是忘不了溶化在人类的大海中的那小的一个人。我又时常这样想:人类中有那个孩子在内,因这一件事,也就教我不能不爱人类。我实在因为那个孩子,对于人类的问题,才比从前思索得更为深切:这决不是夸张的话。

在这里,江馬修运用文学的笔法,述说人与人之间是被一条无形的线索牵连着的,他敏锐地感觉到这就是现代人道主义所推崇的人类之间"爱"与"同情"感受的基点。[①] 数日后,周作人发表了《平民文学》[②],究其理念,明显是在认定"爱"与"同情"是人类最为普遍的情感。在这些翻译、绍介的同时,周作人在本年度撰写了《勃来克的诗》一文,对于人类一体的"人间"关系的本质、"爱"与"同情"对于人类的重要性,以及这种感受的具体特性与深广程度,作出了较为清晰的说明,并以布莱克的诗歌作品为范例。[③] 而鲁迅在翻译菊池寛小说时,也在《译后记》(1921 年 6 月 30 日作)中突出强调菊池寛自觉的文学使命感,即"争回人间性"与"对于人间的爱的感情"等。[④]

---

① [日]江馬修:《小小的一个人》,周作人译,1918 年 12 月 15 日《新青年》第 5 卷第 6 号。

② 仲密(周作人):《平民文学》,1918 年 12 月 20 日作,1919 年 1 月 19 日《每周评论》第 5 号"文艺时评"栏。

③ 周作人:《勃来克的诗》,1918 年作,后更名《英国诗人勃来克的思想》,1920 年 2 月 15 日《少年中国》第 1 卷第 8 期"诗学研究号",后文署明写作时间为 1919 年 12 月 17 日,后收入《艺术与生活》,仍题作《勃来克的诗》,群益书社 1931 年版。关于写作时间,参照钟叔河在其所编《周作人文类编 · 8》中所作考证,湖南文艺出版社 1998 年,第 383 页。

④ 鲁迅:《〈三浦右卫门的最后〉译后记》,1921 年 6 月 30 日作,1921 年 7 月 1 日《新青年》第 9 卷第 3 号。

不过，周氏兄弟这些间接的介绍说明，以及其译介活动的理性引导与范例展示，均无法取代中国文艺家的示范性写作，也就是说，必须以即时性的文艺创作直接表述新文艺家当下的感觉与情感，才是塑造新感受最为有效的途径。而在创作与翻译活动上率先垂范的，还是周作人、鲁迅弟兄。与鲁迅始终关注“人间”普遍的“隔膜”状况不同，周作人对正面和负面两种感觉、情感类型均有表现与塑造。而且在“五四”前期，周作人因思想变迁，对自身在“人间生活”中不断涌现出的新的感觉与情感，在文学创作中作出了丰富的表现，对初尝写作的青年文艺家们极富吸引力。

（二）“人间生活”的“发现”：“人间感”生成的前提

学生运动前后，周作人深深卷入“五四”理想主义的社会改造热潮中，他满怀乐观，赞颂着人类的兄弟之“爱”以及万物之间“爱”的美好，点滴表现抒写自己对于“爱”的联系的新鲜体验。其实在周作人的最初作品，如《两个扫雪的人》（1919 年 1 月 13 日作）中，当他说出“祝福你扫雪的人！我从清早起，在雪地里行走，不得不谢谢你”之时①，读者已能看到他对人类兄弟间“爱”的联系的感知，不过由于诗作中的情绪过于平淡，且对自身感受亦未作进一步申说，整体上令人感觉与 1918 年 1 月 15 日《新青年》第 4 卷第 1 号首发的那批人力车夫题材的白话新诗并无特别的区分。② 而周作人随后所作的《背枪的人》（1919 年 3 月 7 日作）、《京奉车中》（1919 年 4 月 13 日刊）、《偶成》（1919 年 6 月 3 日作），仍是以理性说明为主，吝于对个人情绪起伏波动的展示。周作人开始坦白流露与充分展现其欣喜、紧张、惊异等“爱”的新体验的情感波澜，是在日本新村巡礼之后，这与他对“人间”的生活、“人间”的关系的新“发现”有着直接关联。

访日归来后，周作人很快发表两篇日本游历记《访日本新村记》（1919 年 7 月 30 日作）、《游日本杂感》（1919 年 8 月 20 日作），并创作

---

① 周作人：《两个扫雪的人》，1919 年 1 月 13 日作，1919 年 3 月 15 日《新青年》第 6 卷第 3 号。

② 参阅沈尹默、胡适在 1918 年 1 月 15 日《新青年》第 4 卷第 1 号同时发表的诗作《人力车夫》，这是《新青年》出现的第一批白话诗。

此期首篇重要诗作《画家》(1919 年 9 月 21 日作),与《游日本杂感》同刊于 1919 年 11 月 1 日《新青年》第 6 卷第 6 号。《画家》在“五四”文学中是一首不可忽视的名篇:

可惜我并非画家,
不能将一枝毛笔,
写出许多情景。

两个赤脚的小儿,
立在溪边滩上,
打架完了,
还同筑烂泥的小堰。

车外整天的秋雨,
靠窗望见许多圆笠,
男的女的都在水田里,
赶忙着分种碧绿的稻秧。

小胡同口,
放着一副菜担,
满担是青的红的萝卜,
白的菜,紫的茄子;
卖菜的人立着慢慢的叫卖。

初寒的早晨,
马路旁边,靠着沟口,
一个黄衣服蓬头的人,
坐着睡觉,
屈了身子,几乎叠作两折。
看他背后的曲线,

历历的显出生活的困倦。

…………

这种种平凡的真实的印象,
永久鲜明的留在心上;
可惜我并非画家,
不能用这枝毛笔,
将他明白写出。①

在当时,《画家》在对于表现对象的挖掘、表达方式的创新与新情感的呈现等方面都是具有示范性意义的杰作。该诗虽只是简单描画了四幕平凡的日常生活情景,但实际蕴含的内容却非常丰富,其中所真正呈现出的,是"五四"新人对真实的"人间"生活、"人间"关系的首次"发现",周作人同一时期所作的《访日本新村记》《游日本杂感》也承担了这一特殊任务。

关于理想的"人间性"的观念,此前周作人在《人的文学》以降的系列论文中,已率先从现代人道主义的立场出发,在理论层面上作出了启蒙,使人们能够借以了解理想的"人间性"观念的重要价值。但在"五四"现代人道主义者眼中,符合理想的"人间性"的"人间"的生活、"人间"的关系具体是何等样貌,仍然较为模糊,即便是懵懂初醒的新文艺家们也尚无确切的认知与感受。而周作人率先以早于他人醒觉的新生命、新精神触碰整个外部世界——"人间"生活、人类与其他的生命等,尝试将这些实感一一道出。

周作人应当会这样解释自己的猛然醒觉和对整个世界的突然"发现":完全是因为"大人类主义""抹布的人"等现代人道主义"真理"的照临,打开了他自身的"精神官感"的封印,使整个世界突然在其眼前全部"本真"地毕现出来。对于周作人等现代人道主义者而言,在其视野中"本真"地完全呈现出来的外部世界,核心部分就是所谓真的"人间性"的存在,他们在其中首要的发现便是所有人类都是互为兄弟的

① 周作人:《画家》,1919年9月21日作,1919年11月1日《新青年》第6卷第6号。

“人类的一员”。而率先觉醒的周作人突然发现，自己能够真真切切地看到并完全走入这些人类兄弟们真实的生活与精神世界，他因此欣喜异常，感到这些才是“人间”生活与精神存在的庄严本相，周作人用“平凡”与“真实”这两个词语集中概括并高度评价了它的准确价值；随即周作人到新村，亲身体验了人类兄弟间无碍的沟通交流与深入的同情了解。① 在周作人的“人间性”发现中，还包括对于人类一体的神秘联系的深切体会，以及对万有生灵的感同身受的生命共振。当然作为发现人类兄弟的一项基本条件与重要前提——个体生命感的醒觉，也是“人间性”“人间生活”发现的重要部分，如果我们考察《两个扫雪的人》(1919 年 1 月 13 日作)等最初的新文学写作，便可以清晰地看到作品中已经出现了“我”的观察与叙述，这正是现代人道主义者周作人对自身个体生命感初次体验的表现。

1919 年 9 月 21 日周作人在《画家》中，首次肯定地宣布了“我”终于发现了“人间生活”，因为“种种平凡的真实的印象，永久鲜明的留在心上”。当然需要补充说明一点，周作人此时的“人间性”发现，所关注的均是现代人道主义者所认定的“人间生活”本质性的东西，如“人间”生活与精神存在的庄严本相，以及人类兄弟间的本质联系等。

(三)“人间爱”的情感、感觉类型

伴随着对符合理想“人间性”的“人间”生活、“人间”关系的重大发现，周作人自然会产生出作为现代人道主义者特殊的“人间”感受，他在新诗、散文中将这些新的感觉与情感形态表现出来。周作人成功塑型的最主要的感觉与情感类型是“人间爱”，其中既有对其他人类兄弟的胞与之情，也有因发现真实“人间”生活、人间关系本质以及人类一体的神秘联系时的欢喜与惊异。

在《访日本新村记》一文中我们看到了周作人巨大的情绪波动，当新村兄弟赶来迎接时产生了狂喜的情感体验，他解释道，之所以如此激动是因为平生首次经验到“同类之爱”，即“汝即我”的人我无间之

---

① 周作人在两篇日本游历记中专门描述了自身体验到的与新村兄弟之间的理想关系的状态。

"浑融的感情"。这次体验在周作人的现代人道主义时期具有里程碑式的意义,而对"五四"时期的很多"新人"而言,这一场景则成为促使其信赖"同类之爱"的一次标志性事件,这是因为周作人的描述实在令人激动,"我们常感着同胞之爱,却多未感到同类之爱;这同类之爱的理论,在我虽也常常想到,至于经验,却是初次。新村的空气中,便只充满这爱,所以令人融醉,几于忘返"。[①] 周作人新村归来后所作《访日本新村记》《游日本杂感》两篇游历记全都洋溢着这种温暖和平的"人间爱"的情感,其文风也因此更加透彻而平实,对当时青年的辐射影响之巨超乎如今人们的想象。如周作人《游日本杂感》在展现"同类之爱"理想情感的同时,引述了波兰小说家的形象描述,批判与"同类之爱"情感相悖的、充满仇恨蔑视或视弟兄如无物的"非人"的情感及观念,认为正是这些可怕的情感及观念造成了全人类隔绝对立的困境,"波兰的小说家曾说一个贵族看'人',好像是看一张碟子;我说可怕的便是这种看法"[②],这段论述对青年朱自清的影响尤为深刻。

有趣的是,周作人在理论文章中表现出的"人间爱"情感的高峰体验,在其诗歌创作中反而较难看到。周作人诗作对"人间爱"等多种情感的抒发,极其含蓄蕴藉,矜持内敛,往往令不了解周作人者以为是他骨子里的高冷的显现。这自是误解,因为这种表现可能是周作人对特殊艺术风格的有意追求,可权称为"火的冰"[③],即他有意将滚热炽烈的情感岩浆封入冷静含蓄或反讽隐喇的坚冰中,从而形成独有的情感张力与思想深度。综其一生,像其新村时期不少文章中惯常出现的坦白直率的观念陈说与毫无遮蔽修饰的情感抒发,反而成为特例。因

---

① 周作人:《访日本新村记》,1919年7月30日作,1919年10月30日《新潮》第2卷第1号。拙文《从普遍的人道理想到个人的求胜意志:论"五四"前后周作人"人学"观念的一个重要转变》对周作人的这一精神历程有过细致分析,《鲁迅研究月刊》1999年第2期。

② 周作人:《游日本杂感》,1919年8月20日作,1919年11月1日《新青年》第6卷第6号。《游日本杂感》可与《访日本新村记》看作一篇文章,《访日本新村记》主要记述访问日向等新村的情况,《游日本杂感》则侧重记述日本之行的观感,《游日本杂感》后有一则《附记》,说明两篇的分工:"附记——关于日向新村的事情,别有一篇《访新村记》,登在《新潮》二卷一号里,现在不再说了。"

③ 著者是借鲁迅散文诗《火的冰》诗意,该诗中鲁迅塑造了"火的冰的人"形象,本诗发表时标明《自言自语·二》,1919年8月19日《国民公报》"新文艺"栏,署名神飞。

此，周作人的诗作，虽表面看来语气较为平淡、情绪内敛过甚，但实际包含着真挚、丰富的强烈情感。而从当时的中国社会看，这些新情感的出现本身就已是石破天惊的事件，无论是对于初次尝试表达的周作人，还是对于深受其感染的“五四”青年，所有人内在所感受到的情感反应，实际都如被席卷入惊涛骇浪中一般。

抒发人类弟兄“人间爱”实感的，较为明显的还有《苦人》（1920 年 2 月 8 日作）与《所见》（1920 年 10 月 20 日作）两篇诗作，《苦人》是将《访日本新村记》《游日本杂感》中关于“同类之爱”的情感抒发作了更具体化的表现，向兄弟们表达了十分热忱的“爱”与“祝福”的“亲密的感情”。诗中表述甚为特别：

> “沿城根统是苦人呵。”
> 苦人这两个字，
> 引起我许多亲密的感情。
> 我们谁不是苦人呢？
> 坐汽车的，穿狐皮的，
> 又何尝得到人间的幸福，
> 不过你们更苦罢了。
> 破烂的衣服，病瘦的面庞，
> 却还遮不住“人的”悲哀的微笑。
> 我爱你们，我又能恨谁呢？
> 耶稣说“哀恸的人有福了，
> 因为他们必得安慰。”
> 你原谅我，请你也受我的祝福了！①

很明显，周作人由于自己与那些赤贫的兄弟相比，过着稍好的生活，因此面对他们时自然会有些惭愧，他真诚地表达着：“我爱你们，我又能恨谁呢？/……/你原谅我，请你也受我的祝福了！”这样几句话的

① 作人（周作人）：《苦人》，1920 年 2 月 8 日作，《新生活》第 25 期。

确很得要领。而在《所见》一诗中则出现了两幕场景的比较：

三座门的底下、
两个人并排着慢慢地走来。
一样的憔悴的颜色、
一样的戴着帽子、
一样的穿着袍子、
只是两边的袖子底下
拖下一根青麻的索子。
我知道一个人是拴在腕上、
一个人是拿在手里。
但我看不出谁是谁来。

皇城根的河边、
几个破衣的小孩们
聚在一处游戏。
“马来！马来！”
骑马的跨在他同伴的背上了。
走了一趟回来、
那当马的又变了骑马的人了。
等到月亮上来的时候、
他们将柳条的马鞭抛在地上。
大家说一声再会、
笑嘻嘻的走散了。

在第一幕场景中，两个人虽然本是一样的兄弟，都有着“一样的憔悴的颜色”，“一样的戴着帽子/一样的穿着袍子”，却被一根捆绑人的绳索硬生生造成了隔绝，作者为这样的兄弟隔离而悲哀；而在第二幕的场景中，孩子们亲密无间地做着游戏，虽短短几句的描绘，字里行间却都渗透着作者温暖的情怀，他满心愉悦地注视着孩子们之间毫无芥蒂与心机的互爱的友情。[①] 需要强调的是,在这首诗中隐含着此时周作人的一个固定判断,即兄弟一体的精神联系是人类与生俱来的本能与天性。

周作人乐观地抒发"人间爱"情感的时间并不长,到了1920年9月之后,他的情绪开始发生细微的改变。又因年终患病,以致休养9个月,在此期间,周作人不再像从前那样积极热诚地宣传与推动人道主义改造活动,并逐渐有意疏离,与之相伴随的,周作人对"人间"生活与外部世界的感受也在发生着较大的改变,他不断抒发新的类型的感觉与情感,并在翻译及写作活动中将其凝固下来。很多新的情感类型得到了青年文艺家们的共鸣,在此后"人的文学"创作主潮中产生了广泛的影响。

这一时期的周作人敏锐感受到人类生活中普遍存在着的悲哀与寂寞,他对于这种情感类型的发现深刻影响了初入社会的朱自清等青年文艺家,为他们原本乐观的人生体验抹上了一层黯淡的灰色。周作人流露出对这种情感的关注,最初显现在对一些国外作品的选择性翻译与有意识的解读过程中。自1920年9月至本年年终,周作人翻译了几部日本短篇小说:千家元麿1916年9月所作的《深夜的喇叭》(9月18日译)、加藤武雄1918年12月所作的《乡愁》(11月16日译)、国木田独步的《少年的悲哀》(12月10日译),以及志贺直哉1908年2月所作的《到网走去》(12月28日译)。这几位作家虽属不同流派,但他们对于人生中普遍存在着的悲哀、寂寞的体验却有近似之处。其中《深夜的喇叭》主题是反对充满可怕暴力的"非人"世界,虽然仍是人道主义者的反战小说,但与周作人之前所译反战小说相比,关注的侧重点明显发生了一些变动。千家元麿主要回顾了自己从幼时起便有的对人世间可怕事情的强烈情感反应,而今日重新听到的兵营的喇叭声又令他痛切感受到了"世间的暗黑与孤寂",并五味杂陈地咀嚼着"种种人生的悲哀"。不过千家元麿所说的人生的悲哀具有专指,更多

---

① 仲密(周作人):《所见》,1920年10月20日作,1920年10月24日《晨报·副刊》。其中"走了一趟回来,/那当马的又变了骑马的人了"一句,后来在该诗收入各类集子之时均未见。

表现的是现代人道主义者在可怕黑暗世界中"不安,恐怖与寂寞"的情感①,类似于安德列夫《大时代的一个小人物的自白》中叙事主人公的情绪表现。这种感受往往成为他们追求理想世界的精神动力,实际上仍属于积极乐观的现代人道主义社会改造者的典型的感受类型,与周作人感受到的人类生活中普遍存在着的悲哀与寂寞仍有一定差别。

与千家元麿不同,其他几位作家偏重讲述在"人间生活"中更为普遍性存在的悲哀与寂寞之感,并视之为自古以来人类生存状况的本相,如加藤武雄的《乡愁》对此就有十分直率的表达。著者以为,周作人完全将《乡愁》视作另一篇《小小的一个人》,因为《乡愁》也是通过对孩童个人运命的关注,来透视人类生活中普遍的生活与精神状态。加藤武雄细致地描摹了环绕在失母的小小孩童芳姑儿身上的无法抹去的寂寞、忧郁之感,小说中叙事主人公看到,"在这个小小的灵魂里"已经提早存有了人世间的寂寞,"很固执的附着在里面了",实在令人喟叹不已。叙事主人公还着重描绘了孩童们初尝人生普遍悲哀的场景,"同年月同地方出生的,又同是将这横街当作世界,每日在一处唱歌游玩过活的三个人中间,那个别离,——人间的一切悲哀的根元的别离,终于到了。在里姑儿与凸哥儿一方面,这最初的别离,确也是他们的最初的悲哀了"②。而在译文后的附记当中,周作人专门引述了中村白葉的论断,更明确地说明其选译这一作品的主要目的便是要揭示出一条至理,即这种人生中普遍存在着的悲哀、寂寞之感,是与人类的存在始终相伴共生的最为普遍的感受:

> 外国人如问现代日本作品中间,有什么可以翻译,我们有几篇可以立刻推举出去么?……这就是加藤氏的一篇《乡愁》……可以这样宣言……这篇里贯彻的悲哀,就是纵横的深深的贯彻人生的悲哀;无论是俄国人,或是印度人,是太古的初民,或是人类

① [日]千家元麿:《深夜的喇叭》,周作人译,1920年9月18日译,1920年12月1日《新青年》第8卷第4号。

② [日]加藤武雄:《乡愁》,周作人译,1920年11月16日译,1921年1月10日《小说月报》第12卷第1号。

的远孙，这篇著作翻译了给他们看，都是无所不宜的。[①]

这种恒久存在的对于人生的悲哀、寂寞之感，多是饱含人道主义情怀的作家们的独有情感发现，完全缘于其深切的"人间爱"情怀引发了他们对于其他人类兄弟的情感的共振。如《乡愁》便专门对叙事主人公的情感活动作了描写，可以清晰地看到叙事主人公在感同身受孩童们的精神、情感时，深刻地感受到了"人间"遍是寂寞、人生尽皆悲哀的世界真相，令其心灵激荡起较大的情感波澜。值得注意的是，这些作家所关注对象的范围明显较为集中，往往都是些普通人物，尤其是孩子、妇女，作家们着力描写他们在庸常的生活中难以言传，甚至难以察觉的悲哀、寂寞的心绪。

周作人对这种人类生活中普遍存在的悲哀与寂寞虽已笃信不疑，并有了深刻认识，但在其个人的情感表现中，萦绕这些日本作家的难以纾解的人生悲哀之感尚未能完全左右他的心境。此时周作人在日本白桦派刊物《生长的星之群》发表《西山小品》（1921 年 8 月 30 日作），流露出的只是他对于"人间生活"淡淡的悲哀，以及对人生的微茫的寂寥之感，很明显这还是他的初体验。周作人表达这种类型的情感，其作品的形态均较为固定，一般都是描绘一个普通人的死亡或普通人平凡的日常生活，而叙事者的情感历程，均是在近距离细致观看自己兄弟的凡俗生活与精神状态时，感同身受于兄弟们所身历的"人间"最普遍的伤痛与寂寞、悲哀，叙事者明显已不再单单停留在对于"他是我的兄弟"的理念认同。如周作人在《一个乡民的死》中，在听闻一位普通乡民病重消息之初就已开始感觉心情不畅，及至获悉乡民死讯，心中立刻泛起这样的关切：这是"怎样的一个人呢？或者我曾经见过也未可知，但是现在不能知道了"。不久看到了很多人都在为死者烧纸钱，"在各种的店里，留下了好些的欠账……店里的人听见他死了，立刻从账簿上把这一页撕下烧了。而且又拿了纸钱来，烧给死人。

① 周作人：《〈乡愁〉译后记》，1920 年 11 月 16 日作，1921 年 1 月 10 日《小说月报》第 12 卷第 1 号。

木匠的头儿买了五角钱的纸钱烧了。住在山门外低的小屋里的老婆子们,也有拿了一点点的纸钱来吊他的”,他由此深深体会到这些普通人行为中饱含着的人类间难以分割的相互联络的情感,进而感同身受并含蓄地表达出自己深挚的同情,“我听了这话,像平常一样的,说这是迷信,笑着将他抹杀的勇气,也没有了”。① 如果说在《一个乡民的死》一文中,周作人对人生悲哀、寂寞感的表现尚且较为隐晦,那么在《卖汽水的人》中他的表达就十分坦率了。文中描写了一位平凡的少年,既有天真烂漫之处,又有些狡狯滑头,周作人极为敏感地注意到了少年因作弊而被驱赶后颓唐、忧郁的情绪,“一个寺里的佃户见了他问道,‘那里去呢?’‘回北京去!’他用了高兴的声音回答,故意的想隐藏过他的忧郁的心情”。这一幕场景引发了周作人本人深深的寂寥之感:

> 我觉得非常的寂寥。那时在塔院下所见的浮着亲和的微笑的狡狯似的面貌,不觉又清清楚楚的再现在我的心眼的前面了。我立住了,暂时望着他彳亍的走下那长的石阶去的寂寞的后影。②

我们可以明显地感觉到,《西山小品》中周作人这些情绪的波澜皆为“人间爱”感受的延展。

在乐观表达“人间爱”情感的时期,周作人也曾批判过与“人间爱”相悖的“非人”的情感及观念,不过当时只是出于一种理性的分析。而在写作《西山小品》之时,周作人对“人间”生活与外部世界的感受已发生了较大变化,因病而变得敏锐异常的感受力③,使周作人极

---

① 周作人:《西山小品·一个乡民的死》,原为日文,「西山小品」、「一人の百姓の死」,1921年8月30日作,载『生长する星の群』(《生长的星之群》)第1年12月號,1921年12月15日周作人译为国语,载1922年2月10日《小说月报》第13卷第2号。

② 周作人:《西山小品·卖汽水的人》,原为日文,「西山小品」、「サイダー賣り」,1921年8月30日作,载『生长する星の群』(《生长的星之群》)第1年12月號,1921年12月15日周作人译为国语,载1922年2月10日《小说月报》第13卷第2号。

③ 《梦想者的悲哀——读倍贝尔的妇人论而作》对此时周作人病态的敏感的情状表现得十分突出。1921年3月2日作,1921年3月7日《晨报·副刊》,署名仲密。

其敏感地感受到很多之前往往可以视而不见、听而不闻的负面社会存在,他也因此受到了人类生活中普遍存在的“非人”的社会事务的刺激。在《山中杂信·三》(1921年6月29日作)中,休养中的周作人抱怨每日报章所载社会新闻“总是充满着不愉快的事情”,令神经衰弱的他“见了不免要起烦恼”,有时激动起来甚至会让病体烦躁、发热。[①]其中最为刺激周作人情绪的,是现实生活中人与人之间的心灵“隔膜”,以及因“隔膜”造成的对于他人的蔑视、侮辱,还有视弟兄如无物,“看‘人’,好像是看一张碟子”的可怕的冷淡与漠视。[②] 这些都使周作人在缺乏正当“人间爱”的现实中,亲身承受着种种悲哀、无奈、激愤等情感的折磨。他个人的这些具体的情感与感觉激起当时许多青年文艺家的深深共鸣,如叶绍钧、朱自清等便作出了更为激愤的诉说。周作人对自身情感激荡的表达,集中于新诗《中国人的悲哀》(1921年4月6日作)中:

> 中国人的悲哀呵,
> 我说的是做中国人的悲哀呵。
> 也不是因为外国人欺侮了我;
> 也不是因为本国人迫压了我:
> 他并不指着姓名要打我,
> 也并不喊着姓名来骂我。
> 他只是向我对面走来,
> 嘴里哼着些什么曲调,一直过去了。
> 我睡在家里的时候,
> 他又在墙外的他的院子里,

① 仲密(周作人):《山中杂信·三》,1921年6月29日作,1921年7月2日《晨报·副刊》。

② 周作人:《游日本杂感》,1919年8月20日作,1919年11月1日《新青年》第6卷第6号。

放起双响的爆竹来了。[①]

诗中虽然只是冷静的叙述与客观的现实场景呈现，但身历者精神的痛苦却被无比鲜明地展示出来，这是周作人情感表达的独特方式。

（四）个体生命感的醒悟

在因病而导致个人情感发生转变的时期，周作人的创作中出现了几类新作品，也同时创造出新的情感类型，主要集中于“《病中的诗》系列”（共八首，1921年3月2日—8月28日作）[②]、《山居杂诗》（一至八，1921年6月10日—25日作），以及《山中杂信》（一至六，1921年6月5日—9月3日作）、《西山小品》（一至二，1921年8月30日作）等。这些作品多为病时所作，周作人曾说，“我新诗本不多做，但在诗集里重要的几篇差不多是这时候所作”。[③] 在这一时期出现的新的情感类型中，最明显的是个体生命感的醒悟，可以清晰地看到疾病似乎使周作人首次真正感觉到自己的身体与脆弱敏感的神经，并产生出极其真切、鲜活的生命感受。此类作品的表述方式也与之前作品大不相同，完全是把“我”作为被描述对象，细致地展示及剖析“我”的具体感受，有时甚至完全是“我”在坦率地自我表白，令人联想到周作人所推重的安德列夫《大时代的一个小人物的自白》（1916年出版）主人公

① （仲密）周作人：《中国人的悲哀》，1921年4月6日作，1921年4月17日《晨报·副刊》，1921年4月22日《时事新报·学灯》。

② 周作人《病中的诗》系列，原包括1921年4月4日—4月16日周作人所作三首诗：《过去的生命》（4月4日作）、《中国人的悲哀》（4月6日作）、《歧路》（4月16日作），4月17日周作人作《病中的诗》一文（发表于1921年5月3日《晨报·副刊》），将这些诗命名为《病中的诗》。随后周作人又写作了一批诗作：《苍蝇》（4月18日作）、《小孩》（4月20日作）、《小孩·一、二》（5月4日作）、《对于小孩的祈祷》（8月28日作，原为日文《子供への祈り》）。周作人在1921年《新青年》第9卷第5号中，增添了《梦想者的悲哀——读Bebel的妇人论而作》（3月2日作），将以上诗作按照写作时间编为一至八号，同时发表，皆收于《病中的诗》名下。不过周作人在《新青年》中的解释有些奇怪，他在补充说明（9月5日作）中，自称《病中的诗》原为六首，只是发表于《新青年》时增加了《梦想者的悲哀》与《对于小孩的祈祷》。关于《病中的诗》的细致情况，迄今尚无准确的考证。著者认为周作人这批诗作在观念、主题、情感等方面均较为统一，因此统称为“《病中的诗》系列”，便于总体概括这一时期周作人创作的情感特点。

③ 周作人：《知堂回想录》，引文见第135节《在病院中》，香港三育图书文具公司1970年版，第402页。

Ilja Dementev的真诚自述。①

这种个体生命感的醒悟，首先体现在周作人对自我生命存在的具体知觉上。如果细绎《过去的生命》（1921 年 4 月 4 日作），我们就会发觉，周作人的的确确真实地感受到了时间行进的脚步声，他陈说自己听见三个月的生命永远地走过去的声音，是“沉沉的，缓缓的，一步一步的”：

这过去的我的三个月的生命，那里去了？
没有了，永远的走过去了。
我亲自听到他沉沉的缓缓的一步一步的，
在我床头走过去了。

这是一种真真切切的生命存在的实感，是在以往的中国文学中不易见到的，这种生命的存在感是那样地生动具体、真切实在，以致近半世纪后周作人还历历在目、记忆犹新。当日鲁迅前来探病，周作人出示诗作，鲁迅低声朗读，周氏兄弟二人在病院中切实地感受着生命经过的步履、声响，周作人回忆，这首诗“是根据真情实感……当时说给鲁迅听了，他便低声地慢慢地读，仿佛真觉得东西在走过去了的样子，这情形还是宛然如在目前”。② 诗中，周作人形象地为“时间—生命”画像，尤其是他正拿着笔在纸上乱点，亟亟渴求留下“时间—生命”痕迹的场面，极为生动地刻画出生命流逝、时间缓步走开时人们的无奈与紧张之感，整体描绘极为形象可感、逼人心魄，深深打动了朱自清、沈雁冰等“五四”青年文艺家们③：

① 周作人：《〈齿痛〉译者附记》，1919 年 10 月 30 日作，1919 年 12 月 1 日《新青年》第 7 卷第 1 号。该文收入《点滴》时，周作人对《大时代的一个小人物的自白》的翻译又进行一定增补，载周作人辑译：《点滴》，北京大学出版部 1920 年版，第 177—192 页。

② 周作人：《知堂回想录》，引文见第 135 节《在病院中》，香港三育图书文具公司 1970 年版，第 403 页。

③ 关于《过去的生命》对于朱自清的影响，著者在本书第三章第二节中有专门讨论。沈雁冰在《过去的生命》发表后立刻表达出自己的欣喜之情，在 1921 年 5 月 10 日《时事新报·文学旬刊》第 1 号“文学界消息”栏中陈说，“《学灯》（四月二十二日）上所登仲密的两首诗，我看了真快活得说不出来。诸君细细辨辨滋味，方可知他的好处哩”，署名玄珠。

我坐起来,拿了一支笔,在纸上乱点,
想将他按在纸上,留下一些痕迹,——
但是一行也不能写,
一行也不能写。
我仍是睡在床上,
亲自听他沉沉的,缓缓的,一步一步的,
在我床头走过去了。①

周作人个体生命感的醒悟还表现在痛觉个人的无力之感,这种情绪感受与时代青年们形成鲜明对比,因为此时的青年对自身创造与改变世界的力量高度自信。病中的周作人在《梦想者的悲哀——读倍贝尔的妇人论而作》(1921 年 3 月 2 日作)中坦言"我的力真太小了"②,随后他又在《歧路》(1921 年 4 月 16 日作)中直率地承认自己是"懦弱的人",连较小的力量都没有:

我如果有力量,我必然跟耶稣背十字架去了。
我如果有较小的力量,我也跟摩西做士师去了。
但是,懦弱的人,
你能做什么事呢?③

周作人自陈,自己既不能像跟从耶稣的使徒们那样奔走四方,宣扬宽恕、仁慈以及博大的胞与之爱,并时刻准备身殉大道;也不能如士师般,以严厉的主义与苛刻的信条审判"人间"社会,并不计代价地以血与火的残酷手段革新社会。《歧路》的写作时间正值"五四"社会改

① 周作人:《过去的生命》,1921 年 4 月 4 日作,1921 年 4 月 17 日《晨报·副刊》,1921 年 4 月 22 日《时事新报·学灯》。

② (仲密)周作人:《梦想者的悲哀——读倍贝尔的妇人论而作》,1921 年 3 月 2 日作,1921 年 3 月 7 日《晨报·副刊》。

③ 周作人:《歧路》,载《病中的诗》,1921 年 4 月 16 日作,1921 年《新青年》第 9 卷第 5 号。

造如火如荼之际,但整首诗作的气氛压抑,即便平静的叙述也遮掩不住作者无奈、痛苦与彷徨的情绪,在当时颇受瞩目。①

与个人的无力感同时发生,是此时的周作人突然发现自己"爱"他人的能力是有限的,这虽然和应该无条件地爱所有人类兄弟的"人间爱"理想不太符合,可是又的的确确是他个人切身的实际情感状况。在 1922 年 1 月 18 日所作的《小孩》中,周作人甚至夸张地说,"我初次看见小孩了",也就是说,他正在用新的自觉来看待与对待儿童、女性、他人,当然还有整个人类等,因而其间发生的感觉与情感全都是"初次"的。诗作中周作人无比坦承,他有些苦恼地将其"不彻底"的情感尽情抒发:

一

我初次看见小孩了。
我看见人家的小孩,觉得他可爱,
因为他们有我的小孩的美,
有我的小孩的柔弱与狡狯。
我初次看见小孩了,
看见了他们的笑和哭,
看见了他们的服装与玩具。

二

我真是偏私的人呵。
我为了自己的儿女才爱小孩,

---

① 周作人关于个人的无力之感的表达,亦见《小孩·二》,1921 年 5 月 4 日作,1921 年 5 月 17 日《晨报·副刊》,署名仲密。全诗如下:

小孩·二

荆棘丛里有许多小花,
长着憔悴嫩黄的叶片。
将他移在盆里端去培植么?
拿锄头来将荆棘掘去了么?
阿,阿,
倘使我有花盆呵!
倘使我有锄头呵!

为了自己的妻才爱女人，
为了自己才爱人。
但是我觉得没有别的道路了。①

本诗充分显现了这一时期周作人的情感特点，他一方面发现自己在“人间爱”的实践上无法做到彻底，确实难以贯彻理想化的要求；但同时又清楚地认识到，正是这种“不彻底”的态度与有限的“爱”的感受力，才是其自身真实的人的情感的本貌。

（五）“儿童爱”的情感、感觉类型

在思想逐渐发生变化的同时，周作人关于“人间爱”新感受的发现依然延续。自翻译《小小的一个人》（1918 年 12 月 15 日刊）始，周作人在发现与塑造“人间爱”新感受的过程中，对儿童有着特殊关注，因此面对儿童时的感情抒发在其诗作中始终占有突出比例。尤其是 1921 年 4 月之后，在自身思想业已发生一定变化之时，周作人作了数篇题名为“小孩”的专题诗作，专意抒发“我”看待孩子时的各种情感波动。这一时期的此类诗作表露情感坦白直接，形成了周作人“儿童爱”特殊的情感类型及表达方式——“忏悔与悲哀”“羡慕与崇仰”“有限的爱”等。

“忏悔与悲哀”情感类型及表达方式的出现是与周作人对“小孩的委屈”的判断紧密相连的，此处需稍作解释。“五四”时期，周作人是新的科学儿童观的首要宣导者，他告知中国人，儿童的世界是另一个独立的世界，与成人世界完全不同，而其新诗创作也特意突出地表现这一方面，如《荆棘》（1920 年 2 月 7 日作）与《儿歌》（1920 年 10 月 22 日作）都描绘了成人世界所难以理解的儿童思维与情感。《荆棘》篇中，小孩儿天天啼哭不休，非要在果园周围“添种许多有刺的荆棘”②，《儿歌》中小孩儿啼哭，只是因为“对面杨柳树上的三只黑老鸹，

---

① 周作人：《小孩·一、二》，1922 年 1 月 18 日作，1922 年 1 月 27 日《晨报副镌》。

② 作人（周作人）：《荆棘》，1920 年 2 月 7 日作，1920 年 2 月 15 日《新生活》第 26 期。著者仅是从该诗字面含义出发，将《荆棘》作为一首儿童题材诗歌进行分析，至于该诗对具体政治社会及历史等现象的影射，此处不作详考。

哇儿哇儿的飞去了”。[1] 鲁迅的新诗在表现儿童特殊思维、情感方面尤为生动,《波儿》(1919 年 9 月 7 日刊)中的波儿想要一天内让蔷薇子发芽,而他所遇到的女孩子、男孩子也都在说些“傻话”。[2] 在周作人看来,由于成人对儿童的世界不了解或者无知,因而经常会在无形中“损伤了他们柔嫩的感情,破坏了他们甜美的梦”[3],结果损害了他们的世界。比如《荆棘》中,家里的老头子会恼怒地用荆条痛打小孩一顿,而《波儿》中的波儿、女孩子、男孩子也常会被人们看作愚不可及的“傻小子”。[4] 周作人觉得“小孩的委屈”正是成人的一种罪过,他为自己曾经对于儿童的误解与伤害而“忏悔”。他在首篇以《小孩》(1921 年 4 月 20 日作)为题的诗作中,严肃“忏悔”从前对于小孩吵闹的憎恶,“反觉得以前的憎恶,都是我的罪过了”。[5] 鲁迅在散文诗《我的兄弟》(1919 年 9 月 9 日刊)中,描写成年后的哥哥为幼时踏碎弟弟的风筝而“忏悔”,他会反复诚挚地讲说“我能请你原谅么?”“然而还是请你原谅罢!”[6]鲁迅著此篇,本意是在代表整个成人世界向儿童“忏悔”。与“忏悔”相伴发生的情感是“悲哀”,周作人因儿童在成人世界中遭漠视、受损害而满怀由衷“悲哀”之情,周作人在《小孩·一》(1921 年 5 月 4 日作)中便难以压抑起伏不定的心潮,同时也与受到成人世界伤害的儿童的“哀愁的心”发生共鸣:

我看见小孩,
又每引起我的悲哀,
洒了我多少心里的眼泪:
阿,你们可爱的不幸者,
不能得到应得的幸福的小人们!
……

① 仲密(周作人):《儿歌》,1920 年 10 月 22 日作,1920 年 10 月 26 日《晨报·副刊》。
② 神飞(鲁迅):《自言自语·五 波儿》,1919 年 9 月 7 日《国民公报》“新文艺”栏。
③ 仲密(周作人):《小孩的委屈》,1921 年 8 月 10 日《晨报·副刊》。
④ 神飞(鲁迅):《自言自语·五 波儿》,1919 年 9 月 7 日《国民公报》“新文艺”栏。
⑤ 仲密(周作人):《小孩》,1921 年 4 月 20 日作,1921 年 5 月 12 日《晨报·副刊》。
⑥ 神飞(鲁迅):《自言自语·七 我的兄弟》,1919 年 9 月 9 日《国民公报》“新文艺”栏。

但我也同时体会得富翁的哀愁的心了。①

“羡慕与崇仰”,是周作人面对儿童时的另一种情感类型与表达方式。在周氏兄弟看来,对于这个非理想的世界而言,尚且无垢无染的儿童正是某种意义上的理想的“神明”;而且儿童的未来极其光明,因为他们有机会成为理想化的“真正的‘人’”②,并进入前方的人道的理想世界,即“美的花园”。因此周氏兄弟对于儿童十分“羡慕”,如周作人在《小孩・一》中坦白,“我看见小孩,每引起我的贪欲,想要做富翁了”。③ 当然他们更多的情绪是“崇仰”,周作人庄严地书写了《对于小孩的祈祷》(1921 年 8 月 28 日作):

小孩呵,小孩呵,
我对你们祈祷了。
你们是我的赎罪者。
请你们赎我的罪,
和我所未能赎的先人的罪,
用了你们的笑,
你们的欢喜与幸福,
能够成了真正的“人”的荣誉。
你们的前面有美的花园,
平安的往那边去罢,
从我的头上跳过了,
而且替我赎了那个罪,
我不能走到那边,

① 仲密(周作人):《小孩・一》,1921 年 5 月 4 日作,1921 年 5 月 17 日《晨报・副刊》。

② 周作人:《对于小孩的祈祷》,原为日文「子供への祈り」,1921 年 8 月 28 日作,载『生长する星の群』(《生长的星之群》)第 1 年 10 月號〈ドストエーフスキイ記念號〉(陀思妥耶夫斯基记念号),周作人译为国语,载 1921 年《新青年》第 9 卷第 5 号,著者采用《新青年》中的译文。该诗 1922 年 1 月 7 日周作人重译,收入诗歌合集《雪朝》,文句稍有差异,对此周作人作附记说明,“文学研究会丛书”,商务印书馆 1922 年版,第 47—48 页。

③ 仲密(周作人):《小孩・一》,1921 年 5 月 4 日作,1921 年 5 月 17 日《晨报・副刊》。

并且连那微影也容易望不见了的罪。①

诗中周作人视这些孩子为“神明”并衷心祈祷,祈求这些充满纯洁的“笑”和“欢喜与幸福”且“没有吃过人的孩子”②,当然也将是未来“真正的‘人’”,替“我”辈及先人“赎罪”,并热情地祝福儿童能够越过他们,跳过人类有罪的前史,平安到达“美的花园”——人道的理想世界。这样的祈祷与祝福也见诸此时鲁迅的诗文,尤其是常为时人称引的《随感录·六三〈与幼者〉》(1919 年 11 月 1 日刊)③、《我们现在怎样做父亲?》(1919 年 10 月作)等。④ 关于周作人“有限的爱”的情感波动,前文已作分析,不复赘述。

周作人这一时期抒发“儿童爱”情感的诗作,被“五四”青年文艺家们视为典范性杰作,他对于“儿童爱”的独有观念与个人化的感受方式,成为青年文艺家们思考与创作中积极效法的范式。

(六)与同类、万有生灵的生命共振

周作人对“人间”的生活与“人间”的关系的“发现”,是在访问日本新村时发生的,较为完整地体现在其自 1919 年 7 月始相继完成的《访日本新村记》《游日本杂感》以及诗作《画家》当中。而直到 1920 年后,其他类型的生命形态,即万有生命才进入周作人的视野,进而被纳入描绘与抒情领地,这其实是周作人“人间感”的扩展,进一步扩大及延伸了“人间爱”的感受范围。促动周作人发生这一进展的重要因素有几方面,如受到英国诗人布莱克与日本俳人小林一茶等关于“感受性”的新奇理论及创作实践的启示,还有周作人本人对生命意志等问题的关注。

1920 年 2 月 15 日,周作人编著的《英国诗人勃来克的思想》正式

---

① 周作人:《对于小孩的祈祷》,原为日文「子供への祈り」,1921 年 8 月 28 日作,载『生长する星の群』(《生长的星之群》)第 1 年 10 月號〈ドストエーフスキイ記念號〉(陀思妥耶夫斯基记念号),国语版刊于 1921 年《新青年》第 9 卷第 5 号。

② 鲁迅:《狂人日记》,1918 年 4 月 2 日作,1918 年 5 月 15 日《新青年》第 4 卷第 5 号。

③ 唐俟(鲁迅):《随感录·六三〈与幼者〉》,1919 年 11 月 1 日《新青年》第 6 卷第 6 号。

④ 唐俟(鲁迅):《我们现在怎样做父亲?》,1919 年 10 月作,1919 年 11 月 1 日《新青年》第 6 卷第 6 号。

发表,文中引述斯布勤女士1913年在《英文学上的神秘主义》(CarolineSpurgeon, *Mysticism in English Literature*)中的判断。斯布勤女士将布莱克充满宗教秘义的解说完全世俗化,彻底还原为"人间性"的哲学理念:

> 在勃来克看来,人类最切要的性质……在爱与理解……但因了想象,我们才能理解……勃来克用力的说,非等到我们能与一切生物同感,能与他人的哀乐相感应,同自己的一样,我们的想像终是迟钝而不完全。《无知的占卜》(*Auguries of Innocence*)篇中云——
>
> 被猎的兔的一声叫,
撕去脑中一缕的神经。
叫天子受伤在翅膀上,
天使停止了歌唱。
>
> 我们如此感觉时,我们自然要出去救助了;这并不因被义务或宗教或理性所迫促,只因愚弱者的叫声十分伤我们的心,我们不能不响应了。

斯布勤女士对布莱克作品的解读在"五四"时期极具影响力,常为新文艺家们称引,最初是引起了周作人的关注。周作人很欣赏布莱克的一些新颖思想:一是人与同类、万有生命之间的关联性问题;二是如何扩大人们对"人间"的感受能力的问题,这就是培养"能与一切生物同感,能与他人的哀乐相感应"的"感受性"能力的问题,布莱克称之为培养"想像"。为更清晰地展示布莱克这些独特思想的具体内涵,周作人又完整翻译了《无知的占卜》(现通译为《天真的预言》——著者注)的序诗和一到十联:

> 序
>
> 一粒沙里看出世界,
一朵野花里见天国,
在你掌里盛住无限,

一时间里便是永远。

一—二

一只笼里的红襟雀，
使得天国全发怒。
满关鸠鸽的栅栏，
使得地狱全震动。

三—四

主人门前的饿狗，
预示国家的衰败。
路上被人虐待的马，
向天叫喊要人的血。

五—六

被猎的兔的一声叫，
撕去脑中一缕的神经。
叫天子受伤在翅膀上，
天使停止了歌唱。

七—八

斗鸡剪了羽毛预备争斗，
吓煞初升的太阳。
狼与狮子的叫声，
引起地狱里的人魂。

九—十

随处游行的野鹿，
能使人魂免忧愁。
被虐的小羊，养成公众的争夺，
但他仍宥许屠夫的刀子。①

---

① 周作人：《勃来克的诗》，1918年作，后更名《英国诗人勃来克的思想》，1920年2月15日《少年中国》第1卷第8期“诗学研究号”，后文署明写作时间为1919年12月17日，后收入《艺术与生活》，仍题作《勃来克的诗》，群益书社1931年版。

1920年后的周作人不仅极为欣赏布莱克这些富有意味的说法，更在《山中杂信·四》(1921年7月14日作)中结合了大乘菩萨戒经典《梵网经》中关于普亲观、平等观一些论说，将人与同类、万有生命之间的关联性问题作了进一步申说，认为这些佛学论说与布莱克诗作表达了同一的思想：

> 《梵网经》里还有几句话，我觉得也都很好。如云："若佛子，故食肉，——一切肉不得食。——断大慈悲性种子，一切众生见而舍去。"又云："一切男子是我父，一切女人是我母，我生生无不从之受生，故六道众生皆我父母。而杀而食者，即杀我父母，亦杀我故身：一切地水，是我先身；一切火风，是我本体。……"我们现在虽然不能再相信六道轮回之说，然而对于这普亲观平等观的思想，仍然觉得他是真而且美。英国勃来克的诗道："被猎的兔的每一声叫……"这也是表示同一的思想。①

不过这些说法的宗教神秘气息依然过于浓重，且比较抽象，与具体的"人间感"的感受还有些距离。因此，周作人又从"人间性"至为浓厚的小林一茶(1763—1827年)那里获得更多教益，编著《日本诗人一茶的诗》(1921年7月25日作)，引述沼波瓊音关于小林一茶万有生命观的精彩论断：

> 一茶将动物植物，此外的无生物，森罗万象，都当作自己的朋友。但又不是平常的所谓以风月为友，他是以万物为人间，一切都是亲友的意思。他以森罗万象为友，一切以人间待遇他们。他并不见有一毫假托，似乎实在是这样的信念。
>
> …………
>
> 他将炭等都当做人看。其余跳蚤蚱蜢等小虫，也当真的认作

① 仲密(周作人)：《山中杂信·四》，1921年7月14日作，1921年7月17日《晨报·副刊》。

自己的朋友,咏到诗里去。

一茶对于昆虫类,也倾注热烈的同情。

…………

在他的句集里,咏跳蚤的句子很多,而且并不嫌憎他们……在许多句子里,髣髴他是和跳虱一同游嬉似着的。

…………

……马是畜生,人是万物之灵,这种的思想,在一茶是没有的。①

很明显,小林一茶对于人与万有生命之间关系的见解,是以森罗万象为亲友,并将其作为平等的人类来对待的。周作人愿意接受这样的判断,是因为在他看来,人与万有生命之间的联络,本质上是"人间爱"的情感、感觉的进一步延伸与扩展。这种认知自然会令"人间爱"的感受更为宽阔,亦更具包容性。应该说,对于周作人而言,这种对人与万有生命之间关系的认识,正是帮助人们养成能与同类、万有生命发生相互感应的"感受性"能力的前提。关于"感受性"养成问题,著者已作专论。② 布莱克与小林一茶显然都具有极强的"感受性"的独特能力,而且在个人的生命历程中,均充分践行了"能与一切生物同感,能与他人的哀乐相感应,同自己的一样"的理想。周作人为了更清晰地说明"感受性"能力的问题,又以日本人道主义作家千家元麿为例,直接引述白桦派作家的评论,藉以具体描绘"感受性"的内涵与表现样态。如長与善郎赞扬千家元麿"可惊的感受性",分析了这种"感受性"的内涵,"千家是现今具着希有的'心'的一个人……千家到处因了自己的心,发见别的心与生命。感情是一切——这一句话,在千家实是真理。用了现在希有的。对于自然的真的从顺与对于或物的

① 周作人:《日本诗人一茶的诗》,1921 年 7 月 25 日作,1921 年 11 月 10 日《小说月报》第 12 卷第 11 号。

② 张先飞:《"人"的发现:"五四"文学现代人道主义思潮源流》第三章《"五四"现代人道主义"人间观"研究》,人民出版社 2009 年版。

真的虔敬,千家仿佛是被凭依者一般”。[①] 武者小路实笃则极力描绘了千家元麿“可惊的感受性”的表现样态,并特意展示了这种“感受性”能力所能达到的极致的程度,“千家的同情之深是无比的,但是他心的动摇也是无比的。他过于受外界的刺激。凡是看见或听见的东西,都动他的心底。他的残酷性可以说是全无。只要对手有点窘苦,他便不知道怎样是好。无论对手是蟹也罢,金鱼也罢,老鼠也罢,他总是一样。”[②]

综上,周作人引入人与万有生命之间关联的观念以及“感受性”命题,最终目的是要启示国人培养自身的“感受性”能力,建立审视、感知同类和万有生命的新的视角与方式,以期自然而然地实现人与同类、万有生命的相互感应,周作人以自身“感受性”能力成长的历程为人们如何达成这一目标做出了示范。周作人感知同类和万有生命的情感能力的成长历程,完全反映在其创造活动当中,展现出各种新颖的情感与感觉类型。从布莱克、小林一茶、千家元麿来看,每个人在感知、表现同类和万有生命时,具体的关注指向与表达的特点、方式均有差异,周作人自然也不缺乏个性化的体验与表达。他发现万有生命并与它们发生相互感应,最初是在诗作《慈姑的盆》(1920 年 10 月 21 日作)与《秋风》(1920 年 11 月 4 日作)中:

慈姑的盆

绿盆里种下几颗慈姑、
长出青青的小叶。
秋寒来了、叶都枯了、
只剩了一盆的水。
清冷的水里、荡漾着两三根
飘带似的暗绿的水草。

---

① 周作人:《〈深夜的喇叭〉译者附记》,1920 年 9 月 18 日作,1920 年 12 月 1 日《新青年》第 8 卷第 4 号。

② 周作人:《〈热狂的小孩们〉译者附记》,1920 年 12 月 22 日作,1921 年 10 月 1 日《新潮》第 3 卷第 1 号。

时常有可爱的黄雀、
在落日里飞来、
蘸了水悄悄地洗澡。①

秋风
一夜的秋风、
吹下了许多树叶
红的爬山虎、
黄的杨柳叶、
都落在地上了。
只有槐树的豆子、
还是疎朗朗的挂着。

几棵新栽的菊花、
独自开着各种的花朵。
也不知道他的名字、
只称他是白的菊花、黄的菊花。②

这些景象实在太过普通，但表现在周作人的观察与描画中，给人的印象却好像是小儿初睁双眼，发现了自然中的万有生命，并首次与它们建立起联系，因此所有的感觉与情感完全都是新鲜的，周作人甚至还给予初遇的万有生命以新的命名，“只称他是白的菊花，黄的菊花”。这一时期周作人翻译的日本北原白秋的《凤仙花》和英国洛绥谛女士的《风》③，也是与《慈姑的盆》《秋风》同一类型的诗作。

周作人与万有生命发生真正深刻的感应是在1921年6月西山养病期间，这一时期他完成了组诗《山居杂诗》（1921年6月10日—25

① 仲密（周作人）：《慈姑的盆》，1920年10月21日作，1920年10月26日《晨报·副刊》。
② 仲密（周作人）：《秋风》，1920年11月4日作，1920年11月7日《晨报·副刊》。
③ ［英］洛绥谛女士：《风》，［日］北原白秋的《凤仙花》，仲密（周作人）译，1920年10月28日《晨报·副刊》。

日作），借助诗歌形式作出多层次的表达，显示出其情感体验之深。首先，此时周作人与万有生命间的联系，已不再像小儿初睁双眼时那样仅欢喜、惊异地凝视着新鲜的自然物象，他明显地感觉到自己已然透视到了万有生命中所包含着的世界的"神秘的奥义"：

六

一片槐树的碧绿的叶，
现出一切的世界的神秘；
空中飞过的一个白翅膀的百蛉子，
又牵动了我的惊异。
我仿佛会悟了这神秘的奥义，
却又实在未曾了知。
但我已经很是满足，
因为我得见了这个神秘了。①

这正是布莱克所宣告发现的神秘奥义："一粒沙里看出世界，一朵野花里见天国，在你掌里盛住无限，一时间里便是永远。"②周作人进而敏锐地感受到了自己作为万有生命中的一员与其他生命体之间神秘的联系，他甚至自我感觉已能如"通灵者"般与其他生命体发生感同身受的剧烈的情感共振：

五

不知什么形色的小虫，
在槐树枝上吱吱的叫着。

---

① 仲密（周作人）：《山居杂诗·六》，1921 年 6 月 21 日作，1921 年 6 月 25 日《晨报·副刊》。《山居杂诗》最初发表时篇目与《新青年》第 9 卷第 5 号不太相同，坊间通行本均以《新青年》版为据，本著共引 4 首，编目皆依据最初发表时的形态。

② 周作人：《勃来克的诗》，1918 年作，后更名《英国诗人勃来克的思想》，1920 年 2 月 15 日《少年中国》第 1 卷第 8 期"诗学研究号"，后文署明写作时间为 1919 年 12 月 17 日，后收入《艺术与生活》，仍题作《勃来克的诗》，群益书社 1931 年版。

听了这迫切尖细的虫声，
引起我一种仿佛枯焦气味的感觉。
我虽然不能懂得他歌里的意思，
但我知道他正唱著迫切的恋之歌，
这却也便是他的迫切的死之歌了。①

七

后窗上糊了绿的冷布，
在窗口放著两盆紫花的松叶菊；
窗外来了一个大的黄蜂，
嗡嗡的飞鸣了好久，
却又惘然的去了。
阿，我真做了怎样残酷的事呵！②

八

“苍蝇纸”上吱吱的声响
是振羽的机械的发音么？
是诉苦的恐怖的叫声么？
“虫呵，虫呵！难道你叫着，业便会尽了么？”
我还不如将你两个翅子都粘上了罢。③

可以清晰看到，周作人所感觉到的自身与万有生命间发生的情感联络，实际上主要是对万有生命热烈、紧张而急迫的生命意志——生的挣扎与渴求——所发生的情感共振，这几首《山居杂诗》便作出了最

① 仲密（周作人）：《山居杂诗 · 五》，1921 年 6 月 17 日作，1921 年 6 月 25 日《晨报 · 副刊》。

② 仲密（周作人）：《山居杂诗 · 七》，1921 年 6 月 22 日作，1921 年 7 月 3 日《民国日报 · 觉悟》。

③ 仲密（周作人）：《山居杂诗 · 八》，1921 年 6 月 25 日作，1921 年 7 月 3 日《民国日报 · 觉悟》。

为坦白的述说:周作人自陈虽听不懂槐树枝上小虫迫切尖细叫声的含义,但是却感觉到自己能对这小小生命迫切的求生欲望产生感同身受的情感共鸣,即“引起我一种仿佛枯焦气味的感觉”;而苍蝇垂死挣扎的恐怖叫声也会令作者感受到深切的折磨,被迫在无奈中发出慨叹,“我还不如将你两个翅子都粘上了罢”;同时一只黄蜂的“惘然”也让作者感到惘然……不过我们必须清楚地认识到,虽然周作人本人确实出现了一些十分强烈的情感震荡,但他所自信的“感同身受”,事实上却包含有很多想象的成分。究其根本,这种形态的情感活动的出现与周作人这一时期对于生命意志的重视密不可分①,在某种意义上可视为其个体生命感醒悟的另一种表现形态,是病中的周作人自己的尖锐急迫的生之歌。其实回到 1918 年“五四”作家“发现”与描绘“自然”之初,鲁迅已通过新诗《桃花》(1918 年 5 月 15 日刊)中戏谑的话语告知人们,我们所自信的“感同身受”只是自身感觉、情感的投射,因为“花有花道理,我不懂”。②

最后仍需补充的是,“五四”时期较缺乏对单纯的“自然”物性的发现,“五四”的“自然的发现”是一种非常特殊的现象,基本是在“人间性”与“人间感”的发现范围之内,成为“人间性”与“人间感”发现中不可或缺的重要组构。因创作写景诗颇引人注目的俞平伯对此有十分清楚的说明,在他致其他新潮社成员论诗的书信中,还专门着重申说不提倡“纯写景诗”,俞平伯强调说:“我并不反对做描写自然的诗,我是反对仅仅描写自然。我相信主观这方面,在文学上要比客观更重要。自然界在文人眼睛里脑筋里是人化的自然……因为假使自然不是人化的,那么人的文学的一部分——诗——中间就不能把他来做材料。我想把自然界摆入‘诗囊’,所以要把他加些情绪想象的色彩。原来自然和人生本不是两个东西,人类本是自然界一小部分,所以就人

① 仲密(周作人):《新希腊与中国》,1921 年 9 月 29 日《晨报·副刊》;仲密(周作人):《民众的诗歌》,1920 年 11 月 21 日《晨报·副刊》。

② 唐俟(鲁迅):《桃花》,1918 年 5 月 15 日《新青年》第 4 卷第 5 号。

化了他，其实还是自然的自然。”①朱自清对此十分赞同，他在为俞平伯的首部新诗结集《冬夜》作序时，进一步归结为，俞平伯之所以反对“纯写景诗”并强调作写景诗“必用情景相融的写法”，完全是因为俞平伯明确认识到新诗要表现“迫切的人的情感”的内在规定性。②

（七）“两性间的恋慕”的情感、感觉类型

周作人从未曾忽略“两性间的恋慕”的感受，不过最初他并未尝试表达，只是介绍了几位青年文艺家对这种感受的发现与抒写。事实上，“五四”时期周作人在自身不断发现新情感、新感觉并为之塑型的过程中，始终敏锐地注视着新青年与新文坛，细致地观察着新的感觉与情感类型的出现，并及时宣扬推广。如在汪静之等自费出版诗集《湖畔》后，周作人曾著文介绍，突出强调这些新青年在提供新的感受形态上所作的贡献，“我在这里只说这一句话：他们的是青年人的诗；许多事物映在他们的眼里，往往结成新鲜的印象，我们过了三十岁的人所承受不到的新的感觉，在诗里流露出来，这是我所时常注目的一点”③。可以看到，周作人主要肯定了湖畔诗人对“两性间的恋慕”/“恋爱”这一情感类型的塑型。数月后周作人撰写了《情诗》（1922 年 10 月 12 日刊），以专文阐明情诗的重要性，表现出他对情诗的独特理解与偏好，他不仅清晰指出“诗本是人情迸发的声音，所以情诗占着其中的极大地位正是当然的”，并且对“恋爱”的形而上本质与情感含蕴细加解说，认为“性爱是生的无差别与绝对的结合的欲求之表见，这就是宇宙间的爱的目的……恋爱因此可以说是宇宙的意义，个体与种族的完成与继续。我们不信有人格的神，但因了恋爱而能了解‘求神者’的心情，领会‘入神’（Enthousiasmos）与‘忘我’（Ekstasis）的幸福的境地……实在恋爱可以说是一种宗教感情。爱慕，配偶与生产：这是极平凡，极自然，但也是极神秘的事情”④。

① 俞平伯：《俞平伯来信》，1920 年 1 月 19 日作，1920 年 5 月 1 日《新潮》第 2 卷第 4 号《通讯》栏。

② 朱自清：《〈冬夜〉序》，1922 年 1 月 23 日作，载俞平伯：《冬夜》，上海：亚东图书馆 1922 年版。

③ 仲密（周作人）：《介绍小诗集〈湖畔〉》，1922 年 5 月 18 日《晨报副镌》。

④ 作人（周作人）：《〈自己的园地〉十九　情诗》，1922 年 10 月 12 日《晨报副镌》。

半年后的1923年4月5日，周作人也尝试初作情诗①，写成《她们》《高楼》两首风格特异的小诗，回忆多年前对几位女子的私心恋慕，诗中尽写了“苦甜”的恋爱感受、单思者对爱人的神秘憧憬与美好想象，以及恋慕者此后长久难以释怀、无法忘却的情思：

高楼②
那高楼上的半年，
她给我的多少烦恼。
只如无心的春风，
吹过一棵青青的小草：
她飘然的过去了，
却吹开了我的花朵。
我不怨她的无情，
长怀抱着她那神秘的痴笑。

她们③
我都感谢她们，
谢她给我这苦甜的杯。
…………
她俩的面庞都忘记了，
只留下一个朦胧的姿态，
但是这朦胧的却最牵引我的情思。
我愈是记不清了，
我也就愈不能忘记她了。

两首诗作的表现方式的确十分别致，而这正彰显出周作人诗歌情

① 参见周作人为新诗《她们》《高楼》所作附记，“我平常很赞成青年人做情诗，但是自己做诗还是初次”，1923年4月5日作，载1923年4月9日《晨报副镌》，署名槐寿。

② 槐寿（周作人）：《高楼》，1923年4月5日作，1923年4月9日《晨报副镌》。

③ 槐寿（周作人）：《她们》，1923年4月5日作，1923年4月9日《晨报副镌》。

感表达的优胜之处，极难企及。周作人的诗艺擅长运用悖论、反语等貌似自相矛盾式的表达手段，能够出人意料并异常准确地完成对各类“人间爱”感受的描摹。

综上，这些表现“人间爱”、生命感醒悟、“儿童爱”、人与万有生命的共振、恋爱等情感类型的作品，其中的情感内涵及表达方式都是周作人的纯粹个人化精神体验的特殊表现。但是，它们在“五四”青年文艺家的精神成长与情感养成历程中却产生了普遍性的影响，其感染力之强，以致这些青年文艺家中的每个个体在其“人间感”的发现之旅中竟均循道而趋，合力建造普遍性的“人的文学”的情感范式与表达方式。需要强调说明，“五四”“人的文学”家们对于“人间感”的发现及表现的过程，其实已跨越了周作人思想变化的两个阶段，即从热衷新村式的理想主义改造运动，到痛感无力，进而退回“胜业”与“自己的园地”。不过新文学的年轻作者，这些视周作人为导师的拥趸们正在理想改造的热浪中目醉神迷，既未关注，同时也根本不了解周作人的思想变化，他们只是惊异于周作人对于世界及个体生命不断产生的新颖发现，并急切分享着周作人不时为新文坛提供的新鲜的生命体验，以及具体而微的人生感受。因此，周作人个人精神虽已发生转变，但其对新情感、新感觉的发现与塑型，仍深刻影响着青年文艺家对“人间”生活、“人间”关系的体察与表现，促动着“人的文学”的情感世界与感觉世界的建构。

最后需要简单审视下“人的文学”的另一位领跑者——鲁迅所关注的情感领域。面对漠视“人间爱”的黑暗中国，鲁迅难以抑制悲凉无奈与激愤绝望的情感。鲁迅首先借狂人之口痛斥中国血淋淋的吃人史，情绪异常激烈，刺人心脾，道出吴虞等“新青年”派以及大批新青年的心中之痛，所获反响热烈①；之后鲁迅便进一步一点点地残酷揭示“人间”“隔膜”的真实惨景，不断激起国人灵魂的震撼与情感的战栗，

---

① 鲁迅：《狂人日记》，1918 年 4 月 2 日作，1918 年 5 月 15 日《新青年》第 4 卷第 5 号。

当时的文坛青年对此印象极深。① 不过在这些创作中，作者个体坦白直接的情感表达却付之阙如。同这些写作相比，鲁迅对于"人间爱"理想的正面情感虽有所表达，但次数实在屈指可数，如《一件小事》（1919年11月作）中叙事主人公的坦诚表白，新诗《桃花》（1918年5月15日刊）对万有生命真率的关怀，《故乡》（1921年1月作）、《社戏》（1922年10月作）中关于农村小友的温暖的童年记忆，以及对多年未见的成年闰土的想象等，不过依据作者对作品的整体设计，在这些作品中叙事主人公偶尔显现"人间"挚爱的目的却仍是为衬托现实的可怕狰狞。可是，换个角度来看，在作品中无情暴露"人间"的彻骨冰冷，其实也反衬出暴露者鲁迅内心的炽热，以及其对于"人间爱"遍寻不得的急切与悲苦。总体而言，鲁迅式的"人间爱"情感主题的表述，以另一种方式在青年文艺家心中产生愈见惊人的影响。

四、叶绍钧："爱的生命"的创造进化与阻隔

关于"人间爱"的发现主题，叶绍钧的文学表现最为丰富，观察细致的他对正、反两面类型的情感均有深刻的挖掘与反映。《隔膜》系列中的主体是正面情感类型的表现，而且浓墨重彩、工笔细描，极富感人力量，有三部反映亲子挚爱的短篇小说《伊和他》（1920年8月12日作）、《母》（1920年10月2日作）、《萌芽》（1921年1月8日作）较为突出，其中哲学意味颇浓的《伊和他》深受沈雁冰推重。② 事实上，身

---

① "五四"前期沈雁冰对鲁迅的认识是相当准确深刻的，如他对《故乡》的"隔膜"主题的清晰判断，"过去的三个月中的创作我最佩服的是鲁迅的《故乡》（《新青年》九卷一号）……我觉得这篇《故乡》的中心思想是悲哀那人与人中间的不了解，隔膜。造成这不了解的原因是历史遗传的阶级观念"。而且沈雁冰还敏锐地看到此时鲁迅的人道主义情怀，在他看来，鲁迅虽然对现在失望，但对于将来却不曾绝望，怀有"'新生活'的理想"。《评四五六月的创作》，1921年8月10日《小说月报》第12卷第8号，署名郎损。

② 叶绍钧的短篇小说《母》在1921年1月10日《小说月报》第12卷第1号发表时，雁冰（沈雁冰）加注，向读者推荐《伊和他》："圣陶兄这篇创作，何等地动人，那是不用我来多说，读者自能看得出。我现在是要介绍圣陶兄的另一篇小说名为《伊和他》的，（登在《新潮》）请读者参看。从这两篇，可看见圣陶兄的著作中都有他的个性存在着。"

处新理想主义时代，受到约翰·杜威哲学讲座等的启发[①]，叶绍钧对柏格森的生命哲学笃信非常[②]，形成了他对于人的生命本质、生命意识、生命成长，以及“爱的哲学”观的独特思考，也由此影响到他的文艺观念思考与创作倾向，使其成为“人的文学”潮流中最具哲思深度的成员之一。

借助于柏格森的生命哲学，叶绍钧认识到，生命的真实状态存在于不断流淌着的永无中断的时光之流当中，这是“真的时间”，或曰“绵延”，而且生命的流动进程正是一个不断创造与进化的过程。按照这一理解，“五四”现代人道主义者所开启的“人的发现”，其重大贡献就在于否定并截断传统中国思想伦理等对生命意识及生命成长的阻碍，并促动国人重新发现“绵延”的生命的真实状态，以及生命意志的本质——“爱的生命”，从而开启人类新的生命进程。

叶绍钧在《伊和他》这部作品中，不仅显示出其已从哲学观念层面上认识到生命的真理，更为关键的是，该作品充分表现出叶绍钧确实已从感觉与情感上真切地体会到了生命的真实：生命便是生动的、绵延不断的时间之流，在此过程中，“爱的生命”不断充实与生长，进而实现了自身的创造进化。这篇小说大量使用柏格森哲学的术语，如“真时”“变化长进”“绵延”“进化”等，具体而微地描绘出“爱的生命”的“流动”及“创造进化”的实际形态。其中所包含的热情、欣喜、激动与迷醉，正是叶绍钧的生命实感，源于他真真切切地体验到了人的生命

---

① 1916年4月7日、8日叶绍钧已有阅读《教育杂志》所载的布格逊传、郁根传的记录，据著者考证，应为1916年1月15日《教育杂志》第8卷第1号中的《法国大哲学家布格逊传》(为连载之一)、1916年3月15日《教育杂志》第8卷第3号《德国大哲学家郁根传》(为连载之一)，均为钱智修所编著，叶绍钧在日记中论及两位新理想主义哲学家的观念，如“布格逊所谓创造的进化”(见1916年4月8日日记)。“五四”时期约翰·杜威对于柏格森的系统介绍，也对叶绍钧具有一定影响。自1920年3月5日晚8时开始，至3月23日结束，约翰·杜威在北京大学作了名为《现代的三个哲学家》的系列讲演，分论美国的威廉·詹姆斯、法国的亨利·柏格森、英国的伯特兰·罗素，由胡适口译，伏庐(孙伏园)笔记，逢每周二、五晚8时，分6次讲完，连载于1920年3月8日至27日《晨报》。又载1920年3月11日至4月30日《北京大学日刊》，此为敬轩(吴康)笔记。

② 关于新理想主义在“五四”中国传播的基本情况，参照张先飞：《“人”的发现：“五四”文学现代人道主义思潮源流》第一章《“五四”新理想主义观研究》中的细致考证及论述，人民出版社2009年版。

在“爱”的推动下不断创造进化的真实状态：

温和，慈爱的灯光，照在伊丰满，浑圆的脸上；伊的灵活，有光的眼，直注在小孩——伊右手围住他的小腿，左手指抚摩他柔软的头发——的全身，自顶至踵，无不周遍；伊的心神渗透了他全身了。……伊抱他在怀里，就抱住了全世界，认识了全生命了。

他经伊抚摩头发，回头看着伊，他脸上显呈出来的意象，仿佛一朵将开的花。他就回转身来，跪在伊怀里，举起两只小手，捧着伊丰满的面庞，还将自己的面庞凑上去偎贴着，叫道，“妈！”小手不住的在伊脸上轻轻的摩着，拍着。这是何等的爱，何等的自然，何等的无思虑，何等的妙美难言！

钟摆的声音，格外清脆，发出一种均匀的调子，给人家一个记号，指示那生命经历“真时”，不绝的在那里变化长进。伊和他正是这个记号所要指示的；他们的生命，他们的爱，他们爱的生命，正在那里绵延的，迅速的进化哩。①

叶绍钧的另一部短篇小说《萌芽》，仿效了周作人所译瑞典A. Strindberg（现通译为斯特林堡——著者注）的短篇小说《改革》（《新青年》1918年8月15日第5卷第2号）的故事框架。但与斯特林堡略带恶感讽刺新人的立意迥异，《萌芽》描写因爱结合的新青年怀孕生育的过程，这使他们对于爱与生命有了深刻的新体验。作品细致描写了这对年轻夫妇，尤其是母亲对于另一新的生命体的神奇体验，以及当感受到生命间神秘的爱的联络时所产生的强大震撼，同时孕育的长期进程也成就了他们自己“爱的生命”的创造与进化。小说中对他们的神秘体验与生命成长的细腻描绘，显示出作者叶绍钧自己对于新的“人间感”的神奇发现与感动，因为整部作品完全是叙事者如身历其境般，细致入微地描述着年轻夫妇“爱的生命”流动与不断充实生长的过程，完全可看作是著作者在直接表白自身的发现与感悟：

① 叶绍钧：《伊和他》，1920年8月12日作，1920年9月1日《新潮》第2卷第5号。

伊愁容忽散，发出虔敬的，忏悔的语音道："愿我的良心恕我的罪恶！更愿我仅有这一次罪恶！新生的萌芽寓有你我的生命，也即寓有人类的生命。我们爱人类，——自己也在内——就应当爱这萌芽。他若是来了，我们既以血液栽培他，自当诚意地将护他，使他抽出挺拔的条，开出美丽的花来。"母性的爱充满伊的眉宇，慈祥而悦乐，不可描写，虽然伊为母与否还不曾确定。那先前的种种忧虑此刻退出了伊的思想范围了。

他全身沐浴在一种不可名言的感动里，说不出什么，只紧紧地握住伊的手。……

胎儿第一回的震动将伊的猜想证实了。不可避免的事故真来了。伊不觉得惶恐，只觉有一种新鲜的爱对于伊自己：因为伊的生命里包含着一个新的生命，一枝射向无尽的箭。

…………

伊感觉小足踢腹壁了，——或者是小臂在那里伸缩——有时从此至彼竟有四五寸距离。伊又陶醉似地安慰："他真长得完全了，多活泼，多精神呀！"同时更有一种奇异的心思不绝地侵入伊的脑海。"我有怎么一种能力，能使他五官，四肢，脏腑，血液，完全无缺？而且他有心灵，什么时候赋他的呢？白天么？梦中么？刚有朕兆的时候么？小足小臂舞动的时候么？这是一个大神秘，不可思议。惟其如此，越是欣欣地，急急地，要欢迎那大神秘的产物！"伊更想："我的环境将变了：将有一个新生的人伴我，做我的接续者。这也是神秘的事呀！"

…………

伊经过了乏极的睡眠醒来，眼皮似乎很重，只能张开一线，看护妇抱一个新生的婴儿给伊看。那婴儿鲜红的脸庞上有极柔软的短黄毛，乌黑的眼珠作无目的的瞪视。伊忽有感动，晶莹的泪珠从伊的眼眶渗了出来。……①

① 叶绍钧：《萌芽》，1921年1月8日作，1921年3月10日《小说月报》第12卷第3号。

叶绍钧的短篇小说《母》则描写因出外工作而无法照顾自己孩子的女教师梅君的精神痛苦。全篇着力描绘母子亲爱被强行阻断后，母亲的痛楚与失魂落魄，以此表现那种不可分割的强烈的生命联系。梅君痛楚到何种程度，也就显示出其“爱的生命”达到怎样的深度与强度。这种爱而不得的痛苦是“爱”的情感的另一种表达形式。全篇体现出叙事者深挚的人间关怀与感同身受的人道体察，具有了不逊于《小小的一个人》等国外人道主义杰作的意蕴与情怀。①

当然表现亲子之爱尚有其局限性，因为虽极为深刻，但毕竟还缺乏普遍性的概括力。叶绍钧 1921 年 2 月之后的几部短篇小说便对此作了较好的补充，集中表现已觉悟者对于人与人之间实现爱的联络，进而达成感情相通并相互融汇等理想境界的强烈渴望。小说《隔膜》（1921 年 2 月 27 日作）是从反面的情感类型进行表现的，叙事者对中国社会的庸常生活感到十分气闷，因为他只能看到现实中人与人之间关系的那种毫无意义、毫无内容的真实样态，如亲友对坐却无话可说，或言不及义；酒宴之上，热闹非常，却只是像预先录制好的蓄音器的片子的机械播放，或傀儡戏的扮演；还有茶馆中“讪笑，诽谤，滑稽，疏远”的空气和满座中无意义、无结果的生命的空壳……小说将不同场景接续展现，显示出来自大地方的叙事者似乎忽然惊骇于自己新的发现，即存在于现实生活中的种种可怕的“隔膜”景象，并痛感一切生命活动似已僵化，毫无生气勃勃、舒畅流动的迹象……叙事者对这一发现的情感反应极为强烈，“我如漂流在无人的孤岛，我如坠入于寂寞的永劫，那种孤凄彷徨的感觉，超于痛苦以上，透入我的每一个细胞，使我神思昏乱，对于一切都疏远，淡漠。我的躯体渐渐地拘挛起来，似乎受了束缚”②。

还有一些作品，如短篇小说《绿衣》（1921 年 3 月 11 日作）、《疑》

---

① 圣陶（叶绍钧）：《母》，1920 年 10 月 2 日作，1920 年 11 月 21 日《晨报·副刊》。

② 圣陶（叶绍钧）：《隔膜》，1921 年 2 月 27 日作，1921 年 3 月 16—19 日《京报·青年之友》。

(1921年4月10日作)等,则对人们渴望人类因爱而融合的强烈吁求作出了直接明确的表述。在《绿衣》中,叙事者十分焦急地等待着绿衣人邮差的到来,究其原因,正是由于叙事者渴求能通过书信文字的联络,实现与“世界的人们”无隔绝地交流以及在灵魂上真正“会晤”的目的。他感到,如此便能与世界上的人们“没有分别,只是一体”,而在此过程中,自己的生命与精神也自然会得到扩大与升华:“我总是个光明的,真实的,快乐的我。”作品对以上心理活动作出了生动的描绘:

> 倘若今夜那绿衣的人依旧推开我的室门,喊一声“先生,邮件来了”,我此刻不是很幸福的人么?
>
> 他若是来了,我此刻不是读信看书报,便是作寄人的信,正游心于极乐之天呢。读的写的是文字,这不过器具罢了,我把来应用,心理必不觉得有文字;我将与世界的人们为灵的会晤,我将给他们以灵的答话,我和他们且将没有分别,只是一体。我于是扩大了,超升了,虽然在狂风孤灯的夜里,破窗黯壁的室中,我总是个光明的,真实的,快乐的我。

虽然叙事者的渴望如此强烈,但身负实现“同类之爱”重大使命的绿衣人却迟迟未至,使叙事者深感“伸出了两手求他人把握”而不得的极端失落。叶绍钧细致地描绘了叙事者在等待与期盼之时无比焦灼,以致痛苦难耐的精神状态与情感反应:

> 他竟不来!我的心如一个人伸出了两手求他人把握,筋骨都酸痛了,而没有一只手来相接触。又如漂流孤岛,长呼求援,喉咙几破了,只闻唯一的,幽默的,自己的呼声,而没有有望的答音。那些都可以使人起一种想念,以为环绕于己的应是虚空梦幻,怪异莫测,而己身已沉沦其中。现在的我不就是这样么?①

---

① 圣陶(叶绍钧):《绿衣》,1921年3月11日作,1921年3月19、20日《晨报·副刊》。

实际上，叙事者如此激烈的情感反应，以及他对自己当下境遇的形象比喻，立刻就会使当时的"五四"新人联想起周作人所绍介的安德列夫《大时代的一个小人物的自白》，使他们再次痛感安德列夫作品中那一幕幕令人窒息的血腥屠杀及噩梦场面的可怕冲击，并即刻饱含泪水地与主人公一起热切地祷告，痛苦地期盼着人类之间实现牵手的一天。[①] 而《绿衣》的作者又何尝不在痛苦地祈祷呢？

（原载《河南社会科学》2016 年第 4 期）

---

① 参见周作人：《〈齿痛〉译者附记》，1919 年 10 月 30 日作，1919 年 12 月 1 日《新青年》第 7 卷第 1 号。该文收入《点滴》时，周作人对于《大时代的一个小人物的自白》的翻译又进行了一定增补，载周作人辑译：《点滴》，北京大学出版部 1920 年版，第 177—192 页。

第三章 “五四”作家的“人间性”“人学”思考

第一节 从普遍的人道理想到个人的求胜意志：论“五四”前后周作人“人学”观念的一个重要转变

引　言

关于周作人思想的变迁，一般的看法是，1927年是最为显著的分水岭。研究者们普遍认为自1927年之后，由于黑暗现实的压迫，周作人的思想发生了巨大的逆转。诚然这种逆转的痕迹确实非常明显，而且周作人1927年前后思想的反差之大颇令人瞠目结舌，但这种逆转并不是突然发生的，仿佛周作人一夜之间猛然由积极乐观转向消沉没落。实际上，早在“五四”落潮后不久，周作人思想的转变就已经开始，到了1924年他的思想变化就已非同小可了，并基本形成了与“五四”时期迥然不同的思想观念与人生态度。而周作人1927年之后的思想变动只不过是把19世纪20年代前期就已形成的思想观念和人生态度进一步明朗化和扩大化了。关于周作人在19世纪20年代前期的思想转变，本文只选择了其中的一条线索——“从普遍的人道理想到个人的求胜意志”加以重点分析。这个分析当然是不全面的和不成熟的，因而并不敢奢望它有“窥一斑而知全豹”的意义。但它至少从一个侧面显示出周作人1927年之后鲜明昭著的大逆转，其实是“冰冻三尺，非一日之寒”，并非像一般所理解的那样突然和意外。

1918 年 12 月 15 日周作人发表了《人的文学》，在文中他试图提出一套较有系统的“人学”观念，这种“人学”观念实际上包含着两部分：一部分是有严格的实证科学基础的自然人性论，它是以灵肉一元观为核心的；另一部分是人道主义的社会—道德理想，它来源复杂，是经过整合后形成的。这两部分并未完全统一起来。

自然人性论是以进化论影响下的生物学与人类学为基础的，其核心思想是灵肉一元观，这种灵肉一元观，周作人在《人的文学》中表达得很清楚，他说我们要提倡人的文学，必须先把什么是人，略加说明，紧接着周作人解答了这个问题：

我们所说的人，不是世间所谓“天地之性最贵”，或“圆颅方趾”的人。乃是说，“从动物进化的人类”。其中有两个要点，(一)“从动物”进化的，(二)从动物“进化”的。

我们承认人是一种生物。他的生活现象，与别的动物并无不同。所以我们相信人的一切生活本能，都是美的善的，应得完全满足。凡有违反人性不自然的习惯制度，都应该排斥改正。

但我们又承认人是一种从动物进化的生物。他的内面生活，比别的动物更为复杂高深，而且逐渐向上，有能够改造生活的力量。所以我们相信人类以动物的生活为生存的基础，而其内面生活，却渐与动物相远，终能达到高上和平的境地。凡兽性的馀留，与古代礼法可以阻碍人性向上的发展者，也都应该排斥改正。

这两个要点，换一句话说，便是人的灵肉二重的生活。古人……以为人性有灵肉二元，同时并存，永相冲突。肉的一面，是兽性的遗传；灵的一面，是神性的发端。……到了近世，才有人看出这灵肉本是一物的两面，并非对抗的二元。兽性与神性，合起来便只是人性。……

我们所信的人类正当生活，便是这灵肉一致的生活。所谓从动物进化的人,也便是指这灵肉一致的人,无非用别一说法罢了。[①]

从周作人的这些表述中可以看到,这种灵肉一元观,首先,承认人是动物性存在,即人是"从动物进化的",从而承认人的自然本能、自然欲求以及现世生活的合理性,肯定人的求生意志。其次,特别重要的是,人这种动物又有其他动物所缺乏的"内面生活"——精神生活。虽然"人类以动物的生活为生存的基础",但人的精神禀赋使他在进化途中"渐与动物相远,终能达到高上和平的境地",并有"能够改造生活的力量"。按照进化的原则,每一自然的事物都有理想的发展,而人类正是一种出于自然而又能超越自然的存在。

周作人在对灵肉问题的论述中,最后的落脚点总是落在道德问题的范围内,实际上在《人的文学》中周作人是把他所定的人的精神生活的规范的原则限定在道德问题上的,其他方面的问题并未涉及。所以可以认为关于灵肉问题的论述,实际上就是周作人的建立在自然人性论基础之上的道德观——自然主义道德观的核心思想。为了说明问题,周作人首先是用消极的排除法来划定正面的道德的界限,"凡兽性的馀留,与古代礼法可以阻碍人性向上的发展者,也都应该排斥改正",由此周作人把"人道以下或人力以上的因袭的礼法"[②]和"超人间的道德"[③]排除在自然主义的道德观之外,当然这只是周作人的道德观的下限。在划定正面的道德界限后,周作人又以两性之爱与亲子之爱为例,具体演示了这种自然主义的道德观建立的方式与过程。关于亲子之爱,周作人除了在《人的文学》之外,在《祖先崇拜》(1919 年 2 月 23 日)一文中也加以了阐述,他想要反驳倒行逆施的祖先崇拜,先说明了自己建立新的道德的理论基础:"我不信世上有一部经典,可以千百年来当人类的教训的,只有记载生物的生活现象的 Biologie(生物学)才可供我们参考,定人类行为的标准。"[④]在《人的文学》中,周作人

① 周作人:《人的文学》,1918 年 12 月 7 日作,1918 年 12 月 15 日《新青年》第 5 卷第 6 号。
② 周作人:《人的文学》,1918 年 12 月 7 日作,1918 年 12 月 15 日《新青年》第 5 卷第 6 号。
③ 周作人:《人的文学》,1918 年 12 月 7 日作,1918 年 12 月 15 日《新青年》第 5 卷第 6 号。
④ 仲密(周作人):《祖先崇拜》,1919 年 2 月 23 日《每周评论》第 10 期。

就用这样一种自然主义的道德观对亲子之爱作了具体的分析：

> 照生物现象看来，父母生子，正是自然的意志。有了性的生活，自然有生命的延续，与哺乳的努力，这是动物无不如此。到了人类，对于恋爱的融合，自我的延长，更有意识，所以亲子的关系，尤为深厚。近时识者所说儿童的权利，与父母的义务，便即据这天然的道理推演而出，并非时新的东西。①

就这样周作人根据“祖先为子孙而生存的生物学的普遍事实”②（即自然律——著者注），说明了这样一种伦理关系——“父母生了子女，便是他们（父母）的义务开始的日子，直到子女成人才止”③，“祖先为子孙而生存，所以父母理应爱重子女，子女也就应该爱敬父母”。④

由于周作人这种自然主义道德观贯穿着近代自然科学的实证精神和推理方法，因此我们也可以把他的这种建立在自然人性论基础之上的道德观，称作“科学的”道德观。一方面，它是切实、现时可行的，可以解决现时的生存问题；另一方面，它可以说是无阶级性、无国界的，因而也是普遍适用的。

可以说自然人性论是周作人全部的“人学”观念的基础，由此出发，周作人试图建立一种能够调节人类关系的社会—道德理想，这种社会—道德理想是以人道主义为核心的，因而可称之为人道主义的社会—道德理想。对此周作人从什么是“人”的理想生活（也就是新村主义所讲的“人的生活”的理想）谈起：

> 这样“人”的理想生活，应该怎样呢？首先便是改良人类的关系。彼此都是人类，却又各是人类的一个。所以须营一种利己而又利他，利他即是利己的生活。第一，关于物质的生活，应该各尽

---

① 周作人：《人的文学》，1918 年 12 月 7 日作，1918 年 12 月 15 日《新青年》第 5 卷第 6 号。
② 周作人：《人的文学》，1918 年 12 月 7 日作，1918 年 12 月 15 日《新青年》第 5 卷第 6 号。
③ 仲密（周作人）：《祖先崇拜》，1919 年 2 月 23 日《每周评论》第 10 期。
④ 周作人：《人的文学》，1918 年 12 月 7 日作，1918 年 12 月 15 日《新青年》第 5 卷第 6 号。

人力所及,取人事所需。……第二,关于道德的生活,应该以爱智信勇四事为基本道德,革处一切人道以下或人力以上的因袭的礼法,使人人能享自由真实的幸福生活。这种“人的”理想生活,实行起来,实于世上的人无一不利。……这真可说是二十世纪的新福音了。①

这是一种兼容了利己和利他的人道主义,周作人称之为“个人主义的人间本位主义”。② 应该说,与自然人性论相比,这种人道主义的社会—道德理想虽然显得更为美好,但却缺乏科学根据,只是一种理想。为了弥补这个缺陷,周作人试图把它和以灵肉一元观为中心思想的自然人性论联系起来,仿佛二者之间有一种必然的逻辑关系。但其实,一个是对人性之“自然”的肯定和认同,另一个是超越自然的“理想”,从“自然”到“理想”之间不仅存在着巨大的差距,而且横亘着逻辑上无法逾越的鸿沟,因而周作人要把它们嫁接在一起,就显得非常勉强。即使撇开逻辑上的困难不谈,单就实践而言,人道主义的社会—道德理想也远比自然人性论困难得多。这里不妨看看日本新村运动的情形。众所周知,周作人曾一度对新村主义非常热心,这是因为新村运动恰恰是周作人所钟情的人道主义的社会—道德理想的一次社会实验,其主要目标就是要用这种理想来解决社会问题。这样一个社会运动是相当理想化的,它讲求手段与目的、过程与结果都要统一于理想的准则上,并且社会改造的基础落实在个人的理性、自觉、个人道德修养的自我完善上(这是极为理想化的条件,是没有现实的确实依据的)。这使它具有了巨大的道德感召力量。从这个意义上说,它与任何一次新的、革命性的宗教运动在方式上极为一致。但问题在于新村运动的领袖们恰恰忽视了任何具有道德价值的宗教或社会理想的成功,必须借助于世俗权力(包括组织形式及其运作),否则为追求道德、理想的完善与纯洁性而否定在实践过程中与所采取的手段中

① 周作人:《人的文学》,1918 年 12 月 7 日作,1918 年 12 月 15 日《新青年》第 5 卷第 6 号。
② 周作人:《人的文学》,1918 年 12 月 7 日作,1918 年 12 月 15 日《新青年》第 5 卷第 6 号。

会出现的暴力流血、非人道的行为，结果必定会失败，基督教与新教的成功便是极好的例子，而新村运动却因为缺乏现实的基础而失败了。

我们说从1918年到1920年人道主义的社会—道德理想及其实践——新村运动是为周作人所信仰的，他在这两年间的主要活动就是宣传这种社会改造运动的理想。他对这种精神的信实是在1919年7月访问日本新村期间，而其信仰也是在这一期间达到高峰的。在此以前，他对这种理想虽然确实是信服的，也是给以积极提倡的，但他对国人的能力及自己的宣传是否有效又不无怀疑，这些疑虑使当时的周作人对这种理想能否实现还不是那么信心十足。

1918年5月15日周作人在《新青年》上发表了《读武者小路君所作〈一个青年的梦〉》，介绍了日本作家武者小路实笃的剧作《一个青年的梦》。在这部剧作中武者小路实笃宣传了非战思想，他把希望寄托在民众的觉醒上，他认为只有当“人人都是人类的相待，不是国家的相待”时，人类才能得到永久的和平。① 当然武者小路实笃知道自己的希望实现的可能性微乎其微，但他对自己的宣传的态度，正如周作人所评价的那样：“明知‘说也没用’，然而不能不说，因为还有对于人类这‘爱’存在。”②正是这种态度深深地感染了周作人，他虽然因怀疑现实条件而对人道主义社会—道德理想在现在能否实现不无疑虑，但他又觉得“‘知其不可而为之’的必要，虽然力量不及，成效难期，也不可不说，不可不做。现在无用，也可播个将来的种子；即使播在石路上，种子不出时，也可聊破当时的沉闷。使人在冰冷的孤独生活中，感到一丝的温味，鼓舞鼓舞他的生意！”③

直到1919年7月周作人访问日本新村时，他受到日本知识分子热情的感染，转而确信人道主义的社会—道德理想在实践上是“可为”

---

① 周作人：《读武者小路君所作〈一个青年的梦〉》，1918年5月15日《新青年》第4卷第5号。周作人引述了武者小路实笃《一个青年的梦》剧中的对话，着重号为周作人所加。

② 周作人：《读武者小路君所作〈一个青年的梦〉》，1918年5月15日《新青年》第4卷第5号。

③ 周作人：《读武者小路君所作〈一个青年的梦〉》，1918年5月15日《新青年》第4卷第5号。

的。在同年的7月29日周作人写了《访日本新村记》一文,热诚地描绘了自己信仰确立而欣然皈依的情景:

我站在马车行门口的棚下,正想换车往高城(Takajo),忽见一个劳动服装的人近前问道:“你可是北京来的周君么?”我答道:“是。”他便说:“我是新村的兄弟们差来接你的。”旁边的一个敝衣少年,也前来握手说:“我是横井。”这就是横井国三郎(K. Yokoi)君,那一个是斋藤德三郎(T. Saito)君。我自从进了日向已经很兴奋,此时更觉感动欣喜,不知怎么说才好,似乎平日梦想的世界,已经到来,这两人便是首先来通告的。现在虽然仍在旧世界居住,但即此部分的奇迹,已能够使我信念更加坚固,相信将来必有全体成功的一日。我们常感着同胞之爱,却多未感到同类之爱;这同类之爱的理论,在我虽也常常想到,至于经验,却是初次。新村的空气中,便只充满这爱,所以令人融醉,几于忘返,这真可谓不奇的奇迹了。①

此情此景无异于一幅信徒入教、圣徒升天的宗教接引图,因为周作人确实是这样描绘的,整个场景笼罩上了一层神光:先知受到神启,神以奇迹的方式来展示自身的存在与权能,告知未来的信息。“我是新村的兄弟们差来接你的”,在周作人的感觉中、描绘中带有极强的预言性质,好像天使向人应许道——神的国近了。周作人感到一种宗教体验式的“狂喜”,正是这种“狂喜”使他能够忽略掉现时的条件而终能确信无疑。这是由情感/直觉在“狂喜”的体验中直接上升为信仰。由于信仰是排除理性——怀疑的再考问的,是不能被分析的,所以周作人先前对国人能力以及自己宣传是否有效的疑虑实际上是被跨越了过去,搁置在一旁的。

从其人道主义的社会—道德理想中,周作人又进而生发出以“人

① 周作人:《访日本新村记》,1919年7月29日作,1919年10月30日《新潮》第2卷第1号。

道主义为本”的“人的文学”的理想[①]，周作人又称它作“人生的文学”[②]“人道主义的文学”[③]。他说这种人道主义的文学“就是个人以人类之一的资格，用艺术的方法表现个人的感情，代表人类的意志，有影响于人间生活幸福的文学”[④]。具体来说，这种人道主义的文学观就是，首先承认个人人类、利己利人原是一体，因此表达个人的感情欲求与表达人类的意志是统一的，于是个人的自我表现同时也就是人类普遍的思想感情与共同的理想追求的表达，所以文学是能够沟通人们的心灵情感的；而人道主义文学的任务便是以富于人道主义理想的文学来感染人，并影响个人的思想情感，使人道主义理想成为每个人的思想根基，以期达到人们共同改造生活与社会的目的，即最终能够“影响于人间生活的幸福”。

然而仅仅一年之后，即1921年周作人却出现了信仰危机：这年的6月5日周作人在《山中杂信·一》中，突然宣称自己是无所信仰、无所归依的人。至于到底为什么发生信仰危机，周作人含糊其辞，语焉不详。但危机的迹象是相当明显的，如从这一年起，周作人对于新村运动几乎只字不提（除了同年7月6日他为武者小路实笃的《人的生活》中译本作的序，但这篇文章是纯介绍性的，没有加以个人的意见），对他前两年信仰的人道主义社会—道德理想也不再热心宣传。而此时日本的新村运动并未见衰落，至少不比以前差。这就很耐人寻味了。从《山中杂信·一》来看，周作人的思想确实是动摇混乱已极，他自己就陷在下述几种矛盾中不能自拔——“托尔斯泰的无我爱与尼采的超人，共同生活主义与善种学，耶佛孔老的教训与科学的例证”[⑤]，而对这些矛盾的思想，周作人坦承自己是“一样的喜欢尊重，却又不能

---

① 周作人：《人的文学》，1918年12月7日作，1918年12月15日《新青年》第5卷第6号。

② 周作人：《新文学的要求》，1920年1月6日北平少年中国学会讲演，1920年1月8日《晨报·副刊》。

③ 周作人：《新文学的要求》，1920年1月6日北平少年中国学会讲演，1920年1月8日《晨报·副刊》。

④ 周作人：《新文学的要求》，1920年1月6日北平少年中国学会讲演，1920年1月8日《晨报·副刊》。

⑤ 仲密（周作人）：《山中杂信·一》，1921年6月5日作，1921年6月7日《晨报·副刊》。

调和统一起来,造成一条可以实行的大路”①。其中“托尔斯泰的无我爱与尼采的超人”,即列夫·托尔斯泰的纯粹利他、谋求大人类幸福的思想与尼采的“健康的自私”、追求个体生命意志发达的思想,周作人在一年前的《新村的理想与实际》(1920 年 6 月 19 日)中也提到过,在这篇文章中,周作人认为新村运动的“人的生活”的理想“本来很受托尔斯泰的基督教的影响,但实际却又与尼采的进化论的宗教相合了”。② 这说明在 1921 年以前周作人并未感到二者有所抵牾。

从《山中杂信》(1921 年 6 月 5 日—9 月 6 日)可以看出周作人的思想在 1921 年前后有一个明显的变化:一方面,科学的怀疑精神与理性分析的倾向在这一时期强化了,已经到了有可能“拿了他的解剖刀去破坏诗人的美的世界”③的程度(这种倾向在他的一些表露心声的诗作中极坦诚地表现出来),周作人说“我笃信‘赛老先生’的话”④,这使他的“狂喜”的宗教式的体验很快便消失了。另一方面,周作人也开始意识到他原先所笃信的人道主义的社会—道德理想及其实践——新村运动本身是有矛盾的。新村主义原本就不是一个纯粹的单一的思想系统,它有多重的思想来源,而各种思想因素之间也不无矛盾,新村主义的结论不过是个折中调和的结果。对新村主义的这种调和折中,1921 年以前周作人是赞成的,例如 1920 年 11 月 30 日他曾在燕京大学演讲《圣书与中国文学》时说过:“现在我们用了多种表面不同而于人生都是必要的思想,调剂下去,或可以得到一个中和的结果。”⑤而现在矛盾突出出来,不复调和,诚如周作人自己所说,这些思想“凌乱的堆在(他的——著者注)头里,真是乡间的杂货一料店了”⑥,他虽

---

① 仲密(周作人):《山中杂信·一》,1921 年 6 月 5 日作,1921 年 6 月 7 日《晨报·副刊》。

② 周作人:《新村的理想与实际》,1920 年 6 月 19 日讲演,1920 年 6 月 23、24 日《晨报·副刊》。

③ 仲密(周作人):《山中杂信·二》,1921 年 6 月 23 日作,1921 年 6 月 24 日《晨报·副刊》。

④ 仲密(周作人):《山中杂信·二》,1921 年 6 月 23 日作,1921 年 6 月 24 日《晨报·副刊》。

⑤ 周作人:《圣书与中国文学》,1920 年 11 月 30 日讲演,1921 年 1 月 10 日《小说月报》第 12 卷第 1 号。

⑥ 仲密(周作人):《山中杂信·一》,1921 年 6 月 5 日作,1921 年 6 月 7 日《晨报·副刊》。

然也在疑虑:“或者世间本来没有思想上的‘国道’”“无领事管束,究竟是好是坏”,但还是希望能把这些思想统一起来。① 可到了1921年9月6日周作人发表《山中杂信·六》,表明他放弃了统一的努力,对各种矛盾的“主义”,他“现在决心放任”,就让它们像杂货店的杂货一样矛盾并存,“并不硬去统一”它们。② 这样做实际是把信仰问题暂且搁置起来,不再热心于“主义”的“布道”了。

而对理想的宣传、“布道”暂告停歇,还有另外一层原因。此时周作人面对着艰难的现实,痛感自己力量太小,心理承受能力太弱,是懦弱的人。因此他说自己既不能跟着耶稣去背十字架,以身殉道;也不能去跟着摩西作以血与剑判决的士师。③ 这表明他的信仰之所以不能持久的原因之一乃是因为他没有实践的能力,缺乏直面现实、以身殉道(这是和平的理论宣传同样要付出的代价,周作人常以耶稣为例)的信念及勇气;同时社会群体的利益和个人生命的价值在他心目中的位置也发生了变化——现在他觉得任何社会理想与实践的意义无论如何都不能超过个体生命的价值。当然也不能说得太简单化了,不能排除周作人思想上对国人能力、现实条件的极端怀疑的态度;而且在《宣传》(1921年7月15日)一文中他提到鲁迅的小说《药》中的主题,他说:

> 可以说误解是宣传正当的报酬。罗素在《社会结构学》第五讲内说,凡是改进的意见,没有不是为大众所指斥的……倘若不止宣传,还要去运动,甚而至于实行,于是他们的报酬也自然更大了。《新青年》上曾载过《药》的一篇小说,《晨报》载过的屠尔该涅夫散文诗内有一篇《工人与白手的人》可为榜样……(这——著者注)实在是无可免避的事呵。④

---

① 仲密(周作人):《山中杂信·一》,1921年6月5日作,1921年6月7日《晨报·副刊》。
② 仲密(周作人):《山中杂信·六》,1921年9月6日《晨报·副刊》。
③ 周作人:《歧路》,1921年4月16日作,1921年9月1日《新青年》第9卷第5号。
④ 子严(周作人):《宣传》,1921年7月15日《晨报·副刊》。

看来周作人是想要放下改造社会、造福于人的担子。但他还必须要有一个极圆通的理由给自己,并给别人一个交待。

1921 年 7 月 30 日,周作人终于找到了一套能够说得很圆通的道理,这一天他发表了《胜业》一文,在其中他写道:“偶看《菩萨戒本经》,见他说凡受菩萨戒的人,如见众生所作,不与同事,或不瞻视病人,或不慰忧恼,都犯染污起。”①这正是一个坚定的信仰者,如启蒙者/宣传家、宗教家、实践的革命家所必须做出的承诺,这种承诺必须要彻底而且决绝,像地藏菩萨的誓言——不渡最后一人入净土不成佛——中表明的那种姿态,即他们必须遵循严格的道德律令的要求,稍有所迟疑退缩便是“染污起”,违犯了应该遵信的信条。当然周作人虽然放下了把理想的信仰付诸社会实践,进行社会改造的担子,但他并不认为自己放弃了启蒙的思想,也不愿别人这样看他。因为就像《菩萨戒本经》中所说的那样,“自修胜业,不欲暂废”②也属于正当的修行,他只是从渡人改为渡己。从佛教思想来看,自我拯救也是一个信徒的胜业,而且也是有功德的事。这样一来,周作人既找到了不再从事实际的宣传和社会改造活动的借口,又为自己找到了安身立命的根据,所以他心安理得地说:“我看了(《菩萨戒本经》——著者注)很有感触,决心要去修自己的胜业去了。”③从此周作人停止了高谈阔论的宣传、“布道”,放弃了对社会改造的承诺,只“自修胜业”。换言之,他先前所信仰的“个人主义的人间本位主义”中的人道主义理想已被搁置起来,只剩下了个人主义。

“自修胜业”观念的提出为周作人改变处境打开了一个缺口,到 1922 年年初他进一步作出了“切合自己实际”的明确抉择:1 月 22 日他写了《自己的园地》一文,在该文中周作人表示要像伏尔泰笔下的那个觉醒了的老实人那样不再相信什么乐天主义和理想主义了,而只想在一个并不完美的世界里种自己的园地。对周作人来说,这个“自己

① 子严(周作人):《胜业》,1921 年 7 月 30 日《晨报·副刊》。
② 子严(周作人):《胜业》,1921 年 7 月 30 日《晨报·副刊》。
③ 子严(周作人):《胜业》,1921 年 7 月 30 日《晨报·副刊》。

的园地”就是文艺，所以他表示：

> 我们自己的园地是文艺，这是要在先声明的。我并非厌薄别种活动而不屑为，——我平常承认各种活动于生活都是必要，实在是小半由于没有这样的才能，大半由于缺少这样的趣味，所以不得不在这中间定一个去就。但我对于这个选择并不后悔，并不惭愧园地的小与出产的薄弱而且似乎无用。依了自己的心的倾向，去种蔷薇地丁，这是尊重个性的正当办法，即使如别人所说各人果真应报社会的恩，我也相信已经报答了，因为社会不但需要果蔬药材，却也一样迫切的需要蔷薇与地丁，——如有蔑视这些的社会，那便是白痴的，只有形体而没有精神生活的社会，我们没有去顾视他的必要。倘若用了什么大名义，强迫人牺牲了个性去侍奉白痴的社会，——美其名曰迎合社会心理，——那简直与借了伦常之名强人忠君，借了国家之名强人战争一样的不合理了。①

“自己的园地”的口号的提出，意味着周作人文艺观的重大修正。前几年周作人是坚信人道主义的文艺观念的，他承认个人、人类原是一体，我们可以通过个人表达人类共通的普遍的思想感情与共同的理想追求；所以我们可以通过文学的感染，宣扬人道主义的社会—道德理想，以期改造个人思想，促使人们共同谋求人类、社会的福利。而现在周作人的文艺观，是认为无论是文学表现的内容还是文学活动的目的，都是以个人趣味、个性为中心的：从文学表现的内容上看，文学只用表现个人自身的情思，只求尊重个性，满足个人趣味就行了，周作人虽还谈论表现个人即表现人类，但在这里这一命题已被抽空了他所谓乐天主义、理想主义的人道主义社会—道德理想的内容，即人类普遍的思想感情与共同的理想追求，只剩下了个人的思想情感；从文学活动的目的来看，他既已放弃了社会改造的宣传与实践，那么文艺的目的也不再是彻底改造现实的社会、人生了。从这两点可以看出来周作

① 仲密（周作人）：《自己的园地》，1922 年 1 月 22 日《晨报副镌》。

人已由为社会、为他人而写作变为为自我而写作了。不仅如此，周作人还表达出对现时社会的强烈厌憎，称之为“白痴的社会”，他并表示要在这极不完美的社会中，建立象牙之塔——“自己的园地”，追求个人的个性完善。

我们说“自己的园地”的提出既是一个艺术选择，也是一个人生选择，因为只种“自己的园地”就是“自修胜业”的具体化。换言之，虽然关于“自己的园地”周作人只谈了文学一事，但他是把“自己的园地”作为自己整个人生态度、精神世界的观念抉择的象征和隐喻。

《自己的园地》可以说是周作人转变方向的一个信号，不过该文暗示的成分居多。而在《诗人席烈的百年忌》(1921 年 7 月 12 日)一文中周作人方显示出较明确的态度。周作人在《诗人席烈的百年忌》中并没有谈席烈(Percy Bysshe Shelley，通译雪莱——著者注)诗歌艺术的成就，却大篇幅地介绍了席烈的社会思想，席烈的社会思想来源于戈德文的“无政府的共产主义”，其要旨是“主张性善，又信托理性与劝喻的力，所以竭力反对暴力，以无抵抗的感化为实现的手段”①。周作人对此颇为重视，他说“这个思想，我称他作无抵抗的反抗主义，因为他不主张暴力的抵抗，而仍是要理性的反抗，这便是一切革命的精神的本源”②，可看出在这一点上，这种思想与新村主义是颇为相近的，两种“主义”都要求社会改造实践的过程及其采取的手段达到完全的道德化、理想化，而二者对手段、过程作出这种规定的共同基础是落在人的理性与人本性的良善上。而在这篇文章中周作人最终强调的是席烈“虽具这样强烈的情热，因其天性与学说的影响，并不直接去作政治的运动，却把他的精力都注在文艺上面”③，席烈特别说明自己的诗并不是做直接鼓吹改革之用，与此时的周作人心有戚戚焉。为了说

---

① 仲密(周作人)：《诗人席烈的百年忌》，1922 年 7 月 12 日作，1922 年 7 月 18 日《晨报副镌》。

② 仲密(周作人)：《诗人席烈的百年忌》，1922 年 7 月 12 日作，1922 年 7 月 18 日《晨报副镌》。

③ 仲密(周作人)：《诗人席烈的百年忌》，1922 年 7 月 12 日作，1922 年 7 月 18 日《晨报副镌》。

明席烈作出这种选择的原因,周作人专门翻译了席烈的《〈解放的普洛美透思〉序》中的一节,从文中大意看,席烈很清楚自己提倡的理想社会在现时社会难以实现,因为现在条件还是不够的,因而他说:

> 知道非等到人心能够爱,能够感服,信托,希望以及忍耐,道德行为的理论只是撒在人生大路上的种子,无知觉的行人将把他们踏成尘土,虽然他们会结他的幸福的果实。[①](着重点为周作人所加——著者注)

所以席烈说自己现在的工作“目的只在使……读者的精炼的想象略与有道德价值的美的理想相接”[②],即他强调这些美的理想在现在的条件下是不可能实现的,它们仅仅是“有道德价值的美的理想”,而那种理想社会也只是“适合理性的想像的社会”[③],周作人在这一点上与席烈的认识相同。他在同年7月14日的《送爱罗先珂君》一文中也说过爱罗先珂的“诗人的空想”的世界与“别的主义各各的世界一样的不能实现”,但这些主义都很有“道德的价值”。[④] 可以说这就是周作人对他所信仰过的人道主义理想及其实践反省的结论。

经过这样的反省,周作人为他搁置其先前的信仰——人道主义的社会—道德理想找到了根据,虽然那些信仰是“有道德价值的美的理想”,但由于它们缺乏现实的可行性,因而周作人遂把它们束之高阁,并拒绝在“自己的园地”中给它们保留特殊的位置。这一态度的转换可从1922年年初周作人与其弟子俞平伯的一场争论中看出。1922年1月俞平伯发表了《诗底进化的还原论》一文,力主诗应有“感多数人

---

① 仲密(周作人):《诗人席烈的百年忌》,1922年7月12日作,1922年7月18日《晨报副镌》。

② 仲密(周作人):《诗人席烈的百年忌》,1922年7月12日作,1922年7月18日《晨报副镌》。

③ 仲密(周作人):《诗人席烈的百年忌》,1922年7月12日作,1922年7月18日《晨报副镌》。

④ 仲密(周作人):《送爱罗先珂君》,1922年7月14日作,1922年7月17日《晨报副镌》。

向善"的功用。[1] 周作人立即写了《诗的效用》一文,认为"诗的创作是一种非意识的冲动,……个人将所感受的表现出来,即是达到了目的,有了他的效用,此外功利的批评,……都是不相干的话"[2],并进而断言:"我以为文学的感化力并不是极大无限的,所以无论善之华恶之华都未必有什么大影响于后人的行为,因此除了真是不道德的思想以外(如资本主义,军国主义及名分等)可以放任。"[3]这和他先前所鼓吹的"人道主义的文学"及其具体化——为人生的"理想的写实主义"[4]大异其趣了。

在搁置了人道主义的社会—道德理想之后,周作人的"人学"观中也就只剩下基于自然本性的求生意志和基于个人主义立场的求胜意志了。这二者大体相当于周作人在《人的文学》中所说的人的灵肉两面。乍一看,周作人似乎是又回到了他对人性的最初假定(即灵肉一元观),但事实上在抛掉了人道主义理想之后,周作人已赋予灵肉一元观以新的内容。如果说以前的灵肉一元观是对基本人性的肯定,因而对于人类的所有个体都一视同仁,那么现在的求生意志和求胜意志则是对少数优秀的个人的说法。当然按理说,每个人都有求生意志与求胜意志,但在周作人看来,当时的国人事实上既缺乏求生意志,更不具备求胜意志,而只有少数精神生活上优胜的"精神的贵族"[5]方会具备求生意志与求胜意志。所以我们可以说1922年2月19日周作人发表《贵族的与平民的》一文,明确提出基于自然本性的求生意志,而且特别强调特出者的求胜意志[6],其根本目的就是为他刷新灵肉一元观提供理论上的依据,进而为他从整体上修正自己的"人学"观念提出基本

---

① 俞平伯:《诗底进化的还原论》,1921年10月28日作,1922年1月《诗》月刊第1卷第1号。

② 仲密(周作人):《诗的效用》,1922年2月26日《晨报副镌》。

③ 《诗》月刊第1卷4号(1922年4月15日)"通信"——周作人致(俞)平伯,作于1922年3月27日。

④ 周作人:《新文学的要求》,1920年1月6日北平少年中国学会讲演,1920年1月8日《晨报·副刊》。

⑤ 仲密(周作人):《文学的讨论——致日葵》,1922年1月25日作,1922年2月8日《晨报副镌》。

⑥ 参阅仲密(周作人):《贵族的与平民的》,1922年2月19日《晨报副镌》。

的范畴。

我们说周作人修正"人学"观念,首先是要为他的"人学"观念的基础——自然人性论赋予新的内容。周作人用求生意志这一概念涵盖了人的动物性存在方面的全部内容,又把属于自然人性论的自然主义道德观、文明观完全建立在求生意志之上。这实际上就是霭理斯的"生活的艺术"观念的基本观点。霭理斯在他的《性心理学》一书中把求生意志说成是人的生命活动的核心事实,它是人类所有生命活动与生活的基础,而人类生命活动与生活的最终目的是使求生意志得到完全的实现,并且霭理斯为人与动物共有的求生意志提供了生理学的基础。进一步他又以生理学为基础,说明求生意志是由一组相对待的因素——抑制与发扬(或称作禁欲与纵欲)组成的,这两方面因素都是有机体生命中自然存在的成分,其最终目的都是为了求生意志得以最大限度的实现。而这种求生意志的实现靠的是抑制、发扬这两方面因素的调和与平衡,对于自然界的生命体来说,求生意志可以经由本能自然地达成,这些因素也会自然地得到调和。可是对于人来说,他的求生意志的实现,必须经由他自觉、主动地采取各种手段,以自身的活动能力加诸生活、生命活动本身,调和各种因素使求生意志得到最大限度的实现。在霭理斯看来,人的这种主动的调和行为是一种艺术行为,因为他说艺术是指人类所有积极能力的总和(这是古希腊的广义的艺术定义)。人的求生意志的实现之所以必须借助于人自身主动的活动,是因为对于有个体意识,能够意识到自身存在的人来说,一切生命活动的要求必须先呈现于他的意识当中之后才能执行,因此,自然的任务,对于人来说,必须经过人有意识的活动自觉地加以完成。因此,可以说人的所有生命活动与生活都要体现在人的积极活动能力上,即艺术之上。但我们说实际上这是自然在经人的手完成自己,人只是在运用方法——而这些方法仍然是自然的方法。人在满足这些要求的过程中仅仅是在依照着自然的指点,似乎在制作,实际上,事物一直是在自己成长。艺术只不过是自然界中的天然助产士罢了。

霭理斯认为,人类活动之一的道德活动的起源就是人对抑制与发扬两种因素主动的调和的艺术行为,在《性心理学》中他以贞节为例,具体分析了道德行为、观念以及准则的形成方式，而在《生命之舞》(*The Dance of Life*)一书中霭理斯把这种道德建立方式称作道德发生发展的正当之路，即“由本能造就的传统道路”①，它是生活的艺术的结果。霭理斯面对着现代社会压制求生意志的僵化的道德规范，希望重新恢复这种“由本能造就的传统道路”的道德发生发展的道路，把道德彻底还原为艺术，霭理斯在《生命之舞》中引用鲍尔汉和高提叶的话说明了道德的艺术本质：

> 鲍尔汉说：“艺术经常比道德本身还要道德。”高提叶说：“就某种意义来说，艺术是生活所承认的唯一道德。”只要我们在道德中加入艺术的精神和艺术的方法，就能够将道德转换成一种超越道德的事物，这时，道德便成为人生舞蹈的全部象征。(注意区别这里道德的两种不同的涵义——著者注)②

所谓“道德便成为人生舞蹈的全部象征”，按照霭理斯的说法，就是作为艺术行为的道德活动通过调节抑制与发扬两因素使求生意志达到其原本的和谐完美状态，这是作为艺术行为的道德活动，也就是霭理斯所提倡的道德活动的核心内容。对于霭理斯的这种“生活的艺术”的观念，周作人在《读〈纺轮的故事〉》(1923 年 11 月 5 日)、《生活之艺术》(1924 年 11 月 17 日)、《霭理斯的话》(1924 年 2 月 23 日)诸文中表示服膺。

我们说作为人类活动之一的道德活动在霭理斯的观念中是一种艺术，这种道德活动通过调和抑制与发扬两因素，目的是要使求生意志得到完成；而人类的各种活动莫不如此，进一步说，作为人类各种活动的集合的文明、文化也应该具有艺术的本质，即它们也是通过人主动的活动调和生命体本身具有的各种因素，以促成求生意志的圆满实

① [英]霭理斯：《生命之舞》，第六章《道德的艺术》，徐钟珏等译，生活·读书·新知三联书店 1989 年版，第 222 页。

② [英]霭理斯：《生命之舞》，第六章《道德的艺术》，徐钟珏等译，生活·读书·新知三联书店 1989 年版，第 246 页。

现。因此,这种由霭理斯建立,为周作人所服膺的道德观、文明观、文化观是一种自然主义的道德观、文明观、文化观。而周作人在“五四”时期所提出的自然人性论的具体内容都能被这种新的系统的自然人性论所统率。

由以上分析可以看出,经过周作人重新修正过的自然人性论的中心目的是使求生意志得到完满,但同时周作人又认为仅仅满足人的求生意志对于“人生的全体”①来说是远远不够的,他认为人除了需要满足有限平凡的存在之外,必须发展超越现代的精神,即谋求无限超越的发展。对于周作人来说,发展超越性的精神,就是确立并发展基于个人主义立场上的求胜意志。其实周作人以前所信仰的人道主义的社会—道德理想,即所谓“个人主义的人间本位主义”也是超越性的精神,不过它是与自然人性论脱节的。周作人在放弃了对这种“主义”的宣传之后,很快也把自己思想中的社会改造的理想成分——“人间本位主义”排斥出自己精神世界之外,这样超越性的精神只剩下个人主义的这一部分。但在这以前周作人只是宣传“个人主义的人间本位主义”中人道主义的兼顾利己与利人,个人与人类相统一的社会理想,对其中的个人的精神世界发展却没有给予充分的重视,而现在既然社会改造的理想已不复存在,于是周作人就顺理成章地把目光转向其基于个人主义立场的求胜意志,要充分发展这一求胜意志,丰富他内面的精神世界。

关于这一方面,周作人强调的重点是个人的精神自由与精神能力的发展。我们说很长时间以来,由于周作人把大部分的精力与时间都投注到宣传人道主义的社会—道德理想之上,因此,他个人内面精神世界的荒芜势必在所难免。而 1922 年年初爱罗先珂的到来正当其时,他感叹中国如大沙漠,虽然他所说的沙漠多是指中国外部的自然社会环境,但他的“沙漠”的比喻却使周作人痛感自己精神世界的“沙漠”化,周作人在 1923 年 3 月 12 日所作的《饮酒》一诗中,甚至怀疑自己的精神世界是否已经荒芜到不可救药的地步——自己即使受到强

---

① 仲密(周作人):《贵族的与平民的》,1922 年 2 月 19 日《晨报副镌》。

烈的情感刺激，也再无能力感受。[1] 这使周作人对于发展个人的精神自由与精神能力，从感到这是每个人都应具有的，到现在觉得这是自己情感上的强烈要求，这就促使周作人很快地提出了“仙人掌似的外粗厉而内腴润的生活是我们唯一的路”的命题。[2] 他所谓“外粗厉”就是个人对于外部世界以及自己的外部生活不加以改造，容忍它们中有不合理成分的存在，因为周作人已经放弃了社会改造的实践，而且把社会改造的理想也排斥出了精神世界“自己的园地”，对于他来说，社会改造不复可能；而所谓“内腴润”则是指个人丰富自己的精神世界，充分发展自己的精神自由与精神能力。周作人认为这种“外粗厉而内腴润的生活”是我们在现在的中国所应有的生活形态，这表明他对外部世界以及个人精神生活以外的外部生活并不抱完全的否定态度，而是承认它们在自己生活中占有一定的位置，所以周作人说，自己虽然因为不改造现实而单纯发展个人精神世界，让人看起来“近于现在为世诟病的隐逸”[3]，但实际上自己并不是隐逸。而个人发展自己的精神世界是要有条件的，至少需要个人有时间来专务于此，但中国的现状正如周作人在《〈绿洲〉小引》（1923 年 1 月 20 日）中所说的那样——个人所有的时间都已被外部生活所占据，因此，个人要发展自己的精神世界就必须在外部生活占用的时间之外给予它独立的时间，使这段时间成为个人全部生活时间的一段，在这段时间内个人专门发展自己的精神自由与精神能力。这样做，个人全部的生活时间就被划分为两段：一段是没有个人精神世界的外部生活占用的时间；另一段时间内发展的完全是个人的精神世界，在这段时间里个人的精神自由得到了充分的实现，而这些都是在活动中得以实现的，所以可以说个人在这段时间内的全部活动都贯彻着自由的精神，即个人是用自由的精神生活着的，这样就使个人在这段时间内实际上构造了一个新的生活空间。这样对于周作人来说，整个生活就被彻底分裂为两种生活：没有个人精神世界的外部生活与只有个人精神世界的纯粹发展精神

---

① 参阅作人（周作人）：《饮酒》，1923 年 3 月 12 日作，1923 年 3 月 17 日《晨报副镌》。

② 作人（周作人）：《玩具》，1923 年 3 月 29 日《晨报副镌》。

③ 作人（周作人）：《玩具》，1923 年 3 月 29 日《晨报副镌》。

的生活。

周作人根据自身的需要要在纯粹发展精神的生活中发展自由的生活与审美的生活，它们分别是由自由的活动与审美的活动组成的。首先来谈一下自由的生活。自由的活动是与周作人在《〈绿洲〉小引》中提到的个人在社会生活中必须承担的公共事务——劳动相对立的。康德曾在《判断力批判》一书中分析了作为自由活动的艺术与作为人们在社会生活中必须承担的公共事务——劳动的手工艺的本质区别：

> 艺术也和手工艺区别着。前者唤做自由的，后者也能唤做雇佣的艺术。前者人看做好像只是游戏，这就是一种工作，它是对自身愉快的，能够合目的地成功。后者作为劳动，即作为对于自己是困苦而不愉快的，只是由于它的结果（例如工资）吸引着，因而能够是被逼迫负担的。①

这就是说，艺术是没有确定的功利目的，不为外在的确定目的服务的，它是本身就产生愉悦的自由活动，它能够达到所谓“合目的性而无目的”，所以说美感是自由活动必然的结果。

近代西方许多思想家认为，在“古典时代”自由活动与劳动是达到过理想化的统一的。18世纪末19世纪初的康德、席勒与歌德比较早地提出过这一观念，而他们之所以对“古典时代”有这样高度理想化的描述，正是因为他们已经开始感到物质文明以及工业时代社会分工的发展将会导致自由活动与劳动的严重对立，从而造成完整人性的分裂，歌德就曾针对这种情况在他的《维廉·麦斯特的漫游时代》一书中提出过一个理想社会的建设方案，试图来解决这一日趋严重的危机。可以说自由活动与劳动的对立成为近代西方思想领域中的一个重要命题，它也是许多思想家批判近代文明的一个重要论题。

上文论及周作人是接受自由活动与劳动分裂的这种社会既定事实的，那么对于他来说，发展自由的活动，只能在彻底理想化的纯粹发

---

① ［德］康德：《判断力批判·上》，宗白华译，商务印书馆1964年版，第149页。

展精神的生活中进行了,实际情况确是如此。1923 年 1 月 25 日周作人在他发表的《〈绿洲〉小引》一文中讲到了自由的活动。在这篇文章中周作人这样描述了自己日常生活的时间安排:

> 除了食息以外,一天十二小时,即使在职务和行路上消费了七八时,也还有四五时间可以供自己的读书或工作。但这时候却又有别的应做的事情:写自己所不高兴作的文章,翻阅不愿意看的书报,这便不能算是真的读书与工作。没有自己私有的工夫,可以如意的处置,正是使我们的生活更为单调而无聊的地方。然而偶然也有一两小时可以闲散的看书,而且所看的书里也偶然有一两种觉得颇惬心目,仿佛在沙漠中见到了绿洲(Oasis)一般,疲倦的生命又恢复了一点活气……①

在文中周作人抱怨自己差不多全部的时间都被公共事务所占据——“没有自己私有的工夫”,这些事务用他的话说“不能算是真的读书与工作”,不过与这些公共事务相对,他也讲到了在纯属于个人的一小段时间内的真的读书与工作,而它们是符合自由活动的特征的:这种读书与工作本身并无确定的功利目的,它只是对自身愉快的。不过周作人在《〈绿洲〉小引》中对自由活动的论述尚嫌简略,一直到他在 1925 年 6 月 22 日发表了《〈陀螺〉序》,周作人才对自由活动的问题作了充分的论述,在这篇文章中,他称自己的文学翻译集《陀螺》“实在是我的一种玩意儿”,接着他解释道自己为什么这么说:

> 我本来不是诗人,亦非文士,文字涂写,全是游戏,——或者更好说是玩耍。平常说起游戏,总含有多少不诚实的风雅和故意的玩笑的意味,这也是我所不喜欢的,我的仍是古典文字本义的游戏,是儿戏(paidia),是玩,画册图像都是玩具(paignia)之一。我于这玩之外别无工作,玩就是我的工作,虽然此外还有日常的

① 作人(周作人):《〈绿洲〉小引》,1923 年 1 月 20 日作,1923 年 1 月 25 日《晨报副镌》。

苦工，驮砖瓦的驴似的日程。驮砖瓦的结果是有一口草吃，玩则是一无所得，只有差不多的劳碌，但是一切的愉快就在这里。昨天我看满三岁的小侄儿小波波在丁香花下玩耍，他拿了一个煤球的铲子在挖泥土，模仿苦力的样子用右足踏铲，竭力地挖掘，只有条头糕一般粗的小胳膊上满是汗了，大人们来叫他去，他还是不歇，后来心思一转这才停止，却又起手学摇煤球的人把泥土一瓢一瓢地舀去倒在台阶上了。他这样的玩，不但是得了游戏的三昧，并且也到了艺术的化境。这种忘我地造作或享受之悦乐几乎具有宗教的高上意义，与时时处处拘囚于小主观的风雅大相悬殊：我们走过了童年，赶不着艺术的人，不容易得到这个心境，但是虽不能至，心向往之；既不求法，亦不求知，那么努力学玩，正是我们唯一的道了。①

可以看出，周作人对“日常的苦工”与真的工作之间区别的分析，同康德在《判断力批判》中对劳动——手工艺与自由活动——艺术之间区别的分析在内容上别无二致，所以可以说周作人在《〈绿洲〉小引》中提到的真的读书与工作，同他在《〈陀螺〉序》中所说的与苦工相对的真的工作确实就是自由活动。周作人在《〈陀螺〉序》中描述了自己的自由活动，又以儿童的游戏活动为例，具体展示了自由活动的情形，他并且表示在生活中追求“玩”——自由活动是自己生活唯一的道了。周作人又高度估价了自由活动能够使人们达到的极高的精神境界：“不但是得了游戏的三昧，并且也到了艺术的化境。这种忘我地造作或享受之悦乐几乎具有宗教的高上意义。”他并且把能够达到极高精神境界的自由活动与精神层次较低的“不诚实”“时时处处拘囚于小主观”的风雅划分开来，明确表示自己的这些活动是能够达到高度精神自由的自由活动。周作人在文中还说“我于这玩之外别无工作，玩就是我的工作，虽然此外还有日常的苦工”，看来周作人在个人精神领域所做的种种积极的工作都属于自由的活动。应该说周作人在生

① 周作人：《〈陀螺〉序》，1925年6月12日作，1925年6月22日《语丝》第32期。

活中确实充分实践了自由的活动,他在纯粹发展精神的生活中广泛地从事各种精神领域内的工作,并充分地发展了各种兴趣,在自己所爱好的所有领域中都有所涉猎。

在《〈陀螺〉序》中周作人是用“儿戏”(Paidia)涵盖自由活动的内涵的,进而他又举了儿童的游戏活动以展示自由活动的情形。事实上把游戏与自由活动、艺术等同了起来,这正是康德最早提出的一个命题。现代美学思想一般认为:自由是艺术的精髓,而游戏不论在客观形态还是主观体验上,都与美和艺术有很多相似之处,它的发生是与劳动及其他所有实际活动不同的,其特点即在于它是有自我目的的自由活动,在内心纯粹与快感相结合。在康德、席勒的认识中,游戏是与自由活动同义而与“强迫”对立的,至少在“自由”这一点上,游戏与艺术是相通的。可以看出周作人正是在这个意义上理解“游戏”的。

对于周作人来说,他的纯粹发展精神的生活不仅包含有自由的生活,而且也有审美的生活,在这种生活中周作人主要发展了高级的精神领域的艺术审美活动与日常生活领域的审美活动。那么什么是审美的生活呢?周作人首先在1923年3月29日发表的《玩具》一文中提出来所谓“赏鉴家的态度”的命题,他表示要在纯粹发展精神的生活中采取这种“赏鉴家的态度”——审美的态度,其实周作人是把“赏鉴家的态度”作为使发展内面世界的生活变为审美的生活的关键。这种“赏鉴家的态度”是周作人在谈到他所说的“骨董家”时提到的,他这样描述道:

> 真是玩骨董的人是爱那骨董本身,那不值钱,没有用,极平凡的东西。收藏家与考订家以外还有一种赏鉴家的态度,超越功利问题,只凭了趣味的判断,寻求享乐,这才是我所说的骨董家,其所以与艺术家不同者,只在没有那样深厚的知识罢了。他爱艺术品,爱历史遗物,民间工艺,以及玩具之类,或自然物如木叶贝壳亦无不爱。这些人称作骨董家,或者还不如称之曰好事家(Dilettante)更为适切:这个名称虽然似乎不很尊重,但我觉得这种态度是很好的,在这博大的沙漠似的中国至少是必要的,因为

仙人掌似的外粗厉而内腴润的生活是我们唯一的路,即使近于现在为世诟病的隐逸。①

很显然,这种“赏鉴家的态度”就是赏鉴者通过审美观照寻求审美享乐,也就是审美的态度。周作人在这篇文章中描绘了这种审美活动的过程:首先是赏鉴者对待审美对象采取静观的态度,周作人说骨董家对待骨董的态度是“超越功利问题”,“爱那骨董本身,那不值钱,没有用,极平凡的东西”,这就是审美静观所说的——自我完全超越对现实生活的一切关心和欲求,纯粹地归依和专心致志于对象。通过审美静观,然后赏鉴者经由审美判断,即“趣味的判断”,最后获得审美的享乐,审美享乐是以“无关心性”为决定性因素的,周作人所描绘的审美活动的过程是符合这一要求的。

应该说这种“赏鉴家的态度”——审美的态度是适用于周作人在高级的精神领域和日常生活领域两个领域的审美活动的,不过在《玩具》一文中周作人主要谈到的是他在高级的精神领域的艺术审美活动,他举的几个例子,如爱艺术品、爱历史遗物等,明显是在艺术审美活动的范围内的,不过关于这一时期他在这一领域的具体活动,周作人除了这几个例子之外谈得很少,但这样的艺术审美活动在他以后的生活中得到了广泛的实践,阿英在1935年作的《周作人书信》一文中,根据《周作人书信》(1933年7月出版)一书提供的线索,列举了周作人的一些活动,其中包含了一些艺术审美的活动,如写楹联、考古、印古色古香的信封信笺、刻印章、说印泥、搜集邮票、刻木板书等。我们说周作人在《玩具》中提到的“好事家”也是针对高级精神领域的艺术审美活动的,周作人说他所说的那种骨董家,“其所以与艺术家不同者,只在没有那样深厚的知识罢了”,周作人举出一个日文词“好事家”来给这种骨董家归类,他用英语 Dilettante 来限定“好事家”的内涵,也就是没有多少专门知识的普通的艺术爱好者或浅薄的艺术涉猎者。周作人说他这么称呼那些骨董家并不是不尊重,实际上他认为他

① 作人(周作人):《玩具》,1923年3月29日《晨报副镌》。

所说的普通的“好事家”与真正的艺术家、审美家是一样的；在《玩具》中周作人引述了法国作家法兰西（通译阿纳托尔·法朗士——著者注）的话：一个小孩在桌上排列他的铅兵，与学者在博物馆整理雕像，没有什么大差异，“两者的原理正是一样的。抓住了他的玩具的顽童，便是一个审美家了”。[①] 周作人之所以能将小孩、“好事家”与审美家、艺术家等量其观，关键在于“两者的原理正是一样的”，即他们都具有审美的态度，而且“好事家”与小孩的审美的态度都是完整的，与审美家、艺术家的别无二致。看来对于周作人来说，审美的态度才是核心的决定性的因素，他是用人们是否具有“赏鉴家的态度”——审美的态度作为衡量一切的标准的，而人们是否有深厚的知识则无关宏旨，周作人提到专门的艺术家、审美家只是为了说明这种审美的态度，他们只是一个参照而已。进而言之，周作人提出“赏鉴家的态度”这一命题，其最终的目的是要提倡人们在生活中普遍地采取这种态度，他之所以如此推重“好事家”，是因为我们普通人大多数只能成为没有专门性知识的“好事家”（周作人也是这样看待自己的），而从他的立论上说，只要有了审美的态度，我们这些“好事家”就与艺术家、审美家一样了，而我们采取审美的态度的那部分的生活也就被提升到了艺术审美的高度，变成了审美的生活。

审美的生活除了高级的精神领域的艺术审美活动，还应包括日常生活领域的审美活动，这种日常生活领域的审美活动周作人在 1924 年 3 月 18 日发表的《北京的茶食》一文中首次谈到，在这篇文章与同年 12 月 29 日发表的《喝茶》中周作人对这种审美活动做了极为清晰的表述。在《北京的茶食》中周作人这样谈道：

> 我们于日用必需的东西以外，必须还有一点无用的游戏与享乐，生活才觉得有意思。我们看夕阳，看秋河，看花，听雨，闻香，喝不求解渴的酒，吃不求饱的点心，都是生活上必要的——虽然是无用的装点，而且是愈精炼愈好。（着重号为原

---

① 作人（周作人）：《玩具》，1923 年 3 月 29 日《晨报副镌》。

文所有——著者注)①

在《喝茶》一文中周作人表达了他“个人的很平常的喝茶观”以及“喝茶之道”:

喝茶以绿茶为正宗。红茶已经没有什么意味,何况又加糖——与牛奶?葛辛(George Gissing)的《草堂随笔》……(在——著者注)冬之卷里说及饮茶,以为英国家庭里下午的红茶与黄油面包是一日中最大的乐事,支那饮茶已历千百年,未必能领略此种乐趣与实益的万分之一,则我殊不以为然。红茶带“土斯”未始不可吃,但这只是当饭,在肚饥时食之而已;我的所谓喝茶,却是在喝清茶,在赏鉴其色与香与味,意未必在止渴,自然更不在果腹了。中国古昔曾吃过煎茶及抹茶,现在所用的都是泡茶,冈仓觉三在《茶之书》(Book of Tea,1919)里很巧妙的称之曰“自然主义的茶”,所以我们所重的即在这自然之妙味。中国人上茶馆去,左一碗右一碗的喝了半天,好像是刚从沙漠里回来的样子,颇合于我的喝茶的意思,(听说闽粤有所谓吃工夫茶者自然更有道理,)只可惜近来太是洋场化,失了本意,其结果成为饭馆子之流,只在乡村间还保存一点古风,唯有屋宇器具简陋万分,或者但可称为颇有喝茶之意,而未可许为已得喝茶之道也。

喝茶当于瓦屋纸窗下,清泉绿茶,用素雅的陶瓷茶具,同二三人共饮,得半日之闲,可抵十年的尘梦。喝茶之后,再去继续修各人的胜业,无论为名为利,都无不可,但偶然的片刻优游乃正亦断不可少。②

应当说在《喝茶》中周作人对“喝茶之道”谈得已经够多了,但他紧接着这些话之后又以同一个论调谈起了“茶食之道”,整篇文章看似

---

① 陶然(周作人):《北京的茶食》,1924 年 2 月作,1924 年 3 月 18 日《晨报副镌》。

② 开明(周作人):《喝茶》,1924 年 12 月 29 日《语丝》第 7 期,在《泽泻集》中此文题名为《吃茶》。

东拉西扯，但明眼人很容易看出周作人翻来覆去说的只是一个意思，他不厌其烦一遍遍地讲，颇有唠叨之嫌，唯恐别人领会不了。其实这篇文章与《北京的茶食》一样，连篇累牍地谈的只不过是审美的态度——通过审美观照寻求审美享乐，关于这个意思周作人在这两篇文章中说得再清楚不过了。周作人希望人们在日常生活中采取审美的态度，而在他看来这种在日常生活领域内的审美活动针对的是在个人的日常生活中的自然界的内容（如夕阳、秋河、花、雨等）和生活的内容（如香、酒、点心、茶等），审美的对象是这两方面内容的形式，以及个人对这些内容产生的官感，可以说日常生活领域的审美活动，就是个人对这种形式和官感进行审美观照，以寻求审美享乐。

当然依周作人看来，个人在通过审美观照寻求审美享乐的同时，也要在审美的活动中不断培养、发展自身的审美感受能力，使之趋向丰富精微，应该说这是个人精神世界发展的一部分。而个人要发展自身的审美感受能力，在日常生活领域，提供审美对象的物——个人的日常生活中的自然界的内容和生活的内容——是一个极为重要的因素，在《北京的茶食》中周作人说这些物“愈精炼愈好”，这里的“精炼”是一个衡量标准，用来衡量这些物提供的形式的精微与复杂的程度，以及这些物能够提供给审美主体的官感的丰富与细腻的程度，周作人所向往的“包含历史的精炼的或颓废的点心”①，正代表了这些物在形式与给人的官感两方面达到的极高的精炼的程度。而要发展出这样精炼的审美对象必须要有历史与传统的积累：首先这些审美对象——个人的日常生活中的自然界的内容和生活的内容的形式，以及它们提供给人的官感——的发展要有历史的传统，周作人说过“关于风流享乐的事我是颇迷信传统的”②，这也就是说在历史上这些审美对象必须曾经有过充分与细致的发展。周作人专门提到日本德川时代江户的250年的繁华，因为在长时期的繁华中，这些审美对象必定是会得到充分的发展的，并且会被逐步地精致化；尤其是在颓废时期，能够提

① 陶然（周作人）：《北京的茶食》，1924年2月作，1924年3月18日《晨报副镌》。
② 陶然（周作人）：《北京的茶食》，1924年2月作，1924年3月18日《晨报副镌》。

供享乐的日常生活中的自然界的内容和生活的内容，在形式上与所能提供的官感上的精微程度是会被发展得淋漓尽致的，达到极端的精炼。而我们说发展出这样精炼的审美对象，还必须经过长时间的积淀过程，周作人在《苦雨》(1924 年 7 月 17 日)一文中所说的某些自然界的事物“久成诗料”就是针对这一方面而言的。[①] 由这两方面的分析我们可以得出：衡量审美对象的“精炼”所达到的程度，审美对象来源的时代是一个标志，即看审美对象在这一时代是否有过充分的发展；审美对象的发展所积累时间的长短是另一个标志。

通过以上对于周作人个人精神生活发展的分析，可以看出周作人在纯粹发展精神的生活中，根据自己的实际需要划分出了自己精神生活亟待发展的不同领域，并且在每个领域中规定了基本的范畴与自己亟待发展的内容的基本范围，可以说在周作人新的“人学”观内所包含的个人主义的求胜意志中，个人内面生活单纯发展这一部分的基本内容大体上都已得到了完整的提出，他以后要做的就是不断地充分发展他在纯粹发展精神的生活中的各个领域的方方面面，使精神自由与精神能力发展到他所能及的高度，并不断拓展他在各个领域内的具体的精神生活的范围，扩展精神生活的广度。从周作人所提出的这部分求胜意志的内容来看，他的纯粹的个人精神自由与精神能力的发展确实是能建立在自然人性论基础之上的，因为他发展纯粹的精神自由与发展精神能力是基于他个人精神世界发展的需要而提出的，而且无论是自由的活动还是审美的活动，都是灵肉一致的人在各方面的活动的理想发展的结果。而在周作人建设自己的这一部分超越性的精神——求胜意志的同时，在他的精神世界中又经历了一次痛苦的抉择，他把在自己的精神世界“自己的园地”中占有很大位置的一些有益于普遍的社会人生的观念排斥了出去。

应该说 1922 年前后，在周作人放弃社会改造的宣传、实践，并进而把他的社会改造的理想排斥出自己的精神世界之后，他的思想中仍然存在着不少有益于普遍的社会人生的成分，它们也是他的基于个人

① 朴念仁(周作人)：《苦雨》，1924 年 7 月 17 日作，1924 年 7 月 22 日《晨报副镌》。

主义立场的求胜意志的一部分。其中有一种观念认为文学具有独特的功用,即"文章虽非实用,而有远功"①:文学具有独立的美,是人类精神的载体;而文学能够使人得到感染,可以沟通人与人的心灵;通过这一中介,文学可以达到它的目的——"发皇"国民的精神。这种文学的功用论是周作人在他 1908 年发表的《论文章之意义暨其使命因及中国近时论文之失》与《哀弦篇》两篇文章中提出的。但在"五四"时期,周作人积极提倡的是人道主义的文学观,它的文学功用论与周作人在 1908 年提出的文学功用论在内容上可以说是大相径庭的,因此事实上周作人在 1908 年提出的文学功用论在"五四"时期被搁置在一旁。人道主义的文学功用论认为:文学通过它的情感感染力,能够抹去人们之间的界限,使人们感受到个人人类、利己利他的合一无间,周作人在《圣书与中国文学》(1921 年 1 月 10 日)中引用安特来夫的话来说明这个问题:"我们的不幸,便是在大家对于别人的心灵、生命、苦痛、习惯、意向、愿望,都很少理解,而且几于全无。我是治文学的,我之所以觉得文学的可尊,便因其最高上的事业,是在拭去一切的界限与距离。"②文学既然能让人们感受到个人人类、利己利他的合一无间,那么就能够使人类共同的理想追求,即人道主义的社会—道德理想成为每个人确实的思想,使人们能够共同参与到人道主义的社会理想的实践中去。可以看出这种文学功用论确实与周作人 1908 年的文学功用论有极大的差别,不过很快人道主义的文学观念随着人道主义社会—道德理想及其实践一同被周作人排斥出他的精神世界,到了 1922 年年初周作人又把他在 1908 年提出的文学功用论重新提了出来,在表明他文学观念修正的《自己的园地》一文中,他说文学"初不为福利他人而作,而他人接触这艺术,得到一种共鸣与感兴,使其精神生活充实而丰富,又即以为实生活的基本"③,周作人把这称为"独立

---

① 独应(周作人):《论文章之意义暨其使命因及中国近时论文之失》,1908 年 5—6 月《河南》第 4—5 期。

② 周作人:《圣书与中国文学》,1920 年 11 月 30 日讲演,1921 年 1 月 10 日《小说月报》第 12 卷 1 号。

③ 仲密(周作人):《自己的园地》,1922 年 1 月 22 日《晨报副镌》。

的艺术美与无形的功利"①,可以看出来这就是他在1908年提出的文学功用论。在1922年4月16日《文艺上的异物》一文中周作人又引用了他在《圣书与中国文学》中曾引用过的安特来夫的那段话,但他在这里引用的目的只是为了说明文艺之力能够使主张不同的人互相理解、心灵上得以沟通,与他在《圣书与中国文学》中引用这段话的意图截然不同。

应该说周作人除了相信文学的这种"远功"之外,还有一个确信的观念,即相信启蒙者可以利用科学对群众进行思想、道德上的启蒙,这种观念周作人在"五四"时期极为明确地提出过。周作人对于这两种观念的坚信,是建立在他一定的认识前提之上的,周作人对文学能够"发皇"国民精神的确信的前提是人们之间可以互相理解,而他确信利用科学进行思想启蒙行之有效,其前提是"教训有用论",也就是说虽然群众对于科学的思想观念可能暂时不理解,但最终他们会接受的,从而能使他们在精神上产生变化。周作人对这两个前提的确信是他确信两种观念确实可行的关键,既然他认为这两种观念都是确实可行的,那么可以说这两种观念都是属于他的精神世界的"自己的园地"范围内的。

可是从1923年下半年始到1924年,周作人突然完全否定了文学能够沟通人们心灵、"发皇"国人精神,以及利用科学进行道德思想启蒙是可行的这两种观念。我们说周作人彻底怀疑这两种观念的原因,是他的现实际遇使他不再相信、支持这两种观念的前提:人们之间可以互相理解与"教训有用论"。1923年7月18日周作人在致鲁迅的信中说"我以前的蔷薇的梦原来都是虚幻"②,明确表示不再相信人们之间是能够互相沟通、理解的"蔷薇的梦",在同年8月24日他说得更为明显:"我相信人们的意见是不容易相通的,文学言语之力是极微弱的。"③此时周作人对这一前提已不再相信,进而他又在1924年7月

① 仲密(周作人):《自己的园地》,1922年1月22日《晨报副镌》。

② 转引自《鲁迅年谱(二)》,鲁迅博物馆鲁迅研究室编,人民文学出版社1983年4月第1版,第104页。

③ 周作人:《敬答郑兆松先生》,1923年8月24日《晨报副镌》。

23日发表的《沉默》一文中对他所提出的有益于普遍社会人生、“非实用而有远功”的文学功用论作了反省并进行了修正，他仍是从对人们之间能够互相理解的否定谈起的：

老实说，我觉得人之互相理解是至难——即使不是不可能的事，而表现自己之真实的感情思想也是同样地难。我们说话作文，听别人的话，读别人的文，以为互相理解了，这是一个聊以自娱的如意的好梦，好到连自己觉到了的时候也还不肯立即承认，知道是梦了却还想在梦境中多流连一刻。其实我们这样说话作文无非只是想这样做，想这样聊以自娱，如其觉得没有什么可娱，那么尽可简单地停止。我们在门外草地上翻几个筋斗，想象那对面高楼上的没人看着，（明知她未必看见，）很是高兴，是一种办法；反正她不会看见，不翻筋斗了，且卧在草地上看云罢，这也是一种办法。两者都是对的，我这回是在做第二个题目罢了。①

很显然，周作人认为文学的一个重要功用与人做梦的功用是类似的，即使作者读者聊以自娱，虽然作者明知自己写出来的别人不能理解，读者明知别人的文章自己难以懂得，但他们在写作或阅读过程中，通过想象自己的文章别人能够理解或者自己能够读懂别人的文章，可以从中得到极大的悦乐，周作人说人们往往明知不可能互相理解，却又不肯立即承认，这说明人们在想象可以互相理解时能够获得多么大的悦乐！而文学这种与做梦类似的自娱或者说“欺蒙自己”②的功用已与社会人类的利益毫无关系了。

就这样周作人否定了认为文学能够沟通心灵、“发皇”国人精神的文学功用论，与此同时周作人也抛弃了认为可以利用科学对国人进行思想、道德启蒙的信念。1924年2月25日周作人发表《冤哉达尔文》，说自己“相信人类的行为不是轻易容易改变的，圣道不能使它变好，邪

---

① 朴念仁（周作人）：《沉默》，1924年7月20日作，1924年7月23日《晨报副镌》。

② 作人（周作人）：《镜花缘》，1923年3月31日《晨报副镌》。

说也不能使它变坏”①,其确切含义,他在第二天发表的《教训之无用》一文中借用霭理斯的话予以说明:“在群众的坚固的大多数之进行上面,无论是甲种的书或乙种的书都不能留下什么重大的影响。”②很显然周作人在这两篇文章中提出了“教训之无用”的命题,用来否定先前的“教训有用论”。紧接着周作人为“教训之无用”的观点提供了理论支撑,周作人很明显是借用了霭理斯的社会学观念,霭理斯认为“教训之无用”与人类社会存在的普遍事实有关。霭理斯认定在社会上只有少数的精英分子能够进行原创性的思想、道德的创造与探索,这种创造与探索往往超越社会现行的道德规范与思想原则,甚至与之针锋相对;而广大群众只会盲目从命,严格遵循现实既定的僵死的道德规范与思想原则,丝毫不懂得创造。这是人类社会存在的普遍事实。我们说在这种社会现状之下,广大群众是不太可能接受少数精英分子的思想与道德创造的。除了这一理论支撑之外周作人还在人类历史中寻找到了证据,他在《教训之无用》一文中列举出一些历史上的伟大思想家,他说:“希腊有过梭格拉底,印度有过释迦,中国有过孔老,他们都被尊为圣人,但是在现今的本国人民中间他们可以说是等于‘不曾有过’。我想这原是当然的,正不必代为无谓的悼叹。”③依照周作人对人类文明史的考察,这些古代世界最伟大的思想家在2000年后的今天,其思想在本国民众的精神中竟然没有留下任何的痕迹,可见“教训之无用”在人类历史上是具有一定必然性的客观事实。而且周作人坦然接受“教训之无用”的历史常态,认为根本不必代为叹息,这种叹息反倒是无谓的。

从以上的分析可以看出,到了1924年,周作人最终完全否定了文学能够沟通人们心灵、“发皇”国人精神的文学功用论,以及认为可以利用科学对国人进行思想、道德启蒙的信念,而这些信念正是周作人在1922年年初确立的精神世界“自己的园地”中包含的有益于普遍的社会人生的观念的主要成分。周作人明确表示“我已明知我过去的蔷

---

① 荆生(周作人):《冤哉达尔文》,1924年2月25日《晨报副镌》。

② 荆生(周作人):《教训之无用》,1924年2月26日《晨报副镌》。

③ 荆生(周作人):《教训之无用》,1924年2月26日《晨报副镌》。

薇色的梦都是虚幻”①,即周作人把已被他自己否定的文学功用论、启蒙信念同他以前的信仰——人道主义社会—道德理想都归为“蔷薇色的梦”,认为它们全是乐天主义与理想主义的东西,他称它们为“单纯的信仰”或“固执的偏见”。② 既然这种文学功用论与启蒙信念是虚幻的,那么周作人不但不能再继续信服它们,而且要把它们排斥出自己精神世界的“自己的园地”,因为它们已经不再符合“自己的园地”要求的标准了。周作人不但在自己的精神世界中取消了这两种信念,而且进一步他希望从根本上排除自己精神世界中存在着的缺乏现实根基的乐天主义与理想主义的信念,再进一步他希望能够保证自己不再接受其他理想主义的“单纯的信仰”,杜绝自己再重犯某些不应犯的错误——他曾经确信过那种文学功用论与启蒙信念。在周作人看来,那些信念本身并不属于他的“自己的园地”,它们明显与自己确立的“自己的园地”的抉择原则相悖,而自己之所以曾经那样地确信过它们,他认为症结在于他自己的思想有问题,所以进而他在自己的思想中寻找原因。

周作人的反省是从他对那些信念及以前的信仰的接受方式上开始的,周作人对他接受这些信念的过程是这样描述的:“在古今的贤哲里找到一位师傅,便可据为典要,造成一种主见,评量一切”③,很明显在这一过程中他对这些观念缺乏充分怀疑的审视,周作人认为这种无怀疑的接受显然是不可靠的,而自己之所以能犯盲目信仰的错误,其原因就在于自己还缺乏彻底的科学的态度,他说这也就是科学家研究的态度。因此,周作人认为必须提倡彻底的科学的态度,只有这样自己才能保证不再犯盲目信仰的错误,并能在自己的思想中排除不切实的成分。如果我们要解释周作人所说的科学的态度的含义,那么必须先说明周作人提出这一命题的思想根据。周作人是在《一年的长进》(1924 年2 月13 日)一文中说明这一问题的,在这篇文章中,周作人说他每日看报时,“实在总是心里胡里胡涂的,对于政治外交上种种的争

① 周作人:《〈自己的园地〉自序》,1923 年 7 月 25 日作,1923 年 8 月 1 日《晨报副镌》。
② 荆生(周作人):《一年的长进》,1924 年 2 月 13 日《晨报副镌》。
③ 荆生(周作人):《一年的长进》,1924 年 2 月 13 日《晨报副镌》。

执往往不能了解谁是谁非，因此觉得两边的话都是难怪，却又都有点靠不住”[①]，我们说这种说法其实与塞克斯都·恩披里柯所总结的怀疑主义的基本原则——“任何命题都有一个相等的反命题与它对立。我们相信，根据这条基本原则，我们就能够避免独断”[②]——是一致的，这一基本原则是早期怀疑派的观念。怀疑派反对独断论者的观点——武断地坚信自己对于事物的认识及自己的观念是唯一真实的，而别人的则是不正确、虚假的，针对独断论者的这种观点，怀疑派提出：任何一个命题都有反命题与之对立，而正反命题分别都有自己的一套说得通的道理，因此我们不但不能独断地作出判断，而且对于相对立的正反两命题，我们实际上应该做到在这两者之间不置可否，因为“我们并不知道，也不能够知道哪一项是正确的”[③]，周作人借用的正是这一基本原则。不过必须指出的是，周作人虽然借用了怀疑主义的这一基本原则，但他并没有接受怀疑主义的所有结论，他既没有否定人的理性与感觉的可靠，也没有像古代怀疑论者那样对一切问题不置可否，不作判断，周作人的怀疑观念至多只是一般意义上的不可知论。不可知论者虽然认为我们无法认识现象之后的本质——“物自体”，但是他们认为我们能够认识现象，而且不可知论者认为人类的理性能力在很大程度上是可以信任的，因而科学知识也是确实可信的。因此周作人借用怀疑主义这一基本原则的目的仅仅是用它来反对现在的“独断论”与“独断论者”。周作人认为，确信自己的意见是绝对正确而且是唯一正确的这种独断态度是靠不住的，因为每种意见都有相反的见解，这说明正反命题都有可以信任和值得怀疑的地方。因此，周作人认为科学的态度应该是，人们首先要宽容地承认各种不同意见都有存在的必要，然后在此前提下对各种意见都同样地加以怀疑地分析审视，他认为只有这样我们才能排除虚假的认识，获取真知；而

---

① 荆生（周作人）：《一年的长进》，1924年2月13日《晨报副镌》。

② ［古罗马］塞克斯都·恩披里柯：《毕洛主义概略》，转引自苗力田主编：《古希腊哲学》第四编《晚期希腊哲学》，中国人民大学出版社1990年版，第657页。

③ ［英］P. 博克：《蒙田》，第三章《蒙田的怀疑主义》，孙乃修译，中国社会科学出版社1992年版，第25页。

与科学的态度相反，人们如果不顾任一命题都有相反命题这一客观事实而偏信正反命题中的任何一方，那么这就只能是“狂信者的态度”，而攻击异端正是狂信的另一面，周作人认为狂信与攻击异端都是绝对不可取的。[①] 周作人以为一旦确立了这种科学的态度，就保证了他的思想不会再掺入不切实的成分。

周作人提倡的这种科学的态度是以怀疑的精神分析审视各种观念，不过这种怀疑并不是无原则的，应该说在这种科学的态度中是有客观的评判标准的，这就是科学的常识，周作人在《〈谈虎集〉后记》中说自己对人事褒贬评议，凭的就是个人所有的一点自然与人文科学的浅近的常识。[②] 而对于周作人来说，他具有的常识就是他在《〈瓜豆集〉题记》中所说的生物学、人类学、儿童学与性的心理的常识——帮助人对自己有所了解的常识，他坦承这是他唯一的知识。[③] 很显然，这些科学常识都是周作人的自然人性论的实证科学的基础，而如果进一步考察周作人对各种观念的评判过程，我们发现他的科学的态度对各种观念评判的标准还包括：他的灵肉一元观，自然主义的道德观、文明观、文化观……很明显，周作人是以他的整个的自然人性论作为他的科学的态度对各种观念评判的标准。所以周作人在确立了他的科学的态度之后，他自己再确立的或接受的任何观念都一定要建立在他的自然人性论的基础之上，而周作人在1922年年初确立的“自己的园地”中所包含的有益于普遍社会人生的观念是没有自然人性论的基础的，因此，这些观念是要被排斥出他的精神世界的；而且遵循这种科学的态度，凡是缺乏自然人性论基础的理想主义的观念在周作人的精神世界中也都不再占有位置。这样周作人的个人主义的求胜意志中基本上只剩下单纯发展个人的精神自由与精神能力这一部分了，它是完

---

① 参见开明（周作人）：《济南道中之三》，1924年6月10日作，1924年6月20日《晨报副镌》。

② 周作人：《〈谈虎集〉后记》，1927年11月25日作，1928年1月16日《北新》第2卷第6号。

③ 知堂（周作人）：《〈瓜豆集〉题记》，1936年11月1日作，1936年12月10日《谈风》第4期。

全建立于周作人的自然人性论基础之上的。

从以上的分析可以看出，截至1924年，周作人的新的“人学”观的理论建设基本上已经完成，这标志着周作人从1921年开始的思想人生的重大转折大体完成，他的思想也从此大致稳定下来。可以说在19世纪20年代末周作人在一系列文章中明显表达出思想的巨大的变化，只不过是把他在1924年完成的思想更坦然、更无所顾忌地表白出来罢了。而周作人在19世纪30年代表现出的闲适的生活态度，文学上的“无用论”，对趣味性灵的倡导等，其实基本上都是他在19世纪20年代前期就已提出的一系列理论主张的进一步展开和落实罢了，不过，这些本节无法详谈了。

（原载《鲁迅研究月刊》1999年第2期，题名《从普遍的人道理想到个人的求胜意志：论20年代前期周作人“人学”观念的一个重要转变》，2003年3月获首届“唐弢青年文学研究奖”二等奖）

第二节 极度敏感的“人间爱”信徒：“人的文学”时期朱自清“人间感”的发现与塑型

自夏尔·波德莱尔以来，文艺家对现代世界体验的自觉探索与勉力塑型逐渐成为现代社会整体建构的核心任务。晚清以降，中国文艺家也参与其中，而国人真正整体性地进行现代中国体验的全新探索与塑型，始于“初期新文学”活动。著者在《“人的文学”：“五四”现代人道主义与新文学的发生》中指出，“初期新文学”，即“人的文学”时期是现代文学首个独立发展阶段，而“人的文学”是“五四”现代人道主义社会改造热潮的产物，形成了独立的系统理论形态和完整创作形态，为现代人道主义社会改造服务。“人的文学”的重大贡献之一正是启动并引导现代中国新的“感觉革命”与“情感革命”，进而借助新的文学形态为新的感觉世界与情感世界塑型，著者称之为重构中国的“人间感”——对人类社会、人类关系、人类生活等的全新感受。在此进程中,周氏兄弟始终担当着关键引领作用,尤其是周作人贡献卓越,他自1919年年初始勉力塑造全新"人间感",为全面建造"人的文学"的新感觉、新情感提供一系列极好示范。众多五四"新人"纷纷仿效,进而根据各自独特人生经历与生命体验,延展出富于个性化的具体"人间感"。"人的文学"自觉承担的时代重任规定其最核心的思考与创作主题,是对人类兄弟间"爱",即"人间爱"的本质联系的新鲜发现和新颖感受,以及在人类社会中"爱"而不得的痛楚。在周氏兄弟引领及影响下,"人的文学"家们做出各具特色的表现,其中感受最敏感、反应最激烈、表述最坦率直露者,当数笃信现代人道主义社会理想的青年朱自清。① 朱自清喜用最易于直抒胸臆的新诗和散文,着力倾吐五四"新人"初次面对真实社会时真切、具体的感受和体验,著者称之为"人间"实感。② 而他对"人间"实感的文学表现显现出鲜明个人风格,源于"五四"现代人道主义对"新人"的特殊精神能力的培养。

周作人等现代人道主义者强调,要具备发现"人间"实感的能力,首先要成为现代人道主义的"新人"并培养出崭新感受能力。周作人在《〈深夜的喇叭〉译者附记》指出现代人道主义者特别推崇一种名曰"可惊的感受性"的感受力,这是对万有生命和自然、各类物象等的一种稀有的超强感受力,具此能力者仿佛"通灵者"般,能与一切生命体和自然、各类物象等在精神上合为一体,即"对于自然的真的从顺与对于或物的真的虔敬……仿佛是被凭依者一般"。③ 这种精神能力被现代人道主义者视为理想的"人"的至高品质。④ 1919年年初到1920年秋,就学北京大学哲学系的朱自清身处"五四"热潮中心,尽受现代人

---

① 关于"人的文学"时期朱自清对现代人道主义的忠实信仰,张先飞在《"人的文学":"五四"现代人道主义与新文学的发生》做出深入分析,人民出版社2016年版,第105—106页。

② 关于"人间""人间性""人间观""人间感""人间爱"等概念,张先飞在《"人"的发现:"五四"文学现代人道主义思潮源流》(人民出版社2009年版)、《"人的文学":"五四"现代人道主义与新文学的发生》(人民出版社2016年版)有细致阐述。

③ 周作人:《〈深夜的喇叭〉译者附记》,1920年9月18日作,1920年12月1日《新青年》第8卷第4号。

④ 张先飞在《"人"的发现:"五四"文学现代人道主义思潮源流》深入考察"五四"现代人道主义者对感受力的思考,人民出版社2009年版,第195—208页。

道主义思潮运动熏染，不仅获得精神洗礼，而且得到新的精神、情感能力的训练与培养，被塑造成为五四“新人”。精神、情感的觉醒本已使他获得崭新感受能力，而“人的文学”特殊的思想理念、创作活动——如现代人道主义“人间爱”理想观念、对“可惊的感受性”的推崇、“人间感”的发现与塑型等的熏染和启蒙，又将其感受能力磨砺得倍加敏锐。朱自清表现出了超乎寻常的“可惊的感受性”，成为其标志性的精神特质并由此锻造出其咏叹“人间”实感时最突显的艺术格调。

朱自清在“人的文学”阶段开始出现“人间”实感的生命体验，始自1920年秋步入社会，集中于1921年，完成了他初次接触真实人类生活、人类关系后第一个阶段的艺术创作。在此之前，自1919年年初到1920年秋，被“五四”热潮激荡的朱自清无比欢欣于理想社会与理想人类关系的降临，善用白描自然景物及各类物象的手法，创作寓意性很强的象征哲理诗，歌颂“光明”“生命”“创造”等抽象的理想观念。这些引人瞩目的作品虽澎湃着朱自清热诚向上的激情，却极少直接表现自身具体的“人间”实感，尤其是由人与人之间交互关系引发的感受。[①] 究其原因，一方面，此时就学于新文化中心并几无社会经验的青年朱自清陶醉于“人间爱”的抽象理想，认定在全球现代人道主义社会改造潮流推动下，新世界正在降临，理想“人间爱”业已普遍充溢于人类社会，既随处可见，又唾手可得，因此，不必于诗文中特别留意或突出表现；另一方面，单纯学园生活令朱自清不易深入接触中国社会真实生活与人们之间的交互关系，也就无从发生各种“人间”实感。

直到1920年秋之后，残忍世界骤然降临于朱自清这位满脑子“人间爱”的天真汉面前，尽现狰狞，尤其中国社会中人与人之间不良关系的困扰，令具有超乎常人敏感性的朱自清在愤激、恐惧、绝望、悲哀等生命实感冲击下饱受精神折磨。于是到了1921年，朱自清文学创作的情感主题与表达方式截然转变：开始抒发初次面对真实人类社会、人类生活、人类关系时真切、具体的感受和体验。与其他“人的文学”

① 朱自清在1931年3月所作《论无话可说》曾追溯此时思想状况：“正是五四运动……也说说什么自然，什么人生。但这只是些范畴而已。”载《你我》，商务印书馆1936年版，第65页。

家相近，现代人道主义信徒朱自清体察最深并最热衷表现的是个人身处人与人之间关系时的情感样态：既有对人类兄弟之“爱”的真情流露，又有更具个性特色的面对漠视“人间爱”现实时的愤激、悲哀与无奈；此外，五四“新人”对自我生命存在的敏锐体察也是重要感受类型。著者对这些情感样态分作四类考察，藉此梳理“人的文学”时期朱自清思想演进的完整轨迹。

一、“人间爱”的情感、感受类型

初次面对真实社会，朱自清生发出两类“人间爱”，即人类兄弟间“爱”的情感与感受类型。第一类“人间爱”的情感、感受，是最为切身的关于普遍性的日常生活世界的认知与体验。“五四”初期获得新视域的现代人道主义者力图在新的目光审视、精神体察中重新构造自身对世界的理性认知与情感感受，居于核心的是对普遍性的日常生活世界的认知与体验。朱自清的表现最具代表性，他紧随周氏兄弟、叶绍钧之后，急于要将自己对普遍性日常生活世界的新发现、新感受传达给五四“新人”。短篇小说《别》（1921 年 5 月 5 日作）便属于现代中国最初一批细致描绘此类具体而微“人间”感受的新文艺作品，朱自清明显是在自觉为概括“新人”的精神生活做出初尝试，也由此打动了沈雁冰、陈炜谟等同样敏感的“新人”。朱自清选择进行文艺表现的领域，是自身感触与体会最深切的男女之爱的情感领域，而对亲子关系的情感领域他只做了理论探讨。① 朱自清选择的表现体裁是体量较大、长于工笔细描并擅长反复渲染感情细微波动的散文。

此前除周作人、叶绍钧外，尚鲜有人将中国“新人”关于日常生活世界细腻的新情感、新感觉宣之于众。朱自清对此类新感受的情感体

---

① 男女、亲子关系为“五四”初期现代人道主义新道德讨论中最受关注的两个方面，自周作人《人的文学》（1918 年 12 月 7 日作，1918 年 12 月 15 日《新青年》第 5 卷第 6 号）始得到集中讨论，周作人提供主要思考维度，朱自清基本承袭该思路。关于男女关系，朱自清完成《别》（1921 年 7 月 10 日《小说月报》第 12 卷第 7 号）、《笑的历史》（1923 年 6 月 10 日《小说月报》第 14 卷第 6 卷）等创作；关于亲子关系，他撰写论说文《父母的责任》（1923 年 2 月 3 日《新民意报》副刊《星火》，次日续完，署名白水）。

验方式和艺术表现方式明显受到周作人用以启动“人间感”探索的翻译小说的深切影响，1924年年初，朱自清曾深有体会地解说周作人翻译合集《点滴》所收外国作品的艺术特质，尤其表现细腻情感的手法令他印象深刻：“《点滴》中深曲而活泼的描写，多用拟人的字眼和句子，更易引起人神经的颤动。《诱惑》中的，‘忽然全世界似乎打了一个寒噤。’/‘仿佛地正颤动着，正如伊的心脏一般的跳将起来了’。便足显示这种力量。”①朱自清在《别》等创作中较好运用了这些手法。《别》的写作素材源自朱自清在与妻子共同生活中生发出的真切、具体的新的人生实感，以及对妻子情感、精神世界的切实体察。《别》描述的是为生计所迫的最普通夫妇的爱与别离，虽然抒发的是个人感怀，但作者仍有意识地描摹出最具普遍性的生活与最为普遍的情感，不仅铺陈了贫贱夫妻百事哀的生活琐事，还细腻勾勒夫妻两人各自宛曲的情感流程与具体而复杂的人生实感：迎接时焦虑，共同生活时偶感厌烦、拖累，别离前后内心纠葛与折磨，甜蜜的伤心与对妻的悲悯等，朱自清对两个独立个体人生感受、情感样态的把握与描绘，虽别致新奇，却又极为真实亲切，令人感到极具普遍性和代表性。朱自清对真实人生感受的新鲜描绘在当时引人瞩目，文中多为深曲的白描，同时他明显受《诱惑》等影响，善用拟人的字眼、句子。后来《笑的历史》（1923年4月28日作）是同类型写作的延续。而朱自清年初细致表现儿童独特心理、感受的《新年底故事》（《浙江第一师范十日刊》1921年1月1日），源于他与儿子朝夕相处激发起的对童年感受的回忆，也是他发现日常生活世界中新情感、新感觉的主要表征。两类题材作品都显露出隽永温和的人情美。

第二类“人间爱”的情感、感受，是对所有人类的兄弟之谊的亲身体尝与情感波荡。很多现代人道主义者对作为人道主义核心理念的人类兄弟之谊的体察往往停留在理性认知层面，未能使它成为自身生

① 朱自清：《文艺之力》，1924年1月28日作，载《星海（上）——为〈文学〉百期纪念》，商务印书馆1924年版，第2—3页。小说《诱惑》由波兰S. Zeromski著，周作人译，1920年2月1日《新青年》第7卷第3号。

命实感,这缘于他们在情感上尚未觉悟。著者曾探究过周作人产生出深厚人类兄弟情谊的情感觉悟过程①,朱自清也经历了相近的情感觉悟的精神历程。1921 年 5 月 8 日朱自清效仿周作人诗作《画家》(1919 年 9 月 21 日作)完成新诗《人间》,他应是在迈入真实社会生活后,突然经历了与周作人两年前同样的精神震动,强烈感受到每位人类成员间本然存在的不可分割的联结。该诗效仿《画家》,虽只简单描画二幕平凡日常生活情景:"我"和两人的偶遇,但真实意旨是要呈现五四"新人"对真实人类生活、人类间关系的猛然醒觉。诗中描绘"我"遇到两位普通人,一位农民朋友殷勤为在"歧路中彷徨的我"指点道路,一位纯洁少女用和蔼、纯真的眼波再三看着"我",他们都像兄弟姊妹般厚待"我",同时"我"也真切感触到他们"纯白的真心""烂漫的真心"。朱自清为清楚揭示写作意图,在两幕场景结尾均专作说明"但是,我们并不曾相识"②,以彰显自己产生强烈精神震撼是源于发现了普遍存在的人类兄弟间的本质联系。不过,此时朱自清对人类兄弟之谊的存在仅刚刚醒觉,因此,他要真正蕴育出深厚兄弟情谊还需一定时日与过程。

朱自清直到 1921 年年底创作新诗《星火》(1921 年 12 月 22 日作)时才展示出较剧烈的情感激荡。《星火》开篇描绘年轻小贩将"我"这位普通顾客看作朋友,对"我""质朴而恳挚"地倾吐最近失去双亲的苦楚,"我"面对他的倾心坦诚,忽然间对于自己对人类兄弟毫不在意、毫不关心的麻木与势利感到十分羞惭,忏悔自己不应怀"差别底心思"并"从来看兄弟们作蓦生人",而且认识到这些正是"分开了我们俩"的原因。就在此刻,"我"猛然亲身体验到人类兄弟间难以分割的亲密联系,产生出强烈情感震动:"我"不仅满怀激动地"悲哀着感谢了"小贩的深挚友情,深感得到兄弟殷殷信托是"我的光荣",而且还经历了"神奇"的生命体验。诗中描述,"我"之前对小贩一家始

---

① 张先飞:《"人的文学":"五四"现代人道主义与新文学的发生》,人民出版社 2016 年版,第 105—106 页。

② 朱自清:《人间》,1921 年 5 月 8 日作,1921 年 8 月 10 日《小说月报》第 12 卷第 8 卷。

终“冷冷的”“漠漠然”，而小贩母亲又是平常妇人，况且四五个月未见，本来“我”应已全然忘却，但忽然间“我”产生出奇特感受：“可是——真有点奇呵，那（小贩母亲——著者加）温厚的容颜/骤然涌现于我朦胧的双眼！”①这一小小“神迹”昭示着“我”的内心和情感终于与其他人类兄弟真正贯通为一体。

此时朱自清感受兄弟之谊的情感反应已与创作《人间》时有较大差别：他在震撼于兄弟深情的同时，还感受到与人类兄弟共同的黯淡命运——一样天涯沦落并共同承受人类生活的普遍不幸，因而在他生发出的兄弟深情中又加增了一重淡淡的哀愁与迷惘的情绪。这种特殊的人生实感，即人类生活中恒久存在的普遍的“悲哀”与“寂寞”感受，是1920年9月后处于思想渐变期的周作人对新情感、新感觉的发现，他视之为“人间爱”的一种表现形态，并在《〈乡愁〉译后记》（1920年11月16日作）定义为“人类对于……同伴的眷恋”。② 他译介了几篇抒发同样感受的日本小说（1920年9月至12月月底译，1920年12月至1921年4月刊）③，并以《西山小品》（日文版1921年8月30日作，国语版1922年2月10日刊）完成艺术塑型。此时经历一年现实折磨的朱自清对这种人生感悟不免心有戚戚，因此，在对人类生活、人类关系的观察体验与艺术表现中自然流露出来，他在《星火》中深沉述说，“我”终于深深感受到和人类兄弟间的浓情深意，不过，同时又涌现出一种特殊的微茫的“悲哀”情绪：“在肩摩踵接的大街中，我依依然有所思了；茫茫然有所失了！我的悲哀——虽然是天鹅绒样的悲哀呵！”④青年朱自清对自身“悲哀”的表述十分含蓄、平淡，较为接近中

---

① 朱自清：《星火》，1921年12月22日作，1922年3月10日《小说月报》第13卷第3号。

② 周作人：《〈乡愁〉译后记》，1920年11月16日作，1921年1月10日《小说月报》第12卷第1号。

③ 周作人所译日本小说包括，千家元麿：《深夜的喇叭》，1920年9月18日译，1920年12月1日《新青年》第8卷第4号；加藤武雄：《乡愁》，1920年11月16日译，1921年1月10日《小说月报》第12卷第1号；国木田独步：《少年的悲哀》，1920年12月10日译，1921年1月1日《新青年》第8卷第5号；志贺直哉：《到网走去》，1920年12月28日译，1921年4月10日《小说月报》第12卷第4号。

④ 朱自清：《星火》，1921年12月22日作，1922年3月10日《小说月报》第13卷第3号。

年周作人的《西山小品》,不过,周作人更多流露出身处人世间的寂寥和忧郁。这种含蓄、平淡文风的形成,除源于他们对艺术格调的有意追求外,还因为他们对这种初体验尚未能确切把握与塑型。

朱自清对自身"悲哀"之感的抒发令"人的文学"家们感同身受,赢得高度称许。这缘于朱自清对此种人类最普遍感受的主题选择与艺术表现完全符合"人的文学"的"普遍性"原则。主持《小说月报》的沈雁冰做出权威评断:"我个人的偏见,极喜朱自清先生的诗;只就他的一篇《旅路》(登本刊去年八号)和《星火》(本刊今年三号)而言,我觉得那中间的悲哀,只要地球上尚有人时,总是不灭的。"①陈炜谟在《读〈小说汇刊〉》(1922 年 10 月 7 日作)充分赞同该论断,并借《星火》诗句"天鹅绒样的悲哀"再度着重强调,他称许朱自清的创作"初看起来似乎平淡,但仔细一咀嚼,就像吃橄榄一样,觉得有味了。他的悲哀,虽是天鹅绒样的悲哀,但在这世界人类没有绝灭以前,如雁冰先生所说,总不会灭掉的"。②

二、面对人类生活普遍"隔膜"时的强烈痛苦

1921 年朱自清热衷表现的"人间"实感,既有五四"新人"初次面对真实社会时对"人间爱"的真情流露,又有更具个性特征的面对漠视"人间爱"现实时的悲哀、无奈与激愤,后者是"人间爱"衍生出的生命感受,朱自清对这种类型"人间感"的表现明显承袭自同时期的周作人。周作人宣传新村时曾对人类生活的不幸与普遍的精神病态做出本质分析,认为人类步入歧途的根源在于精神上的"隔膜"导致人类兄弟间相互仇视、彼此隔绝。如他于《游日本杂感》引述波兰小说家的比喻,批判与"同类之爱"情感相悖,充满仇恨、蔑视或视弟兄如无物的"非人"情感及观念,直斥它们造成了全人类隔绝对立的困局:"波兰的小说家曾说一个贵族看'人',好像是看一张碟子;我说可怕的便是

---

① 雁冰(沈雁冰)答复徐雉来信(1922 年 4 月 9 日),1922 年 6 月 10 日《小说月报》第 13 卷第 6 号"通讯"栏。

② 陈炜谟:《读〈小说汇刊〉》,1922 年 10 月 7 日作,1922 年 12 月 10 日《小说月报》第 13 卷第 12 号。

这种看法。”[①]到 1920 年 9 月后，周作人开始在《中国人的悲哀》(1921 年 4 月 6 日作)等创作中抒发自身面对人类间仇视与隔绝时的情感波澜。[②] 不过周作人仅仅提出这一思路并做出初步情感表现，这种类型“人间感”的塑型主要依靠朱自清、叶绍钧等文学研究会青年作家，他们的诉说区别于周作人的含蓄、冷静，显得激愤难抑。

这一时期朱自清已进入非理想社会并开始与未觉醒的人类兄弟深度交集。异常敏感的朱自清初踏社会便对人类兄弟间“隔膜”痛心疾首，不时因遭遇未觉醒兄弟的折辱而惆怅怨怼，灵魂饱受折磨，因此，爆发出超乎寻常的情感激荡，作品中叙述者往往语气峻急、情绪紧张、窘迫不堪……承受着追求理想“爱”却屡遭重挫的炽烈痛苦。朱自清将作为人类不幸之源的普遍的“隔膜”状态概括描述为“憎”，并以亲身经历为素材著文《憎》，发表于 1921 年 11 月 4 日、9 日的《时事新报·学灯》，系统阐说对人类兄弟间“隔膜”与“憎”的理性思索。朱自清将“隔膜”现象分作三个层次：“遍满现世间的‘漠视’”“遍满现世间的‘蔑视’”“遍满现世间的‘敌视’”，明显是一重更比一重恶化的人类关系。朱自清对第一层次“遍满现世间的‘漠视’”的思考受到周氏兄弟思想、创作深刻影响。朱自清先描绘闲人们“冷淡”围观普通人死尸的场景，然后借周作人所译布莱克诗句“叫天子一声叫……撕去我一缕神经”，从人道主义立场出发，悲悯感叹现在的人类根本没有同类相与、感同身受的博大兄弟情怀。他震撼于人类关系的可怕现状：每位人类成员均生活在“狭隘”“孤寂”的封闭世界里，相互的精神联系仅局限于“极少极少的所谓得失相关者”，导致实现“善良的生活”绝无可能，他因而发出“对于人类运命的一种杞忧”。关于第二层次“遍满现世间的‘蔑视’”，朱自清着意描绘租界华人巡捕对贫妇笨拙窘态幸灾乐祸的笑，他称这笑包含着现世间“一切的骄傲，狡猾，侮辱，残忍”，而这是比“漠视”更严重的存于人们心中的恶意。对于第三层次“遍

① 周作人：《游日本杂感》，1919 年 11 月 1 日《新青年》第 6 卷第 6 号。

② 张先飞：《“人的文学”：“五四”现代人道主义与新文学的发生》，人民出版社 2016 年版，第 142—146 页。(仲密)周作人：《中国人的悲哀》，1921 年 4 月 6 日作，1921 年 4 月 17 日《晨报·副刊》。

满现世间的'敌视'",朱自清描绘老教师只因小事便对他恶意敌视并侮蔑、攻击,他将该层次视为"隔膜"与"憎"最极端的表现。① 朱自清诗作《冷淡》也曾描述这段经历,值得注意的是,首句"像一张碟子"直接使用周作人介绍的关于"碟子"的著名比喻,很明显,朱自清欲借诗作阐发对"隔膜"与"憎"的认知。② 这种"遍满现世间"的"隔膜"与"憎",朱自清在与《憎》同时的《杂诗三首·二》一言以蔽:"满街是诅咒啊!"③这些作品皆因对主旨观念解说过多、过透,反而显得太过直露,缺少其师周作人诗文特有的蕴藉的艺术美感。究其原因,在于朱自清的焦灼心态,他痛切感受到宣扬人道主义"真理"以推进人与人间理解的紧迫性。

朱自清此类作品还真实展示了自身当面对人类生活中普遍之"隔膜"与"憎"时强烈苦痛的情感体验。在这些作品中,抒情主人公的精神反应极度敏感,情感动荡异常激烈,他们不仅对自身这种精神、情感特质有着清醒认识,而且坦率说明生成原因。如《憎》的抒情主人公开篇就描绘了自己精神反应与情感动荡的特点:"我生平怕看见干笑,听见敷衍的话;更怕冰搁着的脸和冷淡的言语,看了,听了,心里便会发抖。至于惨酷的佯笑,强烈的揶揄,那简直要我全身都痉挛般掣动了。"他还在文中反复描述此类体验,如当他看到华捕讥笑贫妇时,"一刹那间,空虚之感又使我几乎要被身份的大气压扁!因为从那笑底貌和声里,我锋利地感着一切的骄傲,狡猾,侮辱,残忍;只要有'爱底心','和平底光芒'的,谁底全部神经都不被痉挛般掣动着呢?"当遭老教师当面侮辱时,"每一个字便像一把利剑,缓缓地,但是深深地,刺入我心里!"④而在《冷淡》中后段痛苦体验得到了更完整呈现:

"像一张碟子,"[注]

① 柏香(朱自清):《憎》,1921年11月4日、9日《时事新报·学灯》。

② 朱自清:《冷淡》,1921年2月22日作,1922年4月10日《小说月报》第13卷第4号。

③ 朱自清:《杂诗三首·二》,1921年11月作,1922年1月15日《诗》第1卷第1号。

④ 柏香(朱自清):《憎》,1921年11月4日、9日《时事新报·学灯》。"爱底心""和平底光芒",为俞平伯新诗《网》(1921年10月13日作)诗句,载《冬夜》,亚东图书馆1922年版,第180页。

他看着我。
从他的眼光里，
映出一个个被轻蔑和玩弄的我。
他讥讽似地说了些话
又遮遮掩掩佯笑着；
像利剑刺在我心里。

我恳挚地对他
说出那迫切的要求。
他板板脸听着，
慢条斯理，有气没力地答应；
最后说，“我不能哩。”
又遮遮掩掩佯笑着，去了。
我神经大约着了寒，
都痉挛般抽搐着；
我只有颤巍巍哭了！

[注]“波兰的小说家曾说一个贵族看‘人’，好像是看一张碟子。”见周作人先生《游日本杂感》。①

朱自清借助这些作品对自身善于发现“隔膜”，并每每爆发极度敏感的精神反应与异常激烈的情感动荡的原因做出完整解释：“在一般看惯、听惯、老于世故的前辈们，这些原都是‘家常便饭’，很用不着大惊小怪……但如我这样一个阅历未深的人，神经自然容易激动些，又痴心渴望着爱与和平，所以便不免有些变态。平常人可以随随便便过去的，我不幸竟是不能；因此增加了好些苦恼，减却了好些‘生

① 朱自清：《冷淡》，1922年4月10日《小说月报》第13卷第4号。朱自清1922年4月27日作新诗《复活》，描写抒情主人公受到海船茶房轻慢后相似情感波荡：“被遗弃底孤寂哪，无友爱底空虚哪，骷髅的人生底厌倦哪：我心寒了，我心死了！”1922年5月1日《时事新报·文学旬刊》第36期。后改名为《侮辱》，有改动，载朱自清：《踪迹》，亚东图书馆1924年版，第71—74页。

力’。——这真所谓‘自作孽’了！”[①]简言之，他作为初接触真实社会、满怀“人间爱”理想的青年，最关心人类成员关系问题。而其由人道理想磨锐的感受力已敏感到了极致，这一“可惊的感受性”[②]致使他处处仅见“隔膜”，时时均感苦痛。朱自清的真诚诉说对解释“人的文学”家创作主题与精神、情感特质具有普遍意义。需要特别说明，在周作人等现代人道主义者看来，朱自清所拥有的“可惊的感受性”的精神能力，不仅是打破人类间“隔膜”与“憎”的首要条件，而且是衡量理想人类精神与情感的最高标准，亦即真正“新人”的标志。

三、“无力感”：人生道路的惶惑迷惘

朱自清迈出陶醉于理想的学园时代，步入非理想世界，猛然发觉真实世界和人生都是个谜，它们时时紧逼他立时做出抉择，而他毫无精神准备，穷于应对，苦恼不堪。伴随对世界本质、人生道路选择的痛苦思考，朱自清涌现出强烈“无力”之感。他步入社会之初已有所感，在新诗《不足之感》中慨叹自身平庸。[③] 而在1921年2月至6月其“无力”感日益加甚，这部分缘于他初入社会后不堪生活重压，新诗《自白》描绘“担子渐渐将我压扁”，令“我”丧失火热生命激情。[④] 但引发他深感“无力”的主因是人际方面的挫折，他痛陈自身柔弱、敏感，在“隔膜”面前“心悸”无比、沉陷绝望。朱自清刚开始工作便遭同事漠视和老教师侮辱，他很快在1921年2月22日创作新诗《冷淡》抒发痛感。不过，由于这次打击过重，他又于3月13日、4月25日完成以“无力”为核心主题的《心悸》《旅路》二诗。《心悸》描绘抒情主人公发现真实外部世界不仅太大，而且令人“心悸”、恐惧，他自陈根本“无力”安抚孩子的“心悸”，实际是自己“无力”应对世界并难以安抚自身“心悸”。因此，他想拒绝应对世界并发出喟叹：“给我心的/给我未生者底

---

① 柏香(朱自清)：《憎》，1921年11月4日、9日《时事新报·学灯》。

② 周作人：《〈深夜的喇叭〉译者附记》，1920年9月18日作，1920年12月1日《新青年》第8卷第4号。

③ 朱自清：《不足之感》，1920年10月3日作，载朱自清等：《雪朝》，商务印书馆1922年版，第5页。

④ 朱自清：《自白》，1921年2月3日作，1922年6月10日《小说月报》第13卷第6号。

心。……给我心的，……恕我无力；还了你这悸的也罢！”[①]很明显，与学园时代作品相比，光明的理想世界和自信的“我”都已消失，现在只留下可怕的真实世界和弱小无力的“我”。而与《心悸》的寓意式表达不同，《旅路》全诗情绪急躁、焦虑，坦白直率地倾泻着抒情主人公深感“无力”的痛楚：“我”是人生长旅“无力的人们”，极为无奈地感受到生命力已流失殆尽，而且“我”彻底“倦了”——“疲倦电一般抽搐着全身”，令我“倒在地上”，最后“我”再次发出比《心悸》更绝望的吁叹，乞求创造“我”——“你无力的被创造者”的上帝“兑给他‘安息’罢——他专等着这个哩！”[②]即“我”不仅要拒绝世界，而且更进一步热盼得到最后解脱，脱离尘世劳苦命运。

1921 年 6 月朱自清完成新诗《转眼》，于这篇“我的自白”坦率讲述几个月来人生“旅路”的心理历程。他自述人际上的挫折已很快得到解决，缘于自己“暴怒”终于唤醒人们沉睡已久对不相识兄弟的同情，令其抛却冷漠，打破“隔膜”，温柔接纳了他。但是他的“无力感”依然存在，仅内涵发生变化，现在的“无力感”不再是倦怠已极的旅人在吁求着逃避与解脱，而表现为并未放弃跋涉的寻路人身处人生长旅却看不见前路时自怨自艾、踯躅彷徨。《转眼》便描绘了“他”从理想世界被猛然抛入陌生可怕的真实世界，“只算硬挣着”漂泊了一年，心中满是愁苦，既理不清现在，又摸不着将来，而且“他”作为觉醒“新人”虽清楚要为理想奋斗，绝不能随波逐流，却又因无路可走而深感“无力”，因此，只能哀鸣：“只剩有踯躅，只剩有彷徨……这样莽荡荡的世界之中；到底那里是他的路呢！”[③]朱自清这种“无力感”也是同时期周作人的人生感触，周作人 3 月 2 日完成《梦想者的悲哀——读倍贝尔的妇人论而作》，坦言“我的力真太小了”[④]，随后 4 月 16 日在《歧路》中直率自承是“懦弱的人”，连较小力量都没有。[⑤] 相比之下，已被

---

① 朱自清：《心悸》，1921 年 3 月 13 日作，1921 年 5 月《诗》第 1 卷第 3 号。

② 朱自清：《旅路》，1921 年 4 月 25 日作，1921 年 8 月 10 日《小说月报》第 12 卷第 8 号。

③ 朱自清：《转眼》，1921 年 6 月作，1922 年 1 月 15 日《诗》第 1 卷第 1 号。

④ （仲密）周作人：《梦想者的悲哀——读倍贝尔的妇人论而作》，1921 年 3 月 2 日作，1921 年 3 月 7 日《晨报·副刊》。

⑤ 周作人：《歧路》，1921 年 4 月 16 日作，1921 年《新青年》第 9 卷第 5 号。

抛入外部世界的朱自清承受的痛苦远甚尚能在学园暂避实际人生冲击的周作人。

此时朱自清虽经一年人生历练并对外部世界、自身有了一定了解,但仍因前路不明而深感苦闷彷徨,这逼迫他认真思考人生道路的选择。于是他认定陷入精神混乱的自己有必要先停下来探索一下世界与人生之谜,找寻一种既合乎人道理想又可支撑自己安身立命的对现实世界、自身生存与精神现状的较合理解释,使混乱的精神暂得安定,诗作《自从》便是他一时的总结。朱自清构造出一个符合现代人道主义观的"失乐园"与"复乐园"的创世神话,以期合理解释自身作为信仰人道真理的理想主义者被抛入非理想世界后的心理历程,进而确定自身人生路向。《自从》叙述自从撒旦摘了上帝植入人类心灵的"人间底花"后,人类就无法看到真实世界,因此,所有人类的"人生底旅路"便都是为寻找"我们的花"。"我"自出生以来23年寻觅无果,现仍饱受踯躅、彷徨之苦:"唇也焦了;足也烧了;心也摇摇了;我留泪如喷泉,伸手如乞丐:我要我所寻的,却寻着我所不要的!"

《自从》描述寻找"人间底花"的全体人类更加不幸,他们虽目标一致,却并不团结,反而相互遮掩、诅咒、猜疑,并由这些"隔膜"(诗中称"疑云")孕育出歆慕和忌妒、觊觎与劫夺,以致造成人类成员间"终于彼此摆手"的可怕结局,进而决定了世界与人类的命运,诗中悲观陈说:人类成员间彼此撒手成为人类宿命,使得重见"我们底花"已无望,人类终将被悲哀压碎,世界亦将被洪流吞没。① 这些成为朱自清对于盈满世界的"隔膜"与人类不幸境遇产生的缘由,以及世界与人类最终命运的完整解释。朱自清既然找到了解答,认清人类的"隔膜"的生存状态、每个人承受着的生命痛楚与精神苦闷彷徨、人类的悲惨结局等皆是人类宿命,于是自身焦躁混乱的心灵终于能暂时安稳下来,或者说"无力"之感暂得缓冲,不仅能够平静而坦然地接受一切命定,并能继续在寻找"人间之爱"的辛苦跋涉中坚忍地履行自己的宿命。朱自清诗作《睁眼》更坦率说明了这一选择:诗中表明,当面对"漫漫的前

① 朱自清:《自从》,1921年10月作,1922年2月15日《诗》第1卷第2号。

路”时，想裹足不前是“徒然”，实际只剩下一种选择，即忍耐着走到人生路尽头。朱自清仅用一“挨”字便准确形容：“且一步步去挨着啵——直到你眼不必睁，不能睁底时候”。①

对朱自清而言，写作《自从》无疑成为其重要思想节点。此时他自认为已洞悉人类真实处境，并发现追寻理想世界不复可能——非理想的残酷现实才是人类生存常态，同时也认清作为人类个体的“我”的宿命，这种认知明显与现代人道主义社会改造理想严重背离。不过，作为寓意诗的《自从》对于世界的认知还停留在对世间真相和个人道路选择的理性判断、抽象哲思层面，尚未落实到朱自清实际的生存体验和人生路向抉择中。

四、“时间—生命感”的醒悟

朱自清等五四“新人”对自身个体生命存在的醒觉并由此发生出具体、切身的新的人生感受，是现代“人间感”发现的核心部分。这源自周作人对自身个体生命存在样态的独特敏锐感受，最突出的是对流动性的时间的深挚体验，他还为时间流动的生命实感塑造出具体可感的艺术形象，著者将周作人这一重要发现命名为“时间—生命感”的醒悟。在周作人的启示下，“时间—生命感”很快出现在“人的文学”家们的精神活动与创作活动中，朱自清基本延续周作人式的精神体验与艺术塑造方式，但同时也烙刻上自身独特生命体验与精神历程的印痕。

朱自清历经一年巨大生活变换与心理动荡，直到写作《自从》时才对人生道路做出阶段性总结与展望，至此躁动精神暂时得以平息，并在同年年末终于能平静地重新审视自己，进而反观自身个体生命存在。一年间剧烈的精神、生活动荡使朱自清每每对自身生命迅速流逝痛彻心扉，产生出强烈的新的生命感受，他自觉与周作人对“时间—生命感”的醒悟甚为契合，且周作人塑造时间流动生命实感的艺术表达方式也深深地打动了他，并渗透进其艺术表现。

---

① 朱自清：《睁眼》，1921 年 12 月 22 日作，1922 年 2 月 15 日《诗》第 1 卷第 2 号。

朱自清最初在1920年8月新诗《秋》中抒发对时间流动的真实感受，该诗描绘青年默然独立初秋西风细雨中，身体颤抖站了很久，随后做出一副夸张姿态：“好久，他才张开两臂低声说，‘秋天来了！’”①这明显是在呈现感觉、情感世界觉醒的五四“新人”对季候变化的新颖感受。1921年2月18日朱自清又口占短诗《依恋》：“坐到三等车里，模糊念着上海的一月，我的心便沉沉了。”②表达对“时间—生命”的瞬间感触。而朱自清对“时间—生命感”完整呈现是在1921年岁末与1922年年初，此时的平和心境使他能更清晰体察到生命与时间的流逝，他不仅在除夕夜吟咏短诗《除夜》（1921年12月31日作），还于散文诗《匆匆》（1922年3月28日作）做出集中细致表现。这些作品中抒情主人公对生命流动的感受、知觉方式和描述手法均为同时期周作人首创。

古典诗歌并不缺乏对生命迅速流走的感怀咏叹，而作为现代人的周作人、朱自清与古人不同之处，不仅在于当面对仅有一次的不可逆的生命时光一去不返时，产生出超强的急促、紧迫与压迫感并表现出异常峻急严肃的态度，更重要在于现代人生成了全新时间观念与时间意识，并以时间作为表征生命进程的载体。因此，他们对“时间—生命”流逝的感受与古人大相径庭。如周作人新诗《过去的生命》具体而微地描写自身对“时间—生命”的新颖感受，“时间—生命”成为一种完全能触摸得到的实体性存在，它是有生命的活物并正在行走，抒情主人公感觉到其脚步并想捕捉住它，令其停留或留下走过的痕迹：“我坐起来，拿了一支笔，在纸上乱点，想将他按在纸上，留下一些痕迹……我仍是睡在床上，亲自听他沉沉的，缓缓的，一步一步的，在我床头走过去了。”③周作人曾回忆这首诗“根据真情实感……当时说给鲁迅听了，他便低声的慢慢的读，仿佛真觉得东西在走过去了的样子，这情形还是宛然如在目前”。④

---

① 朱自清：《秋》，1920年8月作，载《踪迹》，亚东图书馆1924年版，第20页。

② 清（朱自清）：《依恋》，1921年2月18日作，1922年1月5日《时事新报·学灯》。

③ 周作人：《过去的生命》，1921年4月4日作，1921年4月17日《晨报·副刊》。

④ 周作人：《知堂回想录》，香港三育图书文具公司1970年版，第403页。

朱自清几篇创作与《过去的生命》均有直接联系。《除夜》直接坦白而又情绪紧张地描述了“时间—生命”走过身边时的实际感受，不过周作人是“听”到的，而朱自清是“看”到的：“除夜的两枝摇摇的白烛光里，我眼睁睁瞅着一九二一年轻轻地踅过去了。”[①]与简约的《除夜》相比，有意抒发“时日不可留之感”的《匆匆》表现得细致集中。[②] 朱自清对可触摸到并正在行走的实体性“时间—生命”的表现，主要采用两类意象群做出密集铺陈的表述。第一类是与行走、移动有关的意象，如为说明“时间—生命”的存在便表述为“时间底流”“太阳他有脚啊”“过去的日子如轻烟……如薄雾”等；而为说明“时间—生命”的行走、移动，则围绕“我们的日子……一去不复返”的主旨如是表述：“藏在何处”“他们自己逃走了”“到了那里”（现通用“哪里”——著者注）“从我手中溜去”“轻轻悄悄地挪移”“从凝然的双眼前过去”“去底匆匆”“从遮挽着的手边过去”“伶伶俐俐地从我身上跨过”“从我脚边飞去了”“溜走了”“闪过去”“逃去如飞的日子”等。第二类是捕捉实物的动作的意象，如“我觉察他去底匆匆了，伸出手遮挽”，直露坦白地展示着面对生命快速飞逝时无比的紧张、急躁、焦虑与恐慌，抒情主人公不停喟叹：“我留着些什么痕迹呢？我何曾留着像游丝样的痕迹呢？”[③]这些表现与周作人《过去的生命》完全一一对应。朱自清对“时间—生命”的实体存在感在新诗《仅存的》（1922 年 7 月作）中也表现得特色鲜明：“发上依稀的残香里，我看见渺茫的昨日的影子——远了，远了。”[④]抒情主人公感受“时间—生命”流逝时，不仅看到活物走过，甚至还嗅到气味。这种感受虽显新奇，却又异常真实。

朱自清对生命流动的感受、知觉方式和描述手法等直接受到周作人影响，朱自清首部诗文集《踪迹》（1924 年 12 月版）以周作人《过去

---

① 朱自清：《除夜》，1921 年 12 月 31 日作，1922 年 2 月 15 日《诗》第 1 卷第 2 号。

② 朱自清 1922 年 3 月 26 日致俞平伯信，载《信札〈寄俞平伯 · 四〉》，1948 年 10 月《文学杂志》第 3 卷第 5 号。

③ 朱自清：《匆匆》，1922 年 3 月 28 日作，1921 年 4 月 11 日《时事新报 · 文学旬刊》第 34 期。

④ 朱自清：《仅存的》，1922 年 7 月作，载《踪迹》，亚东图书馆 1924 年版，第 80 页。

的生命》作为全书序诗。在著者看来,朱自清所称的“踪迹”就是周作人的“过去的生命”,而朱自清对《踪迹》篇目的编排正显示他要归结从写作《光明》(1919 年 11 月 21 日作)到《航船中的文明》(1924 年 5 月 3 日作)间经过的“过去的生命”,流露出对“生命—时间”飞逝的深沉感怀。

余论:从疏离人道理想到“刹那主义”

朱自清 1921 年 10 月写作《自从》时已显现出与现代人道主义社会改造理想渐趋疏离,不过到 1922 年 4 月后他才开始渐次表现出与之前差别较大的新的感性体认,这些具体、真切的人生体会和情感体验最初呈现于新诗《复活》。该诗表面看来显现的是过去熟悉的主题与相近情绪:抒情主人公面对遍布人世间的“隔膜”、侮辱、损害时的极度焦虑与痛苦,但内涵已发生根本性改变。一方面,朱自清关注的核心问题明显已不是“人间爱”,因为令抒情主人公深感痛楚的根由不再是对人类兄弟迟迟不肯觉醒以共创理想世界的焦躁,而是他将永远面对人世间恒久永存、不可能革除的“隔膜”、侮辱与损害。另一方面,当抒情主人公遭受无端侮辱并深感“骷髅的人生底厌倦”“心寒”“心死”之际,令其生活意志得以“复活”的缘由只是“朋友们底十二分的好意”①,而并非对理想信仰的追求和对未觉醒人类兄弟的原宥。因此,当《宴罢》抒情主人公喟叹“我们都病了”时,其表述前提已迥异于 1921 年 10 月前朱自清的思考理路,强调的不再是“我们”这些人类兄弟终会治愈、人类社会终将完善,而是在悲叹人类永远黑暗的宿命;而且抒情主人公不再强调侍应等为人类兄弟,只称他们为“沿街住着的/吃咸菜红米饭的朋友”,并慨叹大家同是有病之人。②

朱自清 1922 年 7 月 21 日乘小火轮身历小舱内百态人生时忽深有所感,于 7 月 30 日作新诗《小舱中的现代》,终于全面总结并完整表达

① 朱自清:《复活》,1922 年 4 月 27 日作,1922 年 5 月 1 日《时事新报 · 文学旬刊》第 36 期。

② 朱自清:《宴罢》,1922 年 5 月作,1922 年 7 月《诗》第 1 卷第 4 号。

出他对人世间本质的总体认知与情感体验:局促小舱内的小世界折射出人类总体的生存状态,这是一个“窒着息似的现代”。抒情主人公紧张地深切体尝着人类生活的可怕和怪诞,他感受到人与人之间的关系完全就是场战争,一些人为攫取金钱而视另一些人为敌,对方同样剧烈抗击,双方激烈喊杀、战斗、挣扎着,显现出和“沙场上兵们”完全一样的“掠夺底贪婪”与“对待底残酷”,而身处小舱中的“我”也是“参战的一员”。诗人残酷地揭示出,这种“窒着息似的现代”正是恒久存在的人类真实生活的本相。[①] 很显然,朱自清在《自从》中对人与人关系的抽象概括,即人们因“隔膜”产生出歆慕和忌妒、觊觎与劫夺,终于完全落实成为其生命实感。

朱自清既已认清人世间本相并切身感受到令人窒息的紧张、压迫,那么他必须为如何生存于“窒着息似的现代”并一步步“挨”到人生尽头做出抉择。一开始极度敏感的朱自清有些悲观,选择应对之策是“苟延残喘于人间世”[②],并出现短暂的精神混乱。朱自清经历了一段对他而言如烈火烹油般的世俗享乐,不仅纵情烟酒,甚至曾盼望沉溺于大自然、异性、朋友、亲情中尽享快乐。这是当时不少青年选择的方案,但对于“对自己,对朋友,对人间都是这般的严肃”的朱自清却难以承受[③],反而诱发出理智与欲望的激烈冲撞,令他强烈感受到生命的空虚。朱自清痛苦自省,严厉斥责这些世俗享乐对真实的生命而言均是虚妄之物,而这些“诱惑”只会让人丢失自己并迅速消耗生命,在风尘中速朽、消失。这种思路再进一步延展促使朱自清开始全面反省之前的道路,进而把批判对象扩展到其曾有过的理想主义追求,称这些天花纷坠的理想为“巧妙的玄言”。[④] 朱自清于1922年12月9日完成长诗《毁灭》,如《旧约·传道书》作者般勇猛地去“疾虚妄”,既坚决又

① 朱自清:《小舱中的现代》,1922年7月30日作,1922年9月10日《小说月报》第13卷第9号。

② 朱自清:《复活》,1922年4月27日作,1922年5月1日《时事新报·文学旬刊》第36期。

③ 俞平伯:《关于〈义战〉一文——朱佩弦兄遗念·跋一》,1948年9月19日作,1948年10月16日《论语》第163期。

④ 朱自清:《毁灭》,1922年12月9日完成,1923年3月10日《小说月报》第14卷第3号。

彻底。抒情主人公将大自然、异性、朋友、亲情、烟酒等肉欲享乐、理想的“玄言”等统斥为虚妄,甚至指出选择死亡与毁灭作为人生了结的想法也是虚妄。那么当一切纠缠“我”的虚妄之物被排除后,“我”自然还原到只剩下“一个平平常常的我”,要去踏实寻找新的生活法,以求留下一个个分明的脚步。① 朱自清暂时找到“刹那主义”的生活法,他解释为“日常生活的中和主义”。②

朱自清称这次思想与人生转变是自己的一个“转机”③,他自此彻底与现代人道主义理想分道扬镳,并开始迈入“唯美—颓废主义”思想时期。尽管此时他仍在《中等学校的学生生活》(1922 年 5 月 28 日作)积极谈论小组织建设问题,但不再主张通过建设新村式的模范小组织以建构理想社会,而仅停留在发展“消除许多的隔阂,发展深广的同情”的“私人自由的组织”的层面。④ 不过,朱自清虽在思想转折期提出“诱惑底力量”“颓废底滋味”“现代的懊恼”“颓废的刹那主义”等重要判断⑤,但如综合考察其前后创作与思想自述,仍会发现此时朱自清尚未成为标准的“唯美—颓废主义者”,其论断多为传统形而上学层面的人生哲思。因此,只能说此时朱自清“刹那主义”人生观是初感“唯美—颓废主义”精神理路,尚未进入真境。随后朱自清受周作人影响日深,追随其师形成精致“唯美—颓废主义”人生观。⑥ 不过这已不在本节论述之列。

(原载《文艺理论研究》2019 年第 3 期)

---

① 朱自清:《毁灭》,1922 年 12 月 9 日完成,1923 年 3 月 10 日《小说月报》第 14 卷第 3 号。

② 朱自清:《信三通·一九二二年十一月七日残信》,1922 年 11 月 7 日作,载 O. M. 编:《我们的七月》,亚东图书馆 1924 年版,第 199 页。

③ 朱自清:《信三通·一九二二年十一月七日残信》,1922 年 11 月 7 日作,载 O. M. 编:《我们的七月》,亚东图书馆 1924 年版,第 196 页。

④ 朱自清:《中等学校的学生生活》,1922 年 5 月 28 日作,1922 年 7 月 15 日《学生杂志》第 9 卷第 7 号。

⑤ 朱自清:《信三通·一九二二年十一月七日残信》,1922 年 11 月 7 日作,载 O. M. 编:《我们的七月》,亚东图书馆 1924 年版,第 196 页。

⑥ 相关研究参见解志熙:《美的偏执》,上海文艺出版社 1997 年版。

第三节 “抒情时代”的“青年诗人”：“五四”后期鲁迅关于“沙漠”“人间”的沉思

一、“五四”——“抒情时代”

众所周知，辛亥革命后数年间是一个没有文学——“人的文学”——的时代。没有真正的“人的文学”，实际上反映了社会的总的精神状态——没有真正的人的呼声，没有超越性的精神存在着。这的的确确是一个真正的“物”的时代，人们都在具体实际的政治投机与操作中，在鄙俗的生存环境中沉沦，或者退隐、逃避，没有精神界的战士振臂高呼。实用理性极为发达的中国还是从前的中国，不单单是那些为温饱奔波的碌碌众生，而且还有各界所谓的“精英”，都十分近视，把目光紧紧投注于眼前的蝇头微利。造成这一精神状态的缘故，并不单纯是因为辛亥革命后袁世凯的恐怖统治，而是那个时代的普遍的精神境界不过如此。

熊十力弃政从学，在《心书》中大发感慨，追忆往日多少少年精英为革命而英年早殒，痛感许多革命领袖，与把持权力、争夺胜利果实的政客们毁坏了革命事业，其结果是革命事业的失败与社会风气的极端堕落。① 这种议论在当时极为普遍，有识之士莫不为此痛心疾首。② 这种极为普遍的议论表面上是如顾炎武、王船山等明朝遗民般将亡国、败绩的过错归咎于清流、士气，但实际上着重点还是在说明时代的黑暗是整个时代精神世界颓萎的必然后果。而我们如果从超越性精神的角度来分析原因，更可往上追溯至热情洋溢的革命时代，著者认为，被很多人所推崇的所谓革命时代的激情，其中相当多的成分，仅仅

---

① 参见熊十力：《心书》，载《新唯识论》，中华书局 1985 年版，第 1—35 页。

② 关于这种看法请参阅蔡元培为熊十力《心书》所作序，题名为《熊子真心书序》，1908 年 11 月 15 日作，载熊十力：《新唯识论》，中华书局 1985 年版，第 3 页。蔡元培在序中描述民国初年的时代道德状况并解说其产生缘由：“余开缄读之，愈以知熊子之所得者至深且远，而非时流之逐于物欲者比也。自改革以还，纲维既决，而神奸之窃弄政柄者，又复挟其利禄威刑之具，投人类之劣根性以煽诱之，于是乎廉耻道丧，而人禽遂几于杂糅。昔者顾亭林先生推原五胡之乱，归狱于魏操之提奖污行，而今乃什伯千万其魏操焉，其流毒宁有穷期耶？”

是对于种族、集团和国家的迷狂,其间缺失了对个人、人以及超越性精神的关注。思想界许多先觉都对时代的现状及造成这种现状的真正原因有所觉悟,于是他们希望掀起精神重建的工作,并把它置于社会改造活动的首要位置上,将其作为保证社会改造得以顺利进行的前提条件。所以之后以"新文化运动""五四运动"标举的那个时代,实际上是各派思想家在不同领域内共同重建超越性的精神。

到了"五四"时代,精神世界的重建与人的觉醒,尤其是个人的觉醒,使文学精神的复苏、重建成为可能。这一切预示着中国要从"实利主义""物质主义"的不可自拔的泥沼中抬起头来,迎接全面复苏与重建的时代的到来。而这样的时代必定是一个"诗"的时代,即历史的"青春时代""抒情时代";同时也是历史中人的"青春时代""抒情时代",各个年龄阶段的人都仿佛在一夜间步入青春,显示出个人精神生长历程中"抒情时代"的所有优点和弱点:浪漫气,伤感风,一泻无余的呐喊与宣泄,自我暴露的热狂,身心不相协调造成的严重紧张,狂热、消沉乃至沉沦的生活与精神状态的不间断的循环轮转,少年老成,但又时时暴露出幼稚与做作……当然,在这一历史时段内也出现了问题文学、注重哲理的探讨与宣扬的各类作品,但它们仍然是属于"抒情时代"的精神成果,因为在其中提出的问题与问题提出的方式都是属于青年的,它们都像是从一个刚刚自懵懂的"少年世界"中苏醒过来的青年的好奇的眼睛所看到的,头脑中所想到,以及语言所表达出的,虽幼稚,却又十分清新、新鲜。

所谓"抒情时代"/"青春时代",是捷克斯洛伐克作家米兰·昆德拉在小说《生活在别处》(1969 年)中提出的一个重要命题。在这部小说中,米兰·昆德拉以一个青年诗人的生命历程为个案,展现了捷克斯洛伐克社会主义革命时代极为丰富的各种精神形态。但更为重要的是,他以历史平行比较的思考方式向近代历史(以法国大革命、浪漫主义运动为开始的标志)上所有广义上的革命时代做出询问与探究的姿态。米兰·昆德拉认为,以"抒情时代"这一命题来概括这种类型时代的基本特征最为恰切,他本意也是要用此作为这部小说的书名,意欲向读者直接表明小说所探讨的主题之所在。进而,20 世纪 80 年代米兰·昆德拉在为此书英文译本修订版所作序言中，甚至使这个命题的意义涵盖超越出对近代人生、社会的思考的有限范围，使该命题具有了涵盖整个人类历史的能力，并且使之上升到存在哲学的形而上的高度，他这样概括道：

> 抒情时代就是青春。我的小说是一部青春的叙事诗，也是对我所称之为"抒情态度"的一个分析。抒情态度是每一个人潜在的态势；它是人类生存的基本范畴之一。作为一种文学类型，抒情诗已经存在了许多世纪，因为千百年来人类就具有抒情态度的能力，诗人就是它的化身。①

在本节中，著者正是基于米兰·昆德拉的上述命题来规定一系列关键词的具体所指："抒情时代"已经上升为一个超越具体历史时代的涵盖人类生存本质的主题；而"革命""抒情""青春""诗""诗人"则是一组意义相近或意义重叠的语汇，它们都已经失去了它们在政治学、生物学、美学、诗学中的本来含义，并且超越于这些具体层面之上，成为一种具有极宽涵盖面、极强涵盖能力的抽象语汇，用来表达人的一种生活态势，以及人类生存的一种特定情境。

当我们考察中国历史时，会发现20世纪在中国正是一个革命、动荡、纷扰的世纪；而同时也是一个奇异的世纪——中国人好像在一次精神蜕变后，都回到了生命的起端，重新来活过。一个世纪来的几辈国人都表现出了极为不稳定、不成熟的心态，甚至人们在新的世纪之初仍能深切地感受到这种心态的普遍存在。而在广义"五四"的前后近10年间，深处其间的人们，其精神的表现形态与生命选择都与整个世界几个世纪以来的革命风潮——"抒情时代"中的表现极为相近。所以著者认为"五四"时段完全可以纳入米兰·昆德拉所提出的"抒情时代"命题的视野之内，"五四"在20世纪中国历史上是真正意义上

---

① ［捷］米兰·昆德拉：《〈生活在别处〉英文版序言》，景凯旋译，载《小说的智慧》，艾晓明编译，时代文艺出版社1992年版，第135页。

的“抒情时代”/“青春时代”。

在“五四”“抒情时代”中,著者更为关注的是在中年步入“诗”的年代的人们,其身心极特异的表现,以及在其精神、生活中暴露出的深刻的矛盾,成为现代中国历史上一种非常独特的精神现象。在本节中,著者试图通过对《鸭的喜剧》《为“俄国歌剧团”》两篇文本的分析,透析在1922—1923年进入中年的鲁迅所表现出的这种特殊的精神现象的一个侧面。

二、鲁迅——“青年诗人”

在20世纪20年代,鲁迅处于他自己的“抒情时代”,而在这个时代又何止他一个人是这样,甚至在20年代中期以后常常自诩性情、精神是“散文”的、唯物的,而且缺乏热狂的周作人,在1920年前后数年间又何尝不是身处于他的“抒情时代”。鲁迅在日本留学与刚回国之初的这一段时间里处于他的第一个“抒情时代”,即他自称的“慷慨激昂”的“青年时候”[①],那时他是一位年轻的“摩罗诗人”。之后经过了相当长一段时间的绝望与沉默,从20世纪第一个10年末起,那种“诗人”的气质又渐渐回到了他的身体中,因为在《新青年》的一声振聋发聩的呐喊后,充满理想主义的人们行动起来,年轻人也终于醒觉,进而开始了奋斗……时代氛围逐渐发生了变化,鲁迅也因为不能确证希望之一定必无,于是最终也在38岁时从玄思和古物中抬起头来,但他一开始并没有完全进入“诗”的精神状态,著者认为在1922—1923年前后他才进入到他的生命的第二个“抒情时代”,并终其一生。但必须强调的是,虽然鲁迅的“诗性”是一贯的,但这一时期他的“诗”的情感特征,与他以后的情形不大一样。因为青春时期之后的“诗性”的生存状态、精神状态绝不同于青春时期的“诗性”的状况,而鲁迅恰恰在1922—1923年前后,已过40岁的他却曾重新涌起过青春时期的情感——一个青年诗人的情感,而这一切是与爱罗先珂有关的,那时爱罗先珂正在北京。

① 鲁迅:《〈呐喊〉自序》,1922年12月3日作,1923年8月21日《晨报·文学旬刊》。

爱罗先珂在1922年前后的中国曾有过相当不小的影响。一个保持着童心、主张爱与同情,又处处不合时宜的诗人,在当时的中国却极合时宜,因为虽步入“诗”的历史时期,却又是十分缺乏“诗”的敏感的年代需要这样的诗人,他在当时的人们的精神中叫醒、唤起的东西,实际上是比他自己料想的与自己实有的要多得多。爱罗先珂四处演唱、讲演,并参加各种各样的文艺活动,用周作人的话说,他是极喜热闹、耐不住寂寞的。[①] 他用他那老大中国的人们从未听过的真正幻想诗人的话语议论着、阐述着、歌咏着。《春天与其力量》,多么好的题目,周作人为他译了;鲁迅看中了《桃色的云》,虽然他说无甚,但实际上是很喜欢的——那些可爱的小动物的合唱、对话……著者以为爱罗先珂就是鲁迅胸中青年诗人的情感复活的契机。从鲁迅记述爱罗先珂的文字中,我们是能看出一些迹象的。

鲁迅的小说《鸭的喜剧》描述了爱罗先珂刚来北京不久就开始对周氏兄弟抱怨起北京的生活:

寂寞呀,寂寞呀,在沙漠上似的寂寞呀![②]

而这个“沙漠”的意象后来成为这一阶段周氏兄弟常用的语汇,用以比喻或象征中庸沉闷的现实世界和国人荒芜的精神世界。在《鸭的喜剧》中有一个叙事者“我”,他是自称感觉不到爱罗先珂所说的“寂寞”的,但实际上在这篇小说中“我”的设置不过是整篇作品反讽结构的一个组成部分,叙事者与作者并不重合,小说中采用了淡漠、平静的语调,是为了说明中国的的确确就是一个寂寞的“沙漠”,因为不只是一般人,甚至是精神层次更高一些的知识分子也缺乏爱罗先珂的那种敏感(周作人在这一时段所作的《怀爱罗先珂君》一文中也谈到了这

① 作人(周作人):《再送爱罗先珂君》,1923年4月17日作,1923年4月21日《晨报副镌》。

② 鲁迅:《鸭的喜剧》,1922年11月29日《民国日报·妇女评论》。

一问题[①])。整篇作品总的看来,鲁迅如此处理与安排正说明了他对爱罗先珂的说法是深深理解的,并且在这一时期对于爱罗先珂所强调的这一方面是与爱罗先珂有着极强共鸣的(至少我们可以判定,在此意象包含的与唤起的情感范围内确实是这样的);而这样一个充满了情感色彩的诗性的意象所引起的共鸣更多会是情感、直觉上的共鸣与真率的表露,而不是理智的判断与认同。我们完全可以看出,鲁迅的这种情绪的显露显然是与这一时期他在大量的小说、长论、杂文中表现出的意趣不同,不过这种暴露是极少的,似乎是他一直要竭力掩盖的一面,或者可以说在他身上这种青年诗人的感觉只是偶尔闪烁一下,又被一个成年的自己、理智的自己矜持地收了回去,或无意地压抑了下去。在著者看来,鲁迅在他的小说、长论与杂文,以及《野草》中的表达,大都是戴着"面具"的。以小说为例,鲁迅的小说大多采取的是极客观化的创作态度,从叙事角度、方式等方面可以看出来:基本上是利用叙事内在功能,小说自身作自足地表现,作者并不在场,小说文本表现的结果,主要是由各个部分之间的紧张造成的,其间没有明确的表态与价值评断,叙事者的表态只能代表文本的反讽结构中相互矛盾的一方的价值判断,不是作者的表态,至少没有根据说这是作者的思想。所以鲁迅的内在精神生活很少能有机会显现出来——自己很少露面。实际上这也是一个中年人成熟的表现,他不再会像青年人那样毫无顾忌、毫无防范地对外部世界坦白胸襟,至少是对自身柔弱、细腻、敏感的情感与精神生活深掩不露,避免直截了当的情感抒发,而对个人内在的情感生活的坦诚表达与无所忌讳的暴露正是年青人的特点,率真与坦诚是其关键所在,但是在生活中不少中年人也经常会有这种放纵的表现,这往往就不再是因为率真了,更多是由于陷入迷狂,或者纯粹不过是一种表演,而后者又恰恰正是他们自我掩盖的最佳方式。

---

① 作人(周作人):《怀爱罗先珂君》,1922年11月1日作,1922年11月7日《晨报副镌》。文中对这种情形作了这样的描述:"他在北京只住了四个月,但早已感到沙漠上的枯寂了。我们所缺乏的,的确是心情上的润泽,然而不是他这敏感的不幸诗人也不能这样明显的感着,因为我们自己已经如仙人掌类似的习惯于干枯了。"这一段话明显可以作为旁证。

虽然鲁迅内在的情感、精神生活在平常被他着意地深埋掩藏着，但在他40岁之后的生命中的确曾经表现出过20岁青年诗人的情感状态，而且他被唤起的这种情感是有过充分的显现的。1922年4月9日鲁迅在《晨报副刊》的《杂感》栏发表了《为"俄国歌剧团"》，后收入《热风》。这是一首散文诗，而实在又是一篇杂感——一个青年诗人的"诗"的杂感，它的表达是与《野草》式的散文诗绝然不同的。《野草》从其隐晦的语言、奇特的表达上看，采取的是一种拒绝交流、隐晦莫深的表达策略，而《为"俄国歌剧团"》登载在《杂感》栏，正说明它是作者直接出面的议论；尽管它与《野草》有那么多相似之处：首先，句式相似，如"然而他们舞蹈了，歌唱了，美妙而且诚实的，而且勇猛的"这样的表述①；其次，存在着相似的悖论——如"你们大约没有复仇的意思，然而一回去，我们也就被复仇了"②中关于"复仇"的悖论与《野草·复仇》篇中的无甚差异③；同时，两者在艺术表达上明显有着承继与发展的关系。

《为"俄国歌剧团"》一开始便未提姓名地谈到爱罗先珂关于"沙漠"的说法：

> …………
>
> 有人初到北京的，不久便说：我似乎住在沙漠里了。④

这仍是《鸭的喜剧》中爱罗先珂对"沙漠"似的中国的感受，不过不同于《鸭的喜剧》，下一句中作者便肯定地说道：

> 是的，沙漠在这里。⑤

---

① 鲁迅：《为"俄国歌剧团"》，1922年4月9日作，1922年4月9日《晨报副镌·杂感》。
② 鲁迅：《为"俄国歌剧团"》，1922年4月9日作，1922年4月9日《晨报副镌·杂感》。
③ 鲁迅：《复仇》，1924年12月20日作，1924年12月29日《语丝》周刊第7期。
④ 鲁迅：《为"俄国歌剧团"》，1922年4月9日作，1922年4月9日《晨报副镌·杂感》。
⑤ 鲁迅：《为"俄国歌剧团"》，1922年4月9日作，1922年4月9日《晨报副镌·杂感》。

在这里作者直接表明了态度，与《鸭的喜剧》中淡漠于斯的叙事者不再一样，诗中的来看演出的“我”与作者是合一的。从这儿开始，作者的态度表现得一直很明确，情感表达也十分坦白直率。第三句作者接着描述了“沙漠”的情状：

没有花，没有诗，没有光，没有热。没有艺术，而且没有趣味，而且至于没有好奇心。①

这里的几个“没有”句式表现出作者心中极大的缺憾与不满，花、诗、光、热、趣味与好奇心，都是那么美却又是那么平常，它们是一个年轻而活跃的生命与健康的社会都应自然拥有的东西，但在这老大中国这些竟然全都没有踪影，甚至这里连最起码的好奇心也没有。这里何止是一片精神的“沙漠”，简直是生命的“沙漠”！在《鸭的喜剧》中可以看到，这片国土上的人们对这种生存状态是习惯的、淡漠的，而本文作者在这里所做的表达却让人感到他对这种中国社会的普遍现象似乎是十分惊异、陌生，好像根本从未想到过世界会是这样，他表现得正像一位还在充满幻想、与社会隔离的青年。对于这些美，而又很平常的东西的存在一般人是注意不到的，敏感的人也不一定会去注意，只有具备特异的敏感或从未曾见过的人才会对一般人习以为常的东西产生惊异、陌生的感觉，不但是对于这些美而平常的东西，而且既便对于美而平常的东西的极度贫乏的状况也会产生那样的感觉，正如爱罗先珂所表现的那样。所以作者的表现，像是具有这两个特征的一位正陶醉于绚烂的生命之火或迷途于美妙瑰奇的幻想的青年那样，突然看到了悲惨、平庸的世界，喊出了那样的话语，一连串的7个“没有”句式，像“不”重复5遍在《李尔王》中的那样，成了诗中含意最沉痛的一句。作者是悲哀了：

① 鲁迅：《为“俄国歌剧团”》，1922年4月9日作，1922年4月9日《晨报副镌·杂感》。

沉重的沙……①

这正像一位青年所表现的那样,在猛然“发现”现状后,无法忍受同时又不能理解,因此,表现出深深的悲哀,他好像是深重地叹了一口气。接着他像在这种情形下一位属“诗”的青年必然会表现出的那样,轻易地捧出了自己的心:

我是怎么一个怯弱的人呵。这时我想:倘使我是一个歌人,我的声音怕要销沉了罢。②

这种十分明晰、纯净的表达,是坦诚倾诉心声的语调。接着他说:

然而他们舞蹈了,歌唱了,美妙而且诚实的,而且勇猛的。

流动而且歌吟的云……③

作者这样描绘着,以自身的怯弱反衬出俄国歌剧团是怎样的勇猛……“诚实”与“勇猛”,这几乎是鲁迅形容青春、青年最好的几个词语。他无比地惊羡与崇扬:在这样的“沙漠”里有这样的勇猛的人、诚挚的美出现了,这是如何令人激动、感念的。在这里,美妙的艺术轻易又把人从现实残酷的情景中提升了起来,把人的心灵从这一片精神的“沙漠”中拯救了出来,对于年轻人来说这也是对失落的梦的欣慰的补偿,因为在这“沙漠”中我们还能有一个完整的梦。然而,这时——

兵们拍手了,在接吻的时候。兵们又拍手了,又在接吻的时候。

非兵们也有几个拍手了,也在接吻的时候,而一个最响,超出

① 鲁迅:《为“俄国歌剧团”》,1922年4月9日作,1922年4月9日《晨报副镌·杂感》。
② 鲁迅:《为“俄国歌剧团”》,1922年4月9日作,1922年4月9日《晨报副镌·杂感》。
③ 鲁迅:《为“俄国歌剧团”》,1922年4月9日作,1922年4月9日《晨报副镌·杂感》。

于兵们的。①

青年才得到的一点激动、一点梦境,马上就被这样的貌似平常,实际十分怪诞、荒谬的现实衬托得极其怪诞,青年的梦再次被真实的现实所击碎,在那短暂的陶醉中又被惊醒的青年,这次面对的只会是无比的尴尬!对美梦的粗暴毁坏与青年自身陷入的尴尬情态,往往激起的是青年们对于这荒谬现实令人预想不到的巨大的反动与抗击,作者说他要唱他的反抗之歌了,那反抗之歌便是这里的《为"俄国歌剧团"》。虽然这只是一首声音如此微弱的反抗之歌——以一人之力抗击着没有主脑、无边无际的人间的"沙漠",但是以单人对抗世界,仍是很能显出"摩罗诗人"个人精神的坚韧与强力的。

我们说鲁迅的表达通常都是带着"面具"的,或利用叙事结构,或采用一定的语言表达策略;即使在杂文里,他通常也是用理智的话语,以公众良知的身份出现,而他自己个体的内在情感往往是深隐不露的。但在《为"俄国歌剧团"》一文里他不仅对"沙漠"意象中所包含的极其个人化的情绪感受有了敏捷的回应,而且表现出一种不常有的不带丝毫掩盖的敏感、激愤的情绪,在一些别人习以为常的细小的地方感受到莫大的刺激,而且无法隐忍,说出来便是跳踉大叫,表现出像"创造社"诸人那样难以自控的激愤的情绪,简直痛心疾首,似乎恨不能"灭此朝食"。而他在"沙漠"意象中所感受的和在其中所表达出的东西——精神、情感的细微精致的感受与需求,以及那种中国从没有过的、中国人并不懂得的真正的人道主义精神,应该说在当时是很少有人理解的,因为这是一段属"诗"的但又是极其粗暴的历史时段。所以在著者看来,鲁迅的这一次特异的表达是一次纯个人化的表达,它既不同于他平常的表达——那是有群体或公众理性的身份标志的,也不同于通常所谓个性化的表达,因为所谓的表达的个性化不过是在有身份标志的表达中有自己的特点而已,与纯个人化的表达还是有着很大差别的。纯个人化的表达往往发生在那些尚不愿认同社会规范及

① 鲁迅:《为"俄国歌剧团"》,1922年4月9日作,1922年4月9日《晨报副镌·杂感》。

其话语方式的青年人身上,他们不以承担集团责任为然,处处欲表现出特异的思想,并且还要以特异的方式进行表达。但我们说只有以集团身份出现的非纯个人化的表达,才能为世人接受,因为其中隐去了过于个人化、旁人难以理解的隐喻系统与表达方式,而采取了为一般社会成员认同的表达规则与行为规则。而青年人的纯个人化的表达,由于过于个人化,往往让人难以索解,因此这些青年人的反抗、破坏,不仅是无人理解,在思想上难有影响,而且在实践上也很难有效果。所以所谓独异个人,如鲁迅介绍过的文学人物工人绥惠略夫,他最后的那种"表达"(话语方式与行为方式)只能是一种自杀行为,此种"表达"并不具有杀伤力、毁坏力;而往往是为公众认同的戴着"面具"的表达方式与行为方式才拥有真正的杀伤力,尤其是对于那些进行个人反抗的青年。但是这些单独的,实际上最为柔弱,也最容易被击败与杀戮的青年却总是赤裸裸地、公开地以个人身份对这个世界进行挑战。我们从文学研究会与创造社成员在其所参与的各种论争中的表现便可以明显看出这两种表达的区分,文学研究会成员的老成持重,在很大程度上是因为他们是以集团/集体的声音在说话,而创造社成员所叫嚷出的则多是个人的声音(注意分清文学研究会的一些有集团背景的所谓"个人"表达)。关于纯个人化的表达,还要强调一点,这种表达方式往往是一种青年气质的流露,是"抒情时代"的明显特质。

从以上分析可以看出,《为"俄国歌剧团"》的确是鲁迅精神与情感极为特异的一次表现。而当魏建功的《不敢盲从》的文章出现后,鲁迅又一次怒不可遏,痛斥侮辱爱罗先珂者,甚至有这样激愤已极的话语:

> 特地负责的声明:我敢将唾沫吐在生长在旧的道德和新的不道德里,借了新艺术的名而发挥其本来的旧的不道德的少年的脸上![1]

---

① 鲁迅:《看了魏建功君的〈不敢盲从〉以后的几句声明》,1923 年 1 月 13 日作,1923 年 1 月 17 日《晨报副镌》第 12 号。

他的这种表现体现出的不光是对爱罗先珂一个人的爱护，而且更主要的是体现出了他真正钟爱的东西是不容别人粗暴地触动的，而正是爱罗先珂在他身上又一次唤起了他的那份掩蔽很深的柔弱、细腻、温柔、敏锐的爱的情感与对美的感受，或者说使它们在他身上、心里又活泼泼地跃动了起来，使他心理不再那么设防，而这些情感与感受也有所显露……这一切对于在“五四”时代就已作出了《头发的故事》并抱着极端冷峻、怀疑态度的鲁迅是十分珍贵的。在这样的事件中，鲁迅更能把对“沙漠”的意义的理解扩大许多：粗暴的精神不仅在“兵们”“非兵们”身上，而且在“青年”——他所推崇热爱的“青年”身上也固执地存在着，看来“沙漠”这一意象的意蕴又可以被提升，成为人生的大的“象征”了，也许历史、人性本来就是粗暴的，而“沙漠”就是它们的集合，正如鲁迅所说的那样：

比沙漠更可怕的人世在这里。①

1922年10月，《鸭的喜剧》作完了，而爱罗先珂早已走了3个月，鲁迅不免地寂寞了，已被扰动了心是否再会冷下来、平静下来，谁都不得而知；而“沙漠”却因爱罗先珂的离去，更显得是“沙漠”了。爱罗先珂也是因为寂寞而走的②，鲁迅早说过：

你们漂流转徙的艺术者，在寂寞里歌舞，怕已经有了归心了罢。③

这在一定程度上也是为爱罗先珂而发的感慨。《鸭的喜剧》以这样的话做了结尾：

---

① 鲁迅：《为“俄国歌剧团”》，1922年4月9日作，1922年4月9日《晨报副镌·杂感》。

② 作人（周作人）：《再送爱罗先珂君》，1923年4月17日作，1923年4月21日《晨报副镌》。

③ 鲁迅：《为“俄国歌剧团”》，1922年4月9日作，1922年4月9日《晨报副镌·杂感》。

现在又从夏末交了冬初，而爱罗先珂君还是绝无消息，不知道究竟在那里了。

只有四个鸭，却还在沙漠上“鸭鸭”的叫。①

鲁迅曾说过：

你们大约没有复仇的意思，然而一回去，我们也就被复仇了。②

现在“我们”果真是被复仇了，而真正痛苦的人，似乎并不是那些该领受复仇的，倒是那些真正爱恋、珍视爱罗先珂的人们，那些被他唤起青春的人们！这只能是一个悖论，而且又何尝不是鲁迅个人生命、精神生活的一个永久的悖论呢?!

第四节　想象力、好奇心、“惊异的能力”的培养：“五四”后期周作人对精神能力培养问题的思考

纵观周作人的一生，关于精神能力的培养问题一直是其最为关注的核心问题之一。在每一次经历思想转变后，他必然会提出与新的观念紧密相连的精神能力的培养问题，如在“五四”时期的短短的几年间，周作人就曾对精神能力培养问题进行过两次非常深入的思考，这两次思考是以“五四”时期他的思想转变为分水岭的。不过在各个时期周作人对精神能力培养问题的思考，其侧重点与所思考问题的内涵是有一定差异的。在“五四”后期，周作人提出“精神沙漠化”的命题，开始积极发展新的生活，并培养新的精神能力，新的精神能力包括想象力、好奇心，以及“惊异的能力”等。周作人认为这些精神能力在中

① 鲁迅：《鸭的喜剧》，1922 年 11 月 29 日《民国日报 · 妇女评论》。

② 鲁迅：《为“俄国歌剧团”》，1922 年 4 月 9 日作，1922 年 4 月 9 日《晨报副镌 · 杂感》。

国是完全缺失的,造成这一状况的主要原因在于粗鄙、实利化的现实环境对国人精神的严重损害,与整个社会对这些精神能力的漠视、否定,以及国人求生意志的缺乏与国民性的严重堕落等。基于此,周作人提出这样的解决方案,主张从改造国人精神着手,对中毒已深的成人社会进行精神上的疗治,待精神病症得以疗救后,再以空想的作品培养这些精神能力。

一、精神的沙漠化

"五四"前期周作人积极投身于新理想主义社会改造热潮中,其社会改造观的核心就是探讨在现实社会中如何实现人间和谐关系与理想的人间生活,对此周作人以其"人间观"的理论思考为基础进行了深入探讨。首先他对现实人间所存在的问题进行诊断,寻找病因,他认为每个个人之间的隔膜,最终导致人类在精神上完全隔绝,从而造成人间的一切不幸,人类社会也由此面临着暴力革命的巨大危险,对此他深感忧惧。在这种社会状况下,打破人与人之间厚重的精神隔膜成为彻底"改良人类的关系"①与实现理想人间生活的第一要务。要达到打破精神隔膜的目标,核心在于彻底改变人们的精神,周作人提出这样几条途径,即他认为除了在理性上完全接受人道主义真理并在感情上发生转变之外,还有非常重要的一点,就是要彻底改变人们麻木的精神状态,培养"爱与理解"及对其他个体精神的"感受性"等精神能力,对此著者已有专文分析。②

1921 年以后,周作人思想开始发生深刻的转变,此时的他疏离了曾经热衷的新理想主义社会改造的理想,提出"求胜意志"的命题,想要重新建立起新的"超越性的精神",促进个人的精神自由、精神能力的培养与发展。长期以来,由于周作人把大部分精力、时间都投注到社会改造的理论宣传与实践推进当中,因此其个人内面精神世界的荒

---

① 周作人:《人的文学》,1918 年 12 月 7 日作,1918 年 12 月 15 日《新青年》第 5 卷第 6 号。

② 张先飞:《人类精神的隔绝:"新村时期"周作人对人间关系现状的判断》,《江南大学学报》(人文社会科学版)2005 年第 1 期。张先飞:《理性觉悟、情感转移与精神能力的培养:五四时期周作人对打破"隔膜"的精神条件的思考》,《中州学刊》2008 年第 5 期。

芜势必在所难免，特别是在1922年年初爱罗先珂到京之后，周作人对“精神沙漠化”的问题产生了十分痛切的感受。这时在周氏兄弟的笔下开始出现“沙漠”的意象，作为一个比喻，它最早是由爱罗先珂提出的，鲁迅在小说《鸭的喜剧》中曾描述道，俄国的盲诗人爱罗先珂带了他那六弦琴到北京后不久，便诉苦说，“寂寞呀，寂寞呀，在沙漠上似的寂寞呀”![①] 对于爱罗先珂而言，“沙漠”具有这样几重含义：首先，是外部自然环境的单调；其次，是缺乏理想主义的社会改造活动；再次，是缺乏美与艺术，以及广泛的社会文化生活，即使有一些，也大多过于粗陋，而且趣味与水准较为低下。[②] 因此，敏感的爱罗先珂强烈感受到了在俄罗斯、缅甸、日本等国从未有过的心灵的寂寞。他这种敏锐的感受与直率的批评，激起了周氏兄弟强烈的情感波澜。本来周氏兄弟也很清楚这些情况，但由于中国社会还存在很多亟待解决的事情，因此，相形之下“精神沙漠化”的问题就显得并非那么紧迫，在一定程度上就被忽略了。而此时爱罗先珂带着强烈的情感色彩，将这些问题的可怕现状与严重程度异常清晰地凸显出来，这强烈地刺激着周氏兄弟，对其心理形成了巨大压力，激起了极为强烈的情感反应，并引发出他们痛苦的心理动荡。鲁迅在1922年4月9日的一篇诗化的杂感《为“俄国歌剧团”》中抒发了这种情绪，在杂感中鲁迅以不容置辩的语气断言道“是的，沙漠在这里”，下面以七个“没有”的句式，即“没有花，没有诗，没有光，没有热。没有艺术，而且没有趣味，而且至于没有好奇心”，表达出心中严重的不满，他好像一下子恢复了青年般的极为纤细、敏锐的感觉，表现得像是一个陶醉于绚烂的生命之火或迷途于美妙瑰奇的幻象的青年突然看到了悲惨、平庸的世界，喊出了那样的话语，一连串的七个“没有”句式，成了全文最沉痛的一句。这七个“没有”中含有两层意思，第一，是反映出整个大的环境及人的生活是

---

① 鲁迅：《鸭的喜剧》，1922年10月作，1922年11月29日《民国日报·妇女评论》。

② 鲁迅：《鸭的喜剧》，1922年10月作，1922年11月29日《民国日报·妇女评论》。[俄]爱罗先珂：《时光老人》，鲁迅译，1922年12月1日《晨报四周年纪念增刊》；《观北京大学学生演剧和燕京女校学生演剧的记》，鲁迅译，1923年1月3日，1923年1月6日《晨报副镌》；《现代戏剧艺术在中国的目的》，冯省三译，1923年4月1日《晨报副镌》。

枯燥乏味的；第二，是说明国人精神世界的荒芜，不用说趣味，就连正常人应具备的最起码的好奇心都没有。在这里鲁迅不仅完全接受了爱罗先珂对中国自然、社会环境沙漠化的观感，而且进一步将沙漠化的判断扩展到了国人的精神世界，认识到了精神荒芜的问题。不过鲁迅言尽于此，因为他在发现精神荒芜的同时，又清醒地觉悟到“比沙漠更可怕的人世在这里”，认为现在更为迫切需要的是继续坚韧地反抗这可怕的人世，这是更重要的，且不能回避的严肃工作，而自己的生活、心灵只能暂时任其荒芜了。①

与鲁迅不同，处在思想转变期的周作人已把思考重心从社会关怀转移到了对个人精神自由、精神能力的培养与发展之上，因此，他对“沙漠”问题一直追索下去。周作人并不多谈爱罗先珂所关注的外部的自然、社会环境，而是把重点直接置于个人的内面精神世界中。此时的他猛然发现自己的精神世界“已经如仙人掌似的习惯于干枯了”②，他在1923年3月12日所作《饮酒》一诗中抒发了对自己精神沙漠化的痛苦、焦灼之感：

　　你有酒么？
你有松香一般的粘酒，
有橄榄油似的软酒么？
我渴的几乎恶心，
渴的将要瞌睡了，
我总是口渴：
喝的只有那无味的凉水。
　　你有酒么？
你有恋爱的鲜红的酒，
有憎恶的墨黑的酒么？
那是上好的酒。

---

① 鲁迅：《为“俄国歌剧团”》，1922年4月9日作，1922年4月9日《晨报副镌·杂感》。
② 作人（周作人）：《怀爱罗先珂君》，1922年11月1日作，1922年11月7日《晨报副镌》。

只怕是——我的心老了钝了，
喝着上好的酒，
也只如喝那无味的白水。①

他感叹自己的内面精神世界也如沙漠一般，甚至怀疑自己的精神世界是否已经荒芜到不可救药的地步——即使受到强烈的情感刺激，也再无能力感受。这促使周作人很快地提出了“仙人掌似的外粗厉而内腴润的生活是我们唯一的路”的命题②，同时为消除精神的沙漠化、发展个人的精神自由与精神能力提出具体的解决方案。周作人将精神的沙漠化的成因，部分归缘于国人某些精神能力的缺失，他表达出发展新的生活、培养新的精神能力的理念。发展新的生活包括发展自由的生活与审美的生活；培养新的精神能力，则不仅包括对与自由的生活和审美的生活紧密相关的“游戏”的能力及审美感受能力的培养，而且还包括对另外一种非常重要的精神能力，即想象力、好奇心，以及“惊异的能力”的培养。关于发展新的生活及对于“游戏”的能力、审美感受能力培养的问题，著者已有专文详细论述③，本节将重点对想象力、好奇心、“惊异的能力”等精神能力的培养问题进行讨论，探讨这些精神能力缺失的原因与补救的方法。

二、想象力、好奇心、“惊异的能力”的培养

周作人对于培养国人的想象力、好奇心，以及“惊异的能力”等精神能力问题的思考，主要集中于1922—1923年，在这一时期，他一方面深刻揭示造成这些精神能力缺失的主要原因，另一方面，他也为弥补这一缺失，对培养想象力、好奇心、“惊异的能力”等精神能力提出了具体方案。对于这些能力缺失的原因，周作人归纳为以下几点：

其一，造成这些精神能力缺失的主要原因，首先就是严重粗鄙化、

① 作人(周作人)：《饮酒》，1923年3月12日作，1923年3月17日《晨报副镌》。
② 作人(周作人)：《饮酒》，1923年3月12日作，1923年3月17日《晨报副镌》。
③ 张先飞：《从普遍的人道理想到个人的求胜意志：论“五四”前后周作人“人学”观念的一个重要转变》，《鲁迅研究月刊》1999年第2期。

物质化、实利化的现实环境对于国人精神所造成的损害。在1923年3月31日发表的《镜花缘》一文中，周作人引用了科伦(P. Colum)为丹绥尼《梦想者的故事》所作的序，其中谈到了近代西方社会中存在的类似情况，在科伦看来，凡俗的都市，商业的实利，从物质的组织所发生的文化——即工业化之后资本主义物质文明迅速膨胀所造成的现实的粗鄙化、物质化、实利化，以及凡俗、平庸、缺乏超越精神的中产阶级生活理念及文化等，严重地减缩了人们的想像力。① 当然，造成中国人精神损伤的现实环境与西方不同，因为尚且非常落后的中国既没有膨胀的资本主义物质文明，也没有普遍存在的凡庸的中产阶级文化，但是单就现实的粗鄙化、物质化、实利化，以及民众精神的凡俗、平庸的程度而言，中国的情况却远远严重于西方，周作人在1923年9月25日发表的《浪漫的生活》一文中说，“我从前总以为中国人所过的生活是干燥无味的单调的生活”②，1924年2月他又在《北京的茶食》中感叹道，“可怜现在的中国生活，却是极端的干燥粗鄙”③，这种现状必然会造成远远超过西方社会的更为严重的精神损害。更何况，正如《镜花缘》中所言，当西方社会出现这些问题时，终归还有诸如科伦、丹绥尼、王尔德这样的有识之士在不断地揭示出问题的症结，并竭力加以纠正，而当时的中国却缺乏这样的人，只能沿着一条错误的道路走入万劫不复的深渊，这正是周作人所深为忧虑的。

其二，周作人认为中国人这方面能力的缺失还缘于整个中国社会对于这些精神能力的存在与表现的漠视，甚至否定，对此他是借儿童教育的问题来阐发的。在1922年3月12日发表的《阿丽思漫游奇境记》一文中，周作人介绍了赵元任所译英国加乐尔的童话《阿丽思漫游奇境记》，这篇文章看似介绍儿童文学，其实完全是借题发挥，他说的那些儿童文学问题以外的“本是题外的话”反而全是正题。文章完全是来为空想的作品正名、辩护的，在周作人看来，像《阿丽思漫游奇境

---

① 作人(周作人)：《〈镜花缘〉》，1923年3月31日《晨报副镌》。

② (荆生)周作人：《浪漫的生活》，1923年9月25日《晨报副镌》。

③ 陶然(周作人)：《北京的茶食》，1924年2月作，1924年3月18日《晨报副镌》。

记》这样的空想作品不仅是给儿童读的,同时成人“也不可不看”,因为“人间所同具的智与情应该平匀发达才是,否则便是精神的畸形”。[①] 其中就儿童本身而言,在他们想象力发展的时代,空想作品在一定程度上是至关重要的,读这些作品正是培养想象力、好奇心、“惊异的能力”,以及进行感情教育的最佳手段。而对于成人来讲,能否理解、欣赏空想的作品也是衡量其精神是否健康、均衡发展的一个重要指标。可是这种空想的作品在中国是遭到排斥的,这在儿童的教育方面表现得最为显著,对此周作人在1923年6月21日发表的《儿童的书》一文中做了明确解释,“向来中国教育重在所谓经济,后来又中了实用主义的毒,对儿童讲一句话,睒一睒眼,都非含有意义不可,到了现在这种势力依然存在”。[②] 正是在这种教育思路的导引下,不论是顽固的“拟古主义”的塾师与道学家,还是不懂感情教育价值、坚持军国主义的实用教育的新教育家,都统统将空想的作品认定为不切实用之物而加以排斥。在周作人看来,这种认识不仅仅是教育界人士的一种偏见,实际上几乎整个中国社会都是这样评价空想作品的。因此,他不得不得出这样的结论,在现在的中国,拥有想象力、好奇心、“惊异的能力”,理智与感情平衡发展的精神健全的成人根本难以找到,现在的成人们“虽然都亲自做过小孩子,却早失了‘赤子之心’……他们忘却了自己的儿童时代的心情,对于正在儿童时代的儿童的心情于是不独不能理解,与以相当的保育调护,而且反要加以妨害”,这些成人们精神中了毒,变成了“化学化”的畸形人,而在这种状况下,孩子们的精神成长也必定会因成人们的妨害而受到损坏,并影响到今后的精神生活。[③]

其三,实际上还存在着一些更为根本性的原因,即中国人求生意志的严重缺乏,以及中国国民性的异常堕落,这也是此时周作人着重探讨的重要命题。在1921年9月29日发表的《新希腊与中国》一文

---

① 仲密(周作人):《〈阿丽思漫游奇境记〉》,1922年3月12日《晨报副镌》。
② 周作人:《儿童的书》,1923年6月21日《晨报·文学旬刊》第3号。
③ 仲密(周作人):《〈阿丽思漫游奇境记〉》,1922年3月12日《晨报副镌》。

中,周作人正式提出中国人缺乏求生意志的命题,“中国人实在太缺少求生的意志,由缺少而几乎至于全无……但是求生是生物的本能,何以竟会没有”,他甚至说“将植物的生活来形容中国人,似乎比动物的更切当一点”,而且如果这样继续下去,中国人是不能“久于人世”的。① 而对于中国国民性的异常堕落的抨击,在1922年后半年周作人批判“礼拜六”派时有着集中表述,他在10月2日发表的《恶趣味的毒害》一文中指出“礼拜六”派所宣扬的是“反生物性的人生观的恶趣味”,而他们只不过是大多数国民的预言者——思想的代言人,因为“中国多是那些变态的人”。他指出整体的国民性与国民思想是如此堕落、卑下,如不加以丝毫补救,任其败坏的话,最后恶化的结果必然是,“这样的下去,中国国民的生活不但将由人类的而入于完全动物的状态,且将更下而入于非生物的状态里去了”②。此时周作人发现造成精神能力缺失的原因已不仅仅是缺乏求生意志的问题了,更为致命的是国民性与国民思想在根本上出了问题。因为在国民的这种精神状态下,这些属于求胜意志的精神能力的存在是不可能的。

总之,在周作人看来,造成这些精神能力缺失的最根本原因在于中国人严重的精神病症,并且病情已经发展到了极为危险的地步。所以要培养新的精神能力,首先应做到医治国人的精神病症。不过此时周作人对精神病症的医治,已经基本不再依靠外部环境的改造,只在个人的精神世界里谋求变革之道,因此,他把目光完全放在了改变国人的精神上面。

要做到改变国人的精神,首先,最根本的自然是国民性的彻底改造,这一时期的周作人设想通过建立新的文明与新的道德逐步完成。其次,要集中于对中毒已深的成人社会的改造,周作人认为当务之急是先进行精神上的解毒。要完成这一工作,第一步先要做到使国人在知的方面有所改变,即让他们理解这些能力存在的合理性及重要性,

① 仲密(周作人):《新希腊与中国》,1921年9月29日《晨报·副刊》。

② (子严)周作人:《恶趣味的毒害》,1922年10月2日《晨报副镌》。

接受要“诚实于自己的空想”的理念。[①] 为此,周作人运用现代心理学、教育学、哲学等知识,从知性的层面阐释了这些能力存在的合理性与重要性。他一方面通过论证空想作品存在的意义与价值来对这一合理性与重要性做出阐释,如在《阿丽思漫游奇境记》与《儿童的书》中,着重探讨了空想作品在健康人格成长、想象力培养等方面的作用,对此上文已作说明。另一方面,周作人论证了空想存在的合理性。在《镜花缘》一文开始,周作人先说明了人们对神异的荒唐无稽的故事永远保有的赏识与好奇,接着针对现在国人对这些东西必定会持有的态度,即认为“这些荒唐的话即是诳话”,提出了反驳意见,在他看来,这些神异荒唐的故事是没有任何功利目的、单纯的为说诳而说的诳话,完全是空想的表现,这实际上正是艺术的创造(此处周作人所说的是广义的艺术,即创造性的活动,或曰“创作力的活动”),因为在他看来,艺术的本质恰如王尔德所言,正是“讲美的而实际上又没有的事”,即“说诳”。进而周作人又从认识论的角度说明空想的真实性,在他看来,因为“经验并不限于官能的一方面”,所以“叙述自己想象的产物,与叙述现世的实生活是同一的真实”,即空想也是真实的。这样,在对空想的价值与真实性进行论证的基础上,他得出了人们要“诚实于自己的空想”的结论。[②]

既然在知的方面有所醒悟,那么接下来第二步就是要彻底治疗精神的中毒症,为此周作人开出了药方,他认为,对于一个已经具备了基本常识的现代人而言,“空想——体会与同情之母——的文学正是一服对症的解药”。[③]

对于尚未被成人社会浸染的儿童来说,不存在精神解毒的问题,只要成人的精神改造得以成功,儿童的正常成长便不再会受到妨害,只要通过合适的教育,儿童的理智、情感就将会得到平均发展,人格也会健康成长。这种观念在周作人的儿童教育思想中一直占据着重要地位。

---

① 作人(周作人):《〈镜花缘〉》,1923 年 3 月 31 日《晨报副镌》。

② 作人(周作人):《镜花缘》,1923 年 3 月 31 日《晨报副镌》。

③ 仲密(周作人):《阿丽思漫游奇境记》,1922 年 3 月 12 日《晨报副镌》。

如果这些问题都已得到了解决，那么悉心培养成人和小孩子的想象力、好奇心、“惊异的能力”理所当然就要成为下一步的工作。为达成这一目标，周作人重点推荐了空想的作品，因为在他看来，空想的作品最能发挥这种作用，对此，周作人仍是借科伦在《梦想者的故事》序中的话加以说明：

> 他（丹绥尼——著者注）正如这样的一个人，走到猎人的寓居里，说道，你们看这月亮很奇怪，我将告诉你，月亮是怎样做的，又为什么而做的。既然告诉他们月亮的事情之后，他又接续着讲在树林那边的奇异的都市，和在独角兽的角里的珍宝。倘若别人责他专讲梦想与空想给人听，他将回答说，我是在养活他们的惊异的精神，惊异在人是神圣的。①

综上所论，周作人对于如何补救国人在想象力、好奇心、“惊异的能力”等精神能力方面缺失的问题，不仅做出了系统的思考，而且还提出了具体的解决方案。关于他深入探究这些问题的动机和初衷，他在《阿丽思漫游奇境记》中曾坦言：

> 我推举这部《漫游奇境记》给心情没有完全化学化的大人们，特别请已为或将为人们的父母师长的大人们看，——若是看了觉得有趣，我便庆贺他有了给人家做这些人的资格了。②

也就是说，他无非是希望国人能获取作为健全、正常的合格的人的资格，在他看来，这才是消除“精神沙漠”的真正重要的前提。

（原载《河南社会科学》2009年第4期）

---

① 作人（周作人）：《镜花缘》，1923年3月31日《晨报副镌》。

② 仲密（周作人）：《阿丽思漫游奇境记》，1922年3月12日《晨报副镌》。

第四章 “形而上”的困惑与追问

第一节 20世纪现代中国文学的形而上之思：中国现代文学思想传统论略

一

自前苏格拉底时期开始，认识自己就逐渐成为哲学思考的最高目标，但这个所谓哲学最高目标的“自我之谜”实际上也是文艺家持久关注与考量的核心，不过哲学家与文艺家对这一问题表现出不同的思考与询问方式，正像米兰·昆德拉在《小说的艺术》中所指出的，文学家所关注的是为哲学家所遗忘的具体的“人”的“生命的世界”，他们的目标是探寻存在的各种不同的维度。① 我们综观数千年西方文学，相当多的文学家都是怀着极浓厚的对“人”的本质、人性的诸问题进行“形而上”追问的兴趣，并且满怀对“人”的精神世界的深层探询的热望，这使西方文学对人性的思考表现出相当的深度。而在现代中国，自新文学以来，许多文学家也显现出对“生命的世界”的强烈的认知与解答的兴味，但由于特殊的时代境遇，以及看重现世的文化思想传统的影响，现代中国文学家对抽象的人性问题的思考并不太热心。针对这种现象，一些现代文学研究者，如夏志清就对于现代中国文学下过这样著名的断语——现代中国作家缺乏宗教感，更多地体现出“感时

---

① ［捷］米兰·昆德拉：《小说的智慧》，艾晓明编译，时代文艺出版社1992年版，第11—129页。

忧国”的情怀①，这一论断在一定程度上确实具有极强的概括性，因为就现代中国文学家的大多数而言，他们的确缺乏对形而上的人类本质问题、人类存在的终极问题，以及人性的渊深进行深层探究、持久询问的意识，国家民族的现实出路、人们的现世生存，即具体的历史的现实才是他们关注的焦点与思考的中心，他们不会，也不愿跳出现实迫切、紧急的生存艰难，把精神追求放置于“玄虚”的对“人”的本质、宇宙的本质的探究之上。这种状况在1927之后表现得更加明显，在愈加深重的国家民族的危难之中，多数的文学家不但不大可能有此种“闲情逸致”，甚至在他们有些人看来，在这样的生存艰难之中，这种“玄虚”的思考本身就是一种罪过。应该说类似夏志清这种论断的见解在现代文学研究界，乃至当代思想界都颇具代表性，但是著者认为这种论断并不能概括现代中国文学的全部，现代中国仍有相当一批文学活动者一直把目光投注于对形而上的“人”的问题的探究之上，因为从本质上讲，对这一问题的探究本来就是“人”生存的一种内在的需求。

应该说，在西方被哲学所遗忘的具体的“人”的“生命的世界”，在现代中国，很大程度上也被哲学思考所遗忘②，对这一领域的思考主要由现代中国的文学家们承当了下来，而在其中，有一批文学家表现出对形而上的人类本质问题、人类存在的终极问题，以及人性的渊深进行深层探究、持久询问的自觉意识并做出了深入思考。关于现代中国文学家的哲思，贺麟曾有过一个极为重要的历史观察，他非常准确地指出，在现代中国，文学与哲学发生了相当密切的关系，不少文学活动者在其作品中，显现出深层的哲学思考。但是在他看来，这些表现出

① ［美］夏志清：《〈中国现代小说史〉作者中译本序》《现代中国文学感时忧国的精神》，均载《中国现代小说史》，香港友联出版社有限公司1979年版，第1—20页，459—477页。

② 当然也有少数的哲学思考者涉及这个领域的思考，贺麟在《五十年来的中国哲学》中曾标举出过一些重要人物，如王国维、梁漱溟、方东美等哲学思考者，宗白华、蔡元培等美学思考者，还有一些宗教哲学家与伦理学家，不过在著者看来，有时候很难把他们的论述严格划归于哲学式的思考，其实在某种意义上，他们的思考往往是哲学式思考与文学者哲思的混糅。实际上，这在近世中、西是一个较为普遍的现象。参见贺麟：《五十年来的中国哲学》，辽宁教育出版社1989年版，第1—61页。

哲学思考深度的文学家，其思考不过是作为现代中国哲学思考的补充，是不能代替纯粹的哲学研究的。① 他的这个看法似乎有些偏颇，实际上，这些文学活动者对世界的深层思考不同于普通的哲学思考，有着自己独特的思考方式与思考命题。在著者看来，正由于这些文学家对世界的深层思考的特殊性，使得他们的思考活动在现代中国的思想发展中有着极为特殊的重要意义：由于这些思考活动的加入，现代中国的思想才不至于成为不完全的世界思考，而现代中国对于整个世界的意义探求也才完整。另外，这些现代文学家同现代中国大多的哲学思考者不同，他们更多是从自己切身的生存感受、精神需要出发，表达出自己鲜活的思想（虽然他们不免受到西方命题的影响，甚至在其框架之内思考），正因为如此，他们才能够提出真正属于自己的命题，发出真正属于自己的声音，实际上这些也正是现代中国自己的命题、自己的声音，而他们对这些问题所做出的多种形式的独特思考与回答，更显现出现代中国原创思想的丰富性。而从严格意义上讲，哲学在这方面的贡献并不尽如人意。

综上所论，现代中国的一批文学家对形而上的"人"的本质问题、人类存在的终极问题，以及人性的渊深等领域的深层探究、持久询问是现代中国的一种重要精神现象，他们对这些领域的思考为现代中国思想的发展作出了相当重要的贡献。但这一重要精神现象的重要价值与意义，在现代文学研究界与当代思想界尚未得到充分的重视，对它的研究亦未得到较为系统的展开，具体来讲，虽然从各个角度对不同作家在这一层面上思考的研究在现代文学研究界并非什么新鲜课题，但除了极少数学者之外，很少有人从整体上考察在现代中国作家们身上所呈现出的这一精神现象，更不用说从这些文学家对现代中国思想发展所做的理论贡献的角度去研究他们对这些问题的思考了。著者认为，这种研究状况亟待有所改观。

① 参阅贺麟：《五十年来的中国哲学》，辽宁教育出版社 1989 年版，第 60—61 页。

二

19世纪中后期以来有关“人”的各种形而上之思，与以前任何历史时段相比，都显得异常复杂与深广，而“人”的问题也成为最为世人关注的核心问题之一，几乎每一个现代的思考者都必须直面这一问题的逼问，没有任何回避的余地，事实上，对于一个现代人来说，这是他们生而为人就必须思考回答的问题，也是他们生存的首要的事情。世事繁复已极，思想极端混乱、纷杂无序的现代中国对于任何现代人的生存命题都没有一个可供参考的答案，因此，每个思考者都要花费更大的精力去寻找答案，因为在一定程度上，这已成为他们安身立命的根本。这种现象在一些现代中国文学家身上表现得异常突出。

现代中国文学家对这一问题的思考呈现出十分丰富的样态，他们由各自不同的生存境遇与精神需要出发，从多个层面、多重角度，并以多种形式对“人”的问题进行了深入的形而上之思，他们的思考为这一问题的探索做出了深度的推进与发展。不过虽然其思考在内容与表达方式上表现出异常丰富的形态，但我们还是能够清晰地观察到，在这些文学家对具体的人的“生命的世界”所做出的形而上思考中，他们最为集中探究的主要是两方面的核心问题：其一，对“人”的本质问题的探问①；其二，对“人”的超越性精神追求的凝思。

现代中国文学家对这些问题的思考正是现代世界思潮的一部分，是现代世界思潮“合唱”中一个独特的“声部”。具体来看，他们所探讨的正是19世纪中后期以后西方一些思想激进的文艺家，以及“神思宗之至新者”②以来一些人本主义哲学家所热衷探讨的课题（当然其中也能看到一些传统的关于“人”的形而上之思，不过这些理论的信持者为数很少），应该说，他们大多数是在这种世界思潮的精神背景下，

---

① 在这些现代中国文学家对“人”的问题的思考中，与其对“人”的本质问题的思考紧密相连的就是对“人”如何在世生存问题的探讨。其实他们之所以思考“人”的本质问题，在相当大的程度上就是缘于他们对于如何在世生存的困惑。这一特点暴露出文学家的哲思与哲学思考的显著区别。

② 迅行（鲁迅）：《文化偏至论》，1907年作，1908年8月《河南》月刊第7号。

受到各种世界现代观念的影响，从而展开思考的。不过，他们虽然积极参与了各种现代世界的思潮运动，但是他们的思考依然还是现代中国自己的思考，不仅思考的起因是源于他们自身直接的生存感受与迫切的精神需要，以及中国语境中发生的种种问题，而且他们所提出的具体命题、思考问题的方式，以及他们得出的独特结论也完全是由自身的存在形态所决定的。

现代中国文学家对这两方面核心问题的追问，大致呈现出几种不同的形态：

其一，从"人"的本质观出发展开的思考。相当多文学家力图将自己的思考全部建立在他们对于"人"的本质观的认知之上，其中有些人还参与到近世西方思考"人"的本质的各种哲学思考或思潮运动中，如周作人与许多现代西方"灵肉一元论"者相同，试图将思考建立于严格的科学"人"的本质观——即科学的"人学"基础之上。另外还有钱锺书、冯至、汪曾祺等一批作家，他们对"人"的本质观的思考也都表现出相近特质，关于其中一些代表人物的哲思，解志熙已在其多部重要论著中做过深刻剖析。而 20 世纪初的人道主义思潮也与任何历史时期的人道主义思考一样，是在对"人"的本质观的认知之上建立起自己的话语体系，不过这一时段内人道主义的"人"的本质观的表现形态较为复杂，其中既包含有科学的"人学"观，又有许多实证科学时代之前的"人学"思考。在这些文学家中，还有一些人对"人"的本质的思考更多是源于个体生命对宇宙、人生的巨大困惑，强烈的生命冲动驱使他们用自身对生命的直觉感受去探索"人"的本质的奥秘，曹禺①、沈从文便是其中的典型。

其二，更多现代中国文学家对"人"的形而上之思并非源自对于"人"的本质的有意识思考，而是源于对"人"的日常生存的关注，由此

① 在关于"人"的本质的思考中，曹禺表现出一种混杂的状态，在他身上既有原始人式的对"人"的本质与世界的困惑，又有着现代人对人性的复杂思考，还有审美现代性的因素，各种形态的思考在他身上有着奇异的混合。从这个意义上讲，曹禺真像很多研究者所言，是一个谜。关于这一问题的详细论述，参见张先飞：《形而上的困惑与追问：论曹禺〈雷雨〉创作时期思想的几个主题》，《文艺理论与批评》2004 年第 4 期。

上升到对“人”在世如何生存问题的形而上之思，这种形而上思考主要集中在关于“人”的超越性精神追求的问题之上。现代中国文学家中，老舍在《离婚》等作品中关于“诗意”的思考，以及杨绛对“人”的内在精神的持久关注（此类相关问题著者在对周氏兄弟形而上思考的论述中已有所涉及），都是十分重要的现象。

不过每位文学家并非固定地表现为某一种思考形态，他的思考可以同时表现出多种形态的特质，而且在不同时期，同一位文学家也会在思考形态上呈现出相当大的不同，这些都是极为常见的，尤其对于那些思想变动较为剧烈的文学家，这种情况就更加显著。这正充分显现出了文学家的世界思考的独特性。

不过我们还会产生一种疑问。事实上，现代中国文学家所处的时代正是科学主义在中国大行其道之时，这些现代文学家基本都受到过科学主义观念的洗礼，他们对科学观念的信仰是矢志不移的。那么这些现代中国文学家在所谓“科学的时代”中对“人”的本质与超越性精神追求问题的思考，是否仍是形而上的“人学”之思呢？在对此问题进行具体分析之前，必须首先说明，本节开宗明义所谓“形而上”的困惑与追问包含有两层意蕴：一层是从“形而上”的层面对问题的询问、思考，另一层是询问中显现出的“形而上”的思维特征。

首先，这些现代中国文学家对“人”的本质观的思考基本是从抽象的、形而上的立场出发的。当然有人会自信地宣称既然已进入“科学的时代”，那么“人”的本质观应该可以完全建立在科学的基础之上，但实际上，这一要求并没有能够落到实处，虽然有些人竭力试图达到这一要求，并标榜自己对“人”的本质观的认知能够实现完全的科学化，可如果我们细致地考察他们的思考结论、思考方式与理论的逻辑推演过程，就会发现他们对“人”的本质观的思考仍然根本做不到完全的科学化，依旧显现出相当强烈的形而上思考的印迹；而他们言之凿凿建立于科学之上的其他衍生观念，则更多是其他的一些抽象理念演绎推导的结果，事实上，这些理念与他们对“人”的所谓的科学认知之间并没有多少直接的关系。这种关于“人”的本质的现代思考在现代中国可以周作人在各个时期的“人学”观、现代人道主义的

"人学"观念等为例,在这个时代,它们可以算是最具"科学"性的"人学"观,但它们的形而上学的色彩依然十分强烈。关于"五四"前后周作人"人学"观与现代人道主义"人学"观的这一特点,著者已有专文论述[①]。

其次,对超越性精神追求问题的思考,究其本质而言,仍是隶属于对"人"的本质观的思考,这些现代中国文学家对超越性的精神追求的张扬,其实是对人的"神性"本质的肯定与推崇,而这些所谓人的"神性"本质,是所谓纯粹的符合科学要求的"人学"思考中根本无法容纳的,但它们却在各种具有强烈形而上色彩的"人"的本质观中经常出现。在现代中国,实际上中西各种形态的"人"的本质观对此问题的回答,都在中国文学家身上有过回应,不过除少数人——如周作人、田汉、宗白华、郭沫若、以"学衡派"为代表的新人文主义者们等之外,多数的现代中国文学家往往也并不十分了然自己关于超越性精神追求的命题究竟源自于何种"人"的本质观的思考,他们只是从各自的生存体验出发,敏锐地感受到自己的精神渴求,并把这种迫切的要求形诸言论或笔端,像本书中所讨论的鲁迅、曹禺与尚未论及的沈从文、杨绛、老舍等在这一思考中所显现出的鲜明形而上色彩就很少得到他们自觉的反思。

三

综上可以看到,现代中国文学家关于"人"的问题的形而上的思考,的确是一个重要的学术难题,但是现代中国文学家们的这种思考本身还有着更为深广的现实思想意义:事实上,正是现代中国一批文学家对形而上的"人"的本质问题、人类存在的终极问题,以及人性的渊深等领域的深层探究与持久询问,使他们的思考结晶,与现代中国的哲学家、思想家们的理论贡献一同成为民族精神发展中的重要积累;而与大多数同时期的哲学思考者不同,这些现代中国文学家更多是从个人直接的生存感受、精神需要出发,表达出自身鲜活的思

① 张先飞:《五四新文学视野下近代"人学"观的演变》,《论学武夷:中国现代文学研究会第四次青年学者研讨会论文集》,海峡文艺出版社 2010 年版。

想——提出真正属于自己的命题，发出真正属于自己的声音，实际上这些正是现代中国自己的原创性的思想成果，是真正的“中国思想”。从这个意义上讲，至少在对“人”的问题的思考上，他们的思想成果对于我们的民族来说尤为珍贵，因为本民族迄今为止仍然缺乏对于这一问题原创性的思维成果，而这些成果对于一个民族的精神发展又是至关重要的。

但应该说，时至今日，这些原创性思想成果尚未对本民族的精神成长做出其应有贡献。我们说，一种思想是否能够对一个民族的精神成长有所贡献，不单要看其思考的深度及独创性，更重要的，还要看它能否真正地成为在民族精神发展中有意义的思想传统与资源，而要达到这一要求必须做到两点：其一，这种思想要得到相当充分、深入的阐释，并且其价值能够被多数社会成员充分认知；其二，在实现以上要求的基础上，这些思想成果还要具体落实到国民的精神生活当中，同民众的精神发展与成长直接挂起钩来。而一个民族精神境界的提升也与是否做好这两点直接相关。我们作为人文学科的研究者，有义务推动这些思想家的深度探索得到广大国民与知识分子的理解与重视，使如此珍贵的思想结晶能够成为民族精神中须臾不可离的精神因子，不仅能够融化于民族精神成长当中，而且可以帮助民族的精神境界不断地得以提升，而绝不能让它们被逐渐遗忘，因为一个不珍视本土伟大思想的民族是没有前途的，即使这一民族在物质层面上的积累日渐丰厚，思想界、学术界也因有着各种话题的轮转而热闹非凡……正像郁达夫在《怀鲁迅》一文中所说的那样：“没有伟大的人物出现的民族，是世界上最可怜的生物之群；有了伟大的人物，而不知拥护，爱戴，崇仰的国家，是没有希望的奴隶之邦”。①

“五四”以来很多思想家、文学家，如鲁迅、周作人、郁达夫等都在反复强调这一问题，并提出了“思想在中国的命运”的严肃命题。其中，20世纪20年代周作人的严峻思考极具代表性，他指出，在人类历

① 郁达夫：《怀鲁迅》，1936年10月24日作，1936年11月1日《文学》第7卷第5号。引文中的着重号为著者所加。

史长河中,真正有价值的思想,无论古今,都很少能够成为各民族精神中的有效成分,甚至在很多国民中这些思想及其提出者“可以说是等于‘不曾有过’”。① 其实,在周作人悲观的话语中,蕴藏着那一代仁人志士对于同胞们的深切期盼。时至今日,“五四”以来的精神遗产又摆在了我们面前,为实现总结与传承的历史重任,要求我们从最为基础的工作做起,倾力于对现代中国各种精神成果的发现与阐释之中,这是使这些思想精华真正地成为在民族精神发展中有意义的思想传统与资源,并在国人精神生活中产生作用的最为首要的前提。

当然在这些亟待研究与阐释的现代中国的精神成果当中,现代中国文学家对“人”的问题的形而上之思占据着极其重要的地位,著者在本书中所做的工作,正是在这一具体的研究领域内,为“改变中国精神的发展的现实状况”这一项严峻的历史任务所做出的一点微薄努力,著者愿意以自己的学术工作为这些思想与国民的精神之间架起桥梁,以期这些弥足珍贵的思想成果在国民心中生根发芽、舒枝展叶,使它们真正成为民族精神的源头活水……著者如能达其万一,足慰平生。

(原载《河南社会科学》2005 年第 6 期)

第二节　偶像的破坏:关于钱锺书对近代西方文明“神话”和人的本质观的反思

19 世纪中后期以来,西方社会兴起了贯穿整个 20 世纪的步步深入的“偶像破坏”的思想革命大潮,钱锺书与之同步,敏感地接受着自黑格尔之后,费尔巴哈以来,欧洲激进思想家的严肃思考,积极参与到对近代西方建立起来的各种基本命题的反思中,并且得出了独特的结论,具体、明确地表达了对历史、文明、人的本质等问题的看法。在他的巨构中处处闪现着整个潮流与他个人思考的思想结晶,以及他深刻

① 荆生(周作人):《教训之无用》,1924 年 2 月 26 日《晨报副镌》。

的怀疑、反思精神。

本节将着重探讨钱锺书对近代西方的文明“神话”和人的本质观的反思，以及在对后者的反思中所形成的独特的人的本质观。

一、钱锺书对近代西方文明“神话”的反思

在19世纪中后期以来的近代文明反思者看来，近代西方人在创造近代文明的同时，也在进行着自觉的历史叙事，但在很大程度上，这是一种对西方历史、文明的“神话”性的构筑。反思者们对这些“神话”都加以了深刻的揭示与批判，锋芒所指，既有资产阶级主流意识形态为本阶级壮大与文明建立的历史过程进行合理化阐释形成的话语，又有西方中心主义营造的充满盲视与偏见的世界文明图景，以及西方人对以往历史的盲视（比如对中世纪文化的一笔抹杀；对被作为近代文明起点与文明、人性、理性最高境界的被完美化的希腊形象的建构……）。而且反思者们认为，这些对历史的叙述都存在着有意或无意地将具体历史简化、抽象化的倾向。当然这些思想家们也看到，除了政治意识形态的有意编造外，人们都以为自己进行的是客观的历史叙述（尤其突出的是很多自以为保持着理性的清明，而且确实是能较清醒地对时代迷狂、谬误时时做出反拨的人，像很多承继怀疑主义传统的思想家），但思想家们指出，由于一些主、客观原因（比如，不少“神话”已成为近代人类思维的基本范畴、命题，甚至成为他们的观念基础；而且他们不可避免地受制于时代的认识局限；对有些问题的深层认识以当时人类的认识能力也不可能达到；另外也没有思想方法的巨大突破……），使他们无法避免、身不由己地最后都成为这一大的历史叙事——“神话”构建历程的实际参加者。于是，人们自以为客观的历史叙述，不料最终成为一种“神话”式的历史写作/历史叙事，这是人们无法避免的历史的悖论。

参与到这一反思大潮中，钱锺书对这些问题都有过深刻的思考与揭示，比如他在《管锥编》开篇专门驳斥了黑格尔对中国哲学的偏见，因为这种偏见影响广泛，代表了西方中心主义对非欧文明的严重歧视；他也批驳了西方文明史叙述中对中世纪的偏见，谈到过尼采在《悲剧的诞生》中对希腊文明新的解释……但他最集中思考的是:西方文明在向全世界推进过程中,资产阶级主流意识形态所构造的历史、文明“神话”,这是近代西方构造的最主要的“神话”之一。它完全遮蔽了西方历史、社会的真实场景,用严重抽象化了的人权、自由、民主、宽容、进步等命题,以及描述人类全史的所谓宗教/科学、资本主义/封建主义、专制/民主等二元对立式的简单化的历史发展模式,简化了无比复杂的整个历史过程;更为关键的是遮蔽了近代西方文明发展过程中无法避免的血腥、污秽,以及本国人与被征服地民族为西方资本主义发展付出的惨重代价……此“神话”的另一重要内容是普泛化的西方价值:西方成为进步文明的代称,构建此“神话”的诸多命题、模式被西方意识形态编造者设定为人类普遍价值,而且其光芒普照全世界,一定会将全世界共同带向完美的“大同”的西方式文明社会,而西方人是当仁不让的导师。不谈这些命题作为学术问题的真伪,我们单分析其意识形态含蕴:这些命题中遮盖的是为殖民拓展活动进行合理化表述的理论建构的努力,且命题的最核心处隐藏着相当可怕的人类学假设——“文明”(西方文明的自我称谓)对“野蛮”(西方对“非欧”文明的称谓,而它们其实是一种西方尚不了解、无法准确定位的文明形态)的征服:为了所谓“大同”的西方式“全球文明”的实现,否定乃至“消灭”(一个可怕的暗示)不同样式的文明形态,也包括“消灭”(同样的暗示)“野蛮”人——从精神到肉体(如果他们彻底与“文明”对抗,或拒绝“分享”资源),当然也会保留一些“野蛮”人及其文化形态,把它们作为人类进入真正“文明”历史前的活化石。①

钱锺书对于此“神话”做了严肃的批判、“解构”:一方面,抽象、简化的历史描述的方法与思维方式历来为他所鄙薄、摒弃;至于像人权、民主、自由、宽容等具体理念,他也只是作为历史上的具体的观念、制度等的事实性存在看待。另一方面,更重要的是,他对此神话下掩盖的历史真相,尤其是阴暗的真相予以了无情揭示——力图颠覆意识形

① 参见[德]米夏埃尔·兰德曼在《哲学人类学》第二章第二节《民族中心主义及其支配性影响:“人性”的发现》中的有关论述,张乐天译,上海译文出版社 1988 年版,第 16—19 页。

态话语的“神话”建构。这一点比较突出地表现在《围城》中的一篇滑稽讽刺作品中。

《围城》中有一篇方鸿渐所作讲演——《西洋文化在中国历史上之影响及其探讨》,它实际上是一篇滑稽讽刺作品,在方鸿渐貌似荒谬的连篇“扯淡”中①,蕴含着钱锺书对中西历史的深重思考,以及对此“神话”的深刻反思与“解构”。

在演讲中方鸿渐提及伏尔泰的《戆第德》,并且提到其中一段有关梅毒的滑稽讽刺文。这就需要多废一点笔墨,引述伏尔泰的这段文字,以见二篇文字的关系,尤其是钱锺书的用心所在。在《戆第德》第四章中,信仰神正论的学者邦葛多斯同老实人谈到了他得的脏病的渊源,那实是一部社会道德丑史;其后他以“先天和谐论”为自己得病进行了诡辩,伏尔泰借此对当时欧洲宗教、战争、殖民拓展等进行了深刻的揭发:

> 老实人嚷道:“噢,邦葛罗斯!这段家谱可离奇透了!祸根不都在魔鬼身上吗?”——“不是的,”那位大人物回答:“在十全十美的世界上,这是无可避免的事,必不可少的要素。固然这病不但毒害生殖的本源,往往还阻止生殖,和自然界的大目标是相反的;但要是哥仑布没有在美洲一座岛上染到这个病,我们哪会有巧克力,哪会有作胭脂用的胭脂虫颜料?还得注意一点:至此为止,这病和宗教方面的争论一样,是本洲独有的。土耳其人,印度人,波斯人,中国人,暹罗人,日本人,都还没见识过;可是有个必然之理,不出几百年,他们也会领教的。目前这病在我们中间进步神速,尤其在大军之中,在文雅,安分,操纵各国命运的佣兵所组成的大军之中;倘有三万人和员额相等的敌军作战,每一方面必有两万人身长毒疮。”
>
> …………

① 参见[美]胡志德对钱锺书文体的分析,载《钱钟书》,张晨等译,中国广播电视出版社1990年版。

> 邦葛罗斯一路向他(雅各——著者注)解释,世界上一切都好得无以复加。雅各不同意。他说:“无论如何,人的本性多少是变坏了,他们生下来不是狼,却变了狼。上帝没有给他们二十四磅的大炮,也没有给他们刺刀;他们却造了刺刀大炮互相毁灭。”①

伏尔泰先用一句不合逻辑的反果为因的明显的诡辩,辛辣地揭示了“和自然界的大目标是相反的”梅毒与殖民拓展、掠夺的关系:“但要是哥仑布没有在美洲一座岛上染到这个病,我们哪会有巧克力,哪会有作胭脂用的胭脂虫颜料?”下面又说道:“目前这病在我们中间进步神速,尤其在大军之中,在文雅,安分,操纵各国命运的佣兵所组成的大军之中;倘有三万人和员额相等的敌军作战,每一方面必有两万人身长毒疮。”进一步证明了它在当时的迅速传播与战争、掠夺、侵略等的扩展、升级具有直接的关系。伏尔泰甚至还作了预言:这欧洲独有的脏病,会传遍全世界的。至于伏尔泰的意思是说随欧洲的拓殖、侵略的加速而传播,还是说其他国家会重复欧洲人有过的拓殖、侵略的历史,其实并不重要,关键他指出了这是所谓近代文明的必然的负面后果之一,即“有个必然之理”。而雅戈更是直截了当地用眼见的经验事实揭出当时一切灾难的原因:“上帝没有给他们二十四磅的大炮,也没有给他们刺刀;他们却造了刺刀大炮互相毁灭”,这刺刀大炮也正是当时引为骄傲的近代物质文明的巨大创造。

回到方鸿渐的讲演,我们可以发现:在文中,钱锺书又照着与伏尔泰相近的思路,对此命题作了一篇绝妙的滑稽讽刺文字。在这里,钱锺书面对着不同于伏尔泰所面对的新的历史过程与经验——比如殖民侵略的发展早已超出了伏尔泰的想象,延伸到欧洲外世界每一个角落;而且他提到的中国终于“领教”了梅毒,还有危害与其不分伯仲的鸦片……在伏尔泰思考的基础上作了新的拓展、深化。于是钱锺书立足于这几百年历史,从几百年来中西交流历史的特定角度,揭示了被

---

① [法]伏尔泰:《老实人》,傅雷译,载《傅雷译文集》第十二卷,安徽人民出版社1983年版,第20—21页。

意识形态化了的所谓“文明”传布背后的历史实际，并力图从中西交流历史这一角度揭示近代西方文明“神话”的意识形态含蕴，进而从根本上颠覆西方的这一“文明”“神话”。他谈道：

> 西洋文化在中国历史上的影响，各位在任何历史教科书里都找得到，不用我来重述。各位都知道欧洲思想正式跟中国接触，是在明朝中叶。所以天主教徒常说那时候是中国的文艺复兴。不过明朝天主教士带来的科学现在早过时了，他们带来的宗教从来没有合时过。海通几百年来，只有两件西洋东西在整个中国社会里长存不灭。一件是鸦片，一件是梅毒，都是明朝所吸收的西洋文明。……至于梅毒更无疑是舶来品洋货。叔本华早说近代欧洲文明的特点，第一是杨梅疮。诸位假如没机会见到外国原本书，那很容易，只要看徐志摩先生译的法国小说《戆第德》，就可略知梅毒的渊源。明朝正德以后，这病由洋人带来。这两件东西当然流毒无穷，可是也不能一概抹煞。鸦片引发了许多文学作品，古代诗人向酒里找灵感，近代欧美诗人都从鸦片里得灵感。梅毒在遗传上产生白痴、疯狂和残疾，但据说也能刺激天才。①

这篇滑稽讽刺文提到“只有两件西洋东西在整个中国社会里长存不灭”——梅毒、鸦片两种现象，钱锺书赋予了它们极强的象征意蕴，用以说明西方所谓的“文明”传布在中国仅仅留下的“成果”的性质。因此，与此事实明显不合的天主教徒所艳称的“中国的文艺复兴”很明显是所谓西方“文明”“泽润”中国/非欧世界的“神话”。因为历史的客观事实告诉我们：鸦片战争前，包括明代西人来华，在一定程度上是有殖民拓展的潜在愿望的；即便当时目的纯粹——仅为文化交流，但他们所织造的“文明”“泽润”中国的“神话”，完全可成为西方对中国进行殖民拓展极为合理的口实。而 1840 年所谓镇压“野蛮”的战争后，西方对中国更大规模的“文明”单向传布，不但未带来他们在意识

---

① 钱锺书：《围城》，人民文学出版社 1980 年版，第 37—38 页。

形态“神话”中所许诺、称颂的“文明”的润泽、社会的进步,更不用说理想化的文明的交汇,实际上这一过程中充斥着单向的掠夺,且充满欺诈、不讲手段、毫无道义可言;其结果,正如钱锺书所言,仅流布诸如梅毒、鸦片等“成果”,它们只有无比巨大的破坏力,最可怕的后果是蚕食民族肌体、根本性地摧毁民族的精神。为更鲜明地说明自己的意旨,钱锺书又借方鸿渐之口提到伏尔泰书中的梅毒的渊源论:“只要看徐志摩先生译的法国小说《戆第德》,就可略知梅毒的渊源。明朝正德以后,这病由洋人带来。”他不从科学、历史立场谈梅毒的渊源,却引用一篇滑稽讽刺文,其目的不过是想把读者的视线引到伏尔泰的命题上——梅毒的传播过程正是一部伴随着侵略、破坏、殖民拓展的黑暗历史。所谓“这病由洋人带来”,实际上是从象征层面上确认了梅毒的渊源,证实了伏尔泰的预言,也延伸了伏尔泰的命题——诸如梅毒之类,是随着以传播“文明”为旗号的西方人的侵略、拓殖等传遍世界的。而可怕的是,与梅毒与鸦片传播史所象征的这一历史过程带来的整体恶果相比,这两种现象的危害几乎是微不足道的。

正是通过这种具体的历史批判,钱锺书对这种近代西方文明的意识形态“神话”从根本上进行了颠覆。

二、钱锺书对近代人的本质观的反思及其人的本质观

对近代西方人的本质观的反思是钱锺书近代文明反思中最重要的一部分,尤其是针对西方19世纪以来流行的对人的彻底的乐观主义的肯定性认识,即“人类中心主义”的观念形态的反思。实际上,对这种观念形态的反思是其人的本质论思考中最重要的方面之一,其人的本质观很大程度上是在此思考基础上形成的。

“人类中心主义”在历史上的形态相当复杂,大体上讲,它在近代的最初形态是文艺复兴时期对人的伟大形象的塑造——伟大完美的上帝造物,能实现所有规划的宇宙、地球的中心,这是在近代第一次明确提出自信的人的完美形象,其实是把神性特征悄悄移到人身上。而真正具有近代意义的“人类中心主义”观念则具体地表现为:

其一,是在费尔巴哈人本主义哲学提出后形成的。他提出宗教的

形成是人将其类本质赋予上帝，而这种本质实际上是人类对其自身的期许，现在就是要把人的本质还给人，于是人获得了无所不能且无限完美的神性。这已是对人类本质的最高程度的推崇——“人的神”形象。

其二，近代自然科学，尤其进化论假说被极端推崇，不但自然科学方法渗入社会学科研究领域，而且人们用自然科学方法完全统率社会学科各领域，它的一个重要结果是，这样产生的科学主义促成了近代进步主义的历史发展观的形成。这种历史发展观有两个很重要的层面：一是所谓的理性中心主义，即对人的理性能力的绝对肯定——理性万能，人在理性的完美、万能工具——科学的支持下，不但能完全认识世界、认识自己，即人的认识能力能发现现象后的本质。而且能完全按自己的目的、规划改造世界，按自己的目的发展自身，人的这种行动是合目的性的——不但符合自然律，而且完全能实现人类自我设计的事先规划，即人相信他在符合科学以及人现有能力的实际状况下，能达到他所愿意达到的一切愿望——他所设定的结果。在此基础上，历史能够朝着符合科学、理性的方向无限进步。二是进步主义的人性观，即认为随着人类文明向完美境界进展，人性也同时在走向完美的历史进程中行进。多数进步论者大都悬设了人类精神发展的最高的理想境界——全面发展、完美的人性，由于自诩是建立在科学之上，因此，这些理想人性观的认知与表述不同于实证科学时代之前的样态，无论是诸如马克思等的理论认识，还是诸如斯大林、毛泽东的社会主义实践等的系列理论建构活动都是如此。进步论者的观念中还暗含着对人性的一个假设：人生而具有善的本质，这从卢梭对自然人的假设，空想社会主义的“人学”观，自温克尔曼、席勒到马克思对完美的希腊人与异化问题的思考等都可以看出。这也是人类中心主义与理性中心主义的重要的核心假设。最后需要强调的是，进步主义对人的本质的设定，其实均为费尔巴哈所说的人对其最高类本质的规定。

进一步讲，作为观念形态的人类中心主义落实在人类实践、具体生存中，主要表现在两个重要层面上：一是作为类的人的自我认识与历史创造；另一是作为个体的人的自我认知与生存实践。

同近代文明“神话”一样，人类中心主义与理性中心主义也是近代“神话”之一，但它们是更根本性的，作为近代文化的各种思考最基本起点的“元理论”“元范畴”，也是最为核心性的“神话”构造，因为它们是近代人类自我精神建构的“神话”性的基本设定。而钱锺书把他对近代文明反思最核心的部分放在对这一“神话”的“解构”上，是有深意的，其实他是把思考重点放到对这种核心性的基础“神话”构造的彻底“解构”上。他的思考活动，属于从19世纪中后期的克尔凯郭尔、尼采、施蒂纳、弗洛伊德以来，对近代的人的本质“神话”进行颠覆的偶像破坏运动。

（一）钱锺书对人类中心主义从作为类的人的自我认识与历史创造这一方面的反思

钱锺书对人类中心主义的反思首先是从作为类的人的自我认识与历史创造这一方面做出的，他对此问题的思考在《上帝的梦》中得以相对集中的表述，他采用的文学体式是便于理念表达的寓言体的幻想小说，而且主题意旨几乎和盘托出。

钱锺书为批判人类中心主义，在《上帝的梦》中虚构了一个场景，提出了一个根本性问题：假如人类达到了进步主义理论设想的最高阶段，也就是人类中心主义设想的人类可能的最高理想状态后，人类所期许的一切会实现吗？概而言之，该问题可分作两个方面：一方面，在最高本质的人——“上帝”身上，人对理性——人的能力的诸多乐观期许是否能够实现？另一方面，在人性上，人类是否能排除一切人性的弱点，变成最理想的完美的“神的人”？

在正式分析之前，首先必须说明，在小说中的这个“上帝”是人的最高本质的代言人。因为按《上帝的梦》中的表述，这个“上帝”是按照进化理念“天演”出的“进化最后的产物”，如依照进步主义对“人”这一物种的强烈自信，进化最后的产物一定是最高本质的人，是人的最高发展阶段，而这种本质也一定是费尔巴哈所说的人的最高类本质，也是进步主义者自己所预想的人的最高本质的理想。

钱锺书从以下两个方面进行了思考：

首先，钱锺书对人性进行了考察。他设置了两个维度：在假设了最高程度的人——“上帝”的同时,他又假设了刚刚被上帝所造,所谓“自然”的、原初状态的人类。这两种状况的人,正是历来具有人类中心主义、理性中心主义倾向的历史学家、哲人、文艺家、教育家、政治家等设想出的完美人性的承载者。钱锺书要考察这两类人的人性特点是否符合这些理想人性论者所言。在小说设置的场景中,旧人类已消失,上帝是宇宙天演出来的,未受旧的人类社会、人性劣质的任何沾染,一出现就完全具有所谓的人的最高本质;而上帝所造原初状态的人类,没有受到任何历史积淀的坏影响,这就是自卢梭以来原始主义、浪漫主义者所极力渲染、崇拜的自然人。在这样的场景下,人性会是一种什么情况呢?小说中的上帝简直是人类一切精神弱点、精神虚妄的集中代言人,作品描写了上帝在梦中造人的目的,叙事者赋予他鄙俗化的动机——只是因为虚荣心作怪,而且在他与那对男女的关系中,他的思想中充满了平常人的种种精神弱点。而自然人,无师自通地具备了不少于任何时代人类的人性的特点,而两个人也将人性的弱点展现得淋漓尽致。这些都说明人性的弱点是长存的,不会因为未受文明玷污就不存在,也不会因为文明发展到了理想水平便消失。因此,人类中心主义者和理性中心主义者的两个主要假设都落空了。

其次,钱锺书对理性中心主义做出了反思。

1. 对人类创造活动动机的反思

按理性中心主义的观点,人类是万物之灵,天生就具有伟大的创造愿望与力量,这是人本质上具有的充分洋溢的自由精神、生命力、理性智能等无法抑制的必然外化,甚至席勒、康德用游戏精神来标举人类伟大的创造原动力。这是人类精神所应具有的,更不用说进步主义所推重的不该有任何私欲、狭隘动机的最高本质的人。但在《上帝的梦》中,恰恰是作为人类理性的最高代表的“上帝”,在使用他的创造力时,仅仅是一些鄙俗的动机在起作用。作品在他的梦前用大量篇幅来说明他希望造人的动机,完全是为私欲、虚荣,他心急火燎地想有人能无理由崇拜、无限度地赞美他;而在他的梦中,当人懒得去赞颂他的时候,他就会感到无比失落与愤怒。

2. 对近代人理性狂妄的反思

对这一问题的反思主要表现在：其一，关于人对外部世界与自我的认知的问题。理性中心主义对人的理性能力绝对肯定，相信理性万能，笃信在理性的支持下，人能够完全认识世界与自我，即人的认识能力能够发现现象后的本质。《上帝的梦》中主要描述了这个上帝出现后对外部世界认知的情况，以及他对自我能力认知的情况，即上帝确定自我意识的过程。

在小说中，上帝把自己的主观理解完全当作了客观世界的原型与规律。但作者用意显然不是讲认识论问题，而是在讲人类对自己的认识的绝对盲目、唯我独尊的自信心，即他的自我认识——认定自然存在的现象皆由他所造，他有无限的创造万物的能力——完全是幻觉。文中当然也写了上帝创造人类与各种物种时的神迹，但作者突出这实际上是一个黄粱梦，文中展现的神力只是他的梦中幻境而已，不能当真，小说叙事者也说到“上帝并不明白自己在作梦，或者梦在作弄自己”①。在他出现后没有显现出任何超自然性，与决定自然的能力。实际上作者在描写上帝对世界的认知时，着重是在表现其自得其乐的幻觉，因为文中描述他在清醒时自以为拥有的神力全是他的主观的幻觉，是一个刚有意识的人在形成自我意识时往往会产生的幻觉或不确切的认识，但上帝不仅毫无怀疑地完全相信，而且这种认识还增强了他的自信与骄傲，乃至狂妄。我们可以看到小说中对上帝自我意识形成的描写：刚出现的上帝怕黑暗，希望光明到来，而伴随着他的愿望出现的同时，天逐渐亮了，这当然是自然现象的发生，他却误认为是他的“愿力”造成的；进而他由于怕阳光，一闭眼，眼前一切消灭，一睁眼又亮了，便相信光明是他的创造，而黑暗中什么都没有，亮了后山水、自然都出现了，那么这也是自己创造的。② 这一切虽然不过是他的幻觉，但结果反而是造成他对刚建立起的自我意识的充分信赖：

---

① 钱锺书：《上帝的梦》，载《人·兽·鬼》，开明书店 1949 年版，第 6 页。原版与现在流行的经钱锺书修改过的版本间颇有不同之处，著者采用原版文字。

② 钱锺书：《上帝的梦》，载《人·兽·鬼》，开明书店 1949 年版，第 2—4 页。

这位上帝真不愧进化出来的。他跟原始人绝然不同。他全没有野蛮人初发现宇宙时的迷信和敬畏。他还保持著文明人"唯我独尊"的自信心。野蛮人随地疑心有神道,向它屈服和崇拜。这种思想,在上帝心里,影子也无。他只发现了自己的伟大,觉得自己能指挥万物,无须依赖任何人。世界随他的视线蜿蜒地伸出去。脚走到那里,地会跟到那里,只有地平线向后退,这也表示它对自己的畏缩。一切都足以增进他的骄傲,培养他的虚荣。①

文中把上帝的自我意识与原始人自我意识作了比较,清楚表明这里所描写的完全是盲目自大的近代人的真切素描,而且分明是对近代人最辛辣的讽刺,对其夸大狂式的自我意识最彻底的否定,其实在作者看来进步主义正集中代表了近代人这种超越限度的自我意识的膨胀。我们可以说在小说中,进步主义所充分肯定的人的最高本质——所谓上帝——的合法性遭到严重质疑,他其实就是自我意识无限夸大的近代人所虚构的自我形象,是近代人自我神化的产物,是近代人对自身能力可能达到最大限度的那个大我的称谓,即进步主义者眼中最高本质的人。

其二,关于行为的合目的性的问题。理性中心主义的另一个重要信念是,人能完全按自己的目的、规划改造世界,同时外部世界也将完全按人规定的目的、方向向前发展。而人的这种行动是合目的性的:不但符合自然律,而且完全能实现人类自我设计的事先规划,即人相信他在符合科学以及人现有能力的实际状况下能达到他所愿意达到的一切愿望——他所设定的结果。

在小说中,作为人类本质的最高代表、狂妄的近代人的理想的自我形象,上帝在梦中创造人类及各物种,这其实是在暗示近代人自我推崇的伟大创造——重塑一个外部世界、重塑人类,使之无限进步,他们自诩这是在已知世界之上建立地上天国,功绩等同于神话中的上帝创世。

---

① 钱锺书:《上帝的梦》,载《人·兽·鬼》,开明书店1949年版,第4—5页。

小说中的“上帝”认为，正是通过创造性的工作，他显现了自己的本质与价值，而且他在其中认识了自己的本质，实现了自己，证明了自己的创造能力与价值。实际上，近代人确实认为他们是在近代创造性劳动中证明了自身的本质、价值——重新塑造自然与决定自然的能力，并从此肯定了他们能按自己的想法造物以控制自然与社会发展进程，同时世界也将按照他们的规划发展。最终他们得出了自信结论，在历史中他们将决定发展方向（虽然他们得出此结论并无可靠的根据）。

但在小说中的实际情况往往与上帝愿望相违：上帝造人用来赞颂自己，反而被他们利用，最后还疏远他，完全不听他的；他为了让人改悔，创造猛兽，但猛兽自相残杀，人反而因祸得福；上帝又造了微生虫，本意是要人“吃苦后来向自己屈服，自己还要留著他们的[①]”，但微生虫终于取了他们性命，上帝又失算了。上帝最后非常感叹：“他造了东西来实现自己的计划，像人，像猛兽，像微生虫，结果何以总不是他最初愿望的一会事呢？上帝恨著——”[②]。这简直就是近代人类历史的写照：人类创造近代文明体系，用以实现进步主义的伟大计划，不但未给人类精神树立丰碑，证明其能力、价值，反而每每违背人类盲目自信的意愿，给予人类意想不到的结果或残酷打击。关于这一点，近代文明有充分的证明。从工业化初期以来，从浪漫主义、古典人文主义者，到现代主义者、后现代论者，一直在对近代文明的这一负面效应进行着严厉的批评：文明的巨大发展，带来的往往是文明创造物摆脱人的最初良好意愿与理性设计的控制，甚至反而最终控制了人，人变成了创造物的奴隶。这绝对违背了人类中心论者、进步论者原初设想的文明发展的终极目标——人的全面发展。而两次“欧战”，现代极权主义的崛起……更是西方近代文明的笃信者所意想不到的结果。历史的实际已经在一定程度上自然消解了关于人类能够决定历史发展方向的梦想。而这一切近代文明的负面效应在无比扭曲、混乱的近代中国

① 钱锺书：《上帝的梦》，载《人·兽·鬼》，开明书店1949年版，第20页。

② 钱锺书：《上帝的梦》，载《人·兽·鬼》，开明书店1949年版，第20页。

社会,都会以奇异的方式,把更为残酷、真实的一面暴露在中国人面前,尤其是对于能领悟其中的无限荒谬的钱锺书,《上帝的梦》正是他对近代人类中心主义一个无情的回答:这一切只是人类的自大狂的呓语。

(三)钱锺书对人类中心主义从作为个体的人的自我认知与生存实践方面的反思

钱锺书在对人类中心主义从作为个体的人的自我认知与生存实践方面的反思中,不仅从最深层"解构"了人类中心主义,而且得出了他的人的本质论的认识。

为什么从这一角度才能最深层地"解构"人类中心主义?原因在于钱锺书认为人类中心主义在人类社会中最深层的存在是在人的日常活动中,具体到每个人每时每刻的个体生存实践、自我认知当中。因为近代人类中心主义的认识论基础是一系列最基本的近代认识论的假设,它们作为近代人的基本认知基础,是深入到了人的个体的自我认识与生存实践中的。人类中心主义在作为类的人的自我认识与历史创造这一方面的显现,只是作为个体的人的自我认知与生存实践在历史活动中的集合体现而已。从最深层"解构"人类中心主义必须落实到每个人每时每刻的个体生存实践和自我认知当中。钱锺书的反思方式是在分析人的日常活动过程中,对近代认识论最基本的若干假设进行"解构"。另外,为什么在这一反思中才能对人的本质加以确切的认识?因为钱锺书作为一个整体论、理性建构主义的否定者,他是相信人类的真实的实存状态是存在于每时每刻具体的人类生存中的(这种人类最切近的实存状态,可以借用海德格尔"此在"概念来说明),在他看来,人性——人的本质只能是深深蕴藏在具体的生活世界中的。因此不论从哪个角度讲,他的分析都必须回到生活世界,生活/生命的具象上去。

于是钱锺书在小说中建构了一个完整的生活/生存世界,并在这一世界中对其间的人们进行严苛的拷问,实际上是在对人类本性进行严肃思索,表达他的人的本质的理念。可以看到他的具体考察范围是人的日常生存。讨论的形式是作者不断介入,全面解剖几乎每一个人物——从分析动机到研究行为的结果，以期最终揭示他们生存状况的真相；也同时最终拆解人类中心论对人的本质的“神话”性的构想。他考察人的本质的主要角度是人的自我认知、自我认同与自我塑造的问题。

在钱锺书小说中，有不少照镜子的场面与用照镜子做的比喻，实际上大都可以看作表达思想主题的一种隐喻，很明显，作者是在有意给人们的自我认知提供一个隐喻与象征物。《围城》中叙事者在分析方遯翁的日记癖时，曾将照镜子的隐喻性质挑明：

> 鸿渐知道这些话虽然对自己说，而主要是记载在日记和回忆录里给天下后世看方遯翁怎样教子以义方的。因为遯翁近来闲着无事，忽然发现了自己，像小孩子对镜里的容貌，摇头侧目地看得津津有味。这种精神上的顾影自怜使他写自传、写日记，好比女人穿中西各色春夏秋冬的服装，做出支颐扭颈、行立坐卧种种姿态，照成一张张送人留念的照相。①

镜子的比喻，在西方语境中，是反映论的一个惯常比喻，其中镜子一直是被作为能够提供真实世界的正确反映的象征，钱锺书是在这个“反映”的意义上取义的。在自我认知的方面，这个反映理论有一个预设前提，即人能形成比较准确、客观的自我认识。钱锺书使用照镜子这一隐喻的目的是要揭示出，小说中的每个人都自觉地给自己一面“镜子”，希望在其中映照出自己真实的形象，即每个人都在自我认知与自我认同的经历中，希望认识到自己的本质状况；而在自我认知后，每个人马上按照自己以为确实的自我认识，来进行自我塑造——或不断进行着自我陈述、表达，或直接以行动建立自己的形象、设计自己的命运。比如方遯翁按照他以为自己该是的样子在日记中把那个“他”书写出来，同时他的日常言动也往往受其自我设想的形象左右：

---

① 钱锺书：《围城》，人民文学出版社1980年版，第135页。

这些记载从各个方面,各种事实来证明方遯翁的高人一等。他现在一言一动,同时就想日记里、言行录里如何记法。……朋友来了,遯翁常把日记给他们看;邻居那位庸医便知道端午节前方家大儿子滥交女友,给遯翁训斥了一顿,结果儿子"为之悚然感悟,愧悔无已"。又如前天的日记写他叫鸿渐到周家去辞行,鸿渐不肯,骂周太太鄙吝势利,他怎样教训儿子"君子躬自厚而薄责于人,亲无失亲,故无失故",结果儿子怎样帖然"无词"。①

这只是较极端的情况,因为他有意作伪太过明显,《围城》中范懿给自己织造年龄、性格的幻境与此例大体相同。实际上在钱锺书的小说世界里,人们在日常生活中表现出的更普遍的状况,是在并不十分自觉的状况下,经历着类似这样的自我发现、自我塑造的过程,钱锺书揭示出这是人们在生活中最基本的生存与精神状态,比如《猫》中爱默做过美容的脸是她在自我认知的基础上进行自我塑造的一个显明的象征,她的自认为的圈子里的风雅身份,时髦、能干的沙龙女主人的形象,都是自我认知、自我塑造的产物……关键在于人们认为这些都是绝对真实的客观事实,这是钱锺书在他的生活世界里揭示出的,人们在按自己的目的进行的奔忙、活动的确切的精神含义。

综上所述是近代人类中心论在个体生存实践、自我认知当中的明显表现。那么钱锺书是如何对此进行拆解的呢?钱锺书在关于镜子的隐喻中提供的是与旧的反映论相反的意义蕴含,他揭示出,人人都有一张无形的"镜子",但它绝不反映任何真实的东西,人类的自我认知、自我塑造只是给从镜子中观察自己的人类提供了他们自己虚设的梦幻。这是作者通过直接展现活生生、具体的生活中的直接经验,从而具体地揭示出的:

其一,人永远认不清自己。在小说中,每个人对自我的定位、认识都是不真实的。在《猫》的结尾,从曾经为爱默自我塑造的形象所迷惑的齐颐谷眼中揭示出这个女人在自设的光环掩盖下软弱可怜的本相:

① 钱锺书:《围城》,人民文学出版社 1980 年版,第 135 页。

爱默气得管束不住眼泪道:“建侯竟这样没良心,欺负我——”这时候,她的时髦、能干都像褪掉似的,只剩下一个软弱可怜的女人本色。颐谷看见爱默哭了,不知所措,忽然也发现爱默哭得不可爱,她的老态,她相貌上的缺陷都暴露出来,就是她的美点在眼泪下也像泼著水的钢笔字,模糊浮肿……同时爱默的眼泪使他记起爱默还是建侯的女人,建侯名分里该有这几滴眼泪……①

而爱默本人也暂时忽然发现了自己的一点真实:

李太太见颐谷跑了,懊悔自己太野蛮,想今天大失常度,不料会为建侯生气到这个地步。她忽然觉得老了,像要塌下来的老,已有的名誉,地位,和场面都像一付付的重担,疲乏得再挑不起。她只愿有个逃避的地方,在那里她可以忘掉骄傲,不必见现在这些朋友,不必打扮,不必铺张,不必为任何人长得美丽,看得年轻。②

除了情节本身揭示出每个人的自我认知的不真实之外,小说叙事者往往无处不在,审视着一切人,好像就站在他们身旁,每每用尖刻的口吻揭出他们的真相,比如在相当一批人物刚出现时,都有大段介绍,对每个人均知根知底地说明他们的本来面目——个人性格、生存的真实状况等,而在每个人津津有味地顾影自怜的时候,叙事者往往又要站出来直接揭出他们对自我的认识、塑造是虚妄、不真实的。(叙事主人公也往往承担这一功能,此时他基本是作为叙事者的代言人,如方鸿渐)。对于方遯翁的日记,小说中便如此处理:

① 钱锺书:《猫》,载《人·兽·鬼》,开明书店1949年版,第84页。
② 钱锺书:《猫》,载《人·兽·鬼》,开明书店1949年版,第87—88页。

记载并不完全凿空，譬如水泡碰破了总剩下一小滴水。研究语言心理学的人一望而知是“语文狂”；有领袖欲的人，不论是文武官商，全流露这种病态……其实鸿渐并没骂周太太。是遯翁自己对她不满意，所以用这种皮里阳秋的笔法来褒贬。鸿渐起初确不肯去辞行，最后还是去了，一个人没见到，如蒙大赦。[①]

其二，按意愿安排生活遭遇失败，发生的一切往往与愿望相违。

在钱锺书小说世界展现的种种具体生活中，没有一个人实现了按其自我认识进行的自我塑造（包括对自我生活的有明确目的的设计），生活往往给予他们极辛辣的嘲讽。最为明显的是《围城》结尾，作者为总结性地表达出其理念，迫不及待地展现出两个在前一刻还互相幻想着要缓和关系，维持家庭的男女，却在不久后大吵一番，随即宣告家庭彻底失败……揭示出所谓“对人生的讽刺”。[②] 当然，在钱锺书笔下还经常出现这样一类人物，这些人在社会上很风光，而且自以为目的达到，实现了人生设计，但是叙事者仍然会主动跳出来告诉读者：这是虚妄的，他们只能欺骗住自己，他们生存的实际状况仍与其愿望相违。比如鲍小姐自以为在生活中能如鱼得水，玩弄男人于股掌、从容享受，叙事者用一句：“她自信很能引诱人，所以极快、极容易地给人引诱了。”[③]揭示出自鸣得意的她并不自知的客观实情；爱默自以为被京派圈子名人看重，是个高贵风雅的沙龙女主人，而且自以为是她在操纵这些人，叙事者则把深藏在这些名人头脑中的真实动机揭示出来，同时暴露出她的真实处境：

她并不是卖弄才情的女人，只爱操纵这许多人的友谊，好像变戏法的人，有本领或抛或接，两手同时分顾到七八个在空中的碟子。颐谷私下奇怪，何以来的人都近四十岁，久已成名……的

① 钱锺书：《围城》，人民文学出版社 1980 年版，第 135—136 页。
② 钱锺书：《围城》，人民文学出版社 1980 年版，第 359 页。
③ 钱锺书：《围城》，人民文学出版社 1980 年版，第 13 页。

人。他不了解这些有身家名望的中年人到李太太家来，是他们现在惟一经济，保险的浪漫关系，不会出乱子，不会闹笑话，不要花钱，而得了心灵上的安慰，有个逃避家庭的去处。①

钱锺书关于人的自我认知的不真实性，在他最后一部未完成小说的题目《百合心》上已彰显无遗，钱锺书在与夏志清的谈话中指出：

书题《百合心》，典出波德莱尔“Le Coeur d' Artichaut”一辞：涵义是人的心像百合花的鳞茎一样，一瓣一瓣剥掉，到最后一无所有。②

而他对此命题更明确、透彻的论述，是他在解说《培尔·金特》中著名的“剥葱”比喻时做出的：

易卜生一名剧中主角号“自我之帝皇”而欲觅处世应物之“自我”，则犹剥玉葱求其核心然，层层揭净，至竟无可得。③

此喻完全可以看作是对“百合心”的寓意更透辟的揭示，证明这个自己以为原有的“自我”，原来是空无一物的，但人却会自命为“自我的帝皇”。

这个“一无所有”证明着人的自我认同、塑造的失败，事实上，钱锺书在其小说世界所展示出的，并非简单的由于生活中种种必然、偶然因素导致人生失败的普通的现实人生问题，也不仅仅是笃信人类中心论的近代人独有的情形，作者对这一问题的看法已经远远超出了对近代人类中心主义的反思、“解构”，作者已经把这种自我认同、塑造的失

① 钱锺书：《猫》，载《人·兽·鬼》，开明书店1949年版，第49页。

② ［美］夏志清：《重会钱锺书纪实》，载《钱锺书研究》第二辑，文化艺术出版社1990年版，第307页。

③ 钱锺书：《谈艺录》，中华书局1984年版，第600页。“自我之帝皇”在《培尔·金特》英译本中作“the Emperor of Self”，钱锺书在《谈艺录》中译为“自我之帝皇”。

败提升到人的基本生存状态的高度。因为作者揭示出，事实上这是人生存的最基本状态，他们永远不可能看透，永远不可能清醒，即使屡受挫折，仍会以相同的热情与勇气不断重复着依然将再次失败的自我认同、塑造的过程，不断地循环往复而已。钱锺书小说中的“希望”主题，即“希望”——“失望”——“希望”的无休止循环，充分说明了这一命题，而方鸿渐“希望”的起伏就是最明显的例证。[①] 我们能够看出：显然作者在告诉我们，这是人存活在世的本质状况。在《猫》的结尾，最后当不少人物都在经历着面对真实的巨大失望时，作者又用一个未经世事、还在虚妄的自我认知下无限憧憬的女孩子的初展开的人生幻梦/“希望”，对人永远无法摆脱的本质状况做了完满的总结，最有力地说明了作者的主旨：

> 这许多思想，搀了他手同看窗外风景的女孩子全不知道。她只觉得人生前途，正像火车走不完的路途，无限地向自己展开。[②]

作者告诉我们：人性、生活永远这样不变地循环着行进。

钱锺书在对其“生活世界”的拷问中揭示出：人对自我的认识与塑造是不真实的，但人却在不断重复地进行着这种不真实的对自我的认识与塑造，这种行为本身却是人类真实的存在状态，而且人永远无法看清这种行为的虚妄（比如所谓“清醒”就可能是另一种的自我欺骗）；实际上在人类生存中长存的就是这种虚妄的生存实践，人对于自我的虚妄的狂妄自信永居于人类精神中心……这就是人的本质、人性的本相。前文所述及的近代人的理性的狂妄、人类中心主义的盲目乐观等，则不过是人性本相在特定历史中的具体表现而已，虽然思考的范围、使用的命题等是近代所独有的，但自我认识与塑造的虚妄则没有发生任何改变；而且钱锺书在从类的人的层面对人类中心主义的批判中，其实已经对笃信近代世界历史观念的类的人的自我认识、塑造

---

① 参见张先飞：《作为哲理小说的〈围城〉》，《江汉论坛》1996 年第 9 期。

② 钱锺书：《猫》，载《人·兽·鬼》，开明书店 1949 年版，第 88 页。

的虚妄性进行了“解构”，这种类的人的自我认识、塑造不过是具体每个人的日常生存状态的放大化表现罢了。但无论是类的人还是具体个人的虚妄的自我认识与塑造，归根到底都是由人的本质决定的，因为“病根在人性”①，即人性未变，当然也绝不会变。

应该说钱锺书对这种人的本质观是有着较为直接、明晰的表达的，在主题意旨十分外露的《上帝的梦》中已经明显地透露了他的一些基本看法。首先，作者指出“上帝毕竟还保存人的脾气”②，这个“人”显然不是专指近代人；而文中表现“自然人”与最高程度的人同样具有人的一切弱点，显然说明《上帝的梦》也暗含着对人类全体的思考，不只是反思近代人。事实上他的讨论范围已经涵盖了人的全体。其次，在小说世界中，“上帝”简直是人类精神虚妄的集中代言人，而且他本身正是类的人的象征，而自然人无师自通地具备了不少于任何时代人性的特点，他们都在虚妄的自我认知与塑造的过程中将人性本质展现得淋漓尽致。由此，显然可以进一步得出这样的结论，在钱锺书看来，人性的虚妄不会因为人未受文明玷污就不存在，也不会因为文明发展到了理想水平便会消失，因为它就是人的本质，永远存在。

以上著者从两方面分析了钱锺书对西方近代文明的反思，可以看出，在“偶像破坏”的时代浪潮中，钱锺书不仅有着独立的思考，同时还表达出了自身独到、深刻的见解，如与同时代前后的人性思考者相较，其人性观相当独特。但必须说明，钱锺书的思考只是近代文明反思中的一种维度，而其观念也只是众多思考中的一种认知结论而已，因为他不可避免地会受到具体时代、自身认知范围与生存体验的限制，此外更逃脱不了人自身的有限性。钱锺书对这一点应该是非常清醒的，因此，根据其基本观念，可以断言，当他看待自己的思想之时，必定会像其对待所有的人类思想成果一样，承认自身的思考只是某一人类个体对人类存在的一种深度思考，也可以说，他虽然坚持自己的观念，但他更愿承认自身的局限与人的有限性，绝不会愚妄地自认真理。

---

① 钱锺书：《致储安平》，载《钱锺书散文》，浙江文艺出版社 1997 年版，第 411 页。
② 钱锺书：《上帝的梦》，载《人·兽·鬼》，开明书店 1949 年版，第 3 页。

在对钱锺书思想进行细致分析时，我们必须认识到这一点，并且同时要把他的思考放在整个西方近代文明反思大潮中来看待，才能给予他的思想以真正确切的定位。

（原载《文艺理论与批评》2003 年第 3 期）

第三节 “哲理小说”《围城》：特殊小说传统中的经典之作

一、《围城》的哲理小说定位

迄今为止，《围城》已有 80 余年的研究历程，但研究者们对相当多的问题仍争论不休，著者认为这种研究状况之所以存在，其中一个极为核心的原因，就在于研究界对于《围城》的小说品格，尚缺乏一种准确的定位。对于《围城》的小说品格，学界普遍的看法是，《围城》归属于流浪汉小说的传统，即研究者或者认为《围城》具有流浪汉小说的结构特点，或者认为《围城》采用了流浪汉小说的结构模式，但对其精神实质进行了反仿。关于《围城》的这种普遍认知，最早持论者是林海，在《〈围城〉与“Tom Jones”》一文中，他指出：“这两部作品都是所谓恶汉体的小说（The picaresque novel）”①，并分析了此类小说的特点。夏志清也指出：“《围城》是一篇称得上是‘浪荡汉’（picaresque hero）的喜剧旅程录”②。爱得华・M. 冈恩承袭这一基本说法，并将方鸿渐与传统浪荡汉形象予以比较，他们的分析都涉及了《围城》对流浪汉小说的反仿。可以说以上这种对于《围城》小说品格不尽确切的判断，导致了《围城》研究中对许多问题的探究出现了偏差，这些偏差距离《围城》真实面貌的揭示，有着相当的距离，诸如与这种小说定位密切相

① 林海（郑朝宗）：《〈围城〉与“Tom Jones”》，1948 年 11 月 27 日《观察》周刊第 5 卷第 14 期。

② ［美］夏志清：《中国现代小说史》第十六章，香港友联出版社有限公司 1979 年版，第 380 页。

关,在研究界最为盛行的《围城》主题三层面之说,看似兼容并包,但实际上这种解释系统内部充满许多无法圆解的矛盾。基于这种研究现状,应该说,《围城》小说品格的准确定位,已经成为决定《围城》研究进展的一个关键因素。

在著者看来,《围城》决非流浪汉小说传统中的一员,它是一部纯粹意义上的哲理小说。应该说,以此作为《围城》研究的立论基点,许多至今仍然为人争讼不已的问题就不难得出较为圆满的结论。

流浪汉小说、哲理小说都归属于西方文学中两种重要的小说传统,流浪汉小说属于欧洲长篇小说历史发展的一条主导线索,即史诗——中古传奇文体——近代长篇小说的发展线索:从延续古代希腊、罗马传统的史诗及叙述体英雄文类,到取而代之的盛行于中世纪与文艺复兴时期的中世纪传奇,接着流浪汉小说的出现,成为近代长篇小说的先驱,之后还有感伤小说等,几条脉络延伸,形成了近代长篇小说的繁荣。作为教诲文学的哲理小说也有自己的发展线索:从寓言故事、示范故事等,到文艺复兴时期的乌托邦文学,以及《巨人传》等,17 世纪末有斯威夫特的小说创作,18 世纪法国启蒙主义哲理小说达到了传统哲理小说的成熟;20 世纪又出现了存在主义小说等样式。作为一种文学传统,它在文学史中形成了一条或隐或显的线索。[①] 两种小说传统之间,在主题与艺术表达各方面,都存在着巨大的本质上的差异。

要准确地为《围城》的小说品格定位,否定其流浪汉小说传统的定位,首先就必须对流浪汉小说的基本特点加以详细说明。流浪汉小说始于 16 世纪中期西班牙的《托梅斯河上的小拉撒路》(1554 年,中译本名《小癞子》),这种类型的作品在英、法等国产生影响,出现了《吉尔·布拉斯》《摩尔·弗兰德斯》等重要作品;英国的菲尔丁将这一体裁发展成为"散文体的滑稽史诗",萨克雷又对此有所继承与发展。由此形成了一种较为稳定的小说类型。作为一种小说统系,流浪汉小说不仅具有一种较为固定的结构模式——"旅游"型的叙述,一人贯穿、

---

① 当然各类"嘲讽"性作品(satire)也是教诲性的。

情节杂凑的结构;并且由菲尔丁提出了一套完整理论,成为近代写实主义创作理论的前驱,其观念继承亚里士多德的模仿理论,把文艺作为反映现实的镜子,强调文艺反映的真实、准确、客观。流浪汉小说不同于哲理小说,属于"想象性"作品(也称"摹拟性"或"描绘性"作品);而作为教诲文学的哲理小说则是以感人和富有说服力的文学虚构形式说明道德、宗教或哲理上的道理。

当我们具体分析《围城》时,就会发现《围城》的诸种特质与流浪汉小说传统之间存在着的根本性的悖逆。

首先,我们来分析为诸多论者所坚持的《围城》所具备的"旅游"型的叙述的结构模式,即夏志清所说的"'浪荡汉'(picaresque hero)的喜剧旅程录"。在早期欧洲小说中,世界对于作者与人物都是一个没有边界的、无限大的外部空间,是开放的、未知的,对于浪荡汉而言,世界的意义并没有预先给予界说,前面不知道会遇到什么,冒险具有强烈的投机性与探寻、认知的意义。因此"恶汉行"贯穿联结散落的情节,以展现世界的真实画面,而表现外在未知世界则是作者的终极目的。而在《围城》中的情况则大不相同,《围城》中的世界不再是开放、未知的世界,而是先行存在着的已被"规定"好的现实决定力量,人被置于其中,只是既成事实的被动承受者,世界已先行"规定"了人的生存环境与心理背景;在结构全书的人物的旅程中,展现无限新的视野、新的经验的冒险已不复存在,这一旅程对于作品中的人物也不再有认识与探寻的意义……因此,《围城》的"旅游"型的叙述与流浪汉小说的结构模式有着全然不同的内涵,根本而言,《围城》中虽有结构上的时间的进程与空间的转换,但实质上只不过是困境的循环而已。

我们可以看到,《围城》中的时间是静止的,其间的状况正如加缪在《鼠疫》中所描述的那样,人们"失去了对过去的回忆,失去了对未来的希望,他们已置身于当前的现实之中。说实在的,在他们看来,一切都成了眼前的事……这时对大家来说,除了当下此刻,其余一无所有"。[①] 一切既然是先行规定好的,而人只是简单地置身于此,那么过

---

① [法]阿尔贝·加缪:《鼠疫》,顾方济等译,译林出版社1997年版,第177页。

去、将来、现在实质上都只是当下此刻，作品中方家的那口祖传的大挂钟宣告了时间进程的毫无意义。作者还有意安排一些细节的巧合表明这一点，比如购买所谓“克莱登大学”假学位的方鸿渐在三闾大学巧遇劣迹相同的韩学愈；唐晓芙退回了方鸿渐的书信，方鸿渐又在三闾大学建议孙柔嘉退回陆子潇的书信……所有的这一切都毫无时间的意义，只是人无法摆脱的当下此刻的存在。进而《围城》中历史时间、文化的时间差距也都弥合于当下此刻的时间存在，因为在存在论看来，在本然存在的世界中，人的身份与生存状态早已被规定好了。小说中，大量的中西典故、古老的比喻、寓言以及作者对“只在本书范围里生活”①的现实的比比皆是的揶揄等，都是从各个角度引出这样一个问题：人的当下此刻的存在的尴尬。这正是这部小说最为关键之处。

与《围城》中静止的时间相对应的是作品中空间转换的无意义，小说中几处大的场面变动与许多小的场景变化只有结构组织方面的意义。一方面，对于《围城》中这样的一个封闭世界，其背景具有整体性的意义，相同的文化背景、心理背景等构成同样的决定力量，不是像流浪汉小说那样，随时展开不同面目的新环境。另一方面，作者笔下的场景并没有多显著的特定地域内涵，作者其实只把它们当作一个文化、心理背景。而且在每个场景中，人物虽有人员的变动，但仍是相似的人群。留学欧美的西式知识分子方鸿渐、赵辛楣等在欧洲背景可以出现，也可以在香港、上海、三闾大学看到；作者甚至有意安排他们的足迹踏遍几大场景，方鸿渐、赵辛楣、苏文纨可以在香港晤面，也可以在上海遭遇。旧式文人方遯翁则被安排从乡镇到上海；而西式知识分子们又会出现在乡村的专门的旅程中……这些相对的人员变动并无实质的区别。在结构上作者也有刻意的安排：方鸿渐两次回上海都是乘船，处在与女性的纠葛之中；恋爱失败与婚姻失败之后，他也都是在赵辛楣的帮助下离开上海，去往内地……场景结构形成循环，同时这

---

① 钱锺书：《〈人·兽·鬼〉序》，1944 年 4 月 1 日作，载《人·兽·鬼》，开明书店 1949 年版。

种循环还蕴含有困境循环的主题意义。

其次,在精神实质方面。流浪汉小说在精神意蕴上有一个重要特征,即老"恶汉"的"欲望的原始性",即就"恶汉"而言,原始的生命冲动——人的基本欲望是其生命存活的本质与原动力,"恶汉行"就是一个欲望不断受到挫伤、压抑,又不断地一再复原,最后形成欲望的完满或最终失落的过程;而对于流浪汉小说的反仿性作品,这一特点也是根本无法绕开的。应该说,流浪汉小说诸特点的形成含有对16世纪中期盛行于西班牙的骑士小说与田园小说的反拨的意义,在流浪汉小说中,卑贱人物成为主角,平凡的现实、真实的"欲"的生命过程替代了文雅的贵族宫廷生活、高超的理想、超尘绝俗的人物传奇。

《围城》在精神实质上与流浪汉小说有着本质上的区别。在《围城》中,方鸿渐身上表现出来的是"希望",E·冈恩将其描述为:"鸿渐……一而再、再而三地恢复了希望。"对于这种"希望"的意义,E·冈恩在分析《纪念》时说,作品通过对一次空袭的描写,"重复了这样一个主题,即除了妄想中的庇护所之外,决没有使生存免遭毁灭的任何其它庇护所。钱锺书小说中的人物总是需要这种神话般的支持力量,而且他们都不可避免地面临着毁灭。"①这种所谓"神话般的支持"正是《围城》中"希望"的内涵。小说中,"希望"除具有主题意义之外,还具有结构意义,它成为开启新的生活场景的契机:小说中的人们正因为有"希望"作为生存的精神支柱,才能不断竭力跳出陷入的困境,去投靠可能会比较牢靠的新的依托。这样便形成了"围城"意象(被周围的城堡,城外的人想冲进去,城里的人想逃出来)所描绘的"入城"—"出城"的循环。这种"希望"与流浪汉小说中的"恶汉"的"欲望"在根本上是不同的,在《围城》的第九章中,作者描绘了方鸿渐与孙柔嘉闹散后的心理状况,他一开始非常绝望,但一会儿他又忽然升起了另一丝希望:

---

① Edward M. Gunn, Unwelcome Muse: Chinese literature in Shanghai and Peking, 1937—1945, New York, Columbia University Press, 1980。此处译文采用的是张家的翻译,载《译海》1986年第3期,他翻译了原书第五章《反浪漫主义》中有关钱锺书的一节,冠名为《美国作家评钱锺书》。

明天要去找那位经理，说妥了再筹旅费，旧历年可以在重庆过。心里又生希望，像湿柴虽点不着火，而开始冒烟，似乎一切会有办法。①

在这里我们可以清晰地看到，《围城》中人物"希望"的挫败、复原，绝不具有流浪汉小说中原始欲望起伏的内涵，流浪汉小说意义上的"欲望"在方鸿渐身上是缺失的，在整部《围城》中也都是缺失的。

作为哲理小说的《围城》在文学史的发展脉络中是有明确的归属的，在相近历史时期欧洲出现了以萨特、加缪、波伏娃等为代表的存在主义小说以及卡夫卡的寓言体小说创作，它们与《围城》同属于20世纪现代主义哲理小说。其传统直接继承18世纪法国启蒙主义哲理小说，正如萨特在分析加缪小说时所言，"从根本上来说，它却是与伏尔泰的小说一脉相承的"②。我们说对于启蒙主义哲理小说而言，启蒙主义规定了小说创作的指导思想——启蒙主义世界观，以及创作的终极目的——思想启蒙；哲理小说的文体类型则决定了它的基本特质：作为精神特质的单一哲理主题；作为艺术特征的由悖论、反仿、反讽与滑稽讽刺等修辞技巧形成的创作原则、结构方式及思想方法③，以及情节的虚拟性与人物的平面化等。作为表达策略，艺术特征集中服务于哲理表达的目的。

20世纪现代主义哲理小说对启蒙主义哲理小说的承继包括：一方面，直接继承启蒙主义哲理小说的精神传统，有很强的启蒙色彩。因为从本质上讲，现代主义也是一种启蒙，宣传以反传统理想话语出现的现代主义理想，破除存在论意义上"现代性"话语织造的欺骗与幻境，揭示出人生存的真实状态，在破碎的世界面前，在精神世界中重建

---

① 钱锺书：《围城》，人民文学出版社1980年版，第359页。

② [法]让-保尔·萨特：《加缪的〈局外人〉》，黄梅等译，载《文艺理论译丛(2)》，中国文联出版公司1984年版，第351页。

③ 解志熙：《生的执著——存在主义与中国现代文学》第五章《钱钟书：人生的困境与存在的勇气》，人民文学出版社1999年版，第217—225页。

家园。[①] 用托马斯·曼的话来说就是“剥夺了人们的信仰和理想追求体系,而向他们提出了一种独特的拯救方式,即依靠自我,对于自我和为了自我的拯救”。[②]

另一方面,20世纪哲理小说除继承传统哲理小说的基本形式特征外,在小说艺术探索上也有相当大的推进。在启蒙主义哲理小说产生的年代,长篇小说的发展还处于极不成熟的阶段,此后数百年间小说等叙事文学有了巨大的发展,20世纪哲理小说便广泛吸收了文艺复兴后传统与现代(第一批现代主义作家)叙事文学的营养,并在此基础上对小说艺术进行了很多有益的尝试与探索,所以其小说艺术特征与传统哲理小说已有所不同,形成了自己独有的特点。例如,在情节的虚拟性方面,不再单纯追求离奇不经、毫无关联的荒诞情节与时空跳动,而是追求一种整体的虚拟效果——背景(或说世界图景)的虚拟性,如钱锺书的困境世界、萨特的无神世界、加缪的“荒诞”世界等,在这些世界图景中仍有具体细节的荒诞性、虚设性,但这些都要统一在整体的虚拟效果之中。另外,与传统哲理小说颇为不同之处在于,20世纪哲理小说往往由于作家们在个体生存体验上的巨大差异,所以在主题与叙述风格等方面表现出极为明显的个性特征。

二、《围城》的哲理小说特征

应该说,《围城》正是在20世纪哲理小说的创作实践中展现出了对世界的独异思考,并在小说艺术的探索上独具心得。那么《围城》是如何展现出哲理小说的基本特质呢?以下著者将从精神特质与艺术特征两方面加以分析。

(一)精神特质——《围城》的单一哲理主题

作为哲理小说的《围城》表达了这样的主题:人类生存的一个永恒困惑——“人”生存的本质困境与生存状态的尴尬。这一哲理主题是

---

① 作为观念形态的“现代性”,生成于文艺复兴后期及启蒙时代,是以启蒙主义为核心的文化合法性工程。

② 转引自解志熙:《生的执著——存在主义与中国现代文学》,人民文学出版社1999年版,第41—42页。

单一的，形而上的：它所探讨的不是现代人生的困境，而是生命存在的本真状态；不是现代人和反英雄自决的缺乏，而是人的自决的真空状态——人的失败是被定义的，不是因为他缺乏决断，而是他不能自决，无法自决，即便有动机也无条件，有行动也无结果，根本难以摆脱困境的命定。在这部小说的结尾，时间作为叙述人，重复瞬间流程，叙说人最终的困境——妄想中的“希望”落空的终极结局：

> 那只祖传的老钟从容自在地打起来，仿佛积蓄了半天的时间，等夜深人静，搬出来一一细数：“当、当、当、当、当、当”响了六下。六点钟是五个钟头以前，那时候鸿渐……蓄意要待柔嘉好……；那时候，柔嘉……希望他会跟姑母和好……这个时间落伍的计时机无意中包涵对人生的讽刺和感伤，深于一切语言，一切啼笑。（着重号为著者所加——著者注）①

总之，这部小说的主旨是对整个人类生存的关注，并不具有时代的特指性与现实的针对性。

不过这部作品确实让很多人感到具有强烈的时代特性与浓烈的现实气息，那么这一情形又当如何解释呢？这里就必须论及作为教诲文学的哲理小说与“想象性”/“摹拟性”作品在本质上的区别。“想象性”/“摹拟性”作品从根本上讲，是把文艺作为反映现实的镜子，强调文艺反映的真实、准确、客观，与此不同，哲理小说主要是以形象的文学虚构形式来说明哲理，这实际上决定了哲理小说的背景（或情节）的虚拟性——这作为一种表达策略，使作品的情节设置、场景安排具有强烈的荒诞性、虚构性，能够使读者越过对故事、情节的阅读愉悦的期待，直接进入哲理的真实。那么在哲理小说中，既然哲理表现处于首要位置，而表达“形象的哲学”需要寓理于形，那么借用什么样的背景都是可以充分说明问题的，也就是说，作者可随意虚设背景、织造情境。以《围城》为例，它表现的既然是“人”的困境，那么背景就不必局

① 钱锺书：《围城》，人民文学出版社 1980 年版，第 359 页。

限于中国,虚设的欧洲背景在小说中同样起到了重要作用;而在一些哲理小说中,甚至也不必局限于现代,完全可以用一个古代的故事来阐发抽象的人生理念,如冯至的《伍子胥》对“存在的决断”①的表达便是一个典型的创作实例……关键在于作者的主观经营。当然,对于《围城》这部作品而言,钱锺书选择现代社会、现代中国作为其背景,是有深意的,因为与现代社会之前的社会形态相比,“人”的这种精神困境,在物质生活与精神生活矛盾异常尖锐的现代社会,“灵”“肉”矛盾异常尖锐的现代人身上,有着更加突出而且集中的表现;而在现代世界中,各种尖锐的人性、文化矛盾在现代中国残破的社会文化图景中表现得更为显著。

《围城》中对“人”的生存困境的表现,主要集中在个体的生命活动过程之中,“人”的生存困境在个体生命过程中体现为人的生存状态的尴尬。前文述及,在《围城》中大量的中西典故、古老的比喻、寓言以及作者对“只在本书范围内活动”的现实的比比皆是的揶揄等,都是从各个角度引出一个问题:人的当下此刻的存在的尴尬。实际上,这部小说中的情节安排就是一幅幅尴尬场景的转换,而一个个当下现实的尴尬状态与处境,即当下现实的尴尬细节、尴尬人物组成了小说世界图景的基本元素与人生存的原生态。在作品中,即使是一些成功的混世者,社会上的成功也并不能掩盖其生存的真实,例如三间大学的最高当权者高松年,对于他的生存状态,作者除了描绘其性心理的尴尬情态之外,还作了一个很精到的比喻,准确地概括了他的生存状态:

> 事实上,一个人的缺点正像猴子的尾巴,猴子蹲在地面的时候,尾巴是看不见的,直到他向树上爬,就把后部供大众瞻仰,可是这红臀长尾巴本来就有,并非地位爬高了的新标识。②

总之,从根本上说,《围城》这部小说所表现的“围城”人生中只有

---

① 解志熙:《生命的沉思与存在的决断》,《外国文学评论》1990 年第 3—4 期。

② 钱锺书:《围城》,人民文学出版社 1980 年版,第 224 页。

生存的尴尬，不像一些研究者所论断的那样，表现的是现实生活的丑恶。可以说，《围城》不是讽刺小说，它没有善/恶、美/丑、真/假的二元对立的设置；钱锺书写《围城》也不是"道德家"作社会讽刺小说——即对具体历史背景下的现实作出道德判断，以一定的道德标准划分世界，并在作品中表现出对立的两个世界的尖锐矛盾，或者安排体现出善恶惩戒、报应不爽的"诗的正义"的结局，以此进行道德训诲。事实上，在作品中即使是最令读者反感的情节，作者对它们也并没有做出道德评判，比如在李梅亭与苏州寡妇纠葛的一节中，作者只是客观地描绘出李梅亭、寡妇与阿福当下的心理、情绪、自作聪明的举动，以及纠缠、争吵的戏剧化场面，不动声色地表现出三个人的尴尬关系，以及其中每个人所处的尴尬处境。众人争吵后，作者写道：

> 下半天寡妇碰见他们五人，佯佯不睬，阿福不顾坟起的脸，对李梅亭挤眼撇嘴。那寡妇有事叫"阿福"，声音里滴得下蜜糖。李梅亭叹了半夜的气。①

（二）艺术特征

《围城》作为一部典型的哲理小说，其艺术特质主要表现为：设置主题展开的主线，虚拟性的背景，人物的平面化，由悖论、反仿、反讽与滑稽讽刺等修辞技巧形成的创作原则、结构方式及思想方法等。

其一，哲理小说的单一性主题，要求设置主题展开的主线（区别于属于情节范畴的线索）。如果要表现一种主题，就应该在作品中设置种种情境，通过不断出现的事件或意象具体地、戏剧性地表现出来。在《围城》中，为了表现"人"的生存困境的主题，作者设置了方鸿渐的人生四大段经历，这其中便概括了文明社会中人起码会有的绝大多数困境的可能性。在这些不断展开的困境中，方鸿渐的精神逐渐萎缩，以至死亡。如果说《围城》以方鸿渐不断挫败的个人戏剧作为情节展开的线索的话，那么在此过程中不断展开的对种种生存困境的表现，

---

① 钱锺书：《围城》，人民文学出版社 1980 年版，第 178 页。

就是哲理展开的主线。

其二,作为一个"运动系统",一部哲理小说在功能上的实现,除了要求设置主题展开的主线之外,还必须给主线的展开提供人物活动的广阔场景及促使人物行动的动机,即通常所说的情节、结构诸类,在哲理小说中我们权且称之为背景——虚拟性的背景,背景作为与主线相对的概念,共同组成小说的"运动系统"。动机、场景与文化心理是背景的主要作用因子:场景展开的广阔性,即人们活动类型的纷繁复杂,活动范围的广泛,情节的多变无常,为哲理展开提供了极大的可能性;行动动机则作为基本动力启动情节发展与哲理演绎进程;文化心理,就《围城》而言,则是困境形成的外趋力,如《围城》第一部(1—4 章)中描写的围向方鸿渐的各类型压力的形成原因。

作为哲理小说的《围城》严格遵循背景的虚拟性原则。杨绛在《记钱锺书与〈围城〉》一文中说"《围城》却是一部虚构的小说,尽管读来好像真有其事,实有其人"①,在文中她也谈到了钱锺书创造生命力的旺盛。对于这一点,熟悉钱锺书的林海早有更准确的论断:"钱锺书的真正野心是想拿艺术去对抗自然,把上帝创造天地时的疏忽给弥补起来。"②可以说,钱锺书以一种"创世"的勇气,凭借强烈的幻想、联想、夸张等艺术手段的主观创造来重构世界图景,从而创造出了一个完全自足的、完整的,但又是纯主观的、非现实的艺术自然,这个世界正是强烈虚拟的结果。我们说,实际上为许多论者称道的《围城》高度的现实真实性的特色,只不过是人们在实际的接收过程中因对作品误读而产生的实际阅读体验,因为作者构造出了一个相对完整、自足的世界图景,而这一世界的存在,其逻辑发展表现出极明晰的因果关系,与可然的逻辑联系,很容易使人产生错觉。我们说这种误读是文学史中的惯常现象。

《围城》中的虚拟性背景是一个荒诞异己的世界图景。

---

① 杨绛:《记钱锺书与〈围城〉》,见《将饮茶》,载《杨绛散文戏剧集》,南海出版公司 2001 年版,第 103 页。

② 林海(郑朝宗):《〈围城〉与"Tom Jones"》,1948 年 11 月 27 日《观察》周刊第 5 卷第 14 期。

钱锺书在《围城》中织构了一个分崩离析的、衰败与破坏的世界，形成了一种异己世界的完整图景。其中，对新旧知识分子、新式旧式家庭尴尬状态的戏谑性描绘，突出表现的是残破世界的畸形的文化心理背景。而在小说第五章中所描写的由上海到三间大学的整段旅程，则是跳出文化心理圈子，对异己世界图景进行的全面的寓意性勾画。对于大的环境，作者写到了多变的气候、难行的道路、完全依照本能生存的人；另外，还有一些富有象征意味的具体事物，如古稀高寿的汽车、李梅亭包罗万象的大箱子、肉芽、苍蝇等。值得注意的是，作者特地挑出宇宙间最惹人厌的一些东西，如鼾声、跳虱、厕所、饥饿、梦魇等①，在作品中，作者对这些东西作了刻意的描绘渲染，赋予它们一种人格化的力量，在“围城”世界中它们都已完全脱离开了人的控制。所有这些共同组成了一个对于人类而言完全陌生、对立、荒谬的物的世界，成为独立于人的不可抗拒的异己力量。作品中经常出现的场景，就是人与物发生冲突时人最终堕入的尴尬处境：“围城”世界从本质上讲，在物性的异己世界存在的压力下，人完全是被动的、无能为力的，但人往往不了解自己的生存状态、所处世界的意义，正如 E·冈恩所总结的“不相信他所处的环境及其不可抗拒的威力的含义”②，反而自作聪明地想挣脱困境，其结果必然是被外在环境屡屡戏弄。如作品中李梅亭在大雨倾盆时，爱惜新买的雨衣，自作聪明地借用了孙小姐的小折伞。其结果，小说描写道：“上了岸，李先生进茶馆，把伞收起，大家吓了一跳，又忍不住笑。这绿绸给雨淋得脱色，李先生的脸也回黄转绿，胸口白衬衫上一滩绿渍，仿佛水彩画的残稿。”③而在作品中人物的闯关成功，根本也不是人们凭主观意愿自己完成的，往往是在自己都不知所以的情况下侥幸实现，这种成功同自己的主观意愿与努力

---

① 林海（郑朝宗）著《〈围城〉与“Tom Jones”》中曾提及这一点，1948 年 11 月 27 日《观察》周刊第 5 卷第 14 期。

② Edward M. Gunn，Unwelcome Muse：Chinese literature in Shanghai and Peking，1937—1945，New York，Columbia University Press，1980。此处译文采用的是张家的翻译，载《译海》1986 年第 3 期，他翻译了原书第五章《反浪漫主义》中有关钱锺书的一节，冠名为《美国作家评钱锺书》。

③ 钱锺书：《围城》，人民文学出版社 1980 年版，第 151 页。

毫无关系。

《围城》中背景的虚拟性又是如何实现的呢？主要是通过这样几种表现方法：

一是空间设置极度跳荡，没有传统写实叙事文学的局限性。《围城》中的场景极其多变，包括有大的场景变动，也有小的场面变动，人物立足地点极不稳定，不停歇地发生转移变动。这些都用来造成读者强烈的疏离感，即拉开读者与描写场景——背景间的距离，使读者直接感到它的虚拟性、荒诞性，而这正是背景的虚拟性的一个重要功能。

二是情节的荒诞扭曲、夸张以及漫画式的表现。在小说中比较明显的像方鸿渐的演讲，对李梅亭等许多次要人物所做的变形的、粗线条的、漫画式或者戏谑性的夸张的勾画。由于作者重视的是与日常现实生活联系比较密切的荒唐情景，易使重视阅读愉悦的读者对这一特点视而不见。

三是情节发展不合乎逻辑，比如小说开始，在同一艘船上，在相同的人群之中，方鸿渐方与鲍小姐如胶似漆罢，苏小姐又对方鸿渐亲密无比，以及苏小姐的最后出场——她在香港内地间走私奢侈品。以苏文纨的文化性格定位，这两处插曲都显得过于意外与突兀。除了很多不合逻辑、意外与突兀的情节外，作品中作者还安排了大量的偶然、突发事件，以及巧合作为情节构成和发展的主导因素。这些偶然、突发事件及巧合等，成为颠覆追求传统阅读愉悦的读者期待视野的关键因素，即通过使用这些因素，能够使读者对作品的认知达到虚拟性的认识效果。

其三，人物的平面化也是《围城》的重要特点。展开哲理主题是哲理小说写作的单一目的，这使哲理小说的创作不追求，甚至回避性格的立体塑造。一般读者往往认为《围城》中的人物具有“性格”意义，是所谓立体的“性格”人物，但《围城》中所谓的人物的“性格”往往是一些被作者嘲弄调侃的“人”劣质的根性，小说中对于它们有意通过戏谑、夸张、变形等手段突出地夸大表现出来，使作品中的每个人成为一种或数种“人”的劣质根性的符号载体（例如李梅亭形象便完全是人的动物根性的夸大表演），亦即哲理小说中所谓的人物形象并不具有立体整合的典型性特征。而在形象塑造上,许多人物一出场,作者便以“直接描绘”的手法将其定型,即以数页精细的文字,或叙其家事来历,或描摹其外貌,或描绘其心理,以此描画出人物基本的性格特点,而到此为止人物性格便已完全固定,此后每个人物在小说中的情形,完全就是其固定性格的图解,人物的性格再无新的发展。

另外,这是一部完全独语的作品,作为全知叙事者的叙事主人公自我观念的独语状态贯穿整部小说,人物并无个性化的语言特征,他们都只是作者观念的传声筒、代言人,而且作者替人物说话,人物每每都是口吐箴言,这就是 E · 冈恩所说的在结构上“钱锺书的小说在很大程度上靠叙事主人公的急智来维系”①,当然,对话只是急智的一部分。

不过作为一个平面化人物,方鸿渐仍有其特殊性:主线展开要靠他的行动来进行,他是作品的结构载体;他的存在完全是服务于主题的,他的命运的安排就是为展示主题的特意设置,如在第一部分描写了围向方鸿渐的各类型的压力,从中凸显出困境的主题,而通过他的人生四段经历,更是展示了主题的基本意蕴。在这部作品中,方鸿渐根本不是所谓现代人意志、决断缺乏的典型,他是困境人生的符号,在作品中他的存在与伏尔泰的老实人具有同等的功能,他们都是标准的扁平人物。

其四,关于作为思想方法的修辞,我们可以在一组平行比较中得出结论。方鸿渐在其有名的演讲《西洋文化在中国历史上之影响及其检讨》中提到过伏尔泰的《戆第德》(又译为《老实人》),并且提及其中一段著名的有关梅毒的滑稽讽刺文。这段文字在《老实人》的第四章中,一开始信仰神正论的学者邦葛多斯同老实人谈到了他所得脏病的渊源,那实是一部社会道德丑史;其后他以“先天和谐论”为自己得病进行了诡辩,伏尔泰借此对当时欧洲宗教、战争、殖民拓展等进行了深

---

① Edward M. Gunn, Unwelcome Muse: Chinese literature in Shanghai and Peking, 1937—1945, New York, Columbia University Press, 1980。此处译文采用的是张家的翻译,载《译海》1986 年第 3 期,他翻译了原书第五章《反浪漫主义》中有关钱锺书的一节,冠名为《美国作家评钱锺书》。

刻的揭发。而在方鸿渐的演讲中，钱锺书又照着相近的思路，对此命题作了一篇绝妙的滑稽性模仿：

> 明朝天主教士带来的科学现在早过时了，他们带来的宗教从来没有合时过。海通几百年来，只有两件西洋东西在整个中国社会里长存不灭。一件是鸦片，一件是梅毒，都是明朝所吸收的西洋文明。①

熟悉中西历史的读者是能从这荒诞不经的文字中看到寓于戏谑的历史的沉重命题。应该说，在这里修辞已不再局限于语文学的层面了，对于两部哲理小说而言，修辞与文体就是思想方法。

通过这两篇文字，我们可以看到，两者在手法上是相同的，在主旨上是相承的，钱锺书所论是对伏尔泰提出的命题的更进一步的深入探讨。萨特曾论及《局外人》与伏尔泰小说的一脉相承②，而《围城》与伏尔泰小说在精神特质与主题、手法上所显现出的渊源关系，正可以从一个重要方面极为有力地证明《围城》所具备的哲理小说的文学品格，并且十分明确地表明它在哲理小说传统中的归属。

（原载《江汉论坛》1996 年第 9 期，题名《作为哲理小说的〈围城〉》）

第四节　曹禺“雷雨”创作时期思想的几个主题

1933 年曹禺创作了《雷雨》一剧，到 1936 年 1 月又写了《雷雨·序》一文。著者认为，曹禺在创作《雷雨》前后这一时期的主要思想在

① 钱锺书：《围城》，人民文学出版社 1980 年版，第 37 页。

② 关于这一问题的详细论述，参见张先飞：《偶像的破坏：关于钱锺书对近代西方文明神话和人的本质观的反思》，《文艺理论与批评》2003 年第 3 期。

这两种文本中得到了充分的体现,前者是他的思想的具象化的文学结晶,后者则是他在剧作上演后对此期观念的理性叙述——他以之向社会解释剧作主旨,并且自述他在这一时期的基本观念。本节著者拟通过对这些历史文本的解读,分析曹禺在创作《雷雨》时期的观念形态,即对曹禺第一次完整的人生观念表述作一概括。①

一、"蛮性的遗留"——曹禺第一次把握宇宙的观念上的尝试

曹禺是中国现代作家中为数不多的具有形而上追求的作家之一,当然他的形而上追求是艺术家的形而上的追求,而不是哲学家的形而上的追求。《雷雨》的创作可以说是曹禺第一次从形而上高度完整地把握、解释宇宙与世界的努力。

在《雷雨·序》中,曹禺用了"蛮性的遗留"一词来概括自己创作《雷雨》,即进行这次思想表达、思想总结时所处的精神状态。"蛮性的遗留"本来是一个近代人类学的常识性命题,由美国人类文化学家摩尔提出,而这一命题大致是在 1924 年由周作人在《狗抓地毯》一文中郑重其事地引入到中国思想界(并在他的指导下,1924 年由李小峰翻译摩尔的通俗伦理学著作《蛮性的遗留》,1925 年北新书局出版),作为他解释中国社会、文明与生活现状的一种重要理论支撑,用以帮助他建构"生活的艺术"观。这个观念"将历来宗教家道德家聚讼不决的人间罪恶问题都归诸蛮性的遗留,以为只要知道狗抓地毯,便可了解一切。……在人间也有许多野蛮(或者还是禽兽)时代的习性留存着,本是已经无用或反而有害的东西了,唯有时仍要发动,于是成为罪恶,以及别的种种荒谬迷信的恶习"②。这是它的原意,曹禺把这一概念泛化了,用于概括自己创作《雷雨》时所处的精神状态,在他看来

---

① 本章在思考过程中受到钱理群的《大小舞台之间——曹禺戏剧新论》(浙江文艺出版社 1994 年版)一书的很多启发,但我认为,钱理群对《雷雨》创作动机以及主题的分析,仍与曹禺的实际创作情况有一定距离。本文力图对这些问题提出一些新的看法。在文中我借重于钱理群的不少看法与命题的归纳,但这里必须说明的是,我对这些命题的定位是与他不同的,做出的分析和判断也有很大的差异。

② 开明(周作人):《狗抓地毯》,1924 年 12 月 1 日《语丝》第 3 期。

这是与原始人相类似的状态:面对着一无所知,尚未把握的宏大的宇宙,全身心地震撼于它神秘的存在。曹禺在《雷雨·序》中这样说:"《雷雨》可以说是我的'蛮性的遗留',我如原始的祖先们对那些不可理解的现象睁大了惊奇的眼。"①这是曹禺此时精神状态的一个方面;作为与之不可分割的另一方面则是,与这种震撼相联系的是对宇宙与世界急迫地把握和解释的强烈欲望。因为作为不同于物,具有意识并能进行主动活动的人,他的存在的首要问题是要确定自身的意义与周围环境的意义。事实上,外界神秘的事物给他造成了巨大的心理压力,他必须将它们观念化,即建立起一套解释系统,将整个外部的世界纳入自己的观念理解范围之内,否则,作为真正意义上的人是无法生存的,比如,神话就是原始人把握宇宙的观念产物,那也是一次形而上的把握与表达。曹禺所处的这种精神状态,他用"憧憬"一词加以概括,他说:"《雷雨》对我是个诱惑。与《雷雨》俱来的情绪蕴成我对宇宙间许多神秘的事物一种不可言喻的憧憬。"②

当然,使用"蛮性的遗留",曹禺还说明了一种心态,便是他与原始祖先一样,面对着不可理解的宇宙,充满莫名的、巨大的恐惧,他称之为野蛮的情绪。

那么曹禺是如何对宇宙与世界进行把握与解释的呢?他与许多作家不同,他是进行了形而上的把握,不过他所做出的形而上的把握完全是以情绪、氛围、形象、情节等具象化(或形象化)的方式来呈现、负载的,正如曹禺自己描述的那样:"在起首,我初次有了《雷雨》一个模糊的影像的时候,逗起我的兴趣的,只是一两段情节,几个人物,一种复杂而又原始的情绪。"③当然形而上概括的结果,是要抽演出一些高度凝练化的总的主题,用以把握、解释世界。著者为什么说是第一次完整把握呢?曹禺在《雷雨·序》中解释道:"《雷雨》的降生是一种

① 曹禺:《雷雨·序》,载《曹禺全集》第一卷,花山文艺出版社1996年版,第7页。本书中《雷雨·序》采用的是此文第一次发表的文本,即据上海文化生活出版社出版的单行本《雷雨》1936年版。

② 曹禺:《雷雨·序》,载《曹禺全集》第一卷,花山文艺出版社1996年版,第7页。

③ 曹禺:《雷雨·序》,载《曹禺全集》第一卷,花山文艺出版社1996年版,第7页。

心情在作祟,一种情感的发酵,说它为宇宙一种隐秘的理解乃是狂妄的夸张,但以它代表个人一时性情的趋止,对那些'不可理解的'莫名的爱好,在我个人短短的生命中是显明地划成一道阶段。"①这说明他通过《雷雨》的写作过程,对长期以来苦恼、困惑他的宇宙、生命,乃至整个世界之"谜"做了一次尝试性地完整的解答——生命中第一次的观念总结,即"一种情感的发酵"。

我们说,曹禺对世界进行形而上的概括,其结果是抽演出了一些高度凝练化的总的主题,用以把握、解释世界。以下我们就来分析一下他所概括出的几个重要主题以及他在《雷雨》的独立的小世界中对种种主题的具体展现。

二、中心主题:宇宙的"残忍"与人类无谓的"挣扎"

在《雷雨·序》中,曹禺用"蛮性的遗留"的概念表明了自己对宇宙的困惑与解答的冲动,紧接着曹禺表达了他这次对宇宙与世界进行总的把握所得到的中心结论,即"宇宙的残忍"这一命题,这是他在这一时段对世界的理解的中心主题。曹禺说:"《雷雨》所显示的,并不是因果,并不是报应,而是我所觉得的天地间的'残忍'……连绵不断地若有若无地闪示这一点隐秘——这种种宇宙里斗争的'残忍'和'冷酷'。"②有人说这是曹禺的"命运"观,即他受到希腊悲剧的"命运"观或它的近代发展的影响,这么说有一定道理,因为关于"残忍""冷酷"的总结确实是近于"命运"这种对宇宙与世界进行把握的角度与方式,但曹禺的总结与历来的各种命运观,是对相同或者相近问题的不同解释或把握,曹禺并不是认同或接受了其他人的观念。曹禺是这样解释这一问题的:"在这斗争的背后或有一个主宰来使用它的管辖。这主宰,希伯来的先知们赞它为'上帝',希腊的戏剧家们称它为'命运',近代的人撇弃了这些迷离恍惚的观念,直截了当地叫它为'自然的法则'。而我始终不能给它以适当的命名,也没有能力来形容

① 曹禺:《雷雨·序》,载《曹禺全集》第一卷,花山文艺出版社1996年版,第9页。
② 曹禺:《雷雨·序》,载《曹禺全集》第一卷,花山文艺出版社1996年版,第7页。

它的真实相。因为它太大,太复杂。”[①]这是他在试图解释宇宙之“谜”时充满困惑的表述,可以看出,萦绕他心中的那个使他困惑的“利维坦”绝不是传统的命运观的认知。

曹禺要突出与表现这一理念,主要是以展现人类行为本身在宇宙中的际遇来说明宇宙的残忍,由此曹禺引发出另一个与“残忍”相应的概念——“挣扎”,用以描述人类在残忍的命运之下的挣扎、希望,以及最终的毁灭……对此曹禺在《雷雨·序》中作了极为清晰的表达:

> 这堆在下面蠕动的生物。他们怎样盲目地争执着,泥鳅似地在情感的火坑里打着昏迷的滚,用尽心力来拯救自己,而不知千万仞的深渊在眼前张着巨大的口。他们正如一匹跌在泽沼里的羸马,愈挣扎,愈深沉地陷落在死亡的泥沼里。周萍悔改了“以往的罪恶”。他抓住了四凤不放手,想由一个新的灵感来洗涤自己。但这样不自知地犯了更可怕的罪恶,这条路引到死亡。蘩漪是个最动人怜悯的女人。她不悔改,她如一匹执拗的马,毫不犹疑地踏着艰难的老道,她抓住了周萍不放手,想重拾起一堆破碎的梦而救出自己,但这条路也引到死亡。在《雷雨》里,宇宙正象一口残酷的井,落在里面,怎样呼号也难逃脱这黑暗的坑。[②]

他的理念在作品中确实得以落实,并非只是他在《雷雨·序》中作出的主观上的自我辩护:曹禺在剧中凸现出一个重要意象,其实是剧中所有人精神中共存的幻象——“明天”,这一意象最能突出地表现他的这一主题,总括出在宇宙残忍的淫威下剧中所有人的挣扎终告无效的命运。在《雷雨》中,主干情节的过程不超出24小时,在这一天中,“明天”一词出现率极高,人人都在谈论明天会怎样——都在安排着在明天摆脱困境的计划,并且均已计划周详,安置妥当。而且人人对“明天”的企划不仅是具体的计划,它更是每个人对未来美好生活的无限

① 曹禺:《雷雨·序》,载《曹禺全集》第一卷,花山文艺出版社1996年版,第7页。
② 曹禺:《雷雨·序》,载《曹禺全集》第一卷,花山文艺出版社1996年版,第8页。

希望，乃至梦想的精神家园的寄托处：周萍希望明天离开家到矿上，彻底摆脱掉孽滴，以及自己心灵的负罪感，即冲出“狭的笼”[①]，并重新获得健全生命的活力；周冲向往着广义的“明天”——幻梦、理想将会实现，这是有很强的超越性的理想主义色彩的；周朴园充满惶恐地祈祷着明天，那时鲁侍萍、鲁贵这些往事的知情者都将永远离开，不会再来威胁他的地位与平静，并且后天搬家，他希望能重新建立起和睦的家庭关系；鲁侍萍则希望明天带着鲁四凤远走他乡，彻底摆脱与她们母女紧紧相缠的噩梦般的过去；鲁四凤则在第四幕中盼着明天与周萍远走高飞……作者一再表达出“明天”在这些人心中的重要位置，以及他们对此抱有的强烈的执着态度，但在最后却又以最沉重的打击击碎每个人的幻梦，以此最终凸现出他的思想主题。在一定程度上，这种认知与表现极其类似于《围城》中钱锺书借方鸿渐表现出的“明天”意象——虚妄的“希望”的主题。[②]

具体到个别人物的生存境遇上，主题也得到了充分的表达，以周朴园为例是更能说明问题的，因为这个人物是最容易被看作正剧中的反面角色，却最难被人们理解为命运迫压下的一分子的。曹禺对周朴园的塑造，并没有把周朴园放到家庭以外的社会生活中去表现——着力正面暴露他的铁腕、他的残忍与罪恶，而是着重描写了家庭生活中的他，描写他的道德、伦理生活的一面：从第一幕开始就暴露出他的家庭生活的极不和睦，在家中他得不到家人之间应有的正常的心灵沟通与相互关爱，显得异常孤独，所以才念念不忘鲁侍萍……在第一幕中从鲁四凤口中道出了这一情形：

我怕老爷念经吃素，不喜欢我们伺候他，听说老爷一向是讨

---

① 曹禺：《雷雨》，载《曹禺·上》，中国现代文学馆编，沐定胜编选，华夏出版社1997年版，第46页。本书收录的是1934年7月《文学季刊》第1卷第3期《雷雨》最初发表时的文本，而《曹禺全集》则采用的是单行本《雷雨》1936年的初版本，两种文本有一定的差异，后者略有文字上的调整与一些删改，著者在本文中采用最初的文本。

② 张先飞：《作为哲理小说的〈围城〉》，《江汉论坛》1996年第9期。

厌女人家的。[①]

老爷还是那样。除了会客,念念经,打打坐,在家里一句话也不说。[②]

而旧屋子,旧家具则是他的心境的象征:

鲁四凤……老爷说原来的样子不好看,又把您添的新家具叫搬走了。这是老爷自己摆的(旧家具——著者注)。[③]

周蘩漪……这老房子永远是这样闷气,家具都发了霉,人们也都是冒鬼气的![④]

在第二幕中他的家庭陷入了错综复杂的血缘纠葛之中,说明他的个人伦理生活是有严重缺陷的;随后在第四幕表现了他对不可知的命运的恐惧感,及由此引起的与他平日形象完全异样的软弱、畏缩,以及精神上的衰老,这在他与周萍的谈话中完全透露了出来:

(严重地)在外面淋了一晚上的雨(指蘩漪——著者注),说话也非常奇怪,我怕这不是好现象。——(觉得不好恶兆来了似的)我老了,我愿意家里平平安安地……[⑤]

(畏缩地)不,不,有些事简直是想不到的。天意很——有点古怪,今天一天叫我忽然悟到为人太——太冒险,太——太荒唐,(疲倦地)我累得很。(如释重负)今天大概是过去了。(自慰地)

---

① 曹禺:《雷雨》,载《曹禺·上》,中国现代文学馆编,沭定胜编选,华夏出版社 1997 年版,第 35 页。

② 曹禺:《雷雨》,载《曹禺·上》,中国现代文学馆编,沭定胜编选,华夏出版社 1997 年版,第 37 页。

③ 曹禺:《雷雨》,载《曹禺·上》,中国现代文学馆编,沭定胜编选,华夏出版社 1997 年版,第 34 页。

④ 曹禺:《雷雨》,载《曹禺·上》,中国现代文学馆编,沭定胜编选,华夏出版社 1997 年版,第 37 页。

⑤ 曹禺:《雷雨》,载《曹禺·上》,中国现代文学馆编,沭定胜编选,华夏出版社 1997 年版,第 137—138 页。

我想以后——不该,再有什么风波。(不寒而栗地)不,不该!①

并且当他误以为秘密已大白于天下时,还表现了他在道德上的痛苦、忏悔,他坦白说出了一切,仍力图为维持一个完整的家作最后挣扎:

(悔恨地)侍萍,我想你也会回来的。②

(沉痛地)萍儿,你过来。你的生母并没有死……③

(尊重地)不要以为你跟四凤同母,觉得脸上不好看你就忘了人伦天性。④

(沉重地)萍儿,你原谅我。我一生就做错了这一件事。我万没有想到她今天还在,今天找到这儿。我想这只能说是天命。(向鲁妈叹口气)我老了,刚才我叫你走,我很后悔……现在你既然来了,我想萍儿……会好好地侍奉你。我对不起你的地方,他会补上的。⑤

而当最后他的挣扎无效,年轻的生命一一崩溃时,他则只能完全听天由命。在这里作品最终显现出在残忍的宇宙之下周朴园所处的真实的地位——与其他人物完全一样,都是被命运预先判决的可怜的人。曹禺又特意安排他在10年后出现,他已垂垂老矣,意志消沉,充满了无限悔恨,一个人绝望地承担着这残忍的命运,以及所有的悲剧

① 曹禺:《雷雨》,载《曹禺·上》,中国现代文学馆编,沐定胜编选,华夏出版社1997年版,第138页。

② 曹禺:《雷雨》,载《曹禺·上》,中国现代文学馆编,沐定胜编选,华夏出版社1997年版,第165页。

③ 曹禺:《雷雨》,载《曹禺·上》,中国现代文学馆编,沐定胜编选,华夏出版社1997年版,第165页。

④ 曹禺:《雷雨》,载《曹禺·上》,中国现代文学馆编,沐定胜编选,华夏出版社1997年版,第165页。

⑤ 曹禺:《雷雨》,载《曹禺·上》,中国现代文学馆编,沐定胜编选,华夏出版社1997年版,第166页。

的重荷……以此充分印证与表达了曹禺的重要理念。①

曹禺在充分展现了他的中心主题后，紧接着又从另一个层面上阐释了另一个重要思想主题。

三、“郁热”——对生命冲动的把握与第二主题：“极端”与“妥协”的冲突

从《雷雨·序》中看，《雷雨》的文本是有分裂的。上文著者谈到曹禺从“蛮性的遗留”，即从“知”的方面对宇宙进行了询问和把握，并由此生发出其思想的中心主题：宇宙的“残忍”与人类无谓的“挣扎”。在此层面上，他是站在至高处俯瞰人类，而人类被描述成渺小可怜，只会盲目挣扎而最终不免毁灭的生物。② 但曹禺在从“知”的方面作出这一把握、论断的同时，他又从“情”的方面，对生命的存在状态及自身的生命冲动进行了把握，同时他也从高高在上的地位下降到与人类同等的地位上，表达了对自己在内的“人”的生命的探讨，这里的“人”是具有极强主体性，又有自决能力的，并且在他身上包含着深为曹禺所肯定、赞扬的生命特质的存在。曹禺在进行了这一探讨后，生发出这一时期的另一思想主题：“极端”与“妥协”的冲突。很明显这一主题与上一主题不在一个层次上。

在《雷雨·序》中，曹禺对这一主题具体是这样表达的：在谈完第一主题后，曹禺笔锋忽然一转，说“与这样原始或者野蛮的情绪俱来的还有其它的方面，那便是我性情中郁热的氛围”③，这里他是用“郁热”为他自己的生命冲动、生命特质作了概括，而且是放在与自身精神上的“蛮性的遗留”状态并列的位置上的。应该注意的是，在讲“郁热”问题的时候，他是和《雷雨》的独立的小世界放在一起讲的，他下面接着便讲到了《雷雨》发生的时间——“夏天”，当然“夏天”同时也是一

① 参见曹禺：《雷雨·序幕》《雷雨·尾声》，见《雷雨》，载《曹禺·上》，中国现代文学馆编，沐定胜编选，华夏出版社1997年版，第3—12页，170—173页。

② 曹禺：《雷雨》，载《曹禺·上》，中国现代文学馆编，沐定胜编选，华夏出版社1997年版，第8页。

③ 曹禺：《雷雨》，载《曹禺·上》，中国现代文学馆编，沐定胜编选，华夏出版社1997年版，第9页。

个隐喻，曹禺借它来形容出“郁热”这一生命特质的基本情形，其实也正是借它来充分地表达出了他这一时段的生命情态：

> 夏天是个烦躁多事的季节，苦热会逼走人的理智。在夏天，炎热高高升起，天空郁结成一块烧红了的铁，人们会时常不由己地，更归回原始的野蛮的路，流着血，不是恨便是爱，不是爱便是恨；一切都走向极端，要如电如雷地轰轰地烧一场，中间不容易有一条折衷的路。①

这种生命特质或冲动的具体表现，便是情感或行为的“极端”，从曹禺随后的论述中可以证明这种状态是被他所推崇的生命状态；而与此相反，“妥协”“敷衍”、中庸的状态则为他所疾视、否定，因为这种生存状态是与生命冲动完全相反的。可以说，“极端”是生命旺盛的表现，而“妥协”是生命力极端匮乏的表现。曹禺的这种对人自身生命冲动、生命特质的把握，整个地被具象化（外化）到《雷雨》的作品当中，一方面，他的生命特质投射到作品中，成为其基本氛围；另一方面，他把他概括的人自身的两种迥异的生命状态具象化到戏剧的人物身上，把“极端”具象化到被肯定的人物类型身上，作为相对的“妥协”也被具象化到身处作者着意否定的生活状态中的人物身上，这样，文本中的人物的冲突与矛盾实际即是“极端”与“妥协”两种生命状态的冲突，而且这种冲突的状态成为作品的主题之一。曹禺在《雷雨·序》中具体谈了以上问题：

> 代表这样的性格（极端——著者注）是周蘩漪，是鲁大海，甚至于是周萍，而流于相反的性格，遇事希望着妥协，缓冲，敷衍便是周朴园，以至于鲁贵。但后者是前者的阴影，有了他们前者才显得明亮。鲁妈，四凤，周冲是这明暗的间色，他们做成两个极端的阶梯。所以在《雷雨》的氛围里，周蘩漪最显得调和。她的生命

① 曹禺：《雷雨·序》，载《曹禺全集》第一卷，花山文艺出版社 1996 年版，第 9 页。

烧到电火一样地白热,也有它一样地短促。情感,郁热,境遇,激成一朵艳丽的火花,当着火星也消灭时,她的生机也顿时化为乌有。她是一个最“雷雨的”……性格,她的生命交织着最残酷的爱和最不忍的恨,她拥有行为上许多的矛盾,但没有一个矛盾不是极端的,“极端”和“矛盾”是《雷雨》蒸热的氛围里两种自然的基调,剧情的调整多半以它们为转移。(着重号为作者所加——著者注)①

不过曹禺肯定的是健全的生命的高度充溢与生命力的旺盛,是在如此意义上的“极端”的生命状态,曹禺的这一思考结论在对周萍形象的塑造上有比较明晰的体现。我们可以来看一下曹禺在剧作中对周萍性格的深层揭示。周萍给人最主要的印象是怯弱、胆小的“美丽的空形”,以及颓废的生活状态;但这只是一种表面的现象,实际上贯穿周萍生命活动的中心是旧的“力”的失去与新的“力”的渴求和找寻(这正是曹禺概括蘩漪时所用的“力”,乃描述“极端”的一个关键词)。在周萍的小传中曹禺描述道:他身上曾有过“粗涩的滓渣”,原有“一种可以炼钢熔铁,火炽的,不成形的原始人生活中所有的那种‘蛮’力”(曾经为蘩漪所痴迷的健康的“力”);但这一切被教育与温室中的生活所损坏②,没有发展成为稳定的人性特质与健全坚定的人格。在周萍的生活中毫无计划,他的生活只凭着直觉与感情的潮汐推动,他经常表现出的是被不时暴发的毫无理智的冲动所淹没,而且在冲动时完全无法自控,这使他的情感、行动趋于极端,而这种趋于极端的冲动是完全不健全的、扭曲的,是生命力被损坏后,欲望情感的变异与生命之力不正常的奔突。不过周萍的这种生存状态同时又完全能够说明他身上仍蕴含着强大的生命意志。作者在周萍身上表现出来的完全是一种被近代教育、近代生活损坏后而发生变异的类似西方世纪末的

① 曹禺:《雷雨·序》,载《曹禺全集》第一卷,花山文艺出版社1996年版,第9页。

② 曹禺:《雷雨》,载《曹禺·上》,中国现代文学馆编,沭定胜编选,华夏出版社1997年版,第44页。

颓废式的精神特质。对这种变异状态曹禺是这样描述的：

> 但是你以为他是做不出惊人的事情，没有男子的胆量么？不，在他感情的潮涌起来的时候，——哦，你单看他眼角间一条时时刻刻地变动的刺激人的圆线，极冲动而敏锐的红而厚的嘴唇，你便知道在某种时候，他会冒然地做出自己终身诅咒的事，而他生活是不会有计划的。他的唇角松弛地垂下来。一点疲乏会使他眸子发呆，叫你觉得他不能克制自己，也不能有规律地终身做一件事。然而他明白自己的病，他在改，不，不如说在悔，永远地在悔恨自己过去由直觉铸成来的错误；因为当着一个新的冲动来时，他的热情，他的欲望，整个如潮水似地冲上来，淹没了他。他一星的理智，只是一段枯枝卷在漩涡里，他便昏迷似地做出自己认为不应该做的事。这样很自然地一个大错跟着一个更大的错。所以他是有道德念的，有情爱的，但同时又是渴望着生活，觉得自己是个有肉体的人……如一切好内省而又冲动的人，在他的直觉过去，理智冷回来的时候，他更刻毒地恨自己，更深地觉得这（乱伦的事情——著者注）是反人性……①

可以看到"病""错误""不能克制自己"、理智丧失、"反人性"……都是周萍自省时对自己从反面做的价值判断，他知道它们是一种"内心的残疾"②；相反地他所渴望的是健全的生活、健全的活的美的肉体……而"健全""活""美"等都是与上面的价值判断完全相反的正面的价值判断。所以这正说明周萍希望建立起坚定的性格与稳定的人性特质，他羡慕所有具有此种特质的人，包括他的父亲。总之，本质上他是要求"新的力"，也希求用"新的力"进行自我拯救。于是他求助于四凤，自认为四凤身上有他紧要的东西。我们分析他对四凤的生命

① 曹禺：《雷雨》，载《曹禺·上》，中国现代文学馆编，沭定胜编选，华夏出版社 1997 年版，第 44—45 页。

② 曹禺：《雷雨》，载《曹禺·上》，中国现代文学馆编，沭定胜编选，华夏出版社 1997 年版，第 45 页。

特质的认识,正可说明他对新的生命、生命力的看法:

他要把自己拯救起来,他需要新的力,无论是什么,只要能助一把,把他由冲突的苦海中救出来,他愿意找。他见着四凤,当时就觉得她新鲜,她的"活"! 他发现他最需要的那一点东西,是充满地流动着在四凤的身上。她有"年轻",有"美",有充溢着的血,固然他注意到她是粗,但是他直觉到这才是他要的,突然地他厌恶一切忧郁过分的女人,忧郁已经蚀尽了他的心;他也恨一切经过教育陶冶的女人,(因为她们会提醒他的缺点)同一切细致的情绪,他觉得"腻"!

他要动,要生,拉着四凤的衣裾,随着她上无羁绊的岸……①

从这一角度可以完全看出,他选择四凤,放弃蘩漪,绝不仅仅是因为道德上的恐惧,更多的是由于对健全生命的渴求。

综上分析,周萍所具有的的确是一种不求妥协、不愿敷衍,要求"不完全则宁无"的"极端"性格特质,如果他面对的只能是妥协、敷衍的生活状态,那么他便会去选择"无"——颓废②,这是在求生命的毁灭,我们说这正是近代西方式的颓废——生命强力的扭曲体现。③ 但他的真正的理想还是求"完全"——完整健康的人性、"力",而这也正是曹禺要通过他来揭示的健全的生命情态。

四、"天边外"——曹禺思想的重要母题

曹禺的很多思想主题在几年内大多发生了变化,但有一个重要主

---

① 曹禺:《雷雨》,载《曹禺·上》,中国现代文学馆编,沭定胜编选,华夏出版社 1997 年版,第 45 页。

② 关于对周萍这一方面的描述,请参见曹禺:《雷雨》,载《曹禺·上》,中国现代文学馆编,沭定胜编选,华夏出版社 1997 年版,第 46 页。

③ 参见鲁迅、朱自清、俞平伯关于颓废的论述。分别见于,鲁迅:《青年必读书》,1925 年 2 月 10 日作,1925 年 2 月 21 日《京报副刊》;朱自清:《信三通》(致俞平伯),1922 年 11 月 7 日至 1923 年 4 月 10 日作,载 O. M 编:《我们的七月》,亚东图书馆 1924 年版,第 195—206 页;俞平伯:《读〈毁灭〉》,1923 年 6 月 26 日作,1923 年 8 月 10 日《小说月报》第 14 卷第 8 号。

题一直贯穿其一生创作,这就是曹禺的一个一以贯之的思想主题,即“天边外”的主题,有人将其命名为曹禺的“周冲情结”。如果说“极端”与“妥协”的冲突的主题是在描述人的生命的存在状态以及自身的生命冲动,那么“天边外”主题则代表了曹禺在《雷雨》创作时期与其后对人的超越性的这一层面的认知。

周冲与周蘩漪是曹禺在《雷雨》的构思中最先出现的人物,而我们可以在曹禺几乎所有的剧本中,发现周冲的精神姐妹,或者可以称之为“周冲情结”的东西。应该说,《雷雨》中对周冲的把握存在着两个层面:现实的层面,与超越的层面。在现实的层面周冲只能说是一个患了“青春病”的理想主义者,在此层面,文本中显现出的是他针对现实生活所发出的一系列议论,我们可以发现这些都是剧本创作的那个时代有进步追求的青年所共有的一些理想主义色彩极浓的观点:如劳工神圣,把劳动者理想化、神圣化,将劳动者视作知识分子引路的人;反对强权、不平等的社会状况;女性崇拜、将爱情神圣化……这些可以用周冲的原话加以表述:

> 她(四凤——著者注)是我认为最满意的女孩子。她心地单纯,她懂得活着的快乐,她知道同情,她明白劳动有意义。①
>
> 她是最纯洁,最有主张的好孩子……②
>
> 我以为这些人替自己的一群努力,我们应当同情的。并且我们这样享福,同他们争饭吃,是不对的。③
>
> 不,你(四凤——著者注)不是个平常的女人,你有力量,你能吃苦,我们都还年轻,我们将来一定在这世界为着人类谋幸福。我恨这不平等的社会,我恨只讲强权的人,我讨厌我的父亲,我们

---

① 曹禺:《雷雨》,载《曹禺·上》,中国现代文学馆编,沐定胜编选,华夏出版社1997年版,第41页。

② 曹禺:《雷雨》,载《曹禺·上》,中国现代文学馆编,沐定胜编选,华夏出版社1997年版,第41—42页。

③ 曹禺:《雷雨》,载《曹禺·上》,中国现代文学馆编,沐定胜编选,华夏出版社1997年版,第49页。

都是被压迫的人，我们是一样。——

现在的世界是不该存在的。我从来没有把你当做我的底下人，你是我的凤姐姐，你是我引路的人，我们的真世界不在这儿。①

如果客观地看，在一定意义上，周朴园对周冲的评价切中要害：

哼，现在一般青年人，跟工人谈谈，说两三句不关痛痒同情的话，象是一件很时髦的事情！②

周冲对现实的那些看法的确是一些时髦的观念，可以说作者认为它们是一些过于理念化，而且显得不免肤浅以至浅薄的人道观念与社会理想。关键是这些观念对于周冲来说实际只是一个幻梦，而后来这些幻梦一个接一个地破灭了，不过作者对这种破灭并不惋惜，他在《雷雨·序》中精确地分析了在这一层面上周冲所处的实际状况：

他藏在理想的堡垒里，他有许多憧憬，对社会，对家庭，以至于对爱情。他不能了解他自己，他更不了解他的周围。一重一重的幻念茧似地缚住了他。他看不清社会，他也看不清他所爱的人们。他犯着年轻人 Quixotic 病，有着一切青春发动期的青年对现实那样的隔离。他需要现实的铁锤来一次一次地敲醒他的梦。在喝药那一景，他才真认识了父亲的威权笼罩下的家庭；在鲁贵家里，忍受着鲁大海的侮慢，他才发现他和大海中间隔着一道不可填补的鸿沟；在末尾……他才看出……四凤也不是能与他……向着无边的理想航驶去的伴侣。连续不断的失望绊住他的脚……那是他应受的刑罚。他痛苦地感觉到现实的丑恶，一种幻灭的悲哀袭击他的心。这样的人即便不为“残忍”的天所毁灭，他

① 曹禺：《雷雨》，载《曹禺·上》，中国现代文学馆编，沭定胜编选，华夏出版社 1997 年版，第 113 页。

② 曹禺：《雷雨》，载《曹禺·上》，中国现代文学馆编，沭定胜编选，华夏出版社 1997 年版，第 49 页。

早晚会被那绵绵不尽的渺茫的梦掩埋，到了与世隔绝的地步……其实，在生前他未始不隐隐觉得他是追求着一个不可及的理想。他在鲁贵家里说过他白日的梦……（那也许是个无心的讽刺，他偏偏在那样地方津津地说着他最超脱的梦……）①

不过我们如果仅仅把周冲的向往当成一种青春病的症状，便会失之狭隘。如果我们考察一下曹禺后来创作的《日出》《原野》《北京人》《家》诸剧时，我们就会发现，“周冲情结”是那么顽强地生活在一些最美好、真挚的灵魂之中，而且散发着一种异样的光彩，由此我们可以推知，在“周冲情结”中一定存在着被曹禺异常珍视，甚至成为他的精神与创作的母题的重要成分。事实上，作者对周冲的把握还包括超越性精神的层面，“周冲情结”中包含的是，永远与限制精神自由的现实平庸生活针锋相对的自由的精神状态，超越平庸现实的精神世界的无限追求与憧憬，以及人生的“诗意”的生存状态。尤金·奥尼尔曾经用过一个极为形象化的隐喻——“天边外”对这种状态加以概括（《天边外》这出戏曾经给过年轻的曹禺很深的印象，“天边外”这一语汇也常为他所借用）。天边之内的世界与生活隐喻着现实世界平庸的生活状态，天边外则是一个包含着无比广阔的想象的空间，一个精神能够向无限高远自由飞翔的空间。《雷雨》中有一段著名的独白，那是周冲在描述他的梦想：

有时我就忘了现在（冥想），忘了家，忘了你，忘了母亲，并且忘了我自己。我想，我想，我象是在一个冬天的早晨，非常明亮的天空……在无边的海上……哦，有一条轻得象海燕似的小帆船，在海风吹得紧，海上的空气闻得出有点腥，有点咸的时候，白色的帆张得满满地，像一只鹰的翅膀斜贴在海面上飞，飞，向着天边飞。那时天边上只淡淡地浮着两三片白云，我们坐在船头，望着前面，前面就是我们的世界。

① 曹禺：《雷雨·序》，载《曹禺全集》第一卷，花山文艺出版社1996年版，第11—12页。

我同你,我们可以飞,飞到一个真真干净、快乐的地方,那里没有争执,没有虚伪,没有不平等,没有……(头微仰,好象眼前就是那么一个所在。)①

当然在周冲的话语中还存留有当时流行观念内容的痕迹,但其基本核心内容却是"天边外"的命题。

在当时仍然习惯于欣赏古典话剧甚至旧戏的观众看来,周冲所有的幻想、说法多会给人以多余而且未免可笑的印象,并且与一出紧张的话剧格格不入、极不协调,实在过于突兀、过于冗长,但这正是契诃夫之后的现代戏剧在主题表现与形式构造上的有意追求。在契诃夫的话剧《海鸥》第一幕中有一段与此情况相似的著名独白,那是心中充满看似不切实际的理想、幻梦的康斯坦丁·特里勃列夫所写的别出心裁的剧本中一段诗体独白,充满了象征意味、十分晦涩,而且相当长。不论从意义上,还是表现形式上,这两段独白都有基本相同的情况:这些看似违反古典戏剧规范,多余的东西,在剧中都被作者相当醒目地突显出来,因为在实际上,正是它们表达出了整出剧及作者观念世界中极其重要的内核。总之,作者在剧中所采用的这样的表现形式具有极强的主题意义表达的功能,而且表现的就是人的超越性追求——"天边外"的主题。

这种超越性的追求,实际上是西方近代文学/文明中,或者更精确地说美学现代性思潮中一个重要命题,而"天边外"则是这一命题的一个重要的意象。从前期浪漫派开始,西方不少有识之士对文艺复兴以来到工业革命后兴起的世俗文明、平庸化的精神状态十分厌恶,于是将目光投注于泛神化了的自然,带有极强中世纪神秘色彩的宗教,异教的神话世界中……满足其对本体世界的渴求,实际上是试图在个人精神中建立超越的世界图景;而真正在美学现代性的意义上突出地表达出此种意念,是从波德莱尔开始的。作为"现代"精神的敏锐的"洞

① 曹禺:《雷雨》,载《曹禺·上》,中国现代文学馆编,沭定胜编选,华夏出版社1997年版,第114页。

察者”,波德莱尔不仅在其艺术批评与散文诗中对其思考作出明晰的表述,而且还在《恶之花》中塑造了只属于天空,与俗世格格不入的著名的意象——信天翁,以及凌空绝俗、向高远无比处飞翔的鸟儿。从他之后这个真正现代意义上的命题,逐渐成为现代人思考的普泛性命题,环绕甚至是困扰着他们的精神世界。从波德莱尔、魏尔伦、兰波的生活体验的探险以及“生活在别处”的宣告,到马拉美、瓦雷里沉溺其中的象牙的庙塔……这一体现现代人的超越性追求的“天边外”的命题,不论是成为一种生活状态,还是一种对人生的认知及生存态度,它都在整个20世纪显现出惊人的活力……甚至有人超越出对现代性的思考的有限范围,如当代作家米兰·昆德拉在《生活在别处》中,从存在哲学的高度将它称为“抒情态度”①,即认为它是每一个人生存的潜在的一种态势,是人类生存的基本范畴之一。

在“天边外”这一世纪命题中还包含着这样一重判断:理想在现实中的尴尬地位。现代主义的思考者们在阐发这一命题思考的艺术作品中或者直接表述中,揭示出这样一种残酷的真实图景——面对冷酷现实,理想(或说梦)、理想者(或做梦、说梦者)往往面临的是真正意义上的悲剧的结局,而且这是不可避免、必然会发生的,是在现代社会中的他们及他们的理想(梦)被判定的必然“命运”/结果。我们在这些思考者的深切探讨中总能体察到,当他们做出结论或描绘出人物的结局时,同时都会无奈地抒发出无限的挥之不去的深长的感喟;虽然他们往往会在作品中再添加一些强作坚韧的对理想的无比悲壮的礼赞,以期增加一点亮色并肯定不灭的生之意志,但终是掩盖不住那一份阴惨、悲凉的感叹的凛冽之意,给人留下极残酷的撕裂感,甚至即使是在一些以乐观的态度出之的作品中。曹禺也不免如此,他在《雷雨·序》中掩示不住对周冲的精神的珍视,对这位超越性理想的负载者的最后毁灭表现出无比痛惜,并以严重的态度质问了宇宙的毫无公正:

---

① [捷]米兰·昆德拉:《〈生活在别处〉英文版序言》,景凯旋译,载《小说的智慧》,艾晓明编译,时代文艺出版社1992年版,第135页。

理想如一串一串的肥皂泡荡漾在他的眼前,一根现实的铁针便轻轻地逐个点破。理想破灭时,生命也自然化成空影。周冲是这烦躁多事的夏天里一个春梦。在《雷雨》郁热的氛围里,他是个不调和的谐音,有了他,才衬出《雷雨》的明暗。他的死亡和周朴园的健在都使我觉得宇宙里并没有一个智慧的上帝做主宰。而周冲来去这样匆匆,这么一个可爱的生命偏偏简短而痛楚地消逝,令我们情感要呼出:"这确是太残忍了。"①

从以上的历史描述中我们可以看到,"天边外"这一命题完全可以看作是始于19世纪末并贯穿20世纪的广义现代主义思想运动中最基本的核心观念,或者思考起点之一,它成为现代人及现代文明中最基本的一种精神现象。

以上著者从"蛮性的遗留"、宇宙的"残忍"与人类无谓的"挣扎"、"极端"与"妥协"生命状态的冲突,以及"天边外"主题这四个角度对曹禺《雷雨》创作前后时期的主要思想命题作了初步的分析,可以看出他在这一时期的观念是相当系统化的,而且十分深刻。不过作为一个极其年轻,尚未涉世的作家,他的思想在此后还是处在相当大的变动状态之中,但即便如此,曹禺在《雷雨》创作前后时期,仍然为中国思想界、剧坛提出了相当有意味的重要命题,这是他对于现代中国毋庸置疑的重要贡献。

(原载《文艺理论与研究》2004年第4期,题名《形而上的困惑与追问:论曹禺〈雷雨〉创作时期思想的几个主题》)

---

① 曹禺:《雷雨·序》,载《曹禺全集》第一卷,花山文艺出版社1996年版,第12页。

◆学术年谱

1990—2003 年

1990 年

考入河南大学中文系汉语言文学专业全日制本科，攻读文学学士学位。

1994 年

获得文学学士学位，考入河南大学文学院中国近现代文学专业，攻读文学硕士学位，师从解志熙教授。撰写学术论文《作为哲理小说的〈围城〉》，获得刘增杰教授的高度肯定。

1996 年

发表论文 2 篇：

1.《解放区文学研究的“新的添加”——读〈迟到的探询〉》，《中国现代文学研究丛刊》1996 年第 3 期（与解志熙教授合写）。

2.《作为哲理小说的〈围城〉》，《江汉论坛》1996 年第 9 期。

1997 年

撰写完成硕士学位论文《从普遍的人道理想到个人的求胜意志：论 20 年代前期周作人“人学”观念的一个重要转变》，获得文学硕士学位。

发表论文 1 篇：

《史料的意义：试析现代文学第二代研究者的一种史学观》，《河南大学学报》1997 年第 2 期。

1999 年

发表论文 1 篇，人大复印资料全文转载 1 篇：

《从普遍的人道理想到个人的求胜意志：论 20 年代前期周作人“人学”观念的一个重要转变》：

（1）《鲁迅研究月刊》1999 年第 2 期，CSSCI。

（2）人大复印资料《中国现代、当代文学研究》全文转载，1999 年第 4 期。

2000 年

考入北京师范大学文学院中国现当代文学专业，攻读文学博士学位，师从郭志刚教授。

2002 年

发表论文 1 篇：

《1978 年—1982 年期间人文学科的处境及选择》，《河南社会科学》2002 年第 2 期。

2003 年

获得奖励 1 项：

首届“唐弢青年文学研究奖”二等奖，由中国作协、中国现代文学研究会颁发。

发表论文 2 篇：

1.《偶像的破坏：关于钱钟书对近代西方文明神话和人的本质观的反思》，《文艺理论与批评》2003 年第 3 期。

2.《现代中国被忽视的小说“正统”》，《河南社会科学》2003 年第 2 期。

2004—2008 年

2004 年

获得文学博士学位，评为副教授。

获得人才、称号 1 项：“河南省高校青年骨干教师”。

主持项目 1 项：

河南省高校青年骨干教师资助计划项目：“中国现代人道主义观念的理论溯源与系统观念的形成”。

获得奖励 1 项：

“河南省教育厅人文社会科学研究优秀成果一等奖”。

出版专著 1 部：

《形而上的困惑与追问：现代中国文学的思想寻踪》，河南大学出版社 2004 年版，书号 ISBN 7-81091-258-5/I · 221。

发表论文 3 篇：

1.《西方文学影响研究浅议》，《中国现代文学研究丛刊》2004 年第1期,CSSCI。

2.《形而上的困惑与追问:论曹禺〈雷雨〉创作时期思想的几个主题》,《文艺理论与批评》2004年第4期。

3.《从人道主义理想到“自己的园地”——1918—1922:周作人现代人道主义观念的转变》,《淮北煤炭师范学院学报(哲学社会科学版)》2004年第4期。

2005年

获得人才、称号1项:“河南省教育厅学术技术带头人”。

主持项目1项:

河南省社会科学规划项目:“现代人道主义的传演与新文学的发生:五四新文学发生的思潮背景研究”(2007E026)。

获得奖励1项:“开封市第九届社会科学研究优秀成果特等奖”。

发表论文3篇:

1.《寻墓者的足迹》,《文艺研究》2005年第4期,国家级,CSSCI。

2.《20世纪现代中国文学的形而上之思:中国现代文学思想传统略论》,《河南社会科学》2005年第6期。

3.《人类精神的隔绝:“新村时期”周作人对人间关系现状的判断》,《江南大学学报》(人文社会科学版)2005年第1期。

2006年

由教育部与日本文部科学省联合选送,赴日本东京大学从事博士后研究,师从著名鲁迅、周作人研究专家,东京大学东洋文化研究所尾崎文昭研究员。

主持项目2项:

1.霍英东教育基金会第十届高等院校青年教师基金项目:“考镜源流:人道主义的传演与新文学的发生”(101097)。

2.日本政府(文部省)博士奖学金项目:“1918—1924:新文学发生期‘人间观’研究”。

获得奖励1项:“河南省社科联人文社会科学研究优秀成果特等奖”。

发表论文2篇,《新华文摘》论点摘编1篇:

1.《作为“青年诗人”的鲁迅：1922—1923 年鲁迅精神世界一瞥》，《中州学刊》2006 年第 3 期，CSSCI。

2.《发生期新文学科学“人学”观念的建构》：

(1)《文学评论》2006 年第 3 期，国家级，CSSCI。

(2)《新华文摘》论点摘编，2006 年第 17 期，国家级。

2007 年

担任日本东京大学《赤门华风》主编。

主持项目 1 项：

河南省社会科学规划项目：“新理想主义与五四新文学”(2009B003)。

获得奖励 1 项：“河南省第四届文学艺术优秀成果奖”，河南省人民政府颁发。

发表论文 1 篇：《20 世纪初世界现代人道主义思潮的兴起：“五四”人道主义思潮背景探源》，《河南师范大学学报》2007 年第 3 期。

2008 年

从日本东京大学回到河南大学工作。

发表论文 4 篇，论文集收录 1 篇：

1.《五四前期周作人新理想主义观研究》，《中国现代文学研究丛刊》2008 年第 6 期，CSSCI。

2.《钱穆与中国现代学术史体制的创制：以〈国学概论〉为中心》，《史学月刊》2008 年第 8 期，CSSCI。

3.《理性觉悟、情感转移与精神能力的培养：五四时期周作人对打破“隔膜”的精神条件的思考》，《中州学刊》2008 年第 5 期，CSSCI。

4.《黑暗世界中的人性之光——观〈汉江怪物〉有感》，《电影评介》2008 年第 2 期。

5.《现代文学西方影响探源性研究的方法论思考》，收入《中国近现代文学转捩点研究》，上海文艺出版社 2008 年版。

2009—2015 年

2009 年

评为教授。

获得人才、称号 1 项:教育部人文社科重点研究基地河南大学“黄河文明与可持续发展研究中心”专职研究员。

主持项目 1 项:

国家社科基金后期资助项目:“新文学发生期人道主义观研究”(结项号:20165029)。

著作 1 部:《“人”的发现:“五四”文学现代人道主义思潮源流》,人民出版社 2009 年版,书号:ISBN 978-7-01-008241-7。

发表论文 3 篇,人大复印资料全文转载 1 篇,《新华文摘》论点摘编 1 篇,论文集收录 1 篇:

1.《“五四”前期周作人人道主义“人间”观念的理论辨析》,《中国现代文学研究丛刊》2009 年第 5 期,CSSCI。

2.《五四前期周作人的新理想主义观》,《新华文摘》论点摘编,2009 年第 4 期,国家级。

3.《想象力、好奇心、“惊异的能力”的培养:“五四”后期周作人对精神能力培养问题的思考》,《河南社会科学》2009 年第 4 期,CSSCI。

4.《超越现实的南柯梦:从电影〈高兴〉的四个关键词说起》,《理论与创作》2009 年第 4 期,CSSCI 扩展。

5.《寻墓者的足迹》,收入《学者之镜》,方宁主编,人民出版社 2009 年版。

6.《五四前期周作人新理想主义观研究》,人大复印资料《中国现代、当代文学研究》全文转载,2009 年第 6 期。

2010 年

获得人才、称号 2 项:“河南省优秀青年社科专家”(河南省委组织部、宣传部);“河南省高校科技创新人才”。

主持项目1项：

河南省高等院校科技创新人才支持计划项目："五四文学思潮"。

获得奖励2项：

"河南省社会科学优秀成果一等奖"，河南省社科优秀成果评奖委员会颁发（全省十项，排名第一）。

"河南省教育厅人文社会科学研究优秀成果一等奖"。

发表论文2篇，人大复印资料全文转载2篇，《新华文摘》论点摘编1篇：

1.《五四前期周作人人道主义"人间观"辨析》：《新华文摘》论点摘编，2010年第1期，国家级；人大复印资料《中国现代、当代文学研究》全文转载，2010年第1期。

2.《"五四"现代人道主义观念的当下反思》：《北京科技大学学报》（社会科学版）2010年第1期；人大复印资料《中国现代、当代文学研究》全文转载，2010年第12期。

3.《五四新文学视野下近代"人学"观的演变》，《论学武夷：中国现代文学研究会第四次青年学者研讨会论文集》，海峡文艺出版社2010年版。

2011年

获得人才、称号2项："河南省教学标兵"，"河南大学教学名师"。

发表论文2篇，人大复印资料全文转载1篇：

1.《五四新文学的俄国现代人道主义思潮观》：

（1）《文学评论》2011年第4期，国家级，CSSCI。

（2）人大复印资料《中国现代、当代文学研究》全文转载，2011年第10期。

2.《历史小说的"人学"追求》，《湛江师范学院学报》2011年第1期。

2012年

获得人才、称号3项："河南省高等学校特聘教授"，首批"河南省高校哲学社会科学优秀中青年学者"，"北京师范大学第十届荣誉校友"。

获得奖励 2 项：

“河南省社会科学优秀成果二等奖”，河南省社科优秀成果评奖委员会颁发；“河南省教育厅人文社会科学研究优秀成果一等奖”。

发表论文 2 篇，作序 1 篇：

1.《鲁迅逝世后最早的鲁迅传记：王森然〈鲁迅先生评传〉解析》，《中国现代文学研究丛刊》2012 年第 2 期，CSSCI。

2.《“谁来写”与“有声的中国”：关于“人民文艺”的再思考》，《学习与探索》2012 年第 6 期，CSSCI。

3.《民革老人的乡国情怀》，《团结报》2012 年 7 月 26 日第 7 版。

2013 年

获得人才、称号 1 项：国家一级学会“全国毛泽东文艺思想研究会理事”。

主持项目 1 项：

河南省教育厅哲学社会科学研究优秀学者资助项目：“1925－1931：历史转折中的新文学转型”（2013－YXXZ－10）。

获得奖励 1 项：

“教育部第六届高等学校科学研究优秀成果奖（人文社会科学）三等奖”。

发表论文 2 篇，史料整理 1 篇，人大复印资料全文转载 1 篇，论文集收录 1 篇：

1.《粉饰逆伪意识形态的书写策略：从王森然的〈周作人先生评传〉说起》。

（1）《中国现代文学研究丛刊》2013 年第 3 期，CSSCI。

（2）人大复印资料《中国现代、当代文学研究》全文转载，2013 年第 7 期。

2.《王森然〈鲁迅先生评传〉校读说明》，《鲁迅研究月刊》2013 年第 1 期，CSSCI。

3.《〈鲁迅先生评传〉校注》，《鲁迅研究月刊》2013 年第 1 期，CSSCI。

4.《“五四”前期周作人人道主义“人间”观念的理论辨析》，收入《重回现场:五四与中国现当代文学》,北京大学出版社 2013 年版。

2014 年

获得人才、称号 3 项:首批“河南省百名优秀青年社科理论人才”(河南省委宣传部),国家一级学会“中国现代文学研究会理事”,“首届河南大学 1990 文学奖评奖委员会主任”。

获得奖励 2 项:

1.“河南省社会科学优秀成果二等奖”,河南省社科优秀成果评奖委员会颁发。

2.“河南省教师教育教学成果奖二等奖”。

发表论文 2 篇,人大复印资料全文转载 1 篇,论文集收录 1 篇:

1.《王森然〈冰心女士评传〉考释及其他》,《中国现代文学研究丛刊》2015 年第 11 期,CSSCI。

2.《旧邦“新人”:“五四”现代人道主义国民精神改造观》:

(1)《河南社会科学》2014 年第 3 期,CSSCI。

(2)人大复印资料《中国现代、当代文学研究》全文转载,2014 年第 7 期。

3.《“五四”前期周作人人道主义“人间”观念的理论辨析》,收入《周作人研究资料》,天津人民出版社 2014 年版。

2015 年

主持项目 2 项:

1. 全国高校古籍整理研究工作委员会规划项目:“林纾诗文整理及研究”(1523)。

2. 河南省高等学校哲学社会科学基础研究重大项目:“哲学与二十世纪中国文学”(2015-JCZD-018),担任首席专家。

获得奖励 3 项:“河南省社会科学优秀成果二等奖”,河南省社科优秀成果评奖委员会颁发;“河南省教育厅人文社科优秀成果一等奖”;“第八届河南省社科普及优秀作品一等奖”。

2016—2019 年

2016 年

主持项目 2 项：

1. 河南省高等学校哲学社会科学创新团队项目："哲学与二十世纪中国文学思潮"(2016-CXTD-03)，担任首席专家。

2. 河南省社会科学普及规划项目："新媒介与新文学的发生"。

获得奖励 1 项："河南省社会科学普及规划研究成果奖一等奖"。

出版专著 1 部：

《"人的文学"："五四"现代人道主义与新文学的发生》，人民出版社 2016 年版，书号：ISBN 978-7-01-016269-0。

发表论文 4 篇，人大复印资料全文转载 2 篇，《新华文摘》论点摘编 1 篇：

1.《五四"人间感"的发现：新感觉、情感世界与初期新文学主题、形态生成》：

(1)《河南社会科学》2016 年第 4 期，CSSCI。

(2)《新华文摘》论点摘编，2016 年第 20 期，国家级。

(3) 人大复印资料《中国现代、当代文学研究》全文转载，2016 年第 12 期。

2.《阐释与延展："五四"前期文学研究会"人的文学"文艺观综论》，《鲁迅研究月刊》2016 年第 9 期，CSSCI。

3.《五四理想"人"的发现与初期新文学主题、形态的确立》，《河南大学学报》2016 年第 6 期，CSSCI。

4.《"进化的还原论"："五四"前期俞平伯"人的文学"观建构解析》，《现代中国文化与文学》2016 年第 2 期，CSSCI。

5.《王森然〈冰心女士评传〉考释及其他》，人大复印资料《中国现代、当代文学研究》全文转载，2016 年第 2 期。

2017 年

主持项目 1 项：

国家社科基金规划项目："20 世纪 20 年代中期至 30 年代初期现代文学'整体转型'现象研究"（17BZW019）。

获得奖励 2 项：

"河南省社会科学优秀成果一等奖"，河南省社科优秀成果评奖委员会颁发；"河南省教育厅人文社会科学研究优秀成果特等奖"。

发表论文 5 篇，全文转载 3 篇（包括《新华文摘》、《新华文摘》网刊、人大复印资料），《中国社会科学文摘》论点摘编 1 篇，论文集收录 1 篇：

1.《五四理想"人"的发现与初期新文学主题、形态的确立》，《新华文摘》网刊全文转载，2017 年第 4 期，国家级。

2.《"下去"与"上去"："五四"时期鲁迅、周作人复出的发生学考察》：

（1）《山东师范大学学报》2017 年第 1 期，CSSCI 扩展。

（2）《新华文摘》全文转载，2017 年第 12 期，国家级。

3.《五四新文学对"人"的发现》，《中国社会科学文摘》论点摘编，2017 年第 4 期，国家级。

4.《从托尔斯泰到周作人："五四"俄国人道主义文艺观的受容与"人的文学"观的生成》，《鲁迅研究月刊》2017 年第 7 期，CSSCI。

5.《五四前期"新青年"派现代人道主义"公同信仰"形成考论》：

（1）《史学月刊》2017 年第 6 期，CSSCI。

（2）人大复印资料《中国现代史》全文转载，2017 年第 8 期。

6.《当前"全民阅读"活动理论设想的概念辨析》，《中国出版》2017 年第 9 期，CSSCI。

7.《中国现代文学思潮研究的史料文献学方法与原则：以〈"人的文学"："五四"现代人道主义与新文学的发生〉为例》，《乐山师范学院学报》2017 年第 1 期。

8.《钱穆与中国现代学术史体制的创制》，收入《〈新青年〉与 20 世纪中国：纪念〈新青年〉创刊 100 周年高层论坛论文集》，张宝明主编,社会科学文献出版社 2017 年版。

2018 年

任职《河南大学学报》(CSSCI)副主编,负责社科版工作。

获得人才、称号 4 项:

“教育部青年长江学者”,“国家二级教授”,“河南省宣传思想文化战线‘四个一批’人才”,“河南大学‘杰出人才特区支持计划’特聘教授”。

主持国家社科重大项目子课题 1 项:

国家社科基金重大项目“五四运动百年记忆史整理与研究”(18ZDA201)的子课题“公共舆论:报刊五四社论整理汇编与研究”。

获得奖励 2 项:“河南省教育厅人文社会科学研究优秀成果一等奖”,“河南省教师教育教学成果奖二等奖”。

人大复印资料全文转载 1 篇:

《从托尔斯泰到周作人:五四俄国人道主义文艺观的受容与“人的文学”观的生成》,人大复印资料《中国现代、当代文学研究》全文转载,2018 年第 1 期。

2019 年

获得人才、称号 2 项:

首批“河南社科名家”,国家一级学会“全国毛泽东文艺思想研究会常务理事”。

发表论文 3 篇,《高等学校文科学术文摘》全文转载 1 篇,人大复印资料全文转载 1 篇:

1.《“认识性装置”的建构与运作:以五四现代人道主义思潮运动为例》:

(1)《社会科学战线》2019 年第 5 期,CSSCI。

(2)《高等学校文科学术文摘》全文转载,2019 年第 4 期。

2.《极度敏感的“人间爱”信徒:“人的文学”时期朱自清“人间感”的发现与塑型》:

(1)《文艺理论研究》2019 年第 3 期,CSSCI。

(2)人大复印资料《中国现代、当代文学研究》全文转载,2019 年第10期。

3.《“人的文学”的意义:现代人道主义思潮运动的发轫》(周作人《人的文学》解读),载《五四那些经典》(国家出版基金项目《百年五四:共同的文化精神家园》系列图书之一),万卷出版公司2019年版。

◆附　　录

“人的发现”文学思潮的新探索：读张先飞的《“人”的发现：“五四”文学人道主义思潮源流》

孙玉石

张先飞的这部《“人”的发现：“五四”文学现代人道主义思潮源流》，是他在博士学位论文基础上修改完成的。6年前我参加了这篇博士论文的答辩。后来，他获得教育部资助，赴日本东京大学，在尾崎文昭教授指导下进行研修工作。或在日本，或归国后，他以此课题为中心，搜寻大量日文或中文的学术资料，广泛阅读了那个时期里中国学术界的相关介绍和研究成果。在此基础上，重新整理这一课题的思路，从论文题目、理论框架至阐述内容各方面，对原论文作了较大的调整、修改、深化。付梓前，张先飞将清样电子文本发给我，邀为作序。我于此论题，所涉甚浅，书中理论阐发及引述史料，与原论文较之，已完全是另一番面貌，读后颇有陌生之感。写序恐言不及义，但盛情难却，忐忑中只能写一点隔靴搔痒的阅读感受了。

关于周作人等作家倡导传播的“五四”文学现代人道主义思潮问题的研究，已不是什么新鲜的话题。20世纪80年代以来，就西方人道主义思潮的传入及评价，就周作人以“人的文学”为中心的人道主义文学思想的阐说，都有了丰富成果产生。要在这个学术起点很高，并非完全新鲜的话题中，拓展出新的学术阐释空间，作出富有新异创见和深厚历史感的言说，以苦涩艰辛垦殖出一片有绿意盎然的“自己的园地”来，是一件十分艰难，甚至可能是费力不讨好的事。匆匆读了一遍这部学术著作之后，给我一个总的感觉，就是作者为这个棘手课题所付出的劳动，所收获的，不是重炒冷饭的“精神浪费”，而是虽并不硕大，却尚可给人咀嚼，让人耐心品味的一份果实。

这部著作的学术价值和意义，不在于它的拓荒性质的“新”，而在于它“开掘”性质的“深”。作者所努力的，也不是刻意提炼升华出一个什么震悚一时的思想或理论命题，而是努力走进原生历史处境，复原历史面貌的历史性的深度追寻。为了弄清周作人“五四”时期倡导的以"人的发现"为核心的"人间本位"的人道主义文学思想内涵，以及它的生成发展过程与吸收转化西方社会思潮与文学思潮间的源流关系，论著倾注不少心力，属意于对三个方面的史料资源和理论背景的开掘与论述。一个是，来自列夫·托尔斯泰、陀思妥耶夫斯基所开创的俄罗斯文学中现代人道主义思潮及其后续脉系的诸多文学家与周作人思想起源和发展之间的细微的联系；另一个是，周作人对于留学时代已十分熟悉并与他们联系密切，有感同身受般认知的"白桦派"作家武者小路实笃、有岛武郎，以及其他如坪内逍遥、志贺直哉等20世纪初旬日本作家、评论家的相关文学思想的吸收消化；第三个是，在上述两个源头影响之下，秉承现代人道主义精神进行文学创造和理论阐释的许多"五四"新文学家们的积极思想成果，这里包括鲁迅、沈雁冰、郑振铎、张闻天、沈泽民等文学研究会系统的作家、理论家，以及《新青年》及其他脉系的胡适、陈独秀、傅斯年、郭沫若、田汉等作家。在这部论著中，这些中外作家、理论家的文学创作、译介和批评思想，成为论述以周作人为核心的现代人道主义思潮的核心内涵本体，或重要的背景参照。作者通过周作人"人的发现"这个现代人道主义思潮核心的思想，将现代西方文学、"白桦派"、"新村"为核心的日本文学，以《新青年》《小说月报》等为核心的"五四"新文学，构成了一个密切关联而又发展影响脉络清晰的思想网络，在较为阔大的视野和更加潜入的理论深度上，通过层层递进的考察、分析、论述，给周作人现代人道主义这一富有东方色彩的文学思想的生成、发展、特色、思考深度及其价值意义、内在矛盾和思想转折，作出了带有对同一理论思考"再出发"性质的历史回眸与理论阐释。

现代人道主义思潮研究这个课题本身，带有浓厚的西方及日本文学思潮影响研究的成分和色彩。研究方法的科学性，对于研究成果本身的学术品质极为重要。阅读这部著作，我很注意他对于同类性质课题研究方法的一些思考和实践。从许多论述文字中、大量引述的资讯中、思维逻辑的展开中，我了解的不仅是他那些论述的观点与结论，更明显感到他对于一种方法论的追求：既要有一种很强烈的影响研究必须的历史意识，但又特别警惕自己的研究，如何具有不被预设理论、框架模式和浮面比附所“遮蔽”的“严肃性与历史品格”。谈及本书进入西方影响问题探讨研究的方法论时，从作者所提供的思考，可以看出他自己朝着这一方向努力的自觉：“为了恢复新文学西方渊源研究应具备的严肃性与历史品格，著者以为，目前研究者们所要做到的，首先是‘悬搁’各种预设的话语系统与它们所搭建起的历史框架，以及现有的部分研究结论；之后再重新回到历史发生的‘现场’，进行历史还原，并将其作为一切研究工作的起点与基础。”他又说：“回到历史‘现场’，还应还原历史‘现场’中所使用的历史解释系统、文明解释系统，以及各种理论命题与思考框架。在文学史研究中这些解释系统、命题、思考框架与‘现场’的历史文本具有同等的重要性，因为它们是分析这些历史文献最为适宜的理论工具，实际上，如果不用‘现场’中的解释系统、认识框架来解读，这些历史文本的含义是无法准确理解的。”

作者这种方法论意识的清醒和努力，使他对于“五四”现代人道主义思想与西方、俄国及日本文学思潮关系的研究，避免了浅层联系、简单比附的弊病，而达到了更富历史感与思想深度的探讨。对于被周作人称为“二十世纪的新福音”的现代人道主义文学思潮与以往各种形态人道主义之间的联系和差异，他所提倡的“人的文学”与西方 19 世纪中后期以来“人”的真理的发现、“人间的自觉”的理论勃兴之间的紧密联系，以及他自身认知的清醒与自觉，如何从中获取核心性精神作为自身理论发展的基础，但却又扬弃了一些与时代前行不相符合的“教义”，而显出随着时代进展思考中新的亮色，也就非常清楚地被呈现出来了。在《人的文学》中周作人说“欧洲关于这‘人’的真理的发见，第一次是在十五世纪，于是出了宗教改革与文艺复兴两个结果。第二次成了法国大革命。第三次大约便是欧战以后将来的未知事件了”；在《新文学的要求》中他又提到“人间的自觉，还是近来的事，所以人性的文学也是百年内才见发达，到了现代可算是兴盛了”。本书作者基于在较为开阔视野之下进行的历史把握和科学分析，对于周作人思想的意义价值和存在的诸多弱点局限，对于周作人作为“五四”前期社会改造热潮当中最为重要的代表人物，既重视理论的介绍与思考，也强调新理想主义与社会改造实践的关系，成为“五四”前期重要的人道主义思想家、活动家，后来又怎样放弃社会实践，远离现实关注而发生走向自我完成的逆转，也就可能分析把握得更为清晰了。

本书论述了周作人以“人”的发现为核心的现代人道主义文学思想，它本身的丰富内涵与精芜杂糅结合的复杂性，他倡言的“人间性”与“大人类主义”的空想色彩，是探讨中须谨慎正视的问题。1924年后，周作人对于文学能够沟通人们心灵、“发皇”国人精神的功用，以及认为可以利用科学对国人进行思想、道德启蒙的信念的否定，最终放弃社会改造的理论信念与实践关注，放弃为人类的理想和热情，并在致鲁迅信中申言：“我以前的蔷薇的梦原来都是虚幻。”周作人很快把自己思想中社会改造的理想成分——“人间本位主义”排斥出自己精神世界，使得这样超越性的精神，只剩下了个人主义的部分。社会改造的理想不复存在，于是周作人把目光转向其基于个人主义立场的求胜意志，以充分发展求胜意志，来丰富他内面的精神世界。周作人把在精神世界“自己的园地”中占有很大位置的一些有益于普遍的社会人生的观念排斥了出去。20年代末，周作人更在文章中明显表达自己思想的蜕变。30年代倡言的“闲适”生活态度，主张的文学“无用论”，对趣味性灵的推崇等，都应是周作人在20年代前期已提出的一些理论主张的展开和落实。这本书中论述了周作人“人的文学”思想的衍变过程，同时，他的这些早期人道主义思想蕴含的空想性、虚幻性，后来精神自娱的“闲适”文学观的局限，由“文学的革命”走向附逆后的“文化的抵抗”，与他倡导的“人的文学”思想本身存在的固有弱点之间的联系，这些问题尚存在许多有待深化的阐释空间，需要作者去作进一步的思考和探究。

在中国、在日本，作者对于原始资料的搜寻，下过很多功夫。书里运用了很多自己翻阅的民国原始期刊、原版译著，还直接阅读了一些日文书籍和刊物资料，将获得的新鲜资料吸收进自己的研究成果，并纠正了20世纪二三十年代现代日文翻译著作中的某些错讹。作者力求遵循如他所期望的“回到历史发生的‘现场’……并对这些历史事实发生的确切状况加以复现”这一科学研究坚实的历史主义原则与方法,在对大量原始史料、文学作品和理论翻译著述搜阅筛选阅读的基础上,凝思锤炼,归纳提升,抽象推演,形成自己的观点和论述。即使毕业论文早经答辩通过,部分章节已见诸报刊,仍然不急于匆匆交付出版,而是历经多年,重新结构,调整充实,反复修磨,最后才收获了这一份有新见颇厚重的学术果实。当今教育评审体制与学术风气下,学术论文著作盛行批量生产,量多质薄的时风中,"史"与"论"关系仍存纷议的氛围下,作者送出的这份成果,或可能多少给我们一些学术观点讨论之外的另一番有益的思索。

6 年前论文答辩评阅时,我曾在准备的意见中,写过这样一段话:"在近二十年来的现代文学研究,有几个重要的趋向,值得我们警觉和反思。尤以三个方面更为普遍。第一,是玄学化的倾向。在深入挖掘作家作品和其精神思想内涵时,完全脱离实际情况地进行玄而又玄的阐释,注入了强烈的主观解读的色彩(被称为'本体研究向主体性研究转变'),使研究对象及其一些问题,被置于一种如在云里雾中的非常玄妙的难懂境地。第二,是拔高化的倾向。或是出于创新欲望的驱使,或是对于过去思想压抑的一种反拨,或处于对于研究对象及问题真诚的认同,研究者往往想尽办法,脱离对象的实际,拼命拔高,进行一种新的学术上的造山或造神活动。当文学文本自身受到局限的时候,就在思想史、哲学史、心灵史等方面无限制的拔高,将一些文学家的思想哲学与理论家的思想哲学混同起来,如在一个小山包上造出一个个高大的山峰来。第三,是功利化的倾向。现代文学作家,包括鲁迅在内,被某些研究者当作一种借之发言的工具,以实用主义态度代替科学研究,重要的历史文学现象只成了一种可以任意解释的符号,用他来传达的不是基于历史背景的科学认知,而是在这个研究描绘中承载对于现实的抗争或批判。历史已经不再是历史。现代文学史研究的当代性,变成了以当代批判需要来抽象符号式地塑造现代文学的历史。"这篇论文,我当时认为就有某些"拔高化的倾向"存在。经过作者几年的沉思历练和修改删削之后,本书里的这方面的痕迹,已经变得很少很少了。如对于周作人在"五四"前后有没有建构起一个"现代中国完整的现代人道主义观念体系”这样一类的认知和论断,已经被丰富史料叙述构成的更为实在的论说所代替。摆脱一种流行风气的影响,摆脱一些青年气息的浸润,让学术研究多一点历史研究本身给予的约束,多一点由厚重原始史料归纳演绎所构建的坚硬平实,是读这本书之后,在学术作风方面,给我带来的另一种新鲜的感觉。

历史性的学术研究当然也是有生命的。论著里这一研究课题,它所呼唤的声音,就不仅属于过去,也属于今天和未来。作为一个读者,我很高兴读到论著中那些过去虽然阅悉却未置于自己思考系统中进行品酌的历史资料蕴藏的独特闪光。它会以智慧的历史结晶带你走进严峻的现实思考。这本书里作者有些论述与引用,给我提供了理性思索的窗口,也提供了情感冲激的满足。使我感到,一些熟悉资料重被阐释发见之后带来的新鲜刺激,比那些完全陌生资料所能给予我的,可能更多一些亲切的内心激荡和回响。

这里且作一点抄书匠的工作:意在将别人的花朵,摘下来送给喜欢它的人们。比如,我读到 1920 年 8 月 27 日周作人的《〈玛加尔的梦〉译者附记》,其中全文引用了英国人斐尔 1916 年写的对科罗连珂的评论。菲尔文章最后概括了科罗连珂的思想,即他的新理想主义观中对理想的认识,然后说:

> 但是无论庄重或愉快,喜悦或悲哀,科罗连珂在他对于世界的观察上,总是一个乐天家。即使经了艰难忧愁不幸,他小说中的穷苦质朴的英雄都回头向着光明。论者的亲切的心不绝的在那里寻求各人里面的“永久的人性”。他很深的表同情于人类的不可遏的求自由与公道的愿望,因为有这个,才能无畏的与“恶”相对面。他自己在一封信里,曾对朋友说:“宇宙并不是偶然的各实力的游戏。决定论,进化论与其它学说,都使人承认那里有一个定律,牵引我们向着一件事物;这事物,在他一切的表现上,我们称他作‘善’,就是说向着和爱,真理,正直,与公道。”这便是科罗连珂的装在他一切著作里,对于世界的使命与主旨。

又如,周作人在1918年1月15日《新青年》第4卷第1号上发表的他所译的《陀思妥夫斯奇之小说》一文谈及《二我》这篇小说,该文作者W. B. Trites介绍了陀思妥耶夫斯基作品的“抹布”主题:

> 我今论陀思妥也夫斯奇,止从一方面着手,就是所谓抹布的方面。要知道此句意思,先须绍介其小说《二我》(Dvojnik)中之一节。
>
>> 戈略特庚(Goljadkin)断不肯受人侮辱,被人蹈在脚下,同抹布一样。但是倘若有人要将他当作抹布,却亦不难做到,而且并无危险,(此事他时常自己承认),他那时就变成抹布。他已经不是戈略特庚,变成了一块不干净的抹布。却又非平常抹布,乃是有感情,通灵性的抹布。他那湿漉漉的褶迭中,隐藏着灵妙的感情。抹布虽是抹布,那灵妙的感情,却依然与人无异。
>
> 陀氏著作,就善能写出这抹布的灵魂……使我辈听见最下等最秽恶最无耻的人所发出的悲痛声音……他们堕落的灵魂,原同尔我一样,他们也爱道德,也恶罪恶。他们陷在泥塘里,悲叹他们的不意的堕落,正同尔我一样的悲叹,倘尔我因不意的灾难,同他们到一样堕落的时候。
>
> 陀氏专写下等堕落人的灵魂。此是陀氏著作的精义,又是他唯一的能事……陀氏能描出堕落人物,他们也有灵魂。其中还时时露出美与光明……《罪与罚》一部小说,就是申明上文所说陀氏精义的书……使《罪与罚》不朽者,止在书中谋财害命的犯人表示他灵魂给我们看。他的灵魂……又正同我的或你的灵魂一样……陀氏能够令读者发起一种思想,觉得书中人物与我们同是一样的人……他写出一个人物,无论如何堕落,如何无耻,但总能令读者看了叹道:“他是我的兄弟。”

在周作人等作家看来,陀思妥耶夫斯基于着力表现堕落者时,往往在“湿漉漉的抹布生活”中寻找出了“永久的人性”,在堕落的灵魂里“还时时露出美与光明”。这不只是全部俄国人民,也是整个人类共同的“永久的人性”。

整整过去一个世纪多了。今天我们重读许多前驱者这些深深关注“人”的命运与灵魂的文字,重读这一个令人灵魂震撼的比喻中给予人们对于“人”的沉重思考,伟大作家努力在“湿漉漉的抹布生活”中寻找出“永久的人性”的永久性的启迪,不是还会继续在我们每一个有良知的灵魂中像金子一样的闪光吗?

作这些臃繁的引述,意在传达一个微弱的声音:经历过长期人性扭曲痛苦磨难的现代中国人,为着寻找或恢复“人”的尊严和人性的光辉,为着不少至今还过着或迹近过着“被侮辱与被损害的”生活者的灵魂,为着“和爱,真理,正直,与公道”的理想实现,不再是可望而不可即的遥远的彩虹,这样的时候里,这样的心境下,重温这一似已古老远去的话题,咀嚼它所蕴有的文学史的与人类生命史的意义,不是仍然值得我们去苦苦地叩问和沉思吗?

2009 年 9 月 8 日于京郊蓝旗营

(原载《鲁迅研究月刊》2009 年第 9 期)

评张先飞《“人”的发现:“五四”文学现代人道主义思潮源流》

关爱和

张先飞的博士学位论文《“人”的发现:“五四”文学现代人道主义思潮源流》已由人民出版社付梓,这是一件值得祝贺的事情。

张先飞的学术起步是在河南大学,他于 1994 年本科毕业后,直接进入母校的中国近现代文学专业攻读硕士学位,师从解志熙教授。张先飞的硕士学位论文的选题是《从普遍的人道理想到个人的求胜意志:论“五四”前后周作人“人学”观念的一个重要转变》,选定这一题目,主要是基于以下两方面的原因:一方面,是由于周作人先生与河南大学有着极为深厚的学术渊源，当年先师任访秋先生就是周作人先生在北京大学的入室弟子，任访秋先生在新文学渊源及近代文学等方面的拓荒性的研究，明显受到了周作人先生的深刻影响。另一方面，张先飞的学术研究有一个显著特点，就是他愿意挑战有难度的课题，他的硕士学位论文在2003年获得中国现代文学研究会颁发的首届"唐弢青年文学研究奖"，就证明了他当年的选择与努力是有意义的。2000年，已在河南大学文学院任教的张先飞，又进入北京师范大学文学院，拜著名中国现代文学研究家郭志刚先生为师，攻读中国现当代文学专业的博士学位。在郭志刚先生的悉心教诲下，张先飞又将其研究领域由"五四"周作人研究扩大到了对"五四"新文学西方渊源的整体探究，并将论题确定为"'五四'新文学现代人道主义观研究"。这一课题应该说是颇具难度的，迄今为止研究还较为缺乏，因此，选定这一课题作为博士学位论文的选题，显示了张先飞的学术勇气及学术积累。2003年博士毕业后，为了进一步推进自己的研究工作，张先飞又跟从国外的中国现代文学研究领域的著名学者尾崎文昭研究员在日本东京大学进行了博士后研究工作。经过了近10年的潜心钻研，他对这一课题的思考日趋成熟起来，相关研究成果也逐渐得到了学术界前辈与同行的高度评价，因此2009年才最终将多年的研究成果奉献于学术界面前。

在著者看来，张先飞的《"人"的发现："五四"文学现代人道主义思潮源流》是近年来中国现代文学研究领域中较为突出的一份研究成果，下面著者想就几个方面对这部论著的主要特点谈一些自己的看法。

第一，是关于新文学渊源的研究。河南大学的新文学渊源研究是任访秋先生所开创的重要研究方向。说到新文学的渊源，自然就包括两个方面，一个方面，是新文学的中国思想、文学传统的渊源；另一个方面，就是新文学的西方渊源，任访秋先生是两者并重的，这也成为河南大学中国近现代文学研究的学术传统及重要研究特色。关于新文学的西方渊源的研究，张先飞正是在任访秋、刘增杰、王文金、解志熙等先生，以及著者的研究思考的影响下，开始自己的探索的。张先飞在《“人”的发现:“五四”文学现代人道主义思潮源流》这部著作中,抽出“五四”文学现代人道主义观念的几个最为核心的命题,诸如新理想主义、现代人道主义观念、“人间”观念、现代“灵肉一元观”等进行研究,对于每种近代观念,都是首先追寻这种观念在西方文明系统及历史中的思潮流脉与观念谱系,之后再将“五四”新文学家们的思考置于这一思潮流脉与观念谱系当中,作出准确的定位,以期寻找出“五四”新文学发生、发展的渊源。应该说,这几个特殊命题的研究在国内外都还很少有人涉及。正因为这些学术难题并未得到较好的解决,因此影响到了对新文学渊源的深入研究,如“五四”新文学发生的具体的时代精神背景,以及新文学发生的“人学”观念基础等不少问题一直都没有得到较好的解决,而这些课题研究的滞后,反过来又制约了中国现代文学研究进一步的深化与拓展。基于对学术工作的热爱,张先飞选择了这些学术难题,这显现出他的学术判断与自信。他积 10 年之功,得益于国内外多位名家指导的这一研究成果,在某种意义上,是对新文学西方渊源研究的一次积极的探索,也是对“五四”新文学研究的重要推进。此外,在作出具体研究的同时,张先飞还对新文学西方渊源研究进行了方法论探讨,并对这一方面的研究提出了更高的要求,如在要求回到历史“现场”,对所研究历史时段内的相关历史文献进行全方位收集整理的同时,还特别强调对历史发生时段内理论解释系统的复现,以此作为分析历史文本的主要理论工具,将其与对原始资料的精细考证、梳理有机融合,实现对历史的较为客观的复原。这里要引用张先飞在《导论》中的一段话加以说明:“回到历史‘现场’,还应还原历史‘现场’中所使用的历史解释系统、文明解释系统,以及各种理论命题与思考框架。在文学史研究中这些解释系统、命题、思考框架与‘现场’的历史文本具有同等的重要性,因为它们是分析这些历史文献最为适宜的理论工具,实际上,如果不用‘现场’中的解释系统、认识框架来解读,这些历史文本的含义是无法准确理解的……这两方面须得有机地结合,方能完成历史还原的工作,两者缺一不可。”著者相信这样深刻的思考,对推进新文学西方渊源的历史研究,是非常有意义的。

第二,是关于“五四”新文学现代人道主义观念的研究。“五四”新文学的人道主义观念自20世纪80年代以来曾经成为中国现代文学研究的热点问题,但很多学者的研究仍停留在直接搬用文艺复兴、启蒙运动、资产阶级革命、19世纪空想社会主义等时期的西方人道主义观念,来说明“五四”人道主义的观念属性,猜想推断之言居多,而实证研究较少,况且很多研究者对自己所凭依的西方人道主义传统也很少真正下过功夫去考察与了解。张先飞的“五四”新文学现代人道主义源流研究试图改变这一研究现状,他完全立足于实证研究,从对19世纪中期以来浩繁的中西及日本的原始文献的梳理当中,寻找出“五四”现代人道主义的思潮源头,并对“五四”新文学家们对于现代人道主义的思考及理论创造进行了深入的剖析。因为有大量丰富、翔实的资料作支撑,所以张先飞的“五四”新文学现代人道主义研究的每一个结论都言之有据,具有极强的说服力。著者个人觉得,张先飞的研究,对于“五四”文学的人道主义思潮研究作出了重要贡献,而且对“五四”新文学的发生研究及主题研究也有着较大的推进。

第三,是关于“五四”新文学及周作人的思想研究。张先飞的研究工作一直较为偏向于思想史视角,而且思考焦点往往集中于“五四”新文学与周作人。他之所以选择思想研究完全是用其所长,这是因为张先飞对于哲学、史学、文化人类学等有着较为深厚的积累,十分注意世界各种哲学思潮、文化思潮与中国现代文学发生、发展之间千丝万缕的联系,而且他长于理论思辨,视野较为开阔……这些基本素养与学术积累促使他敢于选择一条艰辛的路,对“五四”新文学、思想进行话语清理。不过张先飞的思想研究与现在很多研究者相比有着很大的差异,这体现在他对史料的收集、考证等工作表现出了超乎寻常的重视,这一特点很明显是受到了任访秋先生所开创的学术传统的深刻影响,而且也从民国学术及近代日本文史学界获得了颇多启示。这些年在“五四”新文学与周作人思想研究方面,扎实的研究少了,借题发挥的多了,而且在史料的收集、运用、整理方面都存在着不少问题,虽然出现了很多看似精彩、深刻的议论,却往往令人难以信服,相形之下,张先飞的研究虽看似笨拙了一些,但这正是他的一种坚持,实际上是对学术尊严的坚守。

关于"五四"新文学研究，张先飞有着不同于传统观念的历史认知，即他认为"五四"新思想与新文学是20世纪初新理想主义世界思潮的重要一支，他将此作为切入"五四"新文学研究的重要视角，应该说是一个较为重要的理论发现。除此以外，张先飞对"五四"新文学的核心主题"灵""肉"关系的历史源流所作的极为细致的考察、梳理，也令人耳目一新，著者相信，这些思考及研究会对"五四"新文学研究产生良好的推动作用。

在周作人研究领域，张先飞也取得了不少突破性的进展，其主要思考基本都收入了这部著作。张先飞的周作人研究明显受到任访秋、钱理群、温儒敏、解志熙等先生的深刻影响，但又做出了自己积极的探索，其研究的核心理路，就是将"五四"周作人思想及文学观念的变迁之迹，置于19世纪中后期以来，尤其是第一次世界大战前后的全球思想史、社会运动史的话语背景下，进行谱系学的细致考察，以期准确地定位。但正如张先飞同著者所说的那样，对于这一时段内的西方的社会文化进程的研究，一直以来在西方学术界、思想界也是被漠视的，因为这一时段往往被视为一个短暂而又异常混乱的西方文化转型的过渡期，因此他对中国本土思想的研究，首先还需要完成对西方近代思想历程的追根溯源与历史爬梳，其难度可想而知。不过，正是经过了这种艰难的探索，张先飞的研究才能焕发异彩，将周作人"五四"思考的世界性意义真正地展示了出来。当然，张先飞在周作人思想研究方面的出色表现，在一定程度上也是缘于他对作家研究方法论的深入思考，他对长期以来在近现代文学研究领域中通行的一种做法，即利用作家在不同时期的相似的观点或关键词总结出作家思想一以贯之的主线的研究方式，始终持坚决反对的态度，认为这种研究方式完全违背了历史研究的基本原则，他的这一清醒认识，相信对很多年轻学子的研究会有很好的警示作用。这里还必须着重强调一点：张先飞的周作人研究，完全是为了更深入地挖掘"五四"文学思想的深度，并非是为周作人个人树碑立传，"重塑金身"，他继承了先师任访秋先生对周作人的基本判断：既充分肯定周作人在"五四"时期的重要建树与历史贡献,但同时对其后期背叛民族的附逆行为,亦做出坚决的否定与严肃的批判。

第四,是关于史料的问题。作为历史研究工作的基础,史料的重要性本来是不言自明的常识,但在中国现代文学研究领域,对此直到21世纪初才逐渐形成了基本共识(参见解志熙教授执笔的《“中国现代文学的文献问题座谈会”共识述要》一文,《中国现代文学研究丛刊》2004年第3期)。张先飞在河南大学、北京师范大学、日本东京大学都受到过极为严格的实证训练,他扎实的史料功夫正是基于这种学术训练的结果,而且近年来河南大学为顺应学科发展的需要,在中国近现代文学史料学建设上做了大量重要的基础性工作,张先飞对于史料学问题的学术思考也明显受到这种学术潮流及师友思考的深刻影响,并形成了自己独特的思考。早在攻读硕士学位期间,他便已经发表了《史料的意义:试析现代文学第二代研究者的一种史学观》(《河南大学学报》1997年第2期)一文,就现代文学研究中史料的重要性,以及当代中国文学史研究中史料的意识形态功用等问题发出了独特的声音,2003年在获得了首届“唐弢青年文学研究奖”之后,他又应《中国现代文学研究丛刊》编辑部之约,在该刊2004年第1期发表了《西方文学影响研究浅议》一文,就中国现代文学西方渊源研究相关的史料问题进行了较为深入的探讨,提出了一些前人尚未提及的重要看法,颇具启发意义。

张先飞在史料方面用功甚勤,他对民国时期的报刊、出版物、档案材料,以及日本明治、大正、昭和时期的各类历史文献都做过大规模的挖掘、钩沉及整理工作,积累了极为丰富的中、日、英文的原始材料,其中很大的一部分都是第一次的史料发现,尤其他在日本东京大学进行博士后研究工作期间,对日本、港台的周作人、鲁迅相关史料及研究成果的全面收集是非常引人注目的,就周作人的相关材料而言,他现收集到的材料已逾千万字,在海内外周作人研究界是收集得最为全面的,最近便将有新鲜的成果面世。据张先飞自己讲,他在日本两年,大多数的时间是在日本国立国会图书馆、东京大学附属图书馆、东京大学东洋文化研究所、早稻田大学图书馆、东洋文库等资料中心度过的,朝九晚九，日复一日，他将这些苦行僧般的日子称作学术的修行。应该说，这些付出都没有白费，奠定了其研究工作的牢固基石。

也许有些学人会觉得张先飞在史料收集、运用上太过精益求精，而对于宏观的议论、概括又过于谨慎拘束，论者个人觉得以上看法并不准确，因为在论者看来，历史研究的准确性，不容置疑是应该放到历史研究的第一位的，一切伟论如果缺少了这一根基的支撑，也就不免成为一个个头重脚轻的庞然巨物，经不起一丁点的挑剔与撼动，迟早是要崩塌的。当然论者也希望，张先飞在充分的实证研究之后，也要敢于下结论，因为从实证到最终结论的得出，并非只靠归纳就可能办到的，大胆的假设是必不可少的。

第五，是关于跨学科研究的问题。要进入张先飞的研究并不是一件很轻松的事情，论者感到最为重要的一个原因，是缘于他的跨学科研究的特性。如果翻阅这部著作，就可以发现，张先飞的研究所涉及的领域，包括中西文学、历史学、哲学、政治学、社会学、文化人类学、伦理学、性学等诸多学科，举凡涉及这些学科领域的研究，他都能够较为圆满地加以解决，给予我们合理的历史解释。能够在多学科的交叉中较为自由地游走，这对于中国现代文学的研究者来说，是颇为难得的，更何况他还年轻，有这么宽口径的知识基础做储备，他的研究路子会愈走愈宽，研究也会越来越深入，对此，作为老师，论者是满怀期待的。

当然这部著作也难免存在着一些不足，比如对“五四”现代人道主义观念在新文学创作中的表现尚缺乏更为深入全面的分析，而且对中国传统思想观念在本土现代人道主义思考中所起的作用也需要进一步加以强调，但张先飞告诉论者说，这些是他正在写作的另一本专著所要解决的问题，而且在新著中将会对“五四”现代人道主义文学观，以及思想观念如何转化为文学活动等问题提出很多新鲜的见解，期待会对“五四”文学研究产生重要的推进，那么我们就拭目以待吧。

张先飞虽然已近不惑之年，但在我们这些师长看来，他仍然是一位学术新人，前面的征途还很长，我们希望他只是把这次博士学位论文的出版，当成自己学术探索的一个新的起点，今后，在做好教书育人本职工作的同时，对学术研究继续保持一颗虔敬之心，尽一个学人的本分，力求做到无愧于心，这也是我们师长们共同的期望与嘱托。

（原载《文学评论》2010 年第 3 期）

因“保守”而创新：评张先飞《“人的文学”：“五四”现代人道主义与新文学的发生》

关爱和

一剑十年磨，自《“人”的发现：“五四”文学现代人道主义思潮源流》（人民出版社 2009 年版）出版后，张先飞又一部新著《“人的文学”：“五四”现代人道主义与新文学的发生》（人民出版社 2016 年版）付梓，作为老师一时之间感怀颇多。最大的感触：“慢！”关于一个课题累积思考十数年，迟迟不肯动笔，这一过程，往往要承受世俗利益或多或少的损失与被业界同仁遗忘的寂寞。但张先飞却不惮于和人比“慢”，这实在令人感动。我能够真切地感受到他对学术的信仰，或如解志熙先生的善意戏言，太把学问当回事了。是的，学问一定要当回事，不仅需要信仰，更要有痴迷与投入，与之必然相连的，就是付出与牺牲，但真正坚守的学者必会以此为乐，以此为幸的。

张先飞是一个有着学术雄心的学人，跟从着任访秋先生所开创的道路，孜孜专注于“五四”文学史研究。他常同我谈到的学术计划，就是重写“五四”文学史。已经完成的《“人”的发现：“五四”文学现代人道主义思潮源流》与《“人的文学”：“五四”现代人道主义与新文学的发生》这两部专著只是其中的开篇之作，针对新文学的渊源问题、发生问题，以兹作为破解“五四”新文学，乃至 20 世纪中国文学史诸多谜团的一把钥匙。应该说，张先飞的这一学术功课是合格的，这两部专著业已成为新文学渊源、新文学发生研究领域真正意义上的推进之作，不仅寻找到了解开新文学何以兴起之谜的关键要点，即张先飞所独立挖掘的“五四”现代人道主义社会改造的思潮运动，而且能够考镜源流，将初期新文学作为一种完整的文学思潮运动形态进行知识考古学式的发掘，作出全局性视角的再现，尤其是在实证研究基础上归纳出完整的“五四”思想史、文学史的观念统系……这种学术贡献是不容小觑的。通过以上成果，张先飞关于“五四”文学史研究的框架已经逐步隐现，我十分期待其完整的成果早日贡献学界。

新文学渊源是河南大学近现代文学研究的首要方向，张先飞的学术成绩深深得益于不舍斋主人任访秋先生的思考，他称任访秋先生 20 世纪 40 年代初写就的《中国现代文学史 · 上卷》（河南南阳前锋报社 1944 年 5 月版）与 80 年代初完成的《中国新文学渊源》（河南人民出版社 1986 年版），是其箧中秘籍。回顾先师任访秋先生的学术道路，任先生基于其厚实根基、广阔视野、平正态度，既能于大处着眼，又善于深窥精微细致处，特别是悠游出入于思想史、学术史、文学史研究领域，因此，总能理据充分地为大量学术难题确切定案。虽囿于时代动荡与个人遭际，先生未能尽展才力，生前未完全落实其宏伟设想，但先生为后学小子开拓宽阔新途，仍然功莫大焉。在我看来，张先飞研究进展的一个秘诀，便是不做无根的探索，看重对前辈用心的悉心揣摩，力图接着任访秋先生的思考继续讲下去，在此过程中勉力创造。我觉得，尊重前贤，无非是在尊重学术，本意是继承与超越，与膜拜迷信没有一丝关联，张先飞看来对此已有所体悟。

张先飞研究的一个鲜明特色，是承续河南大学学术传统中对近现代文学史料文献学方法的自觉，他不仅悉心实践，而且多次借《文学评论》《中国现代文学研究丛刊》《鲁迅研究月刊》《史学月刊》等文史研究阵地，以及在中国现代文学研究会年会等重要活动中，向学界郑重申明在研究工作中不断获取的点滴心得。张先飞一直强调扎牢学术根基，并围绕近现代文学史料文献学多方探索，业已形成较为系统的实践认知与工作方法，其多年的心得与成果将汇铸成一书，有望近日出版。在和张先飞的交流中，我了解到，他有时对当下近现代文学专业史料工作的评价与态度稍显峻急，其实只是在说些老实话，是对当前的学风哀其不端正、恨其不进取，且更为不满不符专业性要求的史料工作，戏称之为“破坏式发掘”与“发掘式破坏”。说到底，张先飞只是在坚持一种老实守拙的学风，并非过高的苛刻要求。

张先飞的研究，皆因有此“保守”，方能有所创新，很多思考结论因之令人欣喜，如基于实证重释鲁迅、周作人“五四”复出的学术难题，对周氏兄弟虽在理性上做出“下去”即为“上去”的爽快抉择，但又在社会实践中欲进不能、欲退不舍的犹疑矛盾心态等的细致揣摩，就很能令人信服，是纠正近年来某些中青年学者玄学化鲁迅、周作人研究之风的良方。另有对“新青年”派素不为人知的现代人道主义“公同信仰”现象的揭示，让人耳目一清，其所得新见是对常见文献细加爬梳的结果。此外，把前期文学研究会归入“新村”式的理想化的现代人道主义社会改造小组织，并首次聚焦周作人、俞平伯、郑振铎、叶绍钧、沈雁冰、张闻天、耿济之等对“人的文学”文艺观独特本质论、功用论的认知，将其清晰、完整地呈现于学界，相信同仁们是很难漠视这样的重要发现的。而张先飞对初期新文学创作活动的释读，更显示出将考据辨证、思想考察、艺术分析有机融合的效力，使我们对于初期新文学时期“人”的发现与新情感、感觉世界的发现，以及在此过程中周作人、叶绍钧、鲁迅、朱自清、陈独秀、沈尹默、刘半农、胡适、许地山、冰心、王统照等创作活动的理解，获得全新认识，给予初期新文学家的艰辛努力以准确的释读与中肯的评判，由此完成了一次精彩的文学史的写作活动。

这一工作已显示出张先飞总体性的研究特点，即看重对现代文学专业基础性问题的重新思考并进行“再出发”性质的研究。由于受到任访秋、刘增杰、郭志刚、孙玉石、吴福辉、解志熙等诸位先生的影响，张先飞形成了对专业发展的固定认知。在他看来，现代文学专业自初创学科以来，始终是在磕磕绊绊的艰难道路上迈进，诸多困境阻碍了专业的基础性建设，更可怕的是，产生了较多模糊的认识，以致令很多研究活动距离当初朱自清、鲁迅、胡适、苏雪林等先生的研究设想、实践,以及"古典化"①"历史化"的要求愈行愈远。虽然自20世纪90年代以来,已不断有研究者乐观地大声宣告:对于现代文学30年的研究业已十分成熟,土地翻耕无数,至今无荒可开、无地可耕,因之,后来者只能够望洋兴叹,做些翻耕熟荒、修缺补漏的工作。但实际的情况绝非如此,如从文学史学科发展的专业化角度审视,现代文学的研究并不是已经无事可做,恰是荒田无尽、沃土待耕。而从严格历史学研究的规范及要求出发,重新审视以往关于专业基础性问题的研究,并作出"再出发"性质的探索②,更是重中之重,因为这些才是重建现代文学学科架构的龙骨、钢架。这样的严肃思考与端正态度,成为张先飞研究工作开展的基础性认识,实际上也是对河南大学近现代文学研究学术传统的进一步的探索与发展。

行文于此,我想要郑重绍介一下近现代文学研究的"河大学风",这是由任访秋、刘增杰、赵明、王文金、刘思谦等诸位先生,以及吾辈学人解志熙、沈卫威、张宝明等开创的学术风气,是对民国以来优良学术传统的有意传承与发扬。向上直承太炎先生、周氏兄弟、胡适、钱玄同、赵纪彬,此后包括王瑶、唐弢、李何林等,形成一种宽阔、优容的,颇具包容性、参与性,又极重思想史、学术史修识的特有的学术作风与气派,使河南大学近现代文学学科成为富于营养的培养基,能够不断培育出较为全面的优才,这是河南大学对近现代文学研究界的一点贡献。而作为后学的张先飞,其学术成长也充分得益于兹。盼望他的未来学术道路,既能严格恪守前辈学者对学术工作的信仰,同时又能真正继承他们广益多师、不限门墙、去伪存真、崇尚创造的学养和气魄,完成更多无愧前辈的耕作。这也是我们作为老师对于张先飞,以及这个学科的殷切期盼。

(原载《鲁迅研究月刊》2017年第5期)

---

① 解志熙:《"古典化"与"平常心":关于中国现代文学研究的若干断想》,《中国现代文学研究丛刊》1997年第1期。

② 孙玉石:《"人的发现"文学思潮的新探索:读张先飞的〈"人"的发现:"五四"文学现代人道主义思潮源流〉》,《鲁迅研究月刊》2009年第9期。

唐弢青年文学研究奖获奖评语

孙 郁

本文系一篇析理较透、功底较深的论文。作者谙熟周作人的前期文本,从一个较老的话题中,拓出一种新意,点明了研究对象精神逻辑的特点,给人耳目一新的感觉。周作人世界复杂多致,线索纷纭。作者却从杂色中,提炼出几种主要的色调,还原了周氏世界的底色。比如"从渡人改为渡己","发展纯粹的精神生活"以及拒绝"没有个人精神世界的外部生活"。这个基本线索和色调的梳理,是建立在对周氏作品细读的基础上的,并无先验的痕迹。作者对人文话语的基本概念较为清楚,论证的过程绵密、谨慎,于不动声色之中,将周作人的困惑、痛楚,乃至最终的选择,水到渠成地点染出来。论文对周作人的个人观念与审美观念的联系论述得较为深刻,从不变之中看到变,从矛盾中看到统一,都有一定的逻辑力量,因而与那些空泛谈论周作人的文章比,显得较有锋芒。

[原载《中国现代文学研究丛刊》2003 年第 3 期。这是对论文《从普遍的人道理想到个人的求胜意志:论 20 年代前期周作人"人学"观念的一个重要转变》(《鲁迅研究月刊》1999 年第 2 期)的评语]

唐弢青年文学研究奖颁奖会上的评述

钱理群

这一次获奖论文中,还有一个引人注目的现象:现代作家的精神、文学的起点、原点,受到了特别的重视,好几位研究者都不约而同地关注作家"基本词语概念的梳理",这同样也是一种"溯源"的研究。……张先飞的《从普遍的人道理想到个人的求胜意志:论 20 年代前期周作人"人学"观念的一个重要转变》,在考察周作人的"人学"结构时,别具眼光地抓住了其在1922年发表的《贵族的与平民的》一文中所提出的"求生意志"与"求胜意志"这两个"基本范畴",并进行了周详的解析,指出周作人正是通过这两个范畴的提出,消解了他早期"人学"观中的自然人性论与人道主义的社会道德理想的内在矛盾,在放弃了社会改造的诉求之后,顺理成章地转向完全建立在自然人性论基础上的个人的精神自由与精神能力的发展,从而完成了新的"人学"观的理论建设。经过这样的梳理,就使得周作人的"人学"观的内在发展理路及其核心内涵得到了一种新的有一定说服力的呈现。在我看来,几位年轻学者对现代作家的基本词语概念的溯源性的研究,是以新的研究理念作为支撑的,即是强调研究对象的独立自主性,自觉地以其自身的独特话语来描述他自己,而不是将其纳入到某一既定的他者的话语体系中。而前述研究成果表明,这种研究方法的新的尝试,确实有助于对研究对象新的发现,看来是具有生命力的。

(原载《中国现代文学研究丛刊》2004年第1期,题名《关于新一代研究者的观察与思考:在唐弢青年文学研究奖颁奖会上的讲话》)

